项目融资管理

（第三版）

Project finance management

(Third Edition)

王虹 徐玖平 编著

经济管理出版社

ECONOMY & MANAGEMENT PUBLISHING HOUSE

图书在版编目（CIP）数据

项目融资管理/王虹，徐玖平编著．—3 版．—北京：经济管理出版社，2017.1
ISBN 978 - 7 - 5096 - 5065 - 3

Ⅰ．①项…　Ⅱ．①王…②徐…　Ⅲ．①项目融资—教材　Ⅳ．①F830.45

中国版本图书馆 CIP 数据核字（2017）第 073315 号

组稿编辑：王光艳
责任编辑：许　兵
责任印制：黄章平
责任校对：超　凡

出版发行：经济管理出版社
　　　　　（北京市海淀区北蜂窝 8 号中雅大厦 A 座 11 层　100038）
网　　址：www. E - mp. com. cn
电　　话：（010）51915602
印　　刷：玉田县昊达印刷有限公司
经　　销：新华书店
开　　本：720mm × 1000mm/16
印　　张：20
字　　数：390 千字
版　　次：2017 年 6 月第 3 版　　2017 年 6 月第 1 次印刷
书　　号：ISBN 978 - 7 - 5096 - 5065 - 3
定　　价：68.00 元

编 委 会

总　序

　　现代意义下的项目管理是为实现项目的既定目标而对项目各方面所进行的计划、组织、领导、协调和控制等管理活动，是技术与经济仰仗管理来实现的真正结合，是生产力中的软件。它说明了开展项目管理的根本目的是满足或超越项目各方对项目的期望；阐述了进行项目管理的根本手段是运用管理的知识、技能、方法和工具，即如何把握正确方向和如何提高工作效率；它是集科学、艺术为一体的一项复杂的系统工程，通过提出问题、分析问题、采取行动来实现目标的系统流程，其理论基础是系统综合集成理论，其实践方法是系统综合集成技术，其实现方式是系统综合集成工程；它是一个组织从上到下对质量和数量的贯彻，其衡量标准就是在一定的资源约束条件下按时、按质、按量完成项目任务。

　　在人类社会从农业经济社会到工业经济社会，再到信息经济社会的变迁过程中，财富增长模式与管理方式也在不断地发生演变，以不断重复的运营活动为主的财富创造模式逐渐被以一次性、独特性和创新性的项目活动为主的财富创造模式所取代；以稳定、专一、企业主导为特征的职能管理方式正在逐步被以变化、综合、顾客主导为特征的项目管理方式所替代。在这种历史性的变革过程中，组织需要重塑灵活的组织管理模式，创建具备协作精神、效率、责任感、创新意识的管理团队，构建富有执行力的组织文化。

　　在国人喜独善其身、不好分工合作的文化背景下，该如何应对"竞争与合作"这一时代命题提出的挑战，抓住发展的机遇呢？项目管理的理论与技术能帮助管理者来应对这一前所未有的挑战，抢抓这一难得的机遇，从而实现组织的目标。正是基于此，我们获得了教育部优秀青年教师教学科研奖励计划的资助，在经济管理出版社的支持下，在参考和借鉴国内外大量项目管理类优秀教材、学习并融会项目管理类优秀教师的经验基础之上，经过多年的酝酿与实际讲授，向读者奉献这套"基于信息技术平台的项目管理丛书"。

　　本套系教材希望的学术目标。梳理古今的项目管理思想理论；构筑系统的项目管理知识体系；提供实践的项目管理技术方法；创建新型的项目管理教材套系。

本套系教材搭建的教学内容。回顾项目管理的发展历程，有助于学生更好地理解项目管理的理论结构；展望项目管理的未来发展，有助于学生更好地把握项目管理的发展方向；探讨项目管理的教材套系，有助于学生有效地解读项目管理的一般原理；描述项目管理的知识体系，有助于学生系统地研习项目管理的基本知识；陈述项目管理的技术框架，有助于学生系统地提高项目管理的操作技能。

本套系教材推出的导学理念。教与学合一：从需要到重要，从讲授到研习；学与练合一：从需求到追求，从优秀到卓越；练与想合一：从做法到想法，从精案到新案；想与干合一：从心动到行动，从理论到实践；古与今合一：从观念到信念，从继承到发展；内与外合一：从理想到梦想，从前沿到超越。

一、学科进展

汉字的"项"和"目"是指人的"颈上"部分。人与人的不同之处主要就表现在这一部分。而"项目"则是指人们所开展的各种具有不同特性的活动，这是中华民族早在造字时期对项目与项目管理的某些实质和特性的认识。项目管理的实践从人类开展社会活动时就已经开始，它的发展是为了满足社会的需要而发展的，从它自己的历史发展脉络来看，能成为管理学门类的单独学科是逻辑与历史的辩证统一。

（一）秉承经典　创建武库

工业革命前，即 18 世纪 60 年代前，就一般意义上讲，人们主要依靠直觉和经验开展各种项目的管理工作。但是，也出现过可称为现代意义的项目管理。古代的项目管理不仅可以追溯到传说中神农氏尝百草的中药开发项目和大禹治水的水利工程开发项目，而且可以考察到现存的中国都江堰水利枢纽、长城以及埃及的金字塔等世界著名的古代经典系统工程项目。无论是现存古籍的记载，还是残存工程的呈现，均证明了人类早在几千年前就已经开始认识和掌握项目管理的一些规律与方法。只是这些项目管理的知识、技术仅仅局限于以工程项目为主的领域，且重点关注时间、成本、质量等方面的管理。

1. 古代传载

中国春秋战国时期的名著《考工记》记载：凡修筑沟渠堤防，一定要先以匠人一天修筑的进度为参照，再以一里工程所需的匠人数和天数来预测工程劳力，后方可调配人力进行施工。《辑古算经》中记载，在唐朝就已经有了夯筑城台的定额"功"。北宋李诫所著《营造法式》一书全面汇集了北宋以前的建筑项目管理的技术精华，其中的"料例"和"功限"是人类采用定额进行工程项目成本管理的最早计算办法。许多朝代的"工部"都有相应的"定额标准"，甚至有自己的"标准图纸和工艺"规定。实质上，这些是人类早期的项目成本预算、项目施工管理与控制方法的文字记录，也是早期基于"工料定额"的"项目成本"、"项目时间"、"项目控制"、"项目评价"等方面的管理方法。

从工业革命后到新技术革命前，即 18 世纪 60 年代后期到 20 世纪 80 年代前期，人们开发并使用了适合于工业社会的各种经典的项目管理理论与方法。在工业革命后，由于社会发展的需要，有很多项目需要建设和开发，人们提出并开创了新的项目管理理论和方法。然而，项目管理学科得以迅猛发展并进入新的历史时期，还是在新技术革命以后。

2. 现代装配

人类所有的有组织活动最初都是以某种"项目"形式出现的，而且只有先期"项目"完成后才有后期"项目"的投入运营。例如，只有先完成开垦荒地的"项目"，才能有每年耕种"项目"的运营；只有先完成都江堰水利工程项目，才能用其来进行日常的防洪、灌溉等"项目"的运作。项目管理的发展源于其必要性而非需求性。工业革命之初，项目管理的理论和方法发展比较缓慢。直到人类进入 20 世纪以后，项目管理的理论和方法才开始加快发展和完善。例如，20 世纪初美国人亨利·甘特（Henry Gantt）发明了近代项目管理的工具甘特图（Gantt Chart），20 世纪 40 年代到 60 年代开发的项目计划评审技术（Project Evaluation & Review Technique，PERT）、关键路径法（Critical Path Management，CPM）、项目分解结构（Work Breakdown Structure，WBS）、项目净值管理技术（Earned Value Management，EVM）、项目生命周期管理技术（Project Life Cycle，PLC）等。这些杰出成果，一方面是 20 世纪 70 年代以前为项目管理的发展与实践在理论与技术上准备的武库；另一方面是在借鉴运营管理的某些原理和方法的基础上，应用于工程建设项目的成本、时间和质量等方面的管理，为项目管理的职业化奠定了坚实的基础。

在 20 世纪 60 年代前后，世界各国先后成立了项目管理协会，尤其重要的是以欧洲国家为主成立的国际项目管理协会（International Project Management Association，IPMA）和以美洲国家为主成立的美国项目管理协会（Project Management Institute，PMI）。这些协会的成立为项目管理的普及、发展、推广以及项目管理知识体系的构建等做出了卓越的贡献。值得注意的是，发达国家的政府部门在项目现代管理理论和方法方面的研究与开发中占据主导地位，创建了许多全新的项目管理方法和工具，这些方法和工具沿用至今。例如，美国海军提出的项目计划评审技术（PERT）、美国国防部提出的项目成本与进度管理规范（Cost/Schedule Control System Criteria，C/SCSC）等。

（二）开凿新局　展示超越

进入 20 世纪 80 年代后，随着全球新技术革命和信息时代的到来，由于社会的转型变迁、竞争的日趋激烈，创新成为获取竞争优势的主要手段。各种项目的数量、规模与复杂程度与日俱增，这迫使管理的实践者和研究者去寻找更为科学有效的项目管理方法与原理。尤其是在信息社会中，创新成为创造财富的主要手段，每一次创新活动在本质上就是一个项目，就需要科学有效的项目管理方法与技术。

1. 引领标准

国际项目管理专业资质基准（IPMA Competence Baseline，ICB）是 IPMA 开发的一个通用国际标准，其对项目管理资质认证所要求的能力标准进行了定义和评价。ICB 将项目管理能力定义为：知识 + 经验 + 个人素质，从技术、行为以及环境三个大范畴中挑选出 46 个项目管理能力要素，来阐明在项目中计划和控制工作对项目管理专家的能力要求。在 ICB3.0 中，将项目经理的能力要素归类为：20 个技术能力要素，涉及专业人员从事项目管理所进行的工作内容；15 个行为能力要素，涉及管理项目、大型项目和项目组合中个人以及团体之间的人际关系；11 个环境能力要素，涉及项目管理与项目环境，尤其是长期性组织间的交互作用。

美国项目管理协会（PMI）于 1984 年首先提出项目管理知识体系（Proiect Mnnagement Body of Knowledge，PMBOK）的概念，并在第一个基准版本的基础上发布了 PMBOK1.0、PMBOK2.0、PMBOK3.0。PMBOK 分别介绍了将项目管理各种不同要素综合为整体的过程和活动，项目应该包括成功地完成项目所需的全部工作，按时完成所需的各项过程，按照规定预算完成所需进行的费用规划、估算、预算的各项过程，达到其既定质量要求所需实施的各项过程，组织和管理项目团队的各个过程，信息及时而恰当地提取、收集、传输、存储和最终处置而需要实施的一系列过程，与项目风险管理有关的过程，采办或取得产品、服务或成果以及合同管理所需的各个过程。

项目管理成熟度模型（Organizational Project Management Maturity Model，OPM^3）表达的是一个组织，通常指一个企业具有的按照预定目标和条件成功地、可靠地实施项目的能力，是描述组织如何提高或获得竞争能力的过程和框架，是一个组织项目管理过程成熟度的反映，是一种评价和学习标准。1998 年 PMI 开始启动 OPM^3 计划，John Schlichter 担任计划的主管，在全球招募了来自 35 个国家、不同行业的 100 余位专业人员参与。继能力成熟度模型（the Capability Maturity Model，CMM）震撼后，经过五年的努力，OPM^3 在 2003 年 12 月问世，在企业间掀起了一股追求建立"组织全面性项目管理能力"的风潮。OPM^3 模型的基本构成是最佳实践、能力组成、路径、可见的成果、主要绩效指标、模型的范畴。

英国中央计算机与电信局（Central Computer and Telecommunications Agency，CCTA）在 Simpact Systems 公司 1975 年建立的项目管理方法——项目资源组织管理计划技术（Project Resource Organization Management Planning Technique，PROMPTⅡ）的基础上，于 1989 年创立了有效项目管理的结构化方法（Project IN Controlled Environment，PRINCE）。为了适应对所有的项目而不单纯是信息系统的项目管理进行改进和指导的要求，CCTA 在进行深入调研和广泛咨询后，对该方法做了进一步的开发，形成了 PRINCE2。它以数十个项目的经验为基础，汇集了项目经理和项目小组的成功经验和失败教训，其目的是要适用于比信息系统（IS）和信息技术（IT）项目更大范围的所有项目。PRINCE2 是一个公共标准，是被英国政府普遍使用的"事实上"的标准，同时也被英国和国际上许多企业所广泛接受和使用。

《ISO10006 质量管理——管理质量方针》（以下简称 ISO10006）是国际标准化组织（ISO）发布的关于项目质量管理的指导纲要。它概要说明了项目质量管理的原则和实务，阐述了项目管理过程中要交付高质量成果的关键要素。ISO10006 在很大程度上是从 PMI 编写的 PMBOK 发展起来的。ISO10006 建议过程、项目质量的确立和保持需要结构化和系统化的方法，其目标是保证客户和其他项目利益相关方的需求能够被理解并得到满足，同时这一方法还应考虑到组织其他的质量方针。ISO10006 没有推荐项目管理的过程，它所讨论的只是作为一个这样的管理过程的关键要素。

2. 跨越发展

中国在数千年前就已经开始了项目和项目管理的实践并创造了许多好的项目管理方法和实践经验，是传统项目管理的发源地。但自宋朝之后，在各方面开始走下坡路，未能跟上世界工业革命的变革与发展步伐。直至 20 世纪 80 年代，随着现代化管理方法的推广应用，进一步促进了 20 世纪 60 年代华罗庚教授的"统筹法"在项目管理过程中的应用。此时，项目管理有了科学的系统方法，但主要应用在国防和建筑业，项目管理的任务主要强调的是项目在进度、费用与质量三个目标上的实现。1984 年，在利用世界银行贷款建设的鲁布革水电站饮水导流工程中，日本建筑企业运用项目管理方法对这一工程的施工进行了有效的管理，取得了很好的效果。这给当时中国的整个投资建设领域带来了很大的冲击,人们确实看到了项目管理技术的作用。基于鲁布革工程的经验,1987年,原国家计委、建设部等有关部门联合发出通知,在一批试点企业和建设单位要求采用项目管理施工法,并开始建立中国的项目经理认证制度。1991年,建设部进一步提出把试点工作转变为全行业推进的综合改革,全面推广项目管理和项目经理负责制。如在二滩水电站、三峡水利枢纽和其他大型工程建设中,都采用了项目管理这一有效的管理手段、方法、模式。

1991年6月,中国优选法统筹法与经济数学研究会成立了第一个跨地区、跨行业的项目管理研究委员会(Project Management Research Committee, China, C—PMRC),它的成立是中国项目管理学科体系开始走向成熟的标志,为推动中国项目管理事业的发展和学科体系的建立,为促进中国项目管理与国际项目管理专业领域的沟通与交流起到了积极的作用。目前,许多行业也纷纷成立了相应的项目管理组织,如中国建筑业协会工程项目管理委员会、中国国际工程咨询协会项目管理工作委员会、中国工程咨询协会项目管理指导工作委员会等,都是中国项目管理日益得到发展与应用的体现。

有了美国的PMBOK与OPM³、英国的PRINCE2与国际标准化组织的ISO10006等优秀、实用的项目管理知识体系作为模板,项目管理的理论、方法和技术完全被运用到各种一次性、独特性和创新性的任务管理中,有关项目集成管理、项目范围管理、项目风险管理、项目沟通管理等全新的项目专项管理的理论和方法开始出现,由九大项目管理专项知识组成的现代项目管理知识体系得以形成,从而使项目管理进入真正意义上的现代管理阶段。比较成熟的国家项目管理知识体系有《美国项目管理知识体系》、《英国项目管理知识体系》、《德国项目管理知识体系》、《法国项目管理知识体系》、《瑞士项目管理知识体系》、《澳大利亚项目管理知识体系》等,当然也包括《中国项目管理知识体系》。

(三)洞察趋势 迈向卓越

随着人类社会活动领域与范围的日益扩大,人类社会的经济形态和组织形态将在21世纪初以后发生相应变化。为适应这一变化,项目管理也将在原有基础之上发生相应变动,出现新的发展态势。如项目管理的知识体系将更为完整,其应用范围将更为广泛。

1. 升级结构

未来的项目管理将从定性到定量综合集成方法系统化、具体化,形成一套更具可操作性、行之有效的方法体系和实践工具,实现"人—机"结合、"人—网"结合、以人为主的信息、知识和智慧的综合集成技术。把专家体系、信息与知识体系以及计算机体系有机结合起来，构成一个高度智能化的"人—机"结合与融合的项目管理的综合集成体系。该结构体系不仅有学科和领域的深度，又有跨学科、跨领域的广度，还有跨层次的高度之三维结构，充分体现综合、整体和智能优势，反映出结构体系的学科思想和科学智慧。它必将对现代项目管理产生重大影响，特别是在项目管理向综合性、整体化方向发展中将发挥重要作用。

2. 领衔范式

由于主导经济社会的模式在转变，项目管理范式将成为管理的领衔范式，运营管理范式将退居次要地位，著名的质量管理学家 W. Edwards Deming（W. 爱德华兹·戴明）在 20 世纪 80 年代提出的质量管理"十四原则"中就明确指出：用项目管理代替传统职能管理。项目管理的各种新思想、新方法层出不穷，如基于项目的管理、企业级项目管理、项目群管理、项目组合管理、项目导向型组织、项目导向型社会、组织项目管理成熟度模型等。各种项目管理软件被开发并应用于实践。作为领衔的管理范式，项目管理本身也在发生转变。其一是知识体系内容将发生很大变化，不再局限于时间、成本、质量，而是拓展为集成管理、范围管理、风险管理、沟通管理、采购管理，等等；其二是应用领域更为宽广，不再局限于工程领域，而是推广到社会生产和生活的各个方面。

3. 职业教育

项目管理的职业化和专业教育体系得以迅猛发展与完善。项目管理职业资格认证体系发展迅速，尤其是 PMI 的项目管理职业认证（Project Management Professional，PMP）和 IPMA 的国际项目管理专业资质认证（International Project Management Professional，IPMP）。另外，美国造价工程师协会（The Association of the American Cost Engineer，AACE）、英国皇家特许测量师协会（Royal Institution of Chartered Surveyors，RICS）等专业协会也都开始或已经建立了项目管理方面的职业资格认证体系。各国的大学相继建立了项目管理专业的教育体系，如美国和欧洲的大学几乎都设有项目管理专业的博士学位和硕士学位。中国的高校也在研究生层次进行项目管理的专业教育，如 2003 年一些高校开始招收项目管理领域工程硕士，不少高校开始试办项目管理专业的本科，个别高校还获得了招收项目管理专业博士的资格。

继承传统、中西结合，超越创新是逐步形成更适合现代社会发展的现代项目管理理论体系、科学方法、技术框架的发展之路。新型的项目管理将更加强调行业项目管理的应用研究，更加强调组织中项目管理的成熟度，将项目管理范式作为企业管理的主要范式，强化企业自身项目管理体系的建设，普及项目管理的职业化与专业化，大力发展项目管理的信息化工作。

二、课程建设

许多人认为项目管理过于工程化，太过实际，知识体系太复杂，因此不少学生畏难该课程体系的学习。但是，对于有志于成为管理者的人来说，应该清醒地认识到我们在 21 世纪面临的管理环境与任务的复杂和难度，同时站在一定的高度，立足未来的发展，拨雾透析全球经济社会的转型、管理范式的变革。为此，作为管理学专业的学生或欲从事管理的人士，要想在未来的管理实践中脱颖而出，带领组织取得成功，就需要系统地接受项目管理方面的训练。项目管理学科的目标就是帮助训练其项目管理式的思维方式、项目管理化的分析方法，并进一步掌握解决项目管理问题的方法和工具。

在 1999 年，由当时国家外国专家局组织，会同南开大学等单位共同引进和介绍 PMI 的现代项目管理知识体系（PMBOK）及项目管理职业认证（PMP）。2003 年国务院学位办开始试办项目管理领域工程硕士教育，短短几年时间全国举办项目管理领域工程硕士教育的学校和单位已经达到 96 家。国家自然科学基金、教育部人文社科基金等都对项目管理类课题给予了较多的资助并取得了很好的成果。我们与世界同步开展了关于项目导向型社会、项目导向型组织、项目导向型企业、项目管理成熟度模型以及企业级项目管理理论等国际上最新的现代项目管理理论与方法的研究，四川大学先后在 MBA 层次、本科层次和工程硕士层次开设了项目管理课程，我们承担了这些层次的培养方案设计和教学实施，为该套系教材的出版积累了丰富的教学经验。

21 世纪，科技进步日新月异、社会发展飞速向前、企业竞争日益激烈，这对人才培养提出了更高的要求，集中表现在强调解决实际问题的能力训练。这就要求教师一方面要摒弃过去那种只讲理论而忽视实践能力培养的教学模式，引导学生在理解项目管理的基本理论和方法的基础上，提高其运用方法和工具进行实际项目的管理能力作为教学的首要目标；另一方面必须大幅度提高项目管理类课程的教学效率，以更加新颖、有效的教学手段实现教学目标。我们必须重新审视和思考项目管理的原有教学体系，根据新世纪人才培养的需要，从教学目标、教学内容体系、教学手段等三方面对项目管理类课程进行全新的定位和变革。该套系教材基本体现了我们多年来对如何建设 21 世纪的项目管理教学体系的一些想法。它既将"凸显工程、掌握技术、提高素质"作为编写的基本指导思想，又将其作为新世纪项目管理类课程的培养目标始终贯穿于整个套系教材的建设之中。

（一）体系完善　综合论述

近几年来，随着项目管理人才需求市场、教育培训市场等的火热，项目管理领域的出版物增长极快，每年都会有好几十种的成套或单本的教材或专著等出版，其中也不乏国外的项目管理书籍。但是其适用性不够、针对性不强。目前，我国开设项目管理类课程的院校越来越多，作为未来项目管理者，他们需要具备哪些项目管理方面的能力呢？作为讲授项目管理的教师应该传播给学生怎样的知识体系呢？为此，我们深入研究了国内外关于项目管理知识体系的框架，力求构建一个更加符合实际工作的项目管理知识结构。

1. 剖析蓝本　构筑知识体系

项目管理的知识体系是指在现代项目管理中所要使用的各种理论、方法、工具及其之间相互关系的总称。具有代表性的项目管理体系有美国项目管理协会（PMI）的项目管理知识体系（PMBOK）和组织项目管理成熟度模型（OPM^3），英国的 PRINCE2；国际标准化组织（ISO）的 ISO10006，以及中国项目管理研究委员会发起并组织实施的中国项目管理知识体系（C – PMBOK）。

美国项目管理协会（PMI）的项目管理知识体系（PMBOK）结构包括项目的整体、范围、时间、费用、质量、人力资源、沟通、风险等管理的内容。OPM^3 是描述组织如何提高或获得竞争能力的过程和框架，是美国项目管理协会发布的一种评价和学习标准。OPM^3 包括 586 种最佳实践模型、2109 种核心能力、2184 种关键产出，以及一些叙述性的说明、指导手册、自我评估模板和组织项目管理过程的描述。

英国中央计算机与电信局（CCTA）建立的有效项目管理的结构化方法——PRINCE2 包括由项目准备、指导、启动、阶段边界管理、阶段控制、产品交付管理、收尾、计划等组成的有特色的管理过程，涵盖了从项目启动到项目结束过程中进行项目控制和管理的所有活动。国际标准化组织（ISO）发布的《ISO10006 质量管理——项目管理质量方针》强调项目要高质量地实现需要过程的高质量和产品的高质量。它认为实现高质量是一种管理职责，质量目标的达成是高层管理者的责任。对它的态度和承诺应该渗透给组织内部所有参与项目的层级，每个层级皆应对它们相关的过程和产品负责。

中国项目管理研究委员会在 2001 年、2006 年分别推出了第一、二版 C – PM-BOK。它以项目生存周期为基本线索，从项目及项目管理的概念入手，按照项目开发的概念、开发、实施及结束四个阶段，分别阐述了各阶段的主要工作、相应的知识内容以及项目管理过程中所需要的共性知识与方法工具。由于 C – PMBOK

模块（共分为 94 个模块）化的特点，在项目管理知识体系的构架上，完全适应了按其他线索组织项目管理知识体系的要求，特别是对于结合行业领域的和特殊项目管理领域知识体系的构架非常实用。各应用领域只需根据自身项目管理的特点加入相应的特色模块，就可形成行业领域的项目管理知识体系。

2. 解析范本　构建教材套系

我们以美国的 PMBOK 和 OPM[3]、英国的 PRINCE2 和 ISO 的 ISO10006 等项目管理知识体系作为蓝本，参考《德国项目管理知识体系》、《法国项目管理知识体系》、《瑞士项目管理知识体系》、《澳大利亚项目管理知识体系》，结合 C-PMBOK 的 94 个模块，全面阐述项目管理的理论方法，搭建合理项目管理知识体系。本套系教材主要为项目管理领域的工程硕士研究生所设计，分为《项目时间管理》、《项目成本管理》、《项目质量管理》、《项目融资管理》、《项目采购管理》、《项目风险管理》、《项目沟通管理》、《项目评价管理》、《项目管理案例》九本。这九本教材较全面、系统地介绍了项目管理的知识体系，非常适合项目管理专业的研究生学习使用。

《项目时间管理》主要内容包括：项目时间管理的概念、项目活动分解与界定、项目活动排序、项目活动工期估算、项目工期计划制定、项目工期计划的控制；《项目成本管理》主要内容包括：项目资源及资源计划编制、成本估算、成本预算、成本控制、成本核算与分析及成本决算与项目审计；《项目质量管理》主要内容包括：项目质量管理概述、项目质量策划、项目质量保证、项目质量控制、项目质量改进、项目质量管理工具与方法、ISO9000 系列标准与质量认证、项目质量管理应用案例等；《项目融资管理》主要内容包括：项目融资基本概念、项目融资的基本框架和运作程序与主要环节、可行性分析、信用保证、投资结构、典型的融资模式、项目股本资金、准股本资金和债务资金的具体筹措方式、风险管理；《项目采购管理》主要内容包括：项目采购管理基本概念、项目采购管理的一般内容和运作模式，WTO《政府采购协议》和 IT 项目采购、政府采购、国际项目采购等专项采购，在项目实施过程中合同管理经常出现的问题及其处理方法，项目采购案例；《项目风险管理》主要内容包括：项目风险管理的概念、模型、方法及其应用，项目风险识别、项目风险估计、项目风险评价、项目风险规划、项目风险监控、项目群风险管理和项目风险管理案例等；《项目沟通管理》主要内容包括：项目沟通管理的概念及特征、项目沟通计划、信息传播、执行报告和行政总结、项目沟通管理过程中的风险、沟通的技能、项目沟通案例；《项目评价管理》主要内容包括：项目评价的概念、类型、原则，项目运行环境评价、项目技术评价、项目财务评价、项目国民经济评价、项目环境影响评价、项目社会影响评价、项目后评价、项目评价管理案例；《项目管理案例》

主要内容包括：文体项目、新产品开发项目、IT 项目、建筑工程项目等经典案例的复原，项目管理软件在案例中的应用等。

（二）面向工程　能力训练

"工程"一词在《辞海》中的解释：一种是指将自然科学原理应用到工农业实践中的学科统称；另一种是指现实的基本建设项目。随着时代的发展，工程一词的含义被泛化为使用基本建设项目的思想、手段、方法等所有项目。项目管理本身就是工程项目管理实践的产物。它强调科学原理在工程中的实际应用；同时也关注理论、方法的研究，以便更好地服务于工程实践。这就决定了本套系教材需要面向工程。但是仅仅介绍方法与理论及其应用，而忽视应用这些理论与方法的人的能力训练，又会导致项目管理的思想、方法、工具无法被应用于实践。因此，本套系教材将着力点放在训练学生运用项目管理的知识、工具和技巧解决项目管理实际问题的能力上。"面向工程、能力训练"是本套系教材的又一特点。

1. 立于工程　超于工程范围

"面向工程"就是以工程项目为背景，但又要超越狭义的基本建设项目；就是以工程方法为手段，但又不仅局限于工程的定量方法；就是以工程思维为模式，但又不囿于呆板、僵化的思考方式；就是以工程意识为归宿，但又不拘于传统工程的点滴经验；就是以工程能力为目标，但又不以此为单一能力培养目标。

因此，本套系教材在案例编写、方法介绍、意识培养等各个方面，以传授学生项目管理知识的一般项目背景、科学定量技术、协调沟通方法、生态环保意识为主，提倡"学习为了实践、服务实践"；在编写案例时，多以工程项目为主，又有一般背景的项目案例；在方法的介绍上，偏重工程定量方法，又有社会科学的定性方法；在目标的追求上，强调提高工程能力，又关注沟通能力等侧面；在意识的培养上，重视工程意识养成，又兼顾环保等意识的教育。

2. 始于学习　终于能力提升

"能力训练"就是要训练学生的思维能力，尤其是用工程思维的模式、结构等去认识事物的分析能力；就是要训练学生的操作能力，尤其是将项目管理的方法、技术等运用到实践的操作能力；就是要训练学生的创新能力，尤其是用项目管理的体制、机制等去设计项目的创新能力。

为此，本套系教材从编写体例、教师讲授、学生训练等众多方面，以训练学生工程思维能力为主的系统思维能力、逻辑思维能力、结构思维能力、精准思维能力；通过案例剖析、问题探讨等方式训练学生的分析能力，以达到"一针见血指问题、拨冗理乱见本质"；通过习题练习、模拟应用等形式训练学生的运用能力，以"练习模拟是基础、成功运用达目的"；通过前沿介绍、难题攻关等模式训练学生的创新能力，以谋"洞察前沿为发展、攻关难题创辉煌"。

为实现"面向工程、能力训练"，我们将"凸显工程、掌握技术、提高素质"的要求作为一个基本原则贯穿于整个套系教材的编写中。为此，力求做到：在学生每完成一部分的学习后，就能够掌握分析和解决项目管理某方面问题的必需知识，形成完整的项目管理思维框架；就能够掌握基本的项目管理工具，具备解决现实项目管理问题的实践能力。

（三）易教好学　平台支撑

项目管理源于工程实践，其本身技术含量较高，方法工具较多，定量分析居多，实践要求较高。这导致项目管理类课程教与学的不易。为此，我们以"易教好学"作为本套系教材编写的目标之一，同时以多类型的平台支撑作为该目标实现的手段与方式。我们把本套系教材作为实现教学目标、承载教学内容、融会教学手段的一个基本载体，改进教学形式和手段，培养学生学习的兴趣，有效实现教学的目标；将教学大纲、教师手册、习题案例、考试测评、教学课件和在线支持等内容丰富、结构严谨、支持完备的教辅材料作为教学支撑体系。

1. 提供支撑　方便教师易教

构建体系完整、内容丰富的支撑体系，提供教学大纲、教师手册、习题案例、考试测评、教学课件和在线支持等教学支撑，使教师得到更多的教学"装备"与教学支持，从繁忙备课的重负中解脱出来，把精力集中到现场教学的组织和控制上。我们在教材编写中：模块化的组织内容，即各模块自成体系而又相互联系，教师可以依据教学目标与教学对象的需求进行个性化的调整，从而提高教学效率，增强教学针对性；简明化的编写体例，即借鉴国外优秀教材编写规范，教师可以根据套系教材与教辅材料的形式进行系统化的组合，快速设计教学方案，实现教学实用性。

2. 构建平台　有助学生好学

把教材作为实现项目管理教学目标、承载教学内容、融会教学手段的一个基本平台；将网站作为模拟实践、交流沟通、自我测评、快速学习、高效学习、便捷学习的平台，设计了网上自测系统、学生园地、模拟项目管理系统等。我们在教材编写中：由易到难讲知识，力图做到内容的设置和阶梯难度符合学生的认知规律；问题导向述理论，通过引入问题而引发学生学习兴趣来推出理论知识点；精选习题帮巩固，以精选习题与经典案例来巩固学生的课堂认知与激发学生的学习主动性；标注文献推深入，以文献标注来引导学有余力的学生深入探索项目管理的相关问题。

总之，本套系教材紧紧围绕"当今社会，一切都是项目，一切也将成为项目"的发展趋势，以信息技术为平台，在项目管理领域的教学上努力做出一些新的探索和实践，希望能够对项目管理在我国的发展有所裨益。当然，事物总是在不断革新和进步中发展，本套系教材的不足之处也有待于读者和同行的指正。真诚地期待您的批评和建议。

　　来信请发：xujiupingscu@ 126. com 或 xujiuping@ openmba. com。

徐玖平

2012 年 1 月

前　言

　　项目融资作为一种特殊的资金筹集方式，在 20 世纪五六十年代开始出现，主要运用领域是美国的石油、天然气和矿产品项目。这些项目以产品或未来产品的销售收益作为债务担保进行融资，而不是传统的资产抵押或公司担保方式。20世纪 60 年代中期，英国北海油田开发中使用的以产品支付为核心的有限追索项目贷款模式使项目融资开始受到广泛重视，并逐渐成为一门融合金融、财务、法律等多学科知识的交叉学科。

　　项目融资最主要的特点是以项目的资产和未来收益作为偿还项目贷款的资金来源和安全保障，融资项目本身的经济强度是决定能否取得贷款的首要考虑因素。这一特点使项目融资成为 20 世纪 70 年代第一次石油危机之后大型能源项目国际性融资的一种主要手段。到目前为止，项目融资方式已经成为大型工程项目尤其是基础设施项目和资源开发类项目筹集资金的一种主要方式。

　　自 20 世纪 80 年代项目融资传入我国以来，项目融资被应用于资源开发、大型工程、基础设施等项目的资金筹集中。在实践过程中，我们取得了一些成功的经验，但是，由于我国在政府角色、法律体系和金融体系等方面存在的问题在一定程度上制约了项目融资在我国的应用和发展。目前，我国经济正处于长期的快速发展过程中，基础设施、能源建设需要巨额资金。相信随着社会主义市场经济体系的不断建立和完善，与项目融资相关的法律、金融体系也会不断完善，项目融资模式将在我国的大型工程项目建设中发挥重要作用，对项目融资人才的需求也将日益增加。

　　本书在系统介绍项目融资基本理论的基础上，结合具体的项目融资案例对项目融资的投资结构、融资模式、信用保证、可行性分析、风险管理等进行了系统分析。考虑到项目融资的实践性，最后以专门章节介绍了国内外一些成功和失败的项目融资典型案例供大家参考。本书由王虹、徐玖平编著。在第二版中，朱新龙修订第 4 章，刘哲修订第 5 章。

　　本书理论联系实际，实用性强，可以作为项目管理领域工程硕士、管理类研究生和本科高年级学生的教材，也可供实务界的相关人士参考。

　　本书在写作过程中参阅了大量的国内外资料，并借鉴了国内外同行的很多研究成果。由于项目融资是一门综合性、实践性、动态性极强的交叉学科，也由于作者水平所限，虽然竭尽全力，但是缺陷甚至错误在所难免，恳请读者和专家指正。

编　者

2012 年 1 月

目　录

第1章 引 言

项目融资（Project Financing）作为一种特殊的融资方式，是20世纪五六十年代兴起的一种新型融资模式，主要应用于大型工程项目的资金筹集。这种融资方式对于解决大型工程项目特别是大型基础设施项目和资源开发项目的资金缺口具有十分重要的作用，它与传统的公司融资方式相比，具有自己独特的特点。因此，分析研究这种融资方式的基本特征、主要适用范围、主要参与者及其实施的内、外部环境具有重要意义。

1.1 项目融资的含义

1.1.1 项目融资定义

项目融资作为一个金融术语，到目前为止还没有一个准确公认的定义。在国内外公开出版的书籍中对项目融资给出的定义各不相同，但归纳起来基本上有两种观点，即广义的项目融资观点和狭义的项目融资观点。从广义上讲，以建设一个新项目、收购一个已有项目或者对已有项目进行债务重组为目的所进行的融资活动都可以称为项目融资。在欧洲，一般就是把一切针对具体项目所安排的融资活动都称为项目融资，即采用的是广义的项目融资观点。但在北美洲，金融界习惯上只将具有无追索权或有限追索权形式的融资活动称为项目融资（即狭义项目融资）。本书对于项目融资的概念采取狭义的观点。主要原因是狭义项目融资概念为大多数国家所认可，而且，通过对狭义项目融资的研究，将有助于解决我国经济建设中存在的一些建设项目特别是大型基础设施项目和资源开发项目的资金缺口。

对于狭义项目融资，也存在着若干种不同的定义。

彼得·内维特（Peter k. Nevitt）在其《项目融资》（《Project Financing》1996 年第 6 版）一书中对项目融资的定义是：为一个特定经济实体所安排的融资，其贷款人在最初考虑安排贷款时，将满足于使用该经济实体的现金流量和收益作为偿还贷款的资金来源，并且将满足于使用该经济实体的资产作为贷款的安全保障。

美国财会标准手册中的定义是："项目融资是指对需要大规模资金的项目而采取的金融活动。借款人原则上将项目本身拥有的资金及其收益作为还款资金来源，而且将其项目资产作为抵押条件来处理。该项目事业主体的一般性信用能力通常不被作为重要因素来考虑。这是因为其项目主体要么是不具备其他资产的企业，要么对项目主体的所有者（母体企业）不能直接追究责任，两者必居其一。"

中国国家计委与外汇管理局共同发布的《境外进行项目融资管理暂行办法》（计外资〔1997〕612 号）中的定义是："项目融资是指以境内建设项目的名义在境外筹措外汇资金，并仅以项目自身预期收入和资产对外承担债务偿还责任的融资方式。它应具有以下性质：①债权人对于建设项目以外的资产和收入没有追索权；②境内机构不以建设项目以外的资产、权益和收入进行抵押、质押或偿债；③境内机构不提供任何形式的融资担保。"

上述定义虽然表述不同，但均将项目融资用来保证贷款偿还的主要来源限制在被融资项目本身。被融资项目本身用来偿还贷款的资金来源有两个：一是项目未来的可用于偿还贷款的净现金流量；二是项目本身的资产价值。因此，在为一个项目安排项目融资时，项目借款人对项目所承担的责任与其本身所拥有的其他资产和所承担的其他义务在一定程度上是分离的。此外，对于贷款人来说，虽然在初始时可能愿意完全依赖于项目现金流量和资产价值作为其贷款的基础，但是也必须考虑在最坏的情况下贷款能否会得到偿还的问题。如果预测项目本身未来的资金来源不足以支撑在最坏的情况下偿还贷款，那么贷款人就可能要求项目借款人以直接担保、间接担保或其他形式给予项目附加的信用支持。因此，一个项目未来可预测的资金来源即项目的经济强度，以及项目投资者（借款人）和其他与该项目有关的各个方面对项目所做出的有限承诺，就构成了项目融资的基础。

根据项目融资在追索权方面的不同特点，可以将其分为无追索权的项目融资和有限追索权的项目融资两种方式。

1.1.1.1 无追索权的项目融资

无追索权的项目融资是指贷款人对项目发起人无任何追索权，只能依靠项目未来的现金流量偿还。当项目现金流量不足时，项目发起人对项目债务的偿还没有直接的法律责任。

无追索权项目融资一般建立在可预见的政治与法律环境和稳定的市场环境基础之上。比如，法律法规是否具有连续性和可预见性，市场供求是否稳定。如果这些不能使贷款人放心，则必须提供一定形式的担保，如保证原材料供应、保证有关商品市场的法规稳定性等。

总之，要安排无追索权的项目融资，需要对项目进行严格的论证，使项目贷款人理解并接受项目运行中的各种风险。因此，从某种程度上说，无追索权项目融资是一种低效的、昂贵的融资方式。这种方式在现代项目融资实务中已较少使用。

1.1.1.2 有限追索权的项目融资

有限追索权的项目融资是指项目发起人只承担有限的债务责任和义务。这种有限性一般表现在时间上的有限性、金额上的有限性和对象上的有限性三个方面。

时间上的有限性指一般在项目的建设开发阶段，贷款人有权对项目发起人进行完全追索；而通过完工标准测试后，项目进入正常运营阶段时，贷款可能就变成无追索性的。

金额上的有限性指如果项目在经营阶段，不能产生足额的现金流量，其差额部分可以向项目发起人进行完全追索。

对象上的有限性指如果项目是通过发起人成立的特别目的项目公司进行的融资，则贷款人一般只能追索到项目公司，而不能对项目发起人追索，除了发起人为项目公司提供的担保外，大多数项目融资都是有限追索性的。

至于贷款人在多大程度上对项目发起人进行追索，决定于项目的特定风险和市场对该风险的态度。例如，当项目贷款人认为在项目建设阶段存在较大风险时，他们会要求项目发起人保证，当项目风险具体化时，由其注入额外的股本，否则，贷款人将会追索到项目发起人的资产直至风险消失或项目完工。之后，贷款才有可能成为无追索性的。

1.1.2 项目融资与一般公司融资的区别

公司作为一个独立的法人实体，在其日常经营或发展新项目过程中，由于资金短缺将采取一定方式，通过一定的途径筹集资金。这些筹资方式均是公司利用本身的资信能力对外进行的资金筹集行为，包括发行股票、债券、借款等。项目融资与一般公司融资方式相比，主要存在以下差异：

1.1.2.1 贷款对象不同

一般公司融资贷款的对象通常是项目的投资者或发起人。贷款人在决定是否提供贷款时，更多的是考察项目投资者的资产状况、信用等级和信誉水平以及有关各方提供的担保。

项目融资的贷款对象是项目实体。贷款人主要是考虑项目未来的现金流量和资产价值，而不是依赖于项目的投资者或发起人的资信来安排融资。贷款的数量、融资成本的高低以及融资结构的设计都是与项目的预期现金流量和资产价值直接联系在一起的。

1.1.2.2 追索程度不同

追索是指在借款人未按期偿还债务时，贷款人要求借款人用以除抵押资产之外的其他资产偿还债务的权利。追索程度不同是项目融资与传统融资的最主要区别。

传统融资方式属于完全追索。即借款人必须以本身的资产作为抵押，如果项目失败，该项目不足以还本付息，贷款方则有权把借款方的其他资产作为抵押品收走或拍卖，直到贷款本金及利息偿清为止。

根据项目融资的定义，项目融资属于有限追索或无追索。作为有限追索的项目融资，贷款人可以在贷款的某个特定阶段（如项目的建设开发阶段和试生产阶段）对项目借款人实行追索，或者在一个规定的范围内（包括金额和形式的限制）对项目借款人实行追索。除此之外，无论项目出现任何问题，贷款人均不能追索到项目借款人除该项目资产、现金流量以及所承担的义务之外的任何形式的财产。有限追索融资的特例是"无追索"融资，即融资百分之百地依赖于项目的经济强度。在融资的任何阶段，贷款人均不能追索到项目借款人除项目之外的资产。然而，在实际工作中是很难获得这样的融资结构的。

有限追索融资的实质是由于项目本身的经济强度还不足以支撑一个"无追索"的结构，因此还需要项目的借款人在项目的特定阶段提供一定形式的信用支持。追索的程度则是根据项目的性质，现金流量的强度和可预测性，项目借款人在这个行业部门中的经验、信誉以及管理能力，借贷双方对未来风险的分担方式等多方面的综合因素通过谈判确定的。就一个具体项目而言，由于在不同阶段项目风险程度及表现形式会发生变化，因此贷款人对"追索"的要求也会随之相应调整。例如，贷款人通常会要求项目借款人承担项目建设期的全部或大部分风险，而在项目进入正常生产阶段之后，可以同意只将追索局限于项目资产及项目的现金流量。

1.1.2.3 风险分担程度不同

传统公司融资的项目风险往往集中于投资者、贷款者或担保者，风险相对集中，难以分担。作为有限追索的项目融资，与项目有关的各种风险要素，需要以某种形式在项目参与者之间进行分担。项目的参与方包括项目发起人、项目公司、贷款银行、工程承包商、项目设备和原材料供应商、项目产品的购买者和使用者、保险公司、政府机构等，通过严格的法律合同可以依据各方的利益，把责任和风险在参与方之间合理分担。一个成功的项目融资结构应该是在项目中没有任何一方单独承担全部项目债务的风险责任，这一点即是项目融资与一般公司融资的第三个区别。

在组织项目融资的过程中，项目借款人应该学会如何识别和分析项目的各种风险因素，确定自己、贷款人以及其他参与者所能承受风险的最大能力及可能性，充分利用与项目有关的一切可以利用的优势，最后设计出对投资者具有最低追索的融资结构。一旦融资结构建立之后，任何一方都要准备承担任何未能预料到的风险。

1.1.2.4 债务比例与期限不同

在传统公司融资方式下，一般要求项目的投资者出资比例至少要达到30%～40%才能融资，其余的不足部分由债务资金解决。而项目融资由于项目导向，一些投资者很难借到的资金可以利用项目融资来安排，一些投资者很难得到的担保条件则可以通过组织项目融资来实现。因此，与传统融资方式相比，采用项目融资一般可以获得较高的贷款比例，根据项目经济强度的状况通常可以为项目提供60%～75%的资本需求量，在某些项目中甚至可以做到100%的融资。而且，由于项目导向，项目融资的贷款期限可以根据项目的具体需要和项目的经济生命期来安排设计，可以做到比一般商业贷款期限长。近几年的实例表明，有的项目贷款期限可以长达 20 年。

1.1.2.5 会计处理不同

项目融资也称非公司负债型融资（Off - Balance Finance），是资产负债表外的融资，即项目的债务不出现在项目投资者（借款人）公司的资产负债表上的一种融资方式。为了提醒报表使用者，这种债务只以某种说明的形式反映在资产负债表的注释里。这样的会计处理是通过对投资结构和融资结构的设计来实现的。根据项目融资风险分担原则，贷款人对于项目的债务追索权被限制在项目未来现金流和资产中，因此有条件将项目融资的负债安排成为不进入项目投资者（借款人）公司资产负债表的贷款形式。

非公司负债型融资对于项目投资者的好处在于：可以使投资者以有限的财力从事更多的投资，同时将投资风险分散和限制在更多的项目之中。如一个公司从事超过自身资产规模的投资，或同时进行多个大型项目的开发时，非公司负债型融资的优势就会充分体现。对投资者来讲，如果这些项目的负债全部体现在公司的资产负债表上，很可能导致公司的资产负债率超过银行或其他金融机构通常所能接受的安全警戒线。并且由于项目的建设周期和投资回收期都比较长，公司资产负债率高的状况很可能在很长一段时间内无法改善。这就势必影响投资者筹措新的资金，以及投资于其他项目的能力。如果采取非公司负债型融资，则可避免上述问题。

1.1.3　项目融资的弊端分析

上述项目融资与一般公司融资的区别，主要是从项目融资的优势出发进行分析的，但这些优势的取得是有代价的。与一般公司融资相比，项目融资存在以下弊端：

1.1.3.1　融资成本较高

与传统的融资方式比较，项目融资相对筹资成本较高。这主要是由于项目融资涉及面广、结构复杂、前期工作量大且具有有限追索的性质造成的。

项目融资需要做好大量有关风险分担、税收结构、资产抵押等一系列技术性的工作，筹资文件比一般公司融资往往要多出几倍，需要几十个甚至上百个法律文件才能解决问题。这就必然要求组织项目融资花费的时间要长一些，通常从开始准备到完成整个融资计划需要 3～6 个月的时间（贷款金额大小和融资结构复杂程度是决定安排融资时间长短的重要因素），有些大型项目融资甚至可以拖上几年。同时，项目融资的有限追索性质，增加了贷款人的风险，必然要求更高的回报补偿。这两方面的原因导致融资的成本比传统融资方式要高。

融资成本包括融资的前期费用（融资顾问费、成功费、贷款的建立费、承诺费以及法律费用等）和利息成本两个主要组成部分。融资的前期费用与项目的规模有直接关系，一般占贷款金额的 0.5%～2%，项目规模越小，前期费用所占融资总额的比例就越大；项目融资的利息成本一般要高出同等条件公司贷款的0.3%～1.5%，其增加幅度与贷款银行在融资结构中承担的风险以及对项目投资者（即借款人）的追索程度密切相关。另外，国外的一些案例表明，如果在一个项目中有几个投资者共同组织项目融资，那么合理的融资结构和较强的合作伙伴在管理、技术或市场等方面的强势就可以提高项目的经济强度，相对降低较弱合作伙伴的融资成本。

1.1.3.2　风险分配复杂

项目融资涉及出于不同目的参与进来的众多当事人，涉及许多的法律合同。由于项目融资具有周期长、有限追索的特点，因此，项目的风险分配是一个非常重要且复杂的过程。如何在贷款人与发起人之间分配风险取决于贷款人的追索程度；在工程建设公司与发起人之间分配风险取决于建设公司提供的担保种类等，这都会导致谈判工作的复杂和延期，甚至增加成本。风险分配的复杂性使这种融资方式在发展中国家操作起来较为困难，因为这些国家的企业独自承担项目风险的能力有限。

1.1.3.3 增加了贷款人的风险

尽管根据许多国家的法律，银行不是一个风险承担者，但在项目融资中，由于贷款的无追索性或有限追索性，使一些项目融资风险不能被有效地分配出去，这实际上增加了贷款人的风险。即当项目失败时，贷款人要承担较一般公司融资更大的风险。这一特点使得我国商业银行对于项目融资的介入显得过于谨慎。

1.1.3.4 贷款人的过分监管

由于贷款人的风险增加，贷款人必然要加强对项目发起人及项目公司的监管，有时甚至是过分的监管，这就使项目的执行成本相应增加。如要将项目报告、项目经营情况、项目工程技术报告等资料及时通报给贷款人；为了减少风险，贷款人还会要求项目进行过度的保险，并限制项目所有权的转移以确保经营管理的连续性。

1.2 项目融资的产生和发展

1.2.1 项目融资的产生

现代意义的项目融资虽然是 20 世纪 70 年代以后出现的新型融资方式，但其发展历史可以追溯到 300 多年以前。17 世纪，英国的领港公会负责管理海上事务，包括建设和经营灯塔，并拥有建造灯塔和向船只收费的特权。当时的私人业主建造灯塔的投资方式与项目融资中的 BOT（Build - Oporate - Transfer）形式就极为相似，即私人业主首先向政府提出建造和经营灯塔的申请，在申请获得政府批准后，私人业主向政府租用土地建造灯塔，在特许期内管理灯塔并向过往船只收取过路费，特许期后由政府收回灯塔并移交给领港公会管理和继续收费。只不过由于种种原因，这种投资方式一直没有引起人们的重视。

在传统的公司贷款方式中，借款人以自己的全部资产作为还款来源，即贷款人贷款的依据是建立在借款人良好的信誉和充实的还款能力基础上的。在经济持续发展，一切欣欣向荣的时候，这种方式是很自然的。但是经济危机发生之后，情况就发生了变化。1929 年，爆发了世界范围内的经济危机，整个资本主义世界陷入一片动荡混乱之中。在危机过程中，企业大批破产、倒闭。即使没有倒闭，也有相当一部分处于衰败状态。衰败的企业虽然自身资产负债状况不好，但并不意味着它们就没有好项目。然而，即使有好的项目，由于自身信誉低，企业很难从银行获得贷款，因此产生了通过项目本身的收益去获得贷款的设想。项目融资的雏形就是这样通过对因经济危机而衰败的企业开展不直接依赖本身的信用能力而是依靠企业生产的产品（如石油）乃至项目（如开采石油项目）的融资活动而产生和发展起来的。第二次世界大战后，西方各国为了振兴经济，纷纷发展石油工业。20 世纪 50 ~ 60 年代，美国的石油开发业十分兴旺。当时，虽然石油开采风险较大，但其丰厚的利润仍诱使一些私人银行通过项目融资把赌注押在这些开采项目上。回收贷款的方式是产品支付，即从特定油田获得将来产出的部分或全部石油的所有权。在这种情况下，银行回收资金依靠的是油田产出的石油。

20 世纪 70 年代末至 80 年代初，随着世界各国经济的发展，无论是发达国家还是发展中国家，都先后出现了大规模基础设施建设与资金短缺的矛盾。为此，人们不断寻求新型融资方式，例如能否依靠项目本身的收益去获得建设所需贷款的设想。在这方面首开先河的是土耳其总理厄扎尔。1984 年，在讨论土耳其公共项目的私营问题时，厄扎尔提出了 BOT 的概念，而 BOT 融资方式恰恰是用得最多的一种项目融资方式。运用此种方式，土耳其建设了火力发电厂、机场和博斯普鲁斯第二大桥。此后，BOT 融资方式作为基础设施项目建设的一种有效融资方式逐渐流行起来，并得到了广泛的发展。迄今为止，许多发达国家、发展中国家和地区越来越多地采用 BOT 融资方式进行大型基础设施建设。

从上述项目融资产生的过程可见，无论是在发达国家还是在发展中国家，现代意义上的项目融资的产生都有其客观必然性，是经济发展的必然结果。但由于各国经济发展的不均衡和所处的经济发展阶段不同，项目融资在各国产生的原因和背景各不相同。

1.2.1.1　发达国家和地区采用项目融资的原因

从经济发展的历史看，许多发达国家和地区以往的基础设施项目基本上是由政府财政预算安排，直接拨款建设的。20 世纪 70 年代以后，西方发达国家经济发展的现实迫使他们不得不改变这种传统的做法。主要原因在于：

（1）随着经济的快速发展、人口的增长和城市化水平的提高，各发达国家对交通、电力、供水等基础设施的需求不断增长。与此同时，各国在这一时期都面临着财政赤字、债务负担过重、政府投资能力下降的困境，无力继续承担耗资巨大的基础设施建设任务。

（2）一些发达国家和地区国有企业私有化进程加快，政府允许私人企业和投资进入基础设施领域，这既调动了私人投资的积极性，又缓解了国家财政困难，这些都为项目融资的发展和应用提供了较好的客观条件。因此，减轻政府财政负担，吸引私人资本参与基础设施建设，是发达国家和地区采用项目融资的根本原因。

1.2.1.2 发展中国家采用项目融资的原因

一直以来，发展中国家都存在严重的资金短缺问题。20世纪70年代以后，由于大量举债，发展中国家的国际债务危机加剧，导致了对外借款能力的下降，预算紧张，拉美国家在这方面尤为突出。为了尽快改变本国经济长期落后的状况，消除制约经济发展的"瓶颈"，必须大力加强基础设施建设。在这种情况下，资金严重短缺成为发展中国家经济发展的主要问题。为解决资金短缺问题，许多国家制定了引进民间资本和外国资金从事基础设施建设的政策。在这样的背景下，为了寻找新的资金来源，项目融资被广泛采用，成为引进外资的一种重要形式。

1.2.2 项目融资的发展

1.2.2.1 向国际金融方向发展

随着项目规模的增大，一两家银行有时很难满足一个项目的资金需求。20世纪70年代以后，基础设施对资金的需求越来越迫切，数量越来越大，项目融资就成为大型项目筹集资金的发展方向。一般情况下，参与项目融资的银行不是一家，而是由多家金融机构组成银团来进行，其目的在于分散风险。进入80年代，发展中国家基础设施建设项目已经开始使用项目融资。这样一来，项目融资就成了一种跨国的金融活动，必然涉及大量的国际金融问题，如汇率、国际信托等。随着应用地域范围的扩大，项目融资的风险也相应增加，对担保的要求成为此时的关键因素。大规模的项目融资通常由一两家银行出面担保，并以银行名义开出保函。实际上，出面担保的银行还要组织众多的银行充当所谓背后的担保银行，形成分担风险的银团。

1.2.2.2 项目融资向制造业发展

在发达国家，随着对基础设施需求的减少，项目融资重点正转向其他方向，如制造业。所以从全球范围来看，项目融资正处在一个应用范围扩大的阶段。而且，由于融资规模、地域范围的扩大，风险分析日益成为项目融资的重要方面。可以相信，随着更多金融工具的出现，项目融资必然更加趋于大型化、国际化，其应用重点也必然是在资金需求量大、发展状况良好的发展中国家。

1.2.3 项目融资在中国的发展

20世纪80年代，广东省沙角火力发电厂B厂（通称为"深圳沙角B电厂"）采取了类似BOT项目融资模式筹集资金，这标志着中国利用项目融资方式进行建设的开始。为尽快解决能源、交通、通信等基础设施严重不足问题，加快基础设施建设步伐，改变过去搞基础设施建设单纯依靠国家财政投资的传统做法，中央政府在制订国家经济和社会发展"八五"计划时，原国家计委首次提出了运用 BOT 方式加快基础工业发展和基础设施建设方面的新思路。但在具体实践中，由于多方面的原因，我国的项目融资发展十分缓慢。

进入 20 世纪 90 年代，我国陆续出现了一些类似以 BOT 方式进行建设的项目，如上海黄浦江延安东路隧道复线工程、广深高速公路工程、海南东线高速公路、三亚凤凰机场、重庆地铁、深圳地铁、北京京通高速公路、广西来宾电厂 B 厂等。这些项目虽然相继采用 BOT 模式进行建设，但只有重庆地铁、深圳地铁、北京京通高速公路等项目被国家正式认定为采用 BOT 模式的基础设施项目；广西来宾电厂 B 厂是经国家批准的第一个 BOT 试点项目，经过各方努力，该项目取得全面成功，被国际上很有影响的金融杂志评为最佳项目融资案例，在国内被誉为"来宾模式"。

为使我国项目融资尽快走上正轨，并按国际惯例进行运作，原国家对外贸易经济合作部于 1994 年发布了《关于以 BOT 方式吸引外商投资有关问题的通知》，原国家发展计划委员会也于 1997 年 4 月发布了《境外进行项目融资管理暂行办法》，上述文件和《外商投资产业指导目录》基本构成了中国 BOT 项目融资的法律框架。

尽管项目融资在我国有了一定的发展，但我国目前在项目融资领域仍然存在一些亟待解决的问题，主要包括：

1.2.3.1 国内对项目融资缺乏深入了解

虽然项目融资在我国已经有 20 多年的历史，但国内许多人对项目融资方式仍缺乏全面的了解，对在基础设施项目中应用项目融资方式存在各种各样的疑问，如基础设施经营权的非国有化问题、经营收入的保障问题等。

1.2.3.2 与项目融资有关的法律不够完善

虽然我国为促进项目融资方式在我国基础设施项目中的应用曾先后发布了《关于以 BOT 方式吸引外商投资有关问题的通知》和《境外进行项目融资管理暂行办法》等行政性条例和法规，但目前在项目的审批程序、项目实施的指导原则、项目的收益分配、政府担保的范围和界限等方面仍存在法律上的不完善之处。与此同时，从行政管理体制上看，目前还没有一个统一的机构对项目融资中的相关问题进行统一管理，使贷款银行和投资者不能得到正确的政策信号，影响其对项目融资的兴趣和信心。

此外，在项目融资过程中各参与方之间的关系是通过各种合同或协议来约束的。一般来说，合同应该适用于合同当事人注册国的法律，但我国目前的经济法律、法规体系尚不完善，项目融资合同难以完全适用我国法律，而境外法律能否在中国境内具有可执行性和可操作性仍然是贷款银行所考虑的一个重要问题。

1.2.3.3 一些垄断行业的改革增加了未来的不确定性

例如,电力体制进行的以"厂网分离,竞价上网"为目标的市场化改革,已在许多省份开始试点,然后全面推行。按照这一改革的思路,电力项目融资中的长期购电协议的签署就已不具备以往的条件。

尽管我国在采用项目融资方式筹集资金方面仍存在一些问题,但这种方式对于解决我国建设资金的不足具有重要意义。同时,随着中国经济的进一步发展,城市化进程的加快,新的投资领域和投资机会的出现,为项目融资的发展提供了广阔的发展空间。为此,我国应不断理顺和调整项目管理体制,完善有关法律,为项目融资方式在我国的应用创造条件。

1.3 项目融资的应用领域

从项目融资产生和发展的原因及进程看,无论是发达国家还是发展中国家,对这种特殊的融资方式都比较谨慎。尽管这种融资方式具有筹资能力强、风险分散等特点,但由于对贷款人风险较大、对借款人成本较高等原因,需要根据现实情况的要求做出周密安排。从项目融资发展的历程看,其主要应用在如下投资领域:

1.3.1 基础设施项目

从全世界范围看,无论是发达国家还是发展中国家,项目融资应用最多的是基础设施项目。基础设施项目可分为以下三种:

1.3.1.1 公共设施项目

包括电力、电信、自来水、排污、污水处理等项目。电力项目如美国霍普威尔火力电站项目,巴基斯坦赫布河燃油发电厂项目,菲律宾大马尼拉汽轮机发电厂项目,深圳沙角 B 电厂、广西来宾电厂、山东日照电厂、合肥二电厂、福州电厂项目等;自来水项目如成都自来水六厂项目等。

1.3.1.2 公共工程项目

包括铁路、公路、海底隧道、大坝等。例如,公路项目有马来西亚南北高速公路、泰国曼谷二期高速公路、广州至深圳高速公路、海南东线高速公路、北京京通高速公路等;海底隧道项目有英法合作的英吉利海峡隧道项目、澳大利亚的悉尼海底隧道项目、香港红磡海底隧道项目和土耳其的博斯普鲁斯海底隧道项目等。

1.3.1.3　其他交通工程

包括港口、机场、城市地铁等。如重庆地铁项目、深圳地铁项目。

我国从 20 世纪 80 年代初开始尝试运用项目融资方式。按照我国政府目前的有关规定，项目融资主要适用于投资规模大、贷款偿还能力强、有长期稳定预期收入的部分基础设施和少数基础产业建设项目。具体包括发电设施、高等级公路、桥梁、隧道、城市供水厂及污水处理厂等基础设施项目，以及其他投资规模大且具有长期稳定预期收入的建设项目。从已经运作的项目看，项目融资多集中在电力、公路和地铁等基础设施项目。近年来许多城市的自来水厂、污水处理厂等规模不大的基础设施建设项目也越来越多地运用项目融资的方式。

世界各国项目融资也相对集中于基础设施建设领域，这一方面为政府解决了基础设施领域需要大量资金投入而造成的沉重负担；另一方面由于这类项目大都可以商业化经营，通过项目建成后的收益收回投资，因此可将规范的运作机制引入到政府项目之中。正因为如此，许多发达国家采用项目融资建设的基础设施项目都获得了成功。

1.3.2　资源开发项目

资源开发项目如石油、天然气、煤炭、铀等能源开采；铁、铜、铝、矾土等金属矿资源的开采等。资源开发项目一般具有开发投资数额巨大、风险高的特点，一旦项目成功，投资收益丰厚，如果投资失败则可能颗粒无收。这些特点决定了资源开发项目非常适合采用项目融资方式运作。

资源开发项目运用项目融资方式的典型是英国北海油田项目。1969～1970年，刚刚经历过经济危机的英国很不景气，为了缓解国家的衰败局面，在进行了一定的储量勘察之后，英国决定开发北海油田。当时，负责该活动的是不列颠石油公司。由于开发项目风险很大，在国内资金不足的情况下，不列颠石油公司不愿意通过股权融资方式向外筹资，担心项目失败导致自己破产。最后，大胆的美国银行通过产品支付这种项目融资方式帮助英国完成了北海油田项目，自己也获得了高收益。另外，智利和澳大利亚等国家的铜、铁、铝等矿藏资源开采项目中都使用过项目融资方式，如被誉为"开创了澳大利亚铁矿史新时代"的澳大利亚恰那铁矿开采项目。

1.3.3　大型制造业项目

随着项目融资运用范围的扩大，近年来，项目融资在制造业领域也有发展。如澳大利亚波特兰铝厂项目、加拿大塞尔加纸浆厂项目和中国四川水泥厂项目等。虽然项目融资在制造业领域有所应用，但范围比较窄。因为制造业中间产品很多，工序多，操作起来比较困难；另外，其对资金的需求也不如前两种领域那么大。在制造业，项目融资多用于工程上比较单纯或某个工程阶段中已使用特定技术的制造业项目，同时也适用于委托加工生产的制造业项目。

1.3.4 其他项目

除上述三大类广泛应用项目融资的领域外，其他一些竞争性不强的行业，如能取得可靠的现金流量并且对贷款人有吸引力的项目，也可以通过项目融资方式筹集资金。如位于巴黎的欧洲迪斯尼乐园项目即采用项目融资方式运作。

以上是结合项目融资本身特点以及多年实践总结的项目融资的主要应用领域。但是具体到每个国家如何确定项目融资的适用范围，则直接与该国利用外资的政策有关。可以说，由于各国情况不同，并非所有项目都适合采用项目融资方式。项目融资一般适用于那些竞争性不强的行业，具体来说，只有那些能通过对用户收费取得收益的设施和服务，才适合项目融资方式，这类项目尽管建设周期长、投资量大，但收益稳定，受市场变化影响较小，整体风险相对较小，对投资者有一定的吸引力。

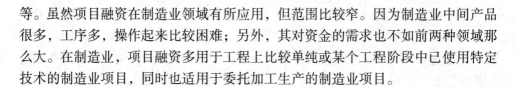

1.4 项目融资的参与者

由于项目融资金额巨大、结构复杂，且要有完善的合同体系来分担项目风险，因此项目融资涉及众多的参与者。项目融资参与方的多样性决定了没有任何两个项目融资的参与方是完全一样的，但可以将其分为两类：①所有项目融资中都有的参与方，包括项目发起人、项目直接主办人、贷款银行、建筑承包商、融资顾问、保险提供人、法律和税务顾问等；②在某些项目中有，但不是所有项目都有的参与方，包括资源供应商、包销商、第三方运营商、借款人、国际机构、政府等。

1.4.1 所有项目融资中都出现的参与者

1.4.1.1 项目发起人

项目发起人是项目的实际投资者或主办人，他们提出项目并取得经营项目所必要的许可协议，并将各当事人联系在一起，即从组织上负有督导该项目计划落实的责任。项目发起人通过组织项目融资，实现投资项目的综合目标要求。

在有限追索的项目融资中，项目发起人除了拥有项目公司的全部或部分股权外，还需要以直接担保或间接担保的形式为项目公司提供一定的信用支持。项目发起人在项目融资中需要承担的责任和义务以及需要提供的担保性质、金额和时间要求，主要取决于项目的经济强度和贷款银行的要求，是由借贷双方通过谈判决定的。

项目发起人可以是单独一家公司，也可以是由多个投资者组成的联合体，如由项目承包商、设备供应商、原材料供应商、产品的买主或最终用户和间接利益接受者（如即将兴建的新交通设施附近的土地所有者，该项目可以使他们的土地升值）组成的企业集团。具体来说，电厂项目的发起人经常是发电供应商或电力公司，公路项目的发起人可能是一个收费公路的运营商或在建设和运营收费公路方面具有经验的建筑公司。在这两个例子里，项目发起人必须向人们展示出他拥有与拟建项目相关的建设和运营方面的经验。

一般来说，发起人中至少包括一家境内企业会有利于项目的获准与实施，降低项目的政治风险。而对于大型工程项目，除东道国政府或私营企业外，一般都吸收一家外国公司，尤其是实力雄厚、有影响力的大型跨国公司。这对项目融资来说至关重要，贷款人和东道国政府都非常重视这一点，这对于项目的许可和贷款的取得非常具有说服力。因为，这样做一方面可以利用大型跨国公司的投资经验和专门技术，便于项目的建设和管理；另一方面又可以利用外国公司良好的信用等级，吸引国际银行的贷款。

从贷款人的角度看，一个成功的项目发起人应该具备以下基本特征：

（1）拥有全面、专业的可行性研究和融资计划。

（2）选定富有经验的建设者和经营者，他们有过相关项目的成功记录，并对第三者诚实。

（3）项目生产的产品或提供的服务有保证。

（4）行政问题和国家风险问题可以控制。

（5）项目管理者的身份、权威和连续性透明。

（6）发起人应具有一定的经济实力基础。

（7）项目发起人应为项目成功后的足够利润所激励。

（8）项目发起人要有过成功的项目融资经历，了解项目融资中可能产生的各种问题和难点。

（9）在合资结构中，贷款者了解其中有一个特定的实体能控制项目。

（10）项目的经营和财务管理的连续性可以在一段较长的时间内得到保证。

（11）有一个非常好的项目管理方案。

（12）与管理者保持畅通的联系而且所有与财务和生产相关的信息能及时和

正确地取得。

1.4.1.2 项目直接主办人

项目直接主办人是指直接参与项目投资和项目管理，直接承担项目债务责任和项目风险的法律实体。项目融资中一个普遍的做法是成立一个单一目的的项目公司作为项目的直接主办人，而不是由项目发起人来作为项目的直接主办人。有时把其他形式的项目融资中的项目直接主办人也称为项目公司，但在其他形式下并没有法律意义上的单一目的的公司存在。在某种程度上说，项目直接主办人的结构受东道国的法律框架所影响和决定。如有些国家的法律规定，政府特许权的持有者只能是一家公司，则项目公司就必须是一个确定的法律实体，是为了项目的建设和满足市场需求而建立的自主经营、自负盈亏的经营实体。同时，有些法律还规定，在一些具有战略意义的工业领域不允许外国资本控股或拥有资产，这时就不能设立一个独立法人实体进行项目融资。

设立单一目的项目公司具有以下优势：

（1）将项目融资的债务风险和经营风险大部分限制在项目公司中，项目公司对偿还贷款承担直接责任，是实现融资责任对项目投资者有限追索的一种重要手段。

（2）根据一些国家的会计制度，成立项目子公司进行融资可以避免将有限追索的融资安排作为债务列入项目的实际投资者自身的资产负债表上，实现非公司负债型融资安排。

（3）对于有多国公司参加的项目来说，组织项目公司把项目资产的所有权集中在项目公司一家身上，而不是分散在各个投资者在世界各地所拥有的公司身上，这样便于进行管理；同时，也有利于项目公司利用项目资产作为抵押向贷款银行融资。

（4）从实际操作的角度出发，采用单一目的的项目公司制具有较强的管理灵活性。项目公司可以是一个实体，即实际拥有项目管理所必须具备的生产技术、管理经验、人员条件，但是项目公司也可以只是一个法律上拥有项目资产的公司，实际的项目运作则委托给一家富有生产管理经验的管理公司负责。

1.4.1.3 贷款银行

商业银行、非银行金融机构（如租赁公司、财务公司、某种类型的投资基金等）和一些国家政府的出口信贷机构是项目融资资金来源的主要提供者，在此统称为"贷款银行"。

为项目提供资金的主要是商业银行。承担贷款责任的银行可以是一两家银行，也可以是由十几家银行组成的国际银团。银行参与数目主要根据贷款的规模和项目的风险等因素决定。根据工程项目贷款规模的大小和风险（特别是项目所在国的国家风险），承担项目融资贷款的银行可以是简单的一两家商业银行，也可以是由十几家甚至更多银行组成的国际银团。例如，根据一般的经验，贷款额超过 3000 万美元以上的项目，需要至少三家以上的银行组成银团来提供资金。但是对于一些被认为是高风险的国家，几百万美元的项目贷款，也常常需要由多家银行组成的国际银团提供。

银行希望通过组织银团贷款的方式减少和分散每一家银行在项目中承担的风险。从借款人的角度看，通过银团融资可以提供与更多银行及金融机构建立联系的机会，增进相互的了解。然而，凡事有利有弊，如果参加银团的银行过多，则为贷款管理带来很多的困难。例如，当借款人在贷款期间希望对融资协议的某些重要条款做出修改，按照常规，这样的修改要取得超过 2/3 参与银行的同意，而贷款银行可能分散在若干个国家，要完成这样的修改就会变成一件费时费力的工作。另外，为了防止东道国政府采取行动没收其贷款或干扰项目的进程，特别是当外国银行受到限制、无法接受项目资产担保时，银团最好能包括东道国的一些银行。

（1）在项目融资中，银团组织由发挥不同作用的银行构成，其中包括：①安排行。是最初与项目公司签订贷款协议并承购全部或部分贷款的银行。它们先与项目公司签订贷款协议，之后再在银团成员之间销售贷款协议。因此，安排行往往要承担后期无法全部售出其贷款协议的风险。安排行一般由少数几个大银行组成一个小银团来承担。②代理行。与贷款人签订协议，接受占银团成员 2/3 的贷款银行的指示，负责项目贷款的日常管理事务，并收取一定的管理费。③管理行。是为了便于项目贷款的管理而安排的，它本身不承担任何风险，也不增加任何的债务责任。④技术银行。与贷款人签订协议，负责处理与项目贷款有关的技术问题的银行。在大型项目融资中，贷款人都会聘请自己的技术和工程专家与顾问（独立于项目发起人或项目公司聘请的专家顾问）。技术银行应从贷款人的角度监督项目的一般进程，并代表贷款人与独立的工程师或技术顾问联系和洽谈。⑤保险银行。在大型项目融资中，往往由一家银行专门充当保险银行的角色，即从贷款人的角度，负责与项目保险有关的谈判等事宜。通过不断地与贷款人聘请的保险顾问联系，与保险公司谈判，保证最终取得的项目保险文件符合贷款人的利益。

（2）选择项目贷款银行应考虑以下几个方面的内容：①选择对东道国了解和友好的银行。经验证明，企业作为项目的投资者（借款人），在组织国际银团时，如果选择愿意与本国保持和发展友好经济往来关系，对本国政治经济发展、债务偿还能力及信誉充满信心的外国银行作为项目融资的主要贷款银行，可以获得较多的贷款优惠和较少的限制条件。此外，在项目进行中的某一个阶段，当项目投资者提出要求修改某些不合理或限制过严的贷款条件和规定时，也容易获得贷款银行的理解和支持。②选择与项目规模适合的银行。项目融资贷款规模可以从几百万美元直到几亿美元乃至几十亿美元。选择与项目规模相适应的银行参与，可以有足够的能力承担任何一个重要部分的贷款，以避免参与银行过多过杂，减少谈判和管理方面的问题。③选择对被融资项目及其所属工业部门比较熟悉的银行。银行对项目比较熟悉，将会对项目的风险有比较清楚的判断，从而可以获得银行对项目更多的支持。银行对项目的支持表现在项目融资谈判过程中的灵活方式、合作态度以及项目出现暂时性资金困难时对项目的帮助。在谈判阶段，虽然贷款银行总是千方百计地保护自身的利益，要求获得尽可能多的信用保证，但是如果采取合作的态度，就可以通过多种变通的方式来处理难题，加快融资的谈判进程，解决实际问题。在经营阶段，如果项目遇到暂时性的资金困难，采取合作态度的银行可以和项目投资者一起试图解决存在的问题，而不至于使项目陷入僵局。

出口信贷机构的主要作用是通过发放优惠利率的出口信贷促进本国出口的增长。在项目融资中，出口信贷机构除可以参与银团贷款外，设备供应商经常与出口信贷捆绑在一起操作。美国出口信贷银行是出口信贷机构的一个例子。该机构通过直接贷款和担保机制为本国出口商提供支持。从20世纪90年代中期开始，一些国家的出口信贷机构建立了项目融资部门，以支持出口商在新的国际基础设施项目或其他类型的项目融资中进行竞争。比较有名的出口信贷机构是美国进出口银行（EXIM）、英国出口信贷担保局（ECGD）、日本国际合作银行（JBIC）、法国出口信贷担保公司（COFACE）和德国复兴开发银行（KFW）。

1.4.1.4 建筑承包商

建筑承包商是按照设计、采购和建设（EPC）合同来建设项目的经济主体。EPC合同条款明确了项目的固定价格、既定的规范及建设和委托时间表。除了通过履约保函、延期担保（Retention Bond）和合同规定的其他工具对承包商施加影响外，EPC承包商还通过违约支付条款支持自身的承诺，一旦项目建设中出现问题，就要启动相关条款给予补偿。融资机构一般愿意接受一个单一的EPC合同，因为尽管有众多的分包商和很多活动，这种安排可以让银行只面对一个责任主体。然而，在建设安排中，有时也可能由两个关联的参与方签订两个独立合同，即与一家承包商签订建筑安装合同，再与另一家公司签订设备供应合同。为了达到面对一个责任主体的要求，融资机构要求两家承包商实施交叉担保。

建筑承包商是工程技术成败的关键因素，它们的技术水平和声誉是能否取得贷款的重要因素。至少在项目的建设期，建筑承包商构成项目融资的重要当事人之一。因为，承包公司的工程技术能力和以往的经营历史记录，可以在很大程度上影响项目贷款银行对项目建设期风险的判断。一般来说，如果由信用卓著的承包商来承建项目，有较为有利的合同安排（如签订固定价格的"一揽子承包合同"），可以帮助项目投资者减少在项目建设期间所承担的义务和责任，可以在建设期间就将项目融资安排成为有限追索的形式。同时，由于承包商在同贷款银行、项目发起方和各级政府机构打交道方面十分有经验，因此，他们可以在如何进行项目融资方面向其业主提供十分宝贵的建议，从而成为项目融资中的重要参与者之一。

1.4.1.5 融资顾问

项目融资的组织安排工作需要具有专门技能的人来完成，而大多数的项目投资者缺乏这方面的经验和资源，需要聘请专业融资顾问。

融资顾问在项目融资中起着极为重要的作用，在一定程度上关系到项目融资的成败。融资顾问通常由投资银行、财务公司或者商业银行中的项目融资部门来担任。在项目融资过程中要求融资顾问准确地了解项目投资者的目标和具体要求，熟悉项目所在国的政治经济结构、投资环境、法律和税务，对项目本身以及项目所属工业部门的技术发展趋势、成本结构、投资费用等有清楚的认识和分析，掌握当前金融市场的变化动向和各种新的融资手段，与主要银行和金融机构有良好的关系，具备丰富的谈判经验和技巧等。

在项目融资的谈判过程中，融资顾问的任务通常是充分考虑有关利益主体的融资目标和要求，通过对融资方案的反复设计、分析、比较和谈判，最后形成一个既能在最大程度上保护项目投资者的利益，又能为贷款银行所接受的融资方案。

项目融资顾问分为两类：一类是只担任项目投资者的顾问，为其安排融资结构和贷款，而自己不参加最终的贷款银团；另一类是在担任融资顾问的同时，也参与贷款，作为贷款银团的成员或经理人。这两类顾问各有其优缺点。单纯作为投资者的融资顾问，立场独立，可以更好地代表投资者的利益，如果同时作为贷款银团的一员，则会更多地站在银行的立场，照顾贷款银团的利益。但是，如果融资顾问参与贷款，可以起到一种带头作用，有利于组织银团，特别是对于难度较大的项目融资，如果融资顾问不准备承担一定的风险，则很难说服其他银行加入贷款的行列。

1.4.1.6 保险提供人

项目的巨大资金规模以及未来遭受各种损失的可能性要求项目各参与方准确地认定自己面临的主要风险，并及时为它们投保。适当的保险是项目融资的一个重要内容，也是项目融资赖以存在的基础。这是由项目融资的有限追索性质所决定的。因此，保险机构也是项目融资的主要参与者，尤其是一国官方的保险机构。如加拿大出口发展公司（EDC）、美国进出口银行（EXIM）、英国出口信贷担保局（ECGD）、德国赫尔默斯信贷保险公司 GHCIC 等。

1.4.1.7 法律和税务顾问

项目融资涉及的参与者众多，相互之间的关系复杂，大量的法律文件需要由有经验的法律顾问起草和协调。同时，由于项目融资结构要达到有限追索的目的，有时又要充分利用项目投资所带来的税务亏损降低资金的综合成本，所以必须要由具有丰富经验的会计税务顾问来检查这些安排是否符合项目所在国的有关规定，是否存在任何潜在的问题或风险。

1.4.2 只在某些项目中出现的参与者

1.4.2.1 资源供应商

资源供应商一般是项目的设备、能源及原材料的供应者。项目设备供应者通过延期付款或低息优惠出口信贷的安排，可以构成项目资金的一个重要来源。项目能源、原材料供应商为了获得长期稳定的购买者，在一定条件下愿意以长期的优惠价格为项目提供能源或原材料。这种安排有助于减少项目建设和经营期间的原材料和能源供应风险，为项目融资提供便利条件，因而也成为项目融资的参与者之一。例如，资源供应商负责向项目实体提供必备的燃料（如电厂）、原水供应（如水处理场）或公共服务（项目所需要的水电等）。对利用矿物燃料的发电项目来说，项目发起人和贷款人非常关心供应安排的经济性（与项目预期收入相比）和供应商执行协议的能力（包括在协议不能执行时的补偿）。

1.4.2.2 包销商

项目产品的购买者或项目设施的使用者通过与项目公司签订长期购买合同（特别是具有"无论提货与否均需付款"和"提货与付款"性质的合同）即成为项目的包销商。这种长期销售协议形成的未来稳定现金流构成银行融资的信用基础。特别是资源性项目的开发受国际市场需求变化影响价格波动较大，能否签订一个稳定的、符合贷款银行要求的产品长期销售协议往往成为项目融资成功实施的关键。包销商作为项目融资的一个参与者，可以直接参加融资谈判，确定项目产品的最小承购数量和价格公式。包销商这一角色，一般是由项目投资者本身、对项目产品（设施）有兴趣的独立第三方或者有关政府机构（多数在交通运输、电力等基础设施项目中）承担。如澳大利亚的阿施顿矿业公司开发的阿盖尔钻石项目，欲采用项目融资的方式筹集资金。由于参与融资的银行认为钻石的市场价格和销售存在风险，融资工作迟迟难以完成，但是当该公司与伦敦的信誉良好的钻石销售商签订了长期包销协议之后，阿施顿矿业公司很快就获得了银行的贷款。

1.4.2.3　第三方运营商

在大多数情况下，项目公司并不负责项目的经营和管理，而是指定由第三方运营商负责项目完工后的经营管理工作。它与项目公司签订经营和管理协议，代表项目公司负责项目的日常经营管理事务。贷款人会十分关心项目经营公司的背景，一般要求该公司具有足够的资金实力，并具有类似项目成功管理的历史纪录。

运营商获得项目运营和维护的管理费，这个费用根据项目运营结果的好坏上下调整。如果不由第三方运营商经营，项目就会由某个发起人直接经营。但是，如果运营商是项目实体的股东，则项目实体和运营商在运营和维护协议的谈判和实施过程中就会产生利益冲突。

1.4.2.4　借款人

借款人可以是项目公司也可以不是项目公司。借款人与项目公司的关系受项目实施和融资结构等诸多因素（如税收制度、外汇制度、担保制度、法律诉讼等）的影响。

有些项目的借款人不止一个，是由各自独立的借款人分别筹集资金，参与到项目的实施中来，如建筑公司、运营公司、原料供应商、设备制造商或产品购买方等，他们分别筹集资金投入到项目中。

国际上一些银行和金融机构，对国有企业融资设置一定的障碍，如不向国有企业贷款和提供担保等，为此，可设立专门的机构，如"受托借款机构"（Trustee Borrowing Vehicle，TBV），通过受托借款机构（借款公司）向银行借款，实现间接为国有企业项目公司提供融资。如在印度尼西亚的石油项目中，在国有企业的借款和担保能力受到限制的情况下，采用了 TBV 结构。如图 1-1 为一个简化的 TBV 结构。

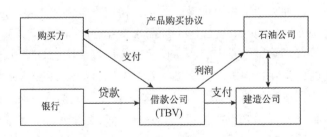

图 1-1　简化的 TBV 结构

在 TBV 方式中，银行向受托借款机构提供贷款，受托借款机构向建造公司支付工程费用，建造公司按建设合同规定建设完成项目，石油公司提供产品。同时，购买方与石油公司签署产品购买协议，石油公司将产品出售给购买方，由购买方将所有的货款支付给受托借款机构，该机构用此款还本付息。受托借款机构将偿还银行贷款本息后的剩余部分返还给石油公司，这便是石油公司的利润。

如果因某种原因使石油公司给购买方的指示发生变化，石油公司保证支付借款公司偿债所需的资金。

1.4.2.5　国际机构

一些发展中国家的项目是由世界银行、国际金融公司（IFC）或区域发展银行如亚洲开发银行（ADB）、泛美开发银行（IADB）等多边机构共同提供融资。这些机构一般通过贷款或担保参与发展中国家的项目融资。另外，一些双边机构如出口信贷机构（ECAs）、美国海外私人投资公司（OPIC）、英国共同体发展公司（CDC）等也通过项目融资提供产品和服务，特别是在基础设施项目方面投入较多。

1.4.2.6　政府

在工业化国家，中央政府很少参与项目融资。如果有政府参与，一般也是地方政府这个层次。例如地方政府作为特许权转让的主体，也就是作为招标或授予特许权的主体。在美国或其他工业化国家，特许权转让主体可能是公共部门的主体，也可能是私人部门的主体。

在发展中国家，中央政府或其附属机构在项目融资中发挥多方面的作用。在宏观方面，有关政府机关可以为项目建设提供一种良好的投资环境，例如用批准特殊外汇政策或特殊税务结构等种种优惠政策降低项目的综合债务成本，提高项目的经济强度和可融资性。在微观方面，政府机构可以为项目的开发提供各种形式的经营特许权、良好的基础设施、长期稳定的能源供应、充当项目产品的购买者，减少项目的建设风险和经营风险。同时，有关政府机构可以为项目提供条件优惠的出口信贷和其他类型的贷款或贷款担保，这种贷款或贷款担保可以作为一种准股本资金进入项目，促进项目融资的完成。

1.4.3　项目融资各参与者之间的关系

项目融资中众多的参与者为了各自的利益，以合同、协议方式联系在一个项目中。这些参与者彼此各有需求和优势，各自所承担的风险也不尽相同，它们必须有效地、成功地合作才能实现其目标。同时，参与者之间一定会存在矛盾与冲突，尤其在国际项目融资中，各个来自不同法律管辖权的当事人，利益的冲突是不可避免的。可见，项目融资就是这些参与者借助彼此之间的协议进行长期博弈的结果。

成功的项目融资是充分发挥各个参与者的优势，将风险分配给最能承担并管理这类风险的参与者。在实际案例中，正是这些不同的参与者各自发挥其独特的作用使项目运作成功。例如，贷款人给予资金保证并监督资金的使用；建筑承包商以"固定承包合同"保证项目的正常完工；资源供应商以固定价格或商定价格提供关键原材料的供应；包销商长期根据协议购买项目的产品或服务，形成未来稳定的现金流；融资顾问、法律顾问、税务顾问提供专业服务；第三方运营商保证项目的正常经营和维护；等等。

项目融资参与者之间的关系可用图1–2表示。

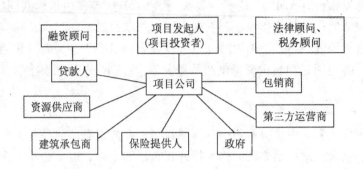

图1–2 项目融资参与者之间的关系

1.4.4 项目融资案例

1.4.4.1 英国开发北海油田项目融资

（1）概况。1977年据专家勘测估计，属于英国领海范围内的北海油田储油量为30亿~40亿吨，等于220亿~340亿桶（美制）。英国政府为了控制石油的开发与生产，专门成立了开发北海油田的承办单位——英国国家石油公司（BNOC）。由于开发费用过大，并且开采技术需要国际石油钻探部门的多方支持，所以英国国家石油公司联合私营石油公司共同开发。英国国家石油公司为保证北海油田的石油产品能在本国提炼，并供应本国市场，同意按国际市场价格购买开采出的51%的石油产品。由此可见，英国国家石油公司既是承办单位的一方，同时又是购买者。

（2）筹集资金的数额、来源和条件。英国政府提供英国国家石油公司早期所需的一部分资金。在未经证实的地区进行勘探的费用，是英国国家石油公司的主要开支，按与私营公司的入股比例，它承担其应付的份额。在勘探与开发阶段所需的主要开支均须从外部筹措。英国国家石油公司从美国、英国的12家商业银行借款8.25亿美元，贷款期限为8年、宽限期为4年。宽限期不需偿还本金，因在前4年中尚处于勘探开发阶段，储量不明。后4年为偿还期，这时油田处于生产阶段,分 8 次偿还贷款本金,每半年偿还本金的 1/8。这笔贷款的取得既无英国财政部的担保,也不以英国国家石油公司的股权作为抵押。

在 8.25 亿美元贷款总额中,6.75 亿美元由在美国的一些美国和英国银行安排提供,其余的 1.5 亿美元在英国安排提供。美国提供的贷款利率最初定为优惠利率的 113%,在英国提供的贷款利率比伦敦银行同业优惠放款利率高 1%。此外,美国提供的贷款包括一项 2.25 亿美元的信用限额,英国国家石油公司可利用此项限额在限额内签发商业票据。利用限额除利息外尚须交 0.5% ~ 1% 的承担费。

(3)意义及特点。英国国家石油公司不是以政府的名义,也不是通过政府的担保借得资金,而是以自己的名义借得主要资金开发油田。融资人发放贷款,虽然考虑了英国国家石油公司的股权,但不要求该公司的股权作为担保。从这一点上说,贷款人承担了一定的石油储量不足的风险。

贷款期限 8 年、宽限期 4 年的规定,使英国国家石油公司于第 5 年才开始偿还贷款,与油田预期产生收益的时间相适应,有利于其资金周转。银行给予英国国家石油公司签发商业票据的信用限额,使该公司可在短期基础上,灵活地利用这部分贷款,费用低廉。

1.4.4.2 美国宾夕法尼亚石油公司项目融资

美国宾夕法尼亚石油公司在开发勘探其近海石油作业中,采用了项目融资的另一种形式。

为满足勘探开发需要,宾夕法尼亚石油公司组成一家独立的子公司。宾夕法尼亚石油公司则作为主办单位,在该子公司投资股本 80%,享有 80% 的表决权。这家子公司通过向美国公众出售股票和长期债券,为勘探开发筹集到资金 1.3 亿美元。其余所需资金,待确定探测石油储量后,在开发阶段中通过销售产品支付协议,再取得补充营运资金。

1.5 项目融资的框架结构与运作程序

具体的项目融资由于客观条件的不同,其业务内容和运作程序千差万别。但可以从横向和纵向两个方面进行分析理解。从横向上可以将项目融资的框架结构分为四个基本模块,从纵向上可以将项目融资的运作程序分为五个基本阶段。

1.5.1 项目融资的框架结构

项目融资涉及众多的业务内容,其框架一般可以分为四个基本模块:项目的投资结构、项目的融资结构、项目的资金结构、项目的信用保证结构。

1.5.1.1　项目的投资结构

项目的投资结构，即项目的资产所有权结构，指项目的投资者对项目资产权益的法律拥有形式和项目投资者之间的法律关系。确定投资结构需要考虑的因素有：项目的产权责任、债务责任、决策程序、产品分配形式、现金流量、税务影响、会计处理等内容。这些因素将对项目融资的整体结构设计产生直接的影响。因此，为了满足投资者对项目投资和融资的具体要求，第一步工作就需要在法律、法规许可的范围内设计安排符合投资和融资要求的目标投资结构。目前，国际上通常采用的项目融资的投资结构有单一项目子公司、非限制性子公司、代理公司、公司型合资结构、合伙制或有限合伙制结构、信托基金结构、非公司型合资结构等多种形式。

1.5.1.2　项目的融资结构

融资结构是项目融资的核心。一般情况下，当项目的投资者在项目投资结构方面达成一致意见之后，就需要设计和选择合理、可行的融资结构以实现投资者在融资方面的目标要求。项目的融资结构是项目融资顾问（通常由投资银行来担任）的重点工作。项目融资结构设计需要考虑的因素有：项目债务责任的分担要求、贷款资金的金额、贷款资金的时间要求、不同融资方式和融资来源的融资费用、法律规定等。项目融资通常采用的融资模式包括：投资者直接融资、通过单一项目公司融资、利用"设施使用协议"型公司融资、产品支付融资、生产贷款、杠杆租赁、BOT 模式、ABS 模式等多种方式。融资结构的设计可以按照投资者的要求，对几种模式进行组合、取舍、拼装，以实现预期目标。

1.5.1.3　项目的资金结构

项目的资金结构指项目资金来源中股本资金、准股本资金和债务资金的形式及相互之间的比例关系。资金结构是由投资结构和融资结构决定的，但反过来也会影响到整体项目融资结构的设计。项目的资金结构具体是项目资金来源中股本、准股本、商业贷款及银团贷款（辛迪加贷款）、国际债券、融资租赁、商业票据、政府出口信贷、租赁等之间的比例关系。在整个结构中适当数量和适当形式的股本资金和准股本资金是资金结构的信用支持。

1.5.1.4　项目的信用保证结构

对于银行和其他债权人而言，项目融资的安全性来自两个方面：一方面来自项目本身的经济强度；另一方面来自项目之外的各种直接或间接的担保。项目担保是一种以法律协议形式做出的承诺，依据这种承诺担保人向债权人承担协议规定的义务。这些担保可以是由项目的投资者提供的，也可以是由与项目有直接或间接利益关系的其他参与者或商业担保人提供的。这些担保可以是直接的财务保证，如项目建设完工担保、成本超支担保、不可预见费用担保。也可以是间接的或非财务性的担保，如项目产品的长期购买协议、技术服务协议、以某种定价公式为基础的长期供货协议等。所有这些担保形式的组合构成了项目的信用保证结构。项目本身的经济强度与信用保证结构相关，项目的经济强度高，信用保证结构就相对简单，条件就可以相对宽松；反之，就会相对复杂和相对严格。

项目融资的框架结构设计是通过各参与者之间反复谈判，完成融资的模块设计和确定模块相互之间的组合关系。这个过程需要经过多次的反复，通过对不同方案的评比、选择、调整，最后产生出一个最佳方案。对于其中任何一个模块作设计上的调整，都有可能影响到其他模块的结构设计以及相互之间的组合关系。

在项目融资框架结构设计过程中，首先应广泛地调查一下在不同应用领域已经成功使用过的框架结构，并结合不同应用领域的特点和外在环境进行分析和比较。成功案例的借鉴将有利于设计出既符合投资者要求又适应项目特点的新的融资结构。

1.5.2 项目融资的运作程序

项目融资从运作程序上可以分为计划、实施两个阶段。计划阶段从事项目融资的前期分析工作，主要包括投资决策分析、项目投资结构设计、融资决策分析、项目融资结构和资金结构设计等；项目融资实施阶段的工作包括融资谈判、融资执行两个阶段。

1.5.2.1 项目融资计划阶段

（1）投资决策分析阶段。对于任何一个投资项目，在决策者决定投资以前，都需要经过周密的投资决策分析。投资决策分析的内容应包括：未来宏观经济形势的走势，拟投资行业的发展以及项目在该行业中的竞争力分析，项目的可行性研究等内容。在此基础上做出是否投资的决策。

在这个阶段，项目可行性研究是核心。在任何项目被推销给商业贷款人之前，必须提供一个有说服力的、权威性的、包括技术和经济效益的项目可行性研究报告。这就要求技术专家、金融和法律顾问之间的协调，以及对项目各个重要方面进行彻底的探讨。项目可行性研究应该考虑如下方面：

①对于自然资源开采项目，应考虑储量程度和准确性；对于输油（气）管道和收费（加工）项目，应考虑使用协议；对于交通项目，应考虑可能的乘客或交通流量。

②项目的土地成本、建筑成本和发展费用。

③项目所在地的辅助设施，如能源、水、交通和通信的可获得性和成本。

④原材料供应的途径，来自当地或国外；是否存在关税、进口或外汇控制。

⑤国内或国外对项目提供的产品或服务现有的、可进入的市场和市场需求。

⑥所需的技术、设备、管理人才和劳动力的可获得性。

⑦项目运营特许权及其他官方特许权的可获得性和可转让性。

⑧在考虑了利率、汇率、通货膨胀、税收、延期等其他偶然事件基础上所作的项目成本和利润计划。

⑨是否存在增值的可能性,如通过房地产或副产品的销售。

⑩项目的环境效应和遵守环境保护法律的需要。

⑪货币的可获得性和可兑换性,以及外汇管制的影响。

⑫项目风险和国家风险保险的可获得性。

(2)投资结构设计阶段。如果经过投资决策分析决定投资某项目,就要研究确定项目实体的投资结构。确定项目投资结构要考虑将要选择的融资结构和可能的资金来源,在很多情况下项目投资决策也是与项目能否融资以及如何融资紧密联系在一起的。投资者在决定项目实体投资结构时需要考虑的因素很多,其中主要包括:项目的产权形式、产品分配形式、决策程序、债务责任、现金流量控制、税务结构和会计处理等方面的内容。投资结构的选择将影响到项目融资的结构和资金来源的选择;反过来,项目融资结构的设计在多数情况下也将会对投资结构的安排做出调整。

(3)融资决策分析阶段。本阶段项目投资者将决定是否采用项目融资方式为项目开发筹集资金。是否采用项目融资,取决于项目所在的领域、所需资金数量和时间上的要求、投资者对债务责任与风险分担的要求、融资费用的要求及债务会计处理等多方面因素的综合考虑。如果经过分析决定采用项目融资方式筹集资金,投资者即需要选择和聘请融资顾问研究设计项目的融资结构和资金结构。融资顾问在对项目的融资能力分析的基础上提出可能的融资方案,并对备选方案做出分析和比较,在获得一定的信息反馈后,再做出项目的融资方案决策。一般初步融资方案包括:①建立融资准则,初步确定资本和运营费用、收入、采购计划、投资进度、货币要求等;②确定资金来源:初步确定资本结构(债务和股本比率)、资金来源、初步期限和条件;③开展初步融资计划;④计划融资实施程序:包括怎样从贷款方得到许诺和担保的策略和方法、谈判的进度、文件准备、项目备忘录、协议和融资应用等。

(4)融资结构和资金结构设计。项目融资结构设计首先要对项目风险进行分析和评估。项目融资的信用结构的基础是由项目本身的经济强度以及与之相关的各个利益主体与项目的契约关系和信用保证所构成的。因此,能否采用以及如何设计项目融资结构的关键点之一,就是要求项目融资顾问和项目投资者一起与项目有关的风险因素进行全面分析和判断,确定项目的债务承受能力和风险,设计出切实可行的融资方案。项目融资结构以及相应的资金结构的设计和选择，必须全面反映出投资者的融资战略要求和考虑。

上述项目融资计划阶段的程序不是固定不变的，也不是一蹴而就的。后续阶段很可能会发现新的问题从而否定前一阶段的计划，并对前面的计划进行修订。

1.5.2.2 项目融资的实施阶段

（1）项目融资谈判。在项目融资计划确定之后，即进入项目融资谈判阶段。在这一阶段，融资顾问将有选择地向商业银行或其他一些金融机构发出参加项目融资的建议书，组织贷款银团，并提供项目资料及融资可行性研究报告。贷款银行经过现场考察、尽职调查及多轮谈判后，将与投资者共同起草融资的有关文件。同时，投资者还需要按照银行的要求签署有关销售协议、担保协议等文件。这一阶段可能会经过多次的反复，在与银行的谈判过程中，不仅会对可行性研究报告做出修改，在很多情况下还会调整融资结构或资金来源，有时甚至会对项目的投资结构做出修改，以满足贷款人的要求。在这一阶段，融资顾问、法律顾问和税务顾问的作用是十分重要的。强有力的融资顾问和法律顾问可以帮助加强项目投资者的谈判地位，保护投资者的利益，并在谈判陷入僵局时，能及时地、灵活地找出适当的变通办法来解决问题，达成既在最大限度上保护投资者的利益，又能为贷款银行所接受的条件。

（2）项目融资执行。在传统的融资方式中，借款人只要求按照贷款协议的规定提款和偿还贷款的利息和本金，对资金使用的监管较少。然而，在项目融资中，由于融资银行承担了项目的风险，因此会加大对项目执行过程的监管力度。融资银行的参与可以按项目的进展划分为三个阶段：项目的建设期、试生产期和正常运行期。在项目的建设期，贷款银团经理人将经常性地监督项目的建设进展，根据资金预算和建设日程表安排贷款的提取。如果融资协议包括多种货币贷款的选择，贷款银团经理人可以为项目投资者提供各种资金安排上的策略性建议。在项目的试生产期，贷款银团经理人监督项目试生产情况，将实际的项目生产成本数据和技术指标与融资文件的规定指标进行比较，确认项目是否达到了融资文件规定的商业完工标准。在项目的正常运行期，项目的投资者所提供的完工担保将被解除，贷款的偿还将主要依赖于项目本身的现金流量。贷款银团经理人将按照融资文件的规定管理全部或部分项目的现金流量，以确保债务的偿还。除此之外，贷款银团经理人也会参与部分项目生产经营决策，在项目的重大决策问题上（如新增资本支出、减产、停产和资产处理等）有一定的发言权。由于项目融资的债务偿还与其项目的金融环境和市场环境密切相关，所以帮助项目投资者加强对项目风险的控制和管理，也是贷款银团经理人在项目正常运行阶段的一项重要工作。

通过银行的参与，在某种程度上也会帮助项目投资者加强对项目风险的控制和管理，从而使参与各方实现风险共担，利益共享。

1.6 项目融资的外部环境

项目融资本身的特点决定了外部环境状况将对其成败产生非常重要的影响，因此，研究影响项目融资的外部环境是必不可少的内容。

1.6.1 政治与经济环境

1.6.1.1 政治环境

项目融资的政治环境是指一个国家的政治状况对项目融资活动产生的外部影响。在国际项目融资中影响项目融资的政治环境包括东道国的政治体制、政治局势稳定程度、政府的信用等级、政策的连续性、政府对外国投资者的态度及政府的对外关系等。

(1) 政治体制。东道国的国家政权的组织形式及其有关的制度，是项目融资政治环境的基础因素。政治体制对于东道国项目融资环境的重要性，不仅因为它构成了政治环境，而且还因为它与经济制度密不可分。政治体制的健全程度、稳定状况，以及融资双方在这些方面所存在的一致性和差异性，往往会直接表现在政府对项目融资活动的管理方式以及干预和控制的程度上，从而对项目融资产生影响。如果政府遵循客观经济规律，积极调节和干预经济生活，贷款人可以得到一个稳定的项目融资环境，正常的融资行为也不会受到无端的干预。而在一个民主制度不健全的专制独裁的政权下，政府的经济行为往往不受制度约束，不仅贷款人正常的投资活动会受到过多的干预和控制，而且还会因为潜在的政治动荡给贷款人带来风险。所以，贷款人在考察东道国社会制度及政治体制时，不仅要着眼于社会制度的性质本身，更重要的是要看东道国政治体制的健全和完善程度以及政体的形式如何。

(2) 政治局势稳定程度。政治局势是否稳定是贷款人必须考虑的项目融资环境因素。采用项目融资模式建设项目，其建设、运营的周期很长，少则 8～10 年，多则 40～50 年，长期的时间跨度要求贷款人在对项目进行投资决策之前，必须有理由相信东道国政治局势的稳定性。如果东道国政局动荡，或者政权更迭频繁，可能导致外国贷款人的资产被冻结和没收，这样的投资环境投资者将很难接受。只有政局稳定、社会安定、讲求效益、致力于和平建设的国家，才能确保贷款的安全，并为经营获利创造必要的前提条件。

（3）政策的连续性。东道国政策的连续性直接关系到贷款人收益的稳定。如果政府政策的稳定程度不够，政策的连续性就难以保证。因为政策的变更很有可能导致项目的融资成本和项目未来收益的不确定，贷款人的投资态度就会非常谨慎。一些工业国家税收制度变动频繁，无论税率、税种还是对不同结构的经济实体的征税方法都经常发生变化，有时由于竞选的政治需要甚至可能一年变动一次。这些变化对项目融资会带来许多不确定的因素，直接影响到项目的偿债能力或投资收益率。

（4）政府的信用等级。对于采用项目融资建设的项目，其可行性往往需要东道国政府的支持和担保，当这种支持与担保足够多或者显得较为重要时，贷款人就会越发关心东道国政府的信用。就商业贷款人及其各自的出口担保机构而言，对于一个特定国家的一个项目的贷款，其所承受风险的极限可算做对该国的贷款额。就有些国家而言，如果一个特定的贷款人或机构承受的风险已达到其所能承受的极限，那么他们将不会愿意再为该国以后的项目筹资或担保，而不管是否使用项目融资方式。

1.6.1.2 经济发展水平

一般来讲，国际资本主要流向那些经济发展速度快、国内市场容量大的国家和地区。因为一个国家或地区的经济发展水平高、速度快，表明这一国家或地区的收入多、资金需求量大、市场规模大，盈利机会多，因而能吸引到较多的投资。工业发达国家相对于发展中国家而言，项目融资要容易得多。

1.6.1.3 国家的经济政策

国家的宏观经济政策是影响项目融资活动的另一个重要因素。这主要表现在宏观经济政策对项目融资活动的引导作用。如果政府鼓励境外融资，优惠政策也会较多，为贷款人提供投资的便利条件也会较多，项目融资就容易开展。例如，在沙角 B 电站项目中，中国政府帮助筹措紧急贷款资金，用于解决不能保险的不可抗力发生，以及产生的索赔等问题。在悉尼港口隧道工程项目中，澳大利亚政府提供支持性贷款用于支付最初的建造成本等。

1.6.1.4 通货膨胀与汇率变动

通货膨胀对社会经济生活的各个领域都会产生深刻的影响。通货膨胀对国外贷款人的影响主要表现为两个方面：一方面，使得融资成本上升，实际收益下降；另一方面，使贷款人所面临的外部环境动荡不安，增加贷款人的风险。因此，贷款人特别看重币值稳定，因为币值稳定与否，直接影响到贷款的风险和收益。对于国际项目融资来讲，大多数项目运营后将取得项目所在国（本国）的货币收益，本国货币必须被用来为进口的原料或燃料付款，以及为偿债和偿还股本付款。如果一国经济没有过度的通货膨胀或过快的汇率变动，在这种经济环境下较容易开发项目。如果东道国的币值经常浮动，贬值幅度过大，通货膨胀率过高，则会造成货币实际价值与名义价值的差距扩大，使投资者的投资贬值，给投资者带来损失。即使东道国政府愿意保护项目的投资者免受通货膨胀风险和汇率风险，在一个比较稳定的经济环境中也比在高度不稳定的环境中开发项目和进行项目融资要容易得多。一般投资者都把年通货膨胀率是否超过两位数看做币值是否稳定的一个界限。

1.6.2 法律环境

项目融资涉及众多的法律文件，完整明确而又有效的法规会有利于项目融资活动的开展，而不合理的规章和法律体系会破坏有关各方所签合同的威信和有效性。融资过程涉及的法律结构，主要包括有关政府管制的规定、促进外国投资的立法、担保法、合同法、公司法、特别立法等。这些法律法规的完善与否将直接影响项目融资的开展与执行状况。

国际投资主体在进行投资前必须对东道国的法律环境进行评估，确认其是否对外国投资的利用、管理和保护都有法可依。对东道国法律环境评估的原则包括：是否公开，即是否把本国的外资政策通过法律的形式固定下来后公布于众；是否公正，即对外资是否实行了与国内企业平等的待遇。另外，东道国与投资国之间有无双边投资保护协定及条约以及东道国的国际化程度等都属于法律环境的内容。

与项目融资相关的法律法规如下：

1.6.2.1 有关政府管制的规定

包括资源开发利用的政策、税收、外汇管制、利润汇出等方面的规定。这些都是项目融资中的基本问题，也是国内外投资者最为关心的问题，其法律框架决定着国家政治风险的程度。政府管制还包括对因政策原因造成损失的补偿以及必要的规定和公共立法。

1.6.2.2 促进外国投资的立法

这类立法应明确规定将本国货币兑换成外国货币的权利，外汇以合理汇率的可兑换性，外汇的自由汇出；简化进口许可手续和海关手续，以及外籍人员入境手续；外国投资者在东道国建立项目公司的权利；外国投资的纳税办法；政府对项目国有化、征收和收购的规定及赔偿等。

1.6.2.3 担保法

担保对项目融资的进行有着至关重要的影响，法律制度如果缺乏担保安排的必要规定，会影响银行进行融资的参与程度。在项目融资中，常见的担保安排主

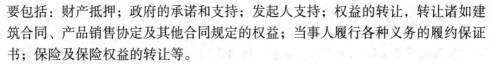

要包括：财产抵押；政府的承诺和支持；发起人支持；权益的转让，转让诸如建筑合同、产品销售协定及其他合同规定的权益；当事人履行各种义务的履约保证书；保险及保险权益的转让等。

1.6.2.4 合同法

项目依赖于一整套复杂的基本合同安排，而这些合同受制于合同法。因此，合同法必须确保项目融资中各方当事人之间的合同（或协议）在法律上具有约束力并得到执行。合同法主要解决的法律问题是：如何建立合同、如何终止合同、违约如何赔偿、合同各方在什么情况下可以免除责任等。

1.6.2.5 公司法

主要解决的法律问题包括：如何对待内外资项目公司、如何对项目公司进行控制、如何清理公司等。

1.6.2.6 证券法

证券法对证券市场依法治市、规范市场、保障投资者利益和证券市场稳健地发展发挥着重大作用，为证券市场的发展奠定基础。

1.6.2.7 特别立法

例如，在融资项目中，有些国家制定了特许权协议法律框架。对项目融资进行特别立法有诸多的好处。它会给潜在的投资者和政府有关部门一个强烈的积极信号，政府会支持这些项目；它会帮助外国投资者相对容易地在一部法律中找到相关的法律规定；它可使有关的申请、操作程序等得到澄清，使投资者和借贷人的权利得到明确，使政府提供的支持和鼓励措施具有法律效力；它可减少谈判项目合同的费用和时间，并确保国家获得最起码的利益。

1.6.2.8 劳动法

主要解决的法律问题是：如何雇佣项目所需的劳工；因该项目而使第三方蒙受损害和损失的非合同性责任如何承担，是否包括中断服务所承担的责任等；如何确定劳工因工作疏忽所应承担的责任；保险以及强制规定，如对第三方的责任和对工人的赔偿。

1.6.2.9 社会责任法

主要是环境和安全等方面的规定，这些规定直接影响到项目的设计和成本。项目发起人和贷款人要了解环境法律的标准和要求，以及违反此种规定的后果，如环境法变化而增加的费用由哪方承担等。

1.6.2.10 其他方面的规定

包括保护财产权的法律、保护知识产权的法律、破产立法、租赁立法、商业银行和保险法、政府采购手续和规定、税法、对外国投资的鼓励措施、承认和执行外国裁决的有关规定等。

1.6.3 金融环境

项目融资是一种金融行为，金融体制的状况、金融市场的完备程度、金融产品的规模与多样性等将直接影响项目融资的开展。

1.6.3.1 金融体制

金融体制是指金融体系内部，中央银行、各专业银行以及各类金融机构之间的权限划分和组织形式。金融体制状况对项目融资的影响表现如下：

（1）金融体制宽松或严格直接影响项目融资活动。金融体制是封闭还是开放以及开放的程度，市场是萎缩还是发达，都对项目融资产生直接影响。在开放的金融市场中，项目融资者可以通过多种形式和多样化的金融工具方便地筹措资金，使项目融资得以灵活有效地进行。相反，在严格管制的金融体制下，有效项目融资所需的政策、手段和途径都不具备，项目融资很难进行。

（2）金融体制的组织形式也是影响项目融资的因素。金融市场应该按照市场运行机制的内在要求，对进入市场的条件、市场主体的行为方式、市场参数的选择和运用等提供规范性的行为准则。这种市场化的金融体制组织形式可以为项目融资提供优秀的资金来源和筹资形式，有效扩大市场规模，建立多层次的提供金融工具的市场，保证项目融资高效有序地进行。

1.6.3.2 金融市场

金融市场是现代货币信用制度的产物，以其独特的交易方式和运行机制，将所有金融机构，一切融资行为联系起来，构成资金融通的综合体系，动员和推进社会资金的运动。在现代金融领域中，金融市场占据日益重要的地位，往往反映出一国金融业及金融体系的发展水平和完善程度。

金融市场是实现项目融资的场所，项目融资能否顺利进行要受金融市场的发展水平和完善程度的直接影响。完善的金融市场应具有如下特点：

（1）金融市场的多样化。金融市场多样化特征主要表现为：首先，金融工具品种多样。发行者筹集资金可以推出各种各样的金融工具，以满足不同投资者对不同收益、风险等的不同要求。其次，证券交易的类型呈现出多样化。除普通的现货交易外，还有信用交易、期货交易、期权交易等方式。最后，证券投资者表现出多样化，证券的买方不再仅限于个人投资者，还包括机构投资者，并且占有极其重要的地位。机构投资者中不仅包括了各类企业，更引人注目的是银行、保险以及各类储蓄机构对证券市场的介入。

（2）交易技术的现代化。金融市场通信、服务系统的计算机化，加快了市场行情传递的速度，提高了交易的灵活性和成交业务处理的效率，从而大大地增加了市场规模。

（3）金融市场的国际化。现代金融市场越来越趋于国际化，现代技术的应用更加速了国际化趋势。当今，世界各大金融中心的金融市场已相互连接，形成了一个全球性的24小时连续交易的世界金融市场体系。

功能齐备、体系完善、国际化的金融市场，可以通过众多的子市场和多种多样的工具，为项目融资双方提供多渠道、多形式的选择机会，提供足够大的融资平台。资金提供者可以提供各种资金来源，最大限度地运用资金；融资者可以根据利率、期限和流动性等条件，最广泛地筹集资金，使资金需求得到最大限度的满足。完善的金融市场体系保障了项目融资的顺利开展。相反，不健全的金融市场体系使得项目融资捉襟见肘，即融资者没有融资渠道，贷款人难以寻找到资金运用场所，闲置资金难以充分运用，项目融资将难以开展。

· 本章小结 ·

从广义上讲，以建设一个新项目、收购一个已有项目或者对已有项目进行债务重组为目的所进行的融资活动都可以称为项目融资。习惯上只将具有无追索权或有限追索权形式的融资活动称为项目融资（即狭义项目融资）。本书对于项目融资的概念采取狭义的观点。

与公司融资不同，项目融资用来保证贷款偿还的首要来源限制在被融资项目本身。被融资项目本身用来偿还贷款的资金有两个来源：一是项目未来的可用于偿还贷款的净现金流量；二是项目本身的资产价值。

从项目融资发展的历程看，其主要应用在基础设施项目和资源开发项目。近年来，项目融资在制造业领域以及其他领域也有所发展。

由于项目融资金额巨大、结构复杂，且要有完善的合同体系来分担项目风险，因此项目融资涉及众多的参与者。项目融资参与方的多样性决定了没有任何两个项目融资的参与方是完全一样的，但可以将其分为两类：一类是所有项目融资中都出现的参与者，包括项目发起人、项目直接主办人、贷款银行、建筑承包商、融资顾问、保险提供人、法律和税务顾问等；另一类是在某些项目中有，但不是所有项目都有的参与者，包括资源供应商、包销商、第三方运营商、政府等。

项目融资从运作程序上可以分为计划、实施两个阶段。计划阶段从事项目融资的前期分析工作，主要包括投资决策分析、项目投资结构设计、融资决策分析、项目融资结构和资金结构设计等；项目融资实施阶段的工作包括融资谈判、融资执行两个阶段。

项目融资本身的特点决定了外部环境状况将对其成败产生非常重要的影响，这些外部环境包括政治与经济环境、法律环境、金融环境。

·关键概念·

项目融资　公司融资　有限追索权　无追索权　项目融资参与者　项目融资的外部环境

·思考题·

1. 项目融资与一般公司融资的区别是什么?
2. 项目融资主要应用在哪些领域? 为什么?
3. 项目融资中有哪些参与者? 他们的职责与目的是什么?
4. 试分析中国开展项目融资的必要性和可行性。

第2章　项目投资结构

项目投资结构指项目资产的所有权结构，即在项目所在国家的法律、法规、会计、税务等外在客观因素的制约条件下，寻找一种能够最大限度地实现其投资目标的项目资产所有权结构和项目投资者之间的法律合作关系。

大型项目的开发特别是基础设施项目和资源性项目，一般的规律是资金占用量大，投资回收期较长，受政治性因素或国际市场周期性波动影响大，有可能超出了一个公司的财务、管理或者风险承受能力，需要多个投资者共同参与。这样运作的优势在于：第一，风险共担。由多个投资者共同投资，项目的风险就可以由他们共同承担。第二，可以产生互补性效益。不同背景投资者具有不同的资源，具有各自的优势与长处，这些优势资源的组合将会产生互补性效益，同时也降低了项目整体的风险。如有的投资者可为项目提供长期稳定的市场，有的拥有资源，有的可以提供技术和管理技能。尤其是到一个不熟悉的国家去投资，如果有一个了解当地情况的公司作为合作伙伴无疑将会提高投资成功的概率。第三，可以取得优惠贷款条件。投资者之间不同优势的结合有可能为项目争取到较为有利的贷款条件。例如，有的投资者具备较好的生产、管理和财务资信，可以构成对项目融资有力的信用支持，从而有可能在安排项目融资时获得较为有利的贷款条件，包括贷款利率、贷款期限、贷款限制等方面的优惠。第四，通过合理的投资结构设计来充分利用各合资方国内的有关优惠政策。例如，各国税法规定的内容不尽相同，但可以通过在合资企业中做出某种安排，使其中一个或几个投资方可以充分利用项目可能带来的税收优惠，而后以某种形式将这些优惠和利益与其他投资方分享，提高投资者实际的投资收益。

在多个投资者共同参与的情况下，设计切实可行的项目投资结构成为项目融资中必须面对的问题。国际上普遍采用的项目投资结构可以归纳为两种基本的法律形式：公司型（Incorporated）和非公司型（Unincorporated）。公司型结构即由各投资者出资成立独立公司的运作模式。非公司型结构是投资者以契约形式组成的一种运作模式，包括合伙制、非公司型合资、信托基金型结构等形式。针对一个具体的项目，选择哪一种投资结构作为基础方案，怎样确定投资结构才能优化结构，可以说并没有一个统一的标准。项目的投资者们在面对多种方案的取舍时，除了需要考虑一种投资结构所具备的其他结构无法取代的优势之外，更重要的是需要根据项目的特点和参与各方的发展战略、利益追求、融资方式、资金来源以及其他限制条件，选择和设计满足其各方投资目标要求的投资结构。

2.1　影响项目投资结构的主要因素

在项目投资结构设计过程中，对投资目标不能简单地理解为追求利润，而应该理解为是一组相对复杂的综合目标集，其中既包括投资者对融资方式和资金等与融资直接有关的目标要求，也包括投资者对项目资产拥有形式、对产品分配、对项目现金流量控制、对投资者本身公司资产负债比例控制等与融资间接有关的目标要求。另外，项目投资各方的利益协调同样是投资结构设计需考虑的重要因素。因此，从项目融资的角度，充分考虑影响项目融资结构的各种因素成为设计优化的项目投资结构，成功地安排理想的项目融资结构的必要条件。

2.1.1　实现有限追索的要求

有限追索是项目融资的基本特征。采用项目融资，投资者目的之一便是将债务责任最大限度地限制在项目之内，其中包括对银行贷款的主要责任，以及项目经营过程中的其他债务和一些未知风险因素。因此，许多项目投资者在设计项目投资结构时，要考虑的重要因素之一是如何实现风险和债务的有限追索性。由于各个发起人背景条件和要求的差异，需要根据他们的具体情况设计出一种符合其条件和要求的项目风险和债务责任承担形式，实现有限追索的目标。

例如，如果项目发起人愿意承担的是间接的风险和责任，则一般偏好于有限责任公司型投资结构，成立一个法人实体——项目公司。在这种投资结构中，项目融资是以项目公司的资产和项目未来现金流量为基础进行的，投资者的风险只包括已投入的股本资金和一些承诺性的担保责任。而如果投资者有能力且愿意承担更多的风险和责任，以期获得更大的投资回报，则可能会选择契约型的投资结构。在这种投资结构中，投资者承担的是一种直接的债务责任，投资风险大。因为投资者是以其直接拥有的项目资产来安排融资的。到底选择哪一种债务承担形式由投资者根据其收益与风险的对称关系具体决定。

2.1.2　融资便利性要求

项目投资结构不同，项目资产的法律拥有形式就不同。例如，在契约型结构中，项目资产是由投资者直接拥有的，各个投资者分别承担其在项目中的投资费用和生产费用，产品的分配也就必然具有较大的灵活性，投资者既可以在市场上单独销售自己投资份额的产品，也可以联合起来以项目作为一个整体共同销售产品。而在公司型合资结构中，项目资产则是由一个法人实体（项目公司）拥有，投资者拥有的只是项目公司的一部分股权，而不是项目资产的一个部分，项目的产品也必然是由项目公司统一拥有和销售。

项目资产的拥有形式对融资安排有直接的影响。在公司型投资结构中，项目公司是全部资产的所有人，它可以较容易地将项目资产作为一个整体抵押给贷款银行来安排融资，并且可以利用一切与项目投资有关的税务好处及投资优惠条件来吸引资金。同时，项目公司又完全控制着项目的现金流量，因此，以项目公司为主体安排融资就比较容易。在契约型投资结构中，项目资产是由多个投资者所分别直接拥有，项目资产很难作为一个整体来向贷款银行作为抵押申请项目贷款，只能由各个投资者将其所控制的项目资产分别地或者联合地（也并非是一个整体的项目公司）抵押给贷款银行，并且分别地享有项目的税收优惠和其他投资优惠条件、分别地控制项目现金流量。这将在很大程度上增加项目的管理难度和项目融资的复杂性，所以，从融资便利与否来看，选择公司型投资结构比选择契约型投资结构更有优势。当然，如果一些投资者本身资信较高，能够筹集到较优惠的贷款，此时，契约投资结构会更受青睐。另外，在考虑融资便利与否时，还要顾及各国对银行留置权的法律规定，如有些国家法律规定，银行要对合伙制结构的抵押资产行使留置权时，要比对公司型投资结构的抵押资产行使留置权更为困难。

2.1.3　产品分配和利润提取的要求

不同的投资结构，对产品的分配和利润的提取形式有不同的规定。如在公司型投资结构中，由项目公司统一对外销售、统一结算、统一纳税，在弥补项目经常性支出和资本性支出后，在投资者之间进行利润分配。而在契约型投资结构中，项目产品的分配具有较大的灵活性，投资者既可以在市场上单独销售自己投资份额的产品，也可以联合起来以项目作为一个整体共同销售产品。因此，不同背景的投资者对投资结构的选择会不同，如大型跨国公司拥有较广泛的销售渠道和市场知名度，就很容易将产品变现，赚取利润，因而会偏向于选择契约型投资结构；而中小型公司参与项目融资可能更愿意选择公司型投资结构。

另外，不同类型的项目也对项目投资结构有重要影响。在资源型项目投资中，多数投资者愿意直接取得产品。有一些投资者可能希望通过投资直接取得产品作为生产的原材料，也有一些投资者可能希望通过投资控制一些关键性资源以供应某些特定的客户或者特定的市场。这是大多数跨国公司在资源丰富的国家和地区从事投资活动的一个重要原因。对于这些投资者，可以直接获得项目产品的投资结构将会具有较大的吸引力，一般可以选择契约型投资结构。然而，在基础设施型项目投资中，对于多数投资者来说能否直接取得产品（或服务）不是首选的考虑因素，进行投资的目的往往是获取利润。对于这些投资者，较为简单的公司型投资结构将会具有更大的吸引力。

2.1.4　项目现金流量控制的要求

2.1.4.1　不同类型项目现金流特点对投资结构设计的影响

资源型和基础设施型项目的特点是初始投入资金量大，生产过程中的资本再投入量大，但是项目建成后的利润占项目总收入的比例也相对较高，项目产品种类较少，市场较为简单。对于这一类项目，采用项目资产由投资者直接拥有并能够将项目的现金流量直接分配给投资者的投资结构，有利于项目融资的安排。相比之下，多数制造业和加工业项目，初始投入资金占用量相对较少，生产过程中的资本再投入量相对较少，但是利润占项目总收入的比例也相对较低，并且项目产品往往种类繁多，市场复杂，对于这类项目，选择建立一个项目公司作为中介的投资结构来管理项目的生产和销售，并以该公司为主体安排项目融资则相对有利。

2.1.4.2　项目现金流量的控制要求对投资结构的影响

项目进入正常生产运行期后所形成的经营收入，在扣除生产成本、经营管理费用以及资本再投入之后的净现金流量，需要用来偿还银行债务和为投资者提供相应的投资收益。投资者能否直接控制被投资项目的现金流量，是设计投资结构应考虑的一个重要因素。直接拥有项目资产、直接分配产品的契约型投资结构，项目的现金流量由投资者直接掌握。在公司型投资结构下，项目公司将控制项目的现金流量，按照公司董事会或管理委员会的决定对其进行分配，包括资本再投入、偿还债务以及利润分配。如果投资者在项目公司中占有股份较少，就很难控制项目现金流量的走向。即使投资者有项目公司的多数控制权，对于项目现金流量的控制也是间接的，一切分配和调动都必须符合公司法的规定和限制，很难实现对项目公司现金流量百分之百控制的要求。例如，公司法一般规定作为股东只能从公司的税后利润中获得利润分配。因而，在公司型合资结构中，以项目公司为主体安排融资相对比较容易，而投资者如果准备为其股本资金部分安排融资，就需要采用更为灵活的投资结构安排，尽可能比较直接和有规律地从项目公司获得现金流量的分配。又如，以从属性股东贷款、可转换债券等现金投入方式替代普通股本资金投入，可以减少依赖于红利分配的不稳定性和不确定性。

2.1.5 税务影响的要求

充分利用合理的项目税务结构来降低项目的投资成本和融资成本是国际投资活动的一个重要特点，因此，税务问题是在设计项目投资结构和融资结构时需要考虑的一个重要问题；同时，税务结构问题也是投资结构设计中需要考虑的最为复杂的问题之一。在许多国家的税法中都规定，不同公司之间的税收在某些特定条件下可以合并，统一纳税，因此，在项目投资结构设计时可以设法用一家公司的亏损去冲抵另一家公司的盈利，从而降低其总的应缴税额，提高总体的投资收益。如何充分利用税收优惠就成为项目融资中选择投资结构的重要影响因素。

在公司型投资结构中，项目公司是纳税主体，其应纳税收入或亏损以公司为单位计算。如果盈利，公司需要缴纳所得税；如果亏损，公司可以按照规定将亏损结转到以后若干年冲抵未来的收入，但不能冲抵投资者的其他经营收入。在一定的条件下，不同公司之间的税收也可以合并，统一纳税。对于公司间的税务合并问题，每个国家的税法都有具体明确的规定。例如，一些国家规定只有同一投资者百分之百持股的公司之间才能合并纳税，但是也有一些国家规定只要2/3以上或者3/4以上投资者相互持股，公司之间的税务责任就可以合并。

在合伙制或有限合伙制投资结构中，由于合伙制结构本身不是纳税主体，实际收入（或亏损）数字按投资比例分配到每个合伙人名下，以单一的合伙人作为纳税主体。合伙人可以将分配到自己名下的收入（或亏损）与其他收入合并确定最终的缴纳所得税义务。在税务结构处理上的这种灵活性是合伙制结构在项目投资中被长期应用的一个主要原因。

契约型投资结构的资产由投资者分别直接拥有，项目的产品也是由投资者直接拥有。无论项目产品是由投资者分别自行处理还是共同销售，收入都将直接归投资者所有，投资者可以自行决定其应纳税收入问题，这就为冲抵亏损提供了可能。因此，投资者可以结合投资的要求和融资需要，设计符合自己要求的税务结构。

2.1.6 财务处理要求

项目的投资结构不同，其财务处理方法也存在差异，这种差异主要体现在两个方面：一是财务信息的公开披露程度；二是财务报告的账务处理方法。按照各国公司法、证券法等相关法规规定，股份公司往往要承担信息公开披露的责任和义务。另外，财务报表的合并问题，也是投资者十分关注的问题。因为，按照各国相关法律规定，采用不同的投资结构，或者虽然投资结构相同，但是采用不同的投资比例，往往会影响到项目的资产负债情况是否反映在投资者自身的财务报表上以及反映的方式，这就会给投资者的财务状况带来不同影响。

对于契约型投资结构，由于资产和产品经常直接归投资者拥有，则无论投资比例大小，该项投资全部资产负债和损益状况全部在投资者的财务报告中体现。对于公司型投资结构，则可能有三种情况：

第一种情况：如果投资者在一个项目公司中持股比例超过50%，投资者被认为拥有被投资公司的控制权，该项目公司的资产负债表需要全面合并到投资者自身公司的财务报表中去，以达到全面真实地反映该投资者财务状况的目的。

第二种情况：如果投资者在一个项目公司中持股比例介于20%～50%，此时，投资者对公司没有绝对控制权，不存在合并财务报表的问题，但由于持股比例比较大，对公司的决策可以有很大的影响，因此，应在投资者自身公司的财务报表中按投资比例反映出该项投资的实际盈亏情况。

第三种情况：如果投资者在一个项目公司中持股比例低于20%，则对公司决策的影响比较有限，只要求在其自身公司的财务报表中反映出实际投资成本，而不需要反映任何被投资公司的财务状况。

综上所述，投资者应根据实际要求，设计符合自己投资目的的项目投资结构。假如投资者不希望将新项目的融资安排反映在自身的财务报表上，同时又不失去对项目的实际控制权，就需要小心处理投资者在项目公司中的投资比例，或者对投资结构加以特殊设计，使其成为一种非公司负债型的融资。反之，如果投资者尽管在一个项目中所占比例较小，但仍希望能够将其投资合并进自身的资产负债表中以增强公司的形象，则可适当选择合伙制投资结构。总之，投资结构的会计处理专业性较强，具体的法律规定各国也有区别，此处只是从原则上进行分析。在实际工作中应根据项目所在国家或地区的法律规定，结合项目的具体情况与融资顾问和会计师详细分析后制订可行方案。

2.1.7 项目投资的进入和退出便利性要求

项目投资的转让退出和新资本进入的灵活性会促使投资者选择不同的项目投资结构。

2.1.7.1 投资的可转让性

在项目经营期间，投资者出于战略上或者经济上的原因，可能需要出售项目资产或权益。因此，投资者在一个项目中的投资权益能否转让、转让程序、转让成本以及转让时的难易程度是评价投资结构有效性的一个重要因素。

从贷款人的角度看，投资的可转让性也是一个需要重点考虑的因素。作为项目融资的贷款银行，需要投资人提供抵押的资产或权益是可以较方便地转让的，这样，一旦借款人违约，贷款银行就可以通过出售用做抵押的资产或权益以抵消贷款本息，减少贷款的违约风险。反之，如果投资者用做融资抵押的资产或权益无法转让或转让困难，项目的融资风险就相应增加，贷款银行在安排融资时就会要求增加融资成本，增加信用保证以减少贷款风险，这样，对投资者来说就是增加了财务负担，相应会降低投资收益。因此，从某种意义上说，公司型投资结构比契约型投资结构更受银行欢迎，在公司型投资结构中，项目资产或股份抵押给贷款银行，一旦项目公司违约，贷款银行即可很方便地在公开市场上抛售项目资产或股份，以弥补贷款本息。而在契约型投资结构中或合伙制结构中，项目资产或权益的出售要经过投资者的一致同意等协议的限制，转让成本较高。

2.1.7.2　补充资本注入的灵活性

　　由于融资项目所需资金数额巨大，项目风险种类较多，往往风险较一般项目要大，而且项目融资的一个重要特点就是较高的债务股本比例。当项目经营由于各种原因出现困难时，可能难以通过其他方式筹集资金，需要通过补充资本的形式来满足资金需求。因此，补充资本注入的灵活性也是设计项目投资结构需要考虑的因素之一。

　　融资项目要求注入补充资本的可能性大小和数额多少往往取决于项目性质、项目的投资等级、经济强度等因素，如果投资项目具有较高的经济强度，则要求注入补充资本的可能性不大。反之，在设计项目投资结构时，就要格外重视这一问题。因此，当可能经常要求注入补充资本时，一般倾向于选择公司型投资结构，而如果项目出现财务困难的概率较小时，则可能会偏向于选择契约型投资结构。

　　另外，投资者投资项目时的长远目标与思路也会影响新资金进入的灵活性与投资结构。如果一个公司的长远计划是准备将其投资的项目在适当时机推上资本市场，通过发行股票等方式为下一步的发展筹集资金，这样在考虑投资结构时就会倾向于选用类似公司型结构或信托基金结构，因为这类结构在条件许可时较容易被资本市场所接受。

　　以上从七个方面简要论述了设计项目投资结构应考虑的基本因素。在实际工作中，确定项目投资结构是一个在长远目标与短期目标之间、不同投资者之间利益平衡和风险平衡的过程，具体设计一个项目的投资结构时可能会更为复杂。这需要针对具体项目进行分析。国际上，较为普遍采用的投资结构有四种基本的法律形式：公司型合资结构、合伙制或有限合伙制结构、契约型合资结构、信托基金结构。下面几节就项目融资中经常采用的这几种投资结构进行分析。

2.2 公司型合资结构

公司型合资结构是根据公司法的要求，各发起人通过参股的方式组建具有独立法人资格的有限责任项目公司。作为独立法人实体，项目公司拥有一切项目资产和处置资产的权利。发起人以公司股东的方式参与公司决策，并按照股份份额分配利润。公司型合资结构是目前世界上最简单有效的一种投资结构，历史悠久，使用广泛。国际上大多数的制造业和加工工业项目采用的都是公司型合资结构，并且在 20 世纪 60 年代以前有很高比例的资源性开发项目也采用公司型合资结构。简化的公司型合资结构如图 2 - 1 所示。

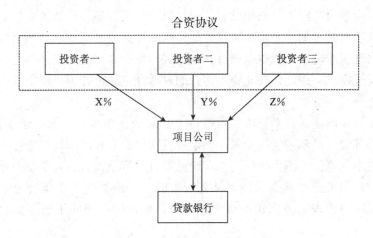

图 2 - 1　简化的公司型合资结构

2.2.1　公司型合资结构的优点

2.2.1.1　实现非公司负债型融资

根据多数国家的会计制度规定，只要投资者在项目公司的股份不超过 50%，成立项目公司进行融资可以避免将有限追索的融资安排作为债务列入项目投资者自身的资产负债表中，实现非公司负债型融资。

2.2.1.2　公司股东承担有限责任

在公司制条件下，投资者仅以出资额对公司承担有限责任，达到了风险隔离的目标，使投资者的投资风险大大降低。这是项目发起人选择公司型投资结构的重要影响因素，以此将项目的融资风险和经营风险大部分限制在项目公司内，项目公司对偿还贷款承担直接责任，实现对项目投资者的有限债务追索。

2.2.1.3　便于项目管理和协调

组织项目公司可以把项目资产的所有权集中在项目公司，而不是分散在各个发起人所拥有的公司，便于项目资产的管理。项目公司可以拥有项目管理所必须具备的生产技术、管理、人员条件，也可以将项目的运营与管理委托给具有经验的管理公司进行管理。

2.2.1.4　投资转让比较容易

投资者在一个公司中投资权益的大小以持有股份的多少为代表。投资者只要转让其持有的股份就达到了转让投资权益的目的，这比转让项目资产本身容易得多。而且转让后不影响公司的继续存在。

2.2.1.5　融资安排比较灵活

从贷款人的角度看，公司型投资结构便于其在项目资产上设定抵押担保权益。一方面，可以通过发行新股筹集新资金，吸收新的投资者。另一方面，也较容易取得银行的项目贷款，因为银行可以通过取得项目资产的抵押权和担保权来降低借款人的违约风险。

2.2.1.6　股东之间关系简单明确

各国公司法对股东之间的关系均有明确规定，其中最重要的是股东之间不存在任何的信托、担保和连带责任。

2.2.2　公司型合资结构的缺点

2.2.2.1　投资者对项目现金流量缺乏直接控制

由于项目公司是独立法人实体，直接拥有项目资产并享有资产的收益权和处置权。投资者只能以公司股东的方式间接参与公司决策，并按照股份份额分配利润，不能对项目现金流量进行直接控制。这对于希望利用项目的现金流量自行安排融资的投资者就不可行。

2.2.2.2　财务处理不便，税务结构灵活性差

各国会计准则及相关法规对投资者与被投资公司合并报表编制的条件均有较明确的规定。投资者也不能利用项目公司的亏损去冲抵发起人的利润。这对于盈利丰厚并希望利润被冲减而获取税收好处的投资者而言，其积极性受到很大打击。项目开发前期的税务亏损或优惠只能保留在公司，并在一定年限内使用，这就造成如果项目公司在几年内不盈利，税务亏损就会有完全损失掉的可能性，也就降低了项目的综合投资效益。而且，在这种投资结构中，还存在着"双重征税"的现象，即项目公司如有盈利时要缴纳公司所得税，项目发起人取得股东红利后还要缴纳一次公司所得税或个人所得税，这样，无形中降低了项目的综合投

资回报率。

2.2.3 公司型合资结构的灵活运用

为了充分利用公司型合资结构的优点，克服其存在的缺陷，国外许多投资者在法律许可的范围内尽量对其基本结构加以改建，创造出种种复杂的有限责任公司投资结构，以争取尽快地、尽早地利用项目的税务亏损（即以亏损减抵收益后纳税）或优惠，提高项目投资的综合经济效益。其中具有代表性的做法就是在项目公司中做出某种安排，使得其中一个或几个投资者可以充分利用项目投资前期的税务亏损或优惠，同时又将其所取得的部分收益以某种形式与其他投资者分享。

案例分析：收购新西兰钢铁联合公司的公司合资型投资结构创新[①]

20 世纪 80 年代末，新西兰钢铁联合企业由于管理不善，成本超支，连年亏损，终于倒闭，并留下了超过 5 亿新西兰元的税务亏损。1989 年初，有四家公司（F、C、T、B）在新西兰组成了一个投资财团，投标收购濒于倒闭的新西兰钢铁联合企业。在这个投资财团里，各公司的背景资料如下：

F 公司是当地最大的工业集团之一，具有雄厚的资金实力，拥有钢铁工业方面的生产管理经验和技术。但是由于该公司过去几年发展过快，负债比率过高，不希望新收购的钢铁联合企业并入公司的资产负债表中，所以要求持股比例不超过 50%。

T 公司和 B 公司是两家外国投资公司，目的是想通过投资该收购项目取得利润。

C 公司是当地一家经营业绩较好、有较高盈利的有色金属公司。

针对新西兰钢铁联合企业有超过 5 亿新西兰元的税务亏损情况，投资财团希望充分利用这些税务亏损以实现节约投资成本的目的。经过分析，只有 C 公司一家可以吸收这些税务亏损，因此，这四家公司在律师和会计师的协助下设计出了一种公司型合资结构，如图 2-2 所示。

投资结构设计及合资协议主要内容和目标包括：

（1）成立一个控股公司，由 C 公司认购该控股公司的 100 股股票（假设一元一股），使其成为控股公司的法律意义上的拥有者。控股公司拥有新西兰钢铁联合企业 100% 的股份，成为在法律上百分之百地拥有新西兰钢铁联合企业的法人实体。因而，在这个收购项目中采取的仍然是公司型投资结构。因为 C 公司经营业绩优良，通过对新西兰钢铁联合企业的完全控股，可以使该控股公司及钢铁联合企业的资产负债和经营损益并入到 C 公司的财务报表之中；同时，控股公司

---

① 根据张极井著《项目融资》，中信出版社，2003 年 11 月第 2 版第 81 页案例改编。

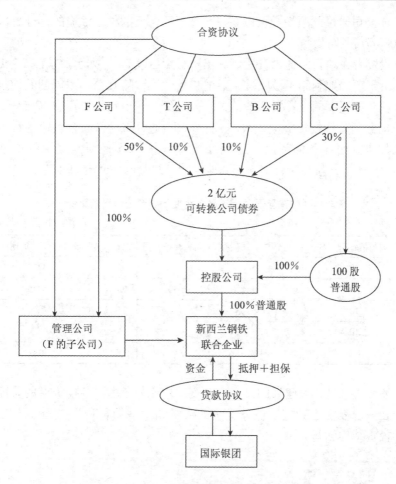

图 2－2　收购新西兰钢铁联合企业的公司型结构

和钢铁企业的税收也可以与 C 公司的税收合并，统一纳税。

（2）F、T、B、C 四家投资者通过认购控股公司发行的可转换债券的方式对控股公司进行实际股本资金投入（在合资协议中规定可转换债券持有人的权益及转换条件），从而组成真正的投资财团。根据各自参与项目的不同目的，F、T、B、C 四家公司认购债券的比例分别为 50%、10%、10%、30%。以可转换债券方式作为初始资本投入，对投资者而言，既可以定期取得利息收入，又可以为投资者安排股本资金融资提供条件。在项目成功时各投资者将可转换债券转换为股票成为项目公司的正式股东。

（3）投资者组成董事会负责公司的重大决策事项，并任命 F 公司的下属公司担任项目管理者，负责项目的日常生产经营。这样的安排可以充分利用 F 公司在钢铁生产管理方面的经验和技术。

(4) C 公司通过此项投资可以获得 5 亿新西兰元的税务亏损的好处，因此愿多出资 5000 万新西兰元。

各方投资者在项目中的投资比例和出资金额由表 2-1 列示。从表 2-1 中可以看出，由于巧妙地利用了被收购企业的税务亏损，除 C 公司以外的其他投资者都可以实现一定程度的投资资金节约，具体是 F 公司节约投资资金 12.5%，T 公司和 B 公司分别节约投资资金 2.5%。而 C 公司通过将钢铁联合企业的税务亏损合并冲抵其他方面业务的利润，也可以预期获得 1.65 亿新西兰元的税款节约（当地公司所得税率为 33%，即 5 亿新西兰元×33% = 1.65 亿新西兰元）。

表 2-1 收购新西兰钢铁联合企业的合资公司出资比例

单位：百万新西兰元

公司	协议持股比例（%）	可转换公司债券	购买税务亏损	总计	实际投资占总投资比例（%）
F 公司	50	75		75	37.5
C 公司	30	45	50	95	47.5
T 公司	10	15		15	7.5
B 公司	10	15		15	7.5
合计	100	150		200	100

从上述分析可见，改建后的公司型合资结构充分考虑了各投资方的具体条件和要求，在一定程度上避免了税务优惠的浪费和"双重征税"的弊端，是一种较成功的投资结构创新。

2.3 合伙制结构

合伙制（Partnership）是两个或两个以上合伙人（Partners）以获取利润为目的，共同从事某项商业活动而建立起来的一种法律关系。根据合伙协议规定，合伙人分享在合伙制下取得的利润，同时对合伙制造成的债务承担无限连带责任。

合伙制结构通过合伙协议组织起来，在协议中对各合伙人的资本投入、项目管理、风险分担、利润及亏损的分配比例和原则均需要有具体的规定。合伙人可以是自然人也可以是公司法人，但合伙制结构本身不是一个独立的法人实体，它只是通过合伙人之间的法律合约成立起来，没有法定的形式，一般也不需要在政府注册，这一点与成立一个公司有本质的不同。但是，在多数国家仍有完整的法律来规范合伙制结构的组成及其行为。在实际运用中，合伙制结构有两种基本形式：普通合伙制和有限合伙制。

2.3.1　普通合伙制结构

普通合伙制结构是指所有的合伙人对于合伙制结构的经营、债务以及其他经济责任和民事责任均负无限连带责任的一种合伙制，其合伙人称为普通合伙人。由于在普通合伙制下，所有合伙人均承担无限连带责任，在大多数国家中普通合伙制结构一般用于法律和会计行业这种专业化的工作组合以及小型项目的开发，在大型投资项目中很少采用这种结构。只有在北美地区，普通合伙制有时被用来作为项目的投资结构，特别是在石油、天然气勘探和开发领域有相对较多的应用。

2.3.1.1　普通合伙制结构的优点

与公司型投资结构相比，普通合伙制结构由于本身不是一个独立的法律实体，它具有以下优点：

（1）在资产拥有和合伙人责任方面。普通合伙制的资产由普通合伙人拥有，并且各合伙人都对项目承担无限连带责任。

（2）投资人对项目的管理权方面。每个普通合伙人都有权参与合伙制的经营管理，均可以要求以所有合伙人的名义去执行合伙制的权利，即当一个合伙人与第三者签订合同时，也就表明其他普通合伙人也必须承担该合同的责任。相应地，合伙制结构的法律权益的转让必须要得到其他合伙人的同意。

（3）可以充分利用税务优惠。由于合伙制不是一个纳税主体，合伙制结构在一个财政年度内的净收入或亏损将全部按投资比例直接转移给合伙人，各合伙人单独申报自己在合伙制结构中的收入，并且从合伙制结构中获取的收益（或亏损）允许与合伙人其他来源的收入进行合并，从而有利于合伙人较灵活地做出自己的税务安排。

2.3.1.2　普通合伙制结构的缺点

普通合伙制结构存在的如下缺陷制约了其在项目融资中的应用：

（1）合伙人承担着无限连带责任。一旦项目出现问题，或者某些合伙人由于种种原因无力承担其相应的责任，其他合伙人就面临着要承担超出其在合伙制结构中所占投资比例的责任的风险。这一问题严重限制了普通合伙制在项目融资中的广泛使用。

（2）权益转让复杂。公司型投资结构股份的转让，除有专门约定以外，不需要其他股东的同意。但在合伙制下，合伙人法律权益的转让必须取得其他合伙人的同意。

（3）单个合伙人也具有约束合伙制的能力。按照合伙制结构的法律规定，每个合伙人都被认为是合伙制的代理，因而至少在表面上或形式上拥有代表合伙制结构签订任何具有法律效力的协议的权利。这样将会给合伙制的管理带来诸多问题。

（4）融资安排比较复杂。由于合伙制结构在法律上并不拥有项目资产，所有合伙制结构的融资安排需要每一个合伙人同意将项目中属于自己的一部分资产权益拿出来作为抵押或担保，并共同承担融资安排中的责任和风险。这样操作起来要比公司型投资结构复杂得多。为合伙制结构安排融资的另一个潜在复杂问题是如果贷款银行由于执行抵押或担保权利进而控制了合伙制结构的财务活动，有可能导致在法律上贷款银行也被视为普通合伙人，要求其承担合伙制结构的无限连带责任。

2.3.1.3　普通合伙制的灵活应用

在项目融资中采用普通合伙制时，为了避免投资者以自己的全部财产为合伙制结构承担无限连带责任，项目发起人都是通过一家专门为参与这个项目成立的特殊目的的子公司（Special Purpose Vehicle）介入项目，这样就可以保证项目发起方其他的资产和业务不受合伙制造成的相互承担无限连带责任的影响，这种情况下的普通合伙制简化结构如图 2 - 3 所示。

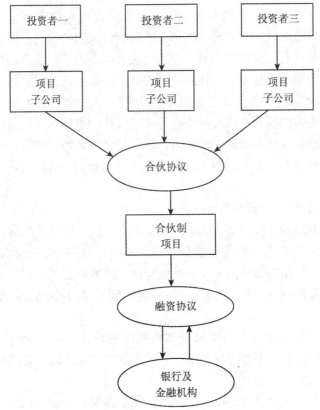

图 2 - 3　通过项目子公司建立的普通合伙制简化结构

2.3.2 有限合伙制结构

有限合伙制是在普通合伙制基础上发展起来的一种合伙制结构。它是指包括至少一个普通合伙人和至少一个有限合伙人的合伙制形式。其中，普通合伙人负责合伙制项目的组织、经营和管理，并承担对合伙制债务的无限责任；有限合伙人不参与项目的日常经营管理，只以其出资额对合伙制债务承担有限责任。在这种结构中，普通合伙人和有限合伙人起到了互相合作、扬长避短的作用。即在该种投资结构中，普通合伙人大多是在该项目投资领域有技术管理特长并准备利用这些特长从事项目开发的公司。由于资金、风险、投资成本等多种因素的制约，普通合伙人愿意组织一个有限合伙制的投资结构，吸引更广泛的有限合伙人参与到项目中来，以共同分担项目的投资风险和分享项目的投资收益。有限合伙制简化结构如图 2-4 所示。

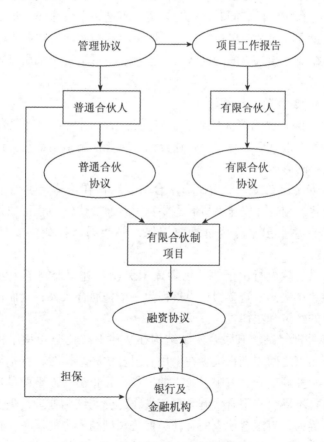

图 2-4　有限合伙制简化结构

2.3.2.1　有限合伙制结构的优点

有限合伙制结构是一种特殊的合伙制结构，它既具有普通合伙制在税务安排上的优点，又在一定程度上避免了普通合伙制的责任连带问题，因而在项目融资中得到广泛应用。

（1）税务安排比较灵活。与普通合伙制相同，由于有限合伙制结构本身不是一个纳税主体，其在一个财政年度内的净收入或亏损可以全部按投资比例直接转移给合伙人，合伙人单独申报自己在合伙制结构中的收入并与其他收入合并后确定最终的纳税义务。

（2）每个普通合伙人有权直接参加企业的管理，有利于发挥各合伙人的业务专长和管理能力，做到资源的充分利用。

（3）在一定程度上避免了普通合伙制的责任连带问题。由于在有限合伙制结构中，出现了一种有限合伙人，其责任仅以其投入和承诺投入的资本额为限对合伙制结构承担有限责任。同时，因为它仍然不是一个法律实体组织，对于有雄厚资金实力的投资公司和金融机构来说，既可以承担有限的债务责任，又可以充分利用合伙制在税务扣减方面的优势。这正是在项目融资中采用有限合伙制结构的主要原因。

2.3.2.2　有限合伙制结构的缺点

（1）普通合伙人要承担无限责任。与普通合伙制相同，普通合伙人仍然要承担无限的债务连带责任。且每个普通合伙人对合伙制结构都具有约束力，而不受投资份额大小的影响。

（2）融资安排比较复杂。由于有限合伙制结构在法律上仍然不拥有项目的资产，有限合伙制结构在安排融资时需要每个普通合伙人同意将项目中属于自己的一部分资产权益拿出来作为抵押或担保，并共同承担融资安排中的责任和风险。

此外，如果贷款银行由于执行抵押或担保权利进而控制了企业的财务活动时，有可能导致在法律上贷款银行也被视为一个普通合伙人，从而被要求承担合伙制结构所有的经济和法律责任。

（3）法律处理复杂。有限合伙制结构在法律上要比公司型结构复杂，有关的法律在不同国家之间差别很大。在采用有限合伙制结构时，特别需要注意项目所在国的相关税务规定和对有限合伙人的定义，防止出现以下两种极端情况：一是如果结构安排不周，有限合伙制有可能被作为公司结构处理，失去了采用合伙结构的意义。因为，有限合伙人的责任类似公司型结构中的股东。这样，很可能就不能再利用合伙制结构在税务处理上的优越性了。二是如果对合伙参与管理的界定不清楚，有限合伙人有可能由于被认为参与管理而变成为要承担无限连带债务责任的普通合伙人,从而增加其在项目中的投资风险。

2.3.2.3 有限合伙制结构在项目融资中的灵活运用

有限合伙制结构主要应用在以下两个领域:

(1)资本密集、周期长但风险较低的公用设施和基础设施项目。在美国,电站、公路等项目较常采用有限合伙制投资结构。在这类项目中,有限合伙人可以充分利用项目前期的亏损和投资优惠冲抵其他的收入,提前回收一部分投资资金。

(2)投资风险大、税务优惠大、具有良好勘探前景的资源类地质勘探项目。这类项目包括石油、天然气和一些矿产资源的开发。许多国家对资源类项目的前期勘探费用支出给予优惠的税收政策(费用支出当年可从收入中扣减 100% ~ 150%)。对于这类项目,通常是由项目的主要投资者作为普通合伙人,邀请一些其他的投资者作为有限合伙人为项目提供前期勘探的高风险资金,而普通合伙人则承担全部或大部分项目建设开发的投资费用以及项目前期勘探、建设和生产阶段的管理工作。在这种结构安排下,由于有限合伙人在勘探阶段投入的全部费用基本上可在当年抵税,已获得相当比例的投资回报,并且项目又具有一定的发展前景,所以对许多盈利较高又不具备在这一领域专门发展能力的公司来说有很大的吸引力。这是在工业国家中许多公司愿意对勘探前景较好的项目进行风险投资的重要原因之一。作为普通合伙人,由于在勘探工作结束并认为有开发价值后才投入项目的建设开发资金,虽然税务结构上不如有限合伙人,但是所承担的风险也相对小得多。而且作为项目的主要投资者,可以在项目的开发中获得更大的利益。因此,在设计这类具有良好勘探前景的资源类地质勘探项目的投资结构过程中,有限合伙制是受投资者青睐的投资结构之一。

案例分析:欧洲迪斯尼乐园项目的投资结构①

欧洲迪斯尼乐园项目是合伙制结构运用的经典案例。欧洲迪斯尼乐园位于巴黎市郊,在筹建的过程中备受关注,不仅仅因为其本身是美国文化与欧洲文明冲突和磨合的结果,还因为其在筹资模式方面带给金融界的影响。筹建欧洲迪斯尼乐园的发起人是美国迪斯尼公司,该公司只用了很少的自有资金就完成了对项目的投融资计划,而且还牢牢地掌握了项目的控制权。

1987 年 3 月,美国迪斯尼公司与法国政府签署兴建欧洲迪斯尼乐园的合同。法国东方汇理银行是该项目的财务顾问,通过东方汇理银行的设计,美国迪斯尼公司的投资结构分为两个部分:欧洲迪斯尼财务公司和欧洲迪斯尼经营公司。财务公司将拥有欧洲迪斯尼乐园的资产,并通过一个 20 年期的杠杆租赁协议,将

---

① 蒋先玲:《项目融资》(第二版),中国金融出版社,2004 年版。

资产租赁给经营公司。在项目的前半期，由于利息和折旧等原因，项目将产生亏损，这些亏损由财务公司的股东承担，租赁协议期满后，经营公司以经折旧后的账面价值将项目从财务公司手中买回来，财务公司解散。为了达到对项目的控制，美国迪斯尼公司选择了有限合伙制的投资结构，在这一投资结构中，美国迪斯尼公司作为唯一的一般合伙人对项目承担无限责任，但拥有日常经营管理权，其他投资者作为有限合伙人承担有限责任，但不参与项目的经营管理。所以，迪斯尼公司虽然股权很少，但却达到了控制项目的目的，这就是有限合伙制投资结构的优势所在。

欧洲迪斯尼乐园项目的资金来源于五个途径：一是财务公司的资本，即各个股东的出资；二是通过在证券市场上公开发行股票筹集，由于迪斯尼项目本身是有吸引力的，所以，股票发行非常顺利；三是美国迪斯尼公司的直接投资；四是在项目协议中约定的由法国公众部门储蓄银行提供的成本优惠的资金支持；五是占总投资40%的资金来源于银行贷款，这种贷款是以项目资产为担保的，以项目资产为限额的有限追索债务。通过这些安排和设计，迪斯尼项目的投资半数以上是股本资金、准股本资金，另一部分是有限追索的债权，从而大大降低了项目的债务负担。同时，项目的低成本提高了项目自身的债务承受能力，使进一步获得银团贷款和筹集股本资金变得十分容易。

2.4 非公司型合资结构

非公司型合资结构（Unincorporated Joint Venture）也称契约型合资结构，通常是项目发起人专门为投资某一项目成立单纯目的子公司，各方根据各自在合资企业中的股份，持有项目全部不可分割资产和生产出来的产品中的一部分。每一个项目发起方根据其在合资企业中的比例，负责项目生产出来产品的销售工作，并将在项目中的投资作为直接投资，无论比例大小全部反映在各自的财务报表中。

在公司型结构中，项目发起人持有项目公司中的股票，占有相应的股份。而在非公司型结构中，项目发起人持有的是以法律协议确定下来的对项目资产、项目生产出来产品的权利。在项目融资中，这种投资结构经常应用在石油天然气开发、采矿、初级矿产品加工、石油化工、钢铁及有色金属等领域。如英国北海油田的开发，我国的海外投资项目如中信公司在澳大利亚投资的波特兰电解铝厂、中国冶金进出口公司在澳大利亚投资的恰那铁矿等项目均采用非公司型合资结构。

非公司型合资结构从严格的法律意义上说，不是一种法人实体，只是项目发起人之间所建立的一种契约合作关系。简化的非公司型合资结构如图 2 - 5 所示：

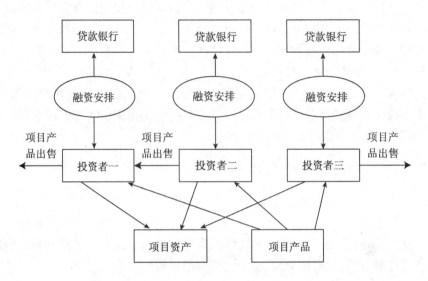

图 2 - 5 简化的非公司型合资结构

2.4.1 非公司型合资结构的特点

2.4.1.1 资产拥有与责任

非公司型合资结构通过投资者之间的合资协议建立，每一个投资者直接拥有全部项目资产的一个不可分割的部分，直接拥有并有权独自处理其投资比例的项目最终产品。相应地，投资者只承担与其投资比例相应的责任，投资者之间没有任何的连带责任或共同责任。

2.4.1.2 出资与分配

根据项目的投资计划，每一个投资者需要投入相应投资比例的资金。这些资金的用途可以包括项目的前期开发费用、项目的固定资产投入、流动资金、共同生产成本和管理费用等。同时，每一个投资者直接拥有并有权独自处置其投资比例的项目最终产品。

2.4.1.3 项目管理方式

非公司型合资结构是根据联合经营协议（the Joint Operating Agreements, JOA）成立项目管理委员会（the Operating Committee）进行管理。项目管理委员会由每一个投资者的代表组成，每个代表都代表本公司的利益在项目管理委员会

项目融资管理

进行投票，每个投资者都有权独立做出其相应投资比例的项目投资、原材料供应、产品处置等重大商业决策。项目的日常管理由项目管理委员会指定的项目经理负责；项目经理可以由其中一个投资者担任，或由一个合资的项目管理公司担任，在一些情况下，也可以由一个独立的项目管理公司担任。有关项目管理委员会的组成，决策方式与程序，以及项目经理的任命、责任、权利和义务，都需要通过合资协议或者单独的管理协议加以明确规定。

2.4.1.4　投资者之间的关系

投资者之间是一种合作性质的关系，其合作不单纯以"获取利润"为目的，而是根据投资协议使每一个投资者从投资项目中获得相应份额的产品，即合作生产"产品"，或"为取得产品而合作"。

2.4.2　非公司型合资结构的优点

2.4.2.1　投资者在合资结构中承担有限责任

每个投资者在项目中所承担的责任将在合资协议中明确规定。除特殊的情况外，这些责任将被限制在投资者相应的投资比例之内，投资者之间没有任何的共同责任或连带责任，这是非公司型合资结构很重要的一个优点。

2.4.2.2　可以有效地利用税务优惠

因为合资结构不是一个法人实体，所以项目本身不必缴纳所得税，其经营业绩可以完全合并到各个投资者自身的财务报表中去。因此，如果项目投资者本身具有很好的经营业绩，新的投资项目就可以采用契约型投资结构以吸收项目建设期和试生产期的税务亏损和各种投资优惠，用于冲抵公司所得税，从而降低项目的综合投资成本。

2.4.2.3　融资安排灵活

由于项目投资者在该结构中直接拥有项目的资产，直接掌握项目的产品，直接控制项目的现金流量。因此，投资者没有共同的税务责任，无论在非公司型合资结构中投资比例大小，投资者在项目中的投资活动和经营活动都将全部地直接反映在投资者自身公司的财务报表中，其税务安排也将由每一个投资者独立完成并且可以独立设计项目的税务结构，这就为投资者提供了一个相对独立的融资活动空间。每一个投资者均可以按照自身发展战略和财务状况来安排项目融资。

2.4.3　非公司型合资结构的缺点

2.4.3.1　投资转让程序比较复杂，交易成本较高

非公司型合资结构中的投资转让是指投资者在项目中对直接拥有的资产和合约权益的转让。与股份转让或其他资产形式的转让相比，转让程序比较复杂，与

·54·

此相关的费用也比较高，对直接拥有资产的精确定义也比较复杂。

2.4.3.2　结构设计与合伙制雷同

非公司型合资结构在一些方面的特点与合伙制结构类似，因此在结构设计上要注意防止合资结构被认为是合伙制结构而不是非公司型合资结构。有的国家就曾有将非公司型合资结构作为合伙制结构处理的法院判决案例，这时，投资者将被作为合伙人承担无限责任。可见，注意二者的本质区别以及当地的相关法律规定是非常重要的。

2.4.3.3　管理程序比较复杂

由于缺乏现成的法律规范非公司型合资投资结构的行为，参加该种结构的投资者权益的保护基本上依赖于合资协议，因而必须在合资协议中对所有的决策和管理程序按照问题的重要性清楚地加以规定。尤其对于投资比例较小的投资者，一定要在合资协议中提出保护其在重大问题上的发言权和决策权。因此，管理程序操作复杂。

2.4.4　非公司型合资结构的应用

非公司型合资结构与其他几种投资结构不同，世界上多数国家迄今没有专门的法律来规范非公司型合资结构的组成和行为，这就为投资者提供了较大的空间。投资者可以按照投资战略、财务、融资、产品分配和现金流量控制等方面的目标要求设计项目的投资结构和合资协议。在常规的合同法的规范下，合资协议将具有充分的法律效力。同时，由于结构设计的灵活性，非公司型合资结构的设计存在一定的不确定性因素。由于其在一些方面的特点与合伙制结构类似，因而在结构设计上要注意防止合资结构被认为是合伙制结构而不是非公司型合资结构。有的国家（如澳大利亚）就曾有将非公司型合资结构作为合伙制结构处理的法院判决案例。因此，在结构设计过程中要特别注意二者的本质区别。

案例分析：澳大利亚波特兰铝厂非公司型合资结构设计[①]

波特兰铝厂位于澳大利亚维多利亚州的港口城市波特兰，固定资产投资总成本为 11.5 亿澳元（折合约 8.6 亿美元），始建于 1981 年，后因国际市场铝价大幅度下跌和电力供应等问题，于 1982 年停建。在与维多利亚州政府达成 30 年电力供应协议之后，波特兰铝厂于 1984 年重新开始建设。1986 年 11 月投入试生产，1988 年 9 月全面建成投产。波特兰铝厂由电解铝生产线、阳极生产、铝锭浇铸、原材料输送及存储系统、电力系统等几个主要部分组成，其中核心的铝电解部分采用的是美国铝业公司 20 世纪 80 年代的先进技术，建有两条生产线，整个

---

① 　根据张极井著《项目融资》，中信出版社，2003 年 11 月第 2 版第 90 页案例改编。

生产过程采用电子计算机严格控制，每年可生产铝锭 30 万吨，是目前世界上技术先进、规模最大的现代化铝厂之一。

澳大利亚波特兰铝厂采用的即是非公司型合资（契约型合资）结构，该投资结构的简化结构如图 2-6 所示。

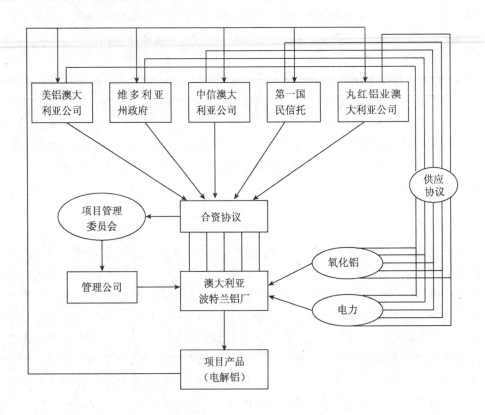

图 2-6　澳大利亚波特兰铝厂非公司型合资简体结构

2.4.4.1　项目的 5 个投资者

（1）美国铝业公司在澳大利亚的子公司——美铝澳大利亚公司。

（2）澳大利亚维多利亚州政府。

（3）中国国际信托投资公司直属地区性子公司——中信澳大利亚公司。

（4）澳大利亚第一国民资源信托基金——第一国民信托。

（5）日本丸红商社在澳大利亚的子公司——丸红铝业澳大利亚公司。

2.4.4.2　合资协议的主要内容

（1）每个投资者在项目中分别投入相应的资金，作为项目固定资产的投入和再投入，以及支付项目管理公司的生产费用和管理费用。

（2）电解铝生产需要的两种主要原材料——氧化铝和电力供应，由每个投资者独立安排。

（3）每个投资者根据自身资金实力和税务结构等独立地安排融资，筹集其所需投入的资金。

（4）项目完工后，投资者将从项目中获得相应份额的最终产品——电解铝锭，可独立地在市场上销售。

由于采用的是非公司型合资结构，每个投资者可以根据自身在项目中所处的地位、资金实力、税务结构等因素各自安排融资，实际上，五个投资者选择了完全不同的融资方式。

美铝澳大利亚公司的融资：该公司在澳大利亚拥有三个氧化铝厂和两个电解铝厂，资金雄厚，技术先进，在该项目投资中还担任项目经理。因此，该公司凭借其雄厚实力在资本市场上以传统的公司融资方式筹集到了较低成本的资金。

维多利亚州政府的融资：维多利亚州政府为了鼓励当地工业的发展和刺激就业，在项目投资中提供的是由政府担保的银团贷款。而且，政府在该投资中不直接拥有项目资产，而是由一个百分之百拥有的信托基金作为中介机构。这样，使政府在资金管理上增强了灵活性，必要时，政府可以将信托基金在股票市场上出售，从中收回资金用于偿还政府担保的银团贷款。

中信澳大利亚公司采用的是百分之百的项目融资方式——有限追索杠杆租赁融资模式。由于波特兰铝厂是中信澳大利亚公司的第一个投资项目，项目前期的税务好处无法有效地加以利用，因此以杠杆租赁方式将项目的税务好处转让给澳大利亚几家主要银行组成的合伙制公司，从而换取较低的资金安排成本。

第一国民信托的融资：它是一个公开上市的信托基金，通过在股票市场上发行信托单位筹资，很容易就能筹集到所需资金，基本上没有债务。

丸红铝业澳大利亚公司的融资与美铝澳大利亚公司的融资一样，采用的都是传统的公司融资方式，由其总公司日本丸红商社担保的银行贷款。

通过这个例子，可以清楚地看出非公司型合资结构所具有的能够按照不同投资者需要而充分利用项目特点安排投资资金来源的优势。

2.5 信托基金结构

信托基金（Trust），是指通过专门的经营机构将众多投资者的资金汇集起来，由专业投资人士集中进行投资管理，投资者按其投资比例享受投资收益的一种信用工具。信托基金有多种形式，其中在房地产项目和其他不动产项目的投资、在资源性项目的开发以及在项目融资安排中较常使用的一种信托基金形式被称为单位信托基金（Unit Trust）。单位信托基金将信托基金划分为类似于公司股票的信托单位（Unit），通过发行信托单位来筹集资金，这种形式的信托基金是本节讨论的重点。从严格意义上说，信托基金不是一种项目投资结构，它是一种投资基金的管理结构，在投资方式中这种结构属于间接投资形式。信托基金作为一种投资形式，在英美发达国家中应用较普遍，在我国则较少，下面对与之相关的问题进行分析。

2.5.1 信托基金的建立和运作

2.5.1.1 信托契约（Trust Deed）

信托基金的建立和运作是建立在信托契约基础之上的。信托契约与公司的股东协议相似，是规定和规范信托单位持有人、信托基金受托管理人和信托基金经理人之间法律关系的基本协议。

2.5.1.2 信托单位持有人（Unitholders）

信托单位持有人（类似于公司中的股东）是信托基金资产和其经营活动的所有者。理论上，信托单位持有人不参加信托基金以及信托基金所投资项目的管理。

2.5.1.3 信托基金受托管理人（Trustee）

信托基金受托管理人代表信托单位持有人持有信托基金结构的一切资产和权益，代表信托基金签署任何法律合同。信托基金受托管理人由信托单位持有人根据信托契约任命并对其负责，主要作用是保护信托基金持有人在信托基金中的资产和权益不受损害，并负责控制和管理信托单位的发行和注册，以及监督信托基金经理的工作。除非信托基金经理的工作与信托单位持有人的利益发生冲突，受托管理人一般不介入日常的基金管理。在采用英美法律体系的国家，信托基金的受托管理人一般由银行或者职业的受托管理公司担任。

2.5.1.4 信托基金经理（Manager）

信托基金经理由受托管理人任命，负责信托基金及其投资项目的日常经营管理。一些国家规定，受托管理人和信托基金经理必须是由两个完全独立的机构担任。

2.5.2 信托基金结构与公司型结构的区别

虽然信托基金结构在形式上与公司型投资结构相似，也是将信托基金划分为类似于公司股票的信托单位，通过发行信托单位来筹集资金。但是，信托基金结构与公司型结构相比，具有以下特点：

2.5.2.1　组建依据不同

信托基金是依据信托契约建立起来的，这一点与根据国家有关法律组建的有限责任公司是有区别的。组建信托基金必须要有信托资产，这种资产可以是动产，也可以是不动产。

2.5.2.2　法律地位不同

在公司型结构中，公司是独立的法人实体，公司的资产是由公司而不是由其股东拥有。但在信托基金结构中，受托管理人只是受信托单位持有人的委托持有资产，信托单位持有人对信托基金资产按比例拥有直接的法律和受益人权益，在任何时候，每一个信托单位的价值等于信托基金净资产的价值除以信托单位总数。

由于信托基金不是独立的法人实体，因此，它与公司法人不同，不能被作为一个独立法人而在法律上具有起诉权和被起诉权。受托管理人承担信托基金的起诉和被起诉的责任。

2.5.2.3　基金持有人、管理人的责任与公司股东、管理者的责任不同

由于公司是一个独立法人，因而公司的债务责任与其股东和董事的个人债务责任相分离。而信托基金的受托管理人作为信托基金的法定代表，他所代表的责任与其个人责任是不能够分割的。例如，受托管理人代表信托基金签署一项银行贷款协议，受托管理人也就同时为这项贷款承担了个人责任，信托基金的债权人有权利就债务偿还问题追索到受托管理人的个人资产。但是，除极个别的情况，债权人一般同意受托管理人的债务责任被限制于信托基金的资产。

2.5.3　信托基金结构应用于项目融资的优缺点

2.5.3.1　信托基金结构应用于项目融资的优点

（1）有限责任。信托单位持有人在信托基金结构中的责任根据信托契约确定。一般来说，信托单位持有人在信托基金结构中承担有限责任，其责任仅限于在信托基金中已投入的和承诺投入的资金。然而，受托管理人需要承担信托基金结构的全部债务责任，并有权要求以信托基金的资产作为补偿。

（2）融资安排比较容易。信托基金结构与公司型结构类似，可为银行贷款提供一个完整的项目资产和权益作抵押来安排融资。信托基金结构也易于被资本市场接受，需要时可以通过信托单位上市等手段筹集资金。

（3）项目现金流量的控制相对比较容易。信托基金结构在资金分配上与公司型结构不同，法律规定信托基金中的项目净现金流量在扣除生产准备金和还债准备金以后都必须分配给信托单位持有人。从投资者角度看，采用信托基金结构将比公司型结构能够更好地掌握项目的现金流量。

2.5.3.2　信托基金结构应用于项目融资的缺点

（1）税务结构灵活性差。虽然信托基金结构是以信托基金持有人作为纳税主体，信托基金的应纳税收入以基金为核算单位，以税前利润形式分配给信托单位持有人，由其负责缴纳所得税。但是，信托基金的经营亏损在很多情况下却被局限在基金内部结转，用以冲抵未来年份的盈利，而不能像合伙制结构那样将这些亏损直接转移给信托单位持有人，由其根据需要进行税务安排。

（2）投资结构比较复杂。与前三种投资结构相比，信托基金结构有其复杂性的一面。除投资者即信托单位持有人和管理公司外，还设有受托管理人，需要由专门的法律协议来规定各个方面在决策中的作用和对项目的控制方法。因此其投资结构相对复杂。

2.5.4　信托基金结构在项目融资中的运用

信托基金参与项目融资的主要方式包括：同银行等机构一样为项目提供贷款；购买项目的股权、可转换债券等。而且，信托基金结构在项目融资中的应用，主要是作为一种被动投资形式，或者是为实现投资者特殊融资要求而采用的一种措施。这种投资结构的一个显著特点是易于转让，在不需要时可以很容易地将信托基金中的一切资产资金返还给信托单位持有人。如果一家公司在开发或收购一个项目时不愿意将新项目的融资安排反映在公司的财务报表中，但是又希望新项目的投资结构只是作为一种临时性的安排，信托基金结构就是一种能够达到双重目的的投资结构选择。

2.5.5　案例分析：澳大利亚波特兰铝厂项目

在上一节介绍的澳大利亚波特兰铝厂项目中，第一国民信托就是一个典型的信托基金结构形式，其结构如图 2-7 所示。

在该结构中，作为基金经理的第一国民管理公司隶属于澳大利亚国民银行（澳大利亚四大商业银行之一），是该银行的投资银行分支机构，主要从事项目投资咨询、基金管理、项目融资等业务。当 1985 年美铝澳大利亚公司为波特兰铝厂寻找投资合作伙伴时，第一国民管理公司认为这是一个很好的投资机会，从而发起组建了第一国民资源信托基金，在证券市场公开上市集资，投资收购波特兰铝厂 10% 的资产。第一国民管理公司在信托基金中没有任何投资，只是被基金的受托管理人任命为基金经理，负责信托基金的管理，并以项目投资经理人的身份参与波特兰铝厂项目的管理，负责项目的产品销售、财务安排和其他的经营活动。通过这一投资结构，澳大利亚国民银行以公众集资方式参与了铝工业的生产和市场开发，并从信托基金中获得管理费收入。

在项目融资实践中，由于在项目融资中进行融资的项目一般都是大型基础设施项目，如能源、交通、电信网络等，因而只有规模较大的基金才能参与项目，并且这些基金的管理比较复杂。

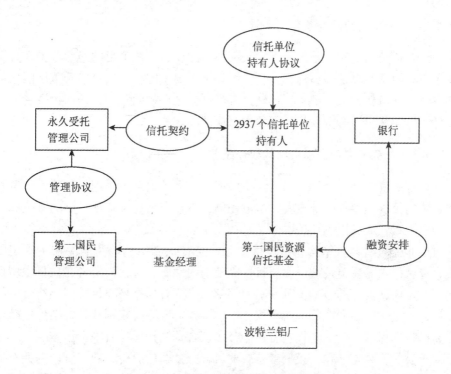

图 2-7　第一国民资源信托基金投资结构

2.6　合资协议的关键条款

无论采取何种项目投资结构，都必须签订投资各方认可的合资协议，最大限度地减少摩擦和纠纷的发生，协调各参与者的利益冲突，使项目顺利进行。

在不同的项目投资结构中，这种合资协议会有不同的称谓，如在有限责任公司投资结构中，合资协议被称为股东协议（Shareholders Agreements）；在非公司型合资（契约型合资）结构中，就直接称为合资协议（Joint Operate Agreement）；在合伙制投资结构中，这种协议被称为合伙协议（Partner Agreement）。这些协议一般包括：项目合资协议、项目管理协议、原材料能源供应协议、市场安排协

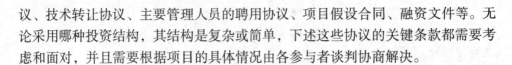

议、技术转让协议、主要管理人员的聘用协议、项目假设合同、融资文件等。无论采用哪种投资结构，其结构是复杂或简单，下述这些协议的关键条款都需要考虑和面对，并且需要根据项目的具体情况由各参与者谈判协商解决。

2.6.1 合资项目的经营范围条款

一个合资结构的建立是为了开发某一特定的项目，该项目的经营范围在合资协议中应有明确的界定。另外，在合资协议中还要说明合资项目经营范围的任何延伸或收购任何新的项目都必须得到投资者百分之百的同意，且任何投资者在项目以外均不得从事与合资项目相竞争的商业活动。

2.6.2 投资者在合资项目中的权益条款

在合资协议中，投资者之间的法律经济关系必须清楚地界定，包括各投资者在项目中的投资额及在全部投资中所占比例，各投资者在合资项目中的责任和权益，如有限责任或无限责任等。

对于非公司型合资结构，由于可能存在与合伙制结构混淆的潜在不确定因素，合资协议中需要清楚地说明项目投资结构的性质，包括投资者在项目中所拥有的资产是全部资产的一个不可分割的部分；投资者同意将项目资产交给合资结构使用，但是保留独立的法律所有权；每一个投资者将有权利从合资结构中获得属于自己投资保留的产品；投资者对非公司型合资结构承担有限责任等。

对于公司型合资结构，投资者持有项目合资公司的股份，项目资产的拥有形式比较简单。然而，对于利润的分配、融资担保等关键性问题也需要明确规定。另外，为了安排项目融资，通常需要某些或全部投资者提供一定的项目担保和项目资金保证，这些也需要在合资协议中明确。

2.6.3 初始资本注入形式条款

初始资本注入可以有多种多样的形式。初始资本的投入形式也就是各投资者如何在项目投资中承担为项目提供一定的财务支持的责任。资本金有时以货币资金形式注入，有时也以某一实物投入，尤其是当项目中存在当地股东时比较普遍。例如，由当地股东提供项目所需的房地产等作为资本金投入。因此，初始资本的注入形式必须在合资协议中有明确的反映。

无论以何种形式注入初始资本，其评估价值都必须得到其他股东的认可。因为股东将会依据其投入资本价值取得相应的投资回报。而资本价值的估价是比较困难的，尤其是在发展中国家，市场自由竞争机制不很完善，或者存在一些交易障碍，很难真实评估有关房地产等实物的价值。因此，有必要在合资协议中确定下来，以防止投资者之间产生纠纷。

2.6.4　不确定性的资本补充条款

在项目融资中，当银行对债务/股本比率规定一个严格的标准时，对额外资本的补充就显得非常重要，以维持规定的债务/股本比例。在项目融资出现的早期，银行在决定贷款以前，往往会要求所有股东（如果是有限责任公司投资结构）都足额地提供股本资本。而现在，银行一般只要求在保持原来的债务/股本比率基础上，股本投入可以分阶段进行，甚至可以在项目开发阶段结束时再注入股本资金。这种做法有利于提高项目投资的回报率。

如果要在项目开始之后才注入股本资金，则需要任一股东相信其他股东的资信，这就要在合资协议中明确说明。比如当需要进一步提供股本注入时，其他股东是否还存在或是否还有足够的资金来注入股本。如果对其中任一股东的资信存在不确定性，则必须提供一定形式的信用强化手段。最典型的形式就是由股东的银行出具银行保函或备用信用证。

2.6.5　优先购买权条款

在一个合资项目中，投资者的资信度和相互信任是保证项目成功的重要因素之一。所以，为了阻止不受现有投资者信任的人参与该项目，或者为了阻止某个投资者以低于市场价值的价格出售项目权益（股份或资产），几乎所有的合资协议中都规定现有投资者拥有项目权益的优先购买权。即如果合资结构中某一投资方想向第三方出售其在合资结构中的权益（股份或资产），他有义务必须将其首先向合资结构中现有的投资者出售，即合资结构的投资者有优先购买权。其认购价格应相当于向第三方出售的价格或者是经评估的公平价格。

处理项目的优先购买权时一般有三种办法可供选择：

（1）由卖方在市场上寻找有意购买者，谈妥价格之后首先征求现有投资者的意愿，现有投资者可在规定时间内决定是否以此价格收购。由于在与潜在购买者的谈判过程中要涉及许多项目的保密资料，因此，合资协议中一般规定在提供这些信息之前必须得到现有投资者的同意。

（2）在合资协议中事先规定一个项目资产或股份出售的价格公式，如果现有投资者不愿意按照此公式价格购买，则卖方可以按不低于此价格的售价将项目资产或股份出售给第三者。

（3）聘用独立的项目价值评估人（一般为注册会计师事务所）对准备出售的项目资产或股份做出价值评估，以此作为是否执行项目优先购买权的标准。

从以上条款可以看出，规定项目的优先购买权会产生一个明显的缺陷，就是使得项目资产或股份的转让变得相对困难和复杂，项目转让成本相对较高。外来投资者除非愿意支付较高的价格，否则很难进入项目。

2.6.6 融资安排条款

融资安排是合资结构中最为复杂的问题之一。对于非公司型合资结构，如果一个投资者以其相应的项目资产和权益作为抵押安排融资，违约行为的出现就会制造出贷款银行与非违约方之间的利益冲突，处理两者之间的关系就变成一个相当复杂的法律和实践问题。从而，在一些合资结构中，资金雄厚的投资者可能会要求任何一方均不能用项目资产作为贷款抵押，至少在很多情况下，合资结构会要求项目投资者之间的交叉担保的优先序列要高于其中任何一个投资者以项目资产和权益对贷款银行所做出的抵押。但是，有时这种序列的存在可能导致无法安排融资，因此，在建立非公司型合资结构时，如果其中一个或几个投资者准备利用其项目资产与权益安排融资，这些问题都必须在起草合资协议时认真加以考虑。

对于公司型合资结构，如果一个投资者以相应的项目公司股权及其他权益作为抵押安排融资可能也会遇到类似的问题。有些合资协议规定，投资者不能以公司股权做融资抵押或融资安排必须经过其他投资者批准。

2.6.7 项目的管理和控制条款

合资协议中明确规定相应的项目管理机制，其中，包括重大问题的决策和日常的生产管理两个方面。如在有限责任公司结构中，重大问题的决策权在董事会；在契约型投资结构中，重大决策权在项目管理委员会。因此，合资协议应明确规定出会议召开的时间、频率、地点、会议主席的选举、会议代表（或董事）的任命及取消、会议代表（或董事）的投票权以及重大问题的决策程序等主要内容。

关于项目重大问题的决策程序，一般的做法是将决策问题按照重要性程度区别处理：最重要的问题，如修改合资协议、改变项目的经营范围、出售项目资产、停产、年度资本开支和经营预算等要求百分之百的同意；相对重要的问题，如一定金额以上的费用支出、重大项目合同等要求绝大多数同意（2/3 或 3/4）；一般性问题要求简单多数同意。

通常，在项目管理委员会或公司董事会之下需要任命一个项目经理负责合资项目的日常生产经营活动。在契约型投资结构中，一般由一个独立的项目管理公司来承担项目经理的职责，并通过管理协议来规范项目管理公司的行为和权限。项目管理公司可以是合资结构中一个具有生产技术和管理技能的投资者的子公司，也可以是投资者的合资公司，甚至可以是完全与投资者无关的具有一定专业技能的管理公司。在有限责任公司结构中，上述职能一般由项目经理来完成。

2.6.8　违约行为的处理方法条款

违约行为是指合资结构中某一投资者未能履行合资协议所规定的义务。一个投资者的违约行为有可能立即造成非违约方甚至整个项目的重大损失，因此，在合资协议中需要对违约事件的处理做出明确的规定，并对违约行为的补救措施提出多种可供选择的方法，以最大限度地减少一方违约对其他投资者或整个项目带来的损失。

一般可供选择的处理违约事件的方法主要有以下几种：

2.6.8.1　违约方权益的稀释

即一旦违约事件发生，违约方在项目中的权益比例将被降低。而且还规定，当违约方在项目中的权益比例降低到一个特定界限以下，有可能影响项目的正常运行时，则规定该违约方不具有项目的决策权，以保证项目的重大决策仍能遵循百分之百投资者通过的原则。

2.6.8.2　违约方权益的没收

即直接规定当违约事件发生时，由非违约方没收违约方在项目中的资产或股份。

2.6.8.3　运用交叉担保条款处理违约方责任

在契约型投资结构中，为了保证项目的正常运行，一般签有交叉担保契约。当违约事件发生时，非违约方可以直接支付违约方所未支付的资本或生产费用，这部分支出将作为违约方的债务，由违约方对非违约方进行偿还，而且一般规定违约方要支付高出银行利率很多的利息作为一种处罚。或者由非违约方销售违约方在项目中所拥有的产品，用销售收入冲抵违约方未支付的费用。

2.6.8.4　非违约方处理违约方产品的权利

合资协议中可以规定当违约事件发生时，授权项目经理或非违约方销售违约方在项目中所拥有的产品，销售收入充抵违约方未支付的费用。

2.6.8.5　非违约方强制收购

处理违约事件的另一种方法是给予非违约方收购违约方项目资产或股份的权利。收购项目资产或股份的定价可以按照公平市场原则或者带有一定的惩罚性质。

2.6.8.6　违约方的部分权益损失

对于一些对项目全局影响不是很大的违约事件，合资协议可以规定在违约期间违约方将失去在合资项目中的决策权以及其他一些权益（例如红利分配），直至违约方的违约行为被改正过来为止。

2.6.8.7　惩罚性利息

如果违约方未能按时支付项目费用，一般规定违约方要支付高出银行利率很多的利息作为一种惩罚。

为了防止项目中违约事件的发生，在合资协议中有时对财务状况相对较弱的投资者的行为也要做出一些限制和规定。这些规定包括要求该投资者定期通报财务情况，要求该投资者在项目中保留一定的流动资金，以及对该投资者的利润分配政策做出一定的限制等。

·本章小结·

项目投资结构指项目资产的所有权结构，即在项目所在国家的法律、法规、会计、税务等外在客观因素的制约条件下，寻找一种能够最大限度地实现其投资目标的项目资产所有权结构和项目投资者之间的法律合作关系。

在项目投资结构设计过程中，应考虑的主要因素包括：实现有限追索的要求；融资便利性要求；产品分配和利润提取的要求；项目现金流量控制的要求；财务处理的要求；项目投资的转让退出和新资本进入的灵活性要求。

公司型合资结构是根据公司法的要求，各发起人通过参股的方式组建具有独立法人资格的有限责任项目公司。作为独立法人实体，项目公司拥有全部项目资产并享有资产收益权和处置权。发起人以公司股东的方式参与公司决策，并按照股份份额分配利润。

合伙制结构是两个或两个以上合伙人以获取利润为目的，共同从事某项商业活动而建立起来的一种法律关系。根据合伙协议规定，合伙人分享在合伙制下取得的利润，同时对合伙制造成的债务承担无限连带责任。

有限合伙制结构是在普通合伙制结构基础上发展起来的一种合伙制结构。它是指包括至少一个普通合伙人和至少一个有限合伙人的合伙制形式。其中，普通合伙人负责合伙制项目的组织、经营和管理，并承担对合伙制债务的无限责任；有限合伙人不参与项目的日常经营管理，只以其出资额对合伙制债务承担有限责任。

非公司型合资结构也称为契约型合资结构，通常是项目发起人专门为投资某一项目成立的单纯目的子公司，各方根据各自在合资企业中的股份，持有项目全部不可分割资产和生产出来的产品中的一部分。每一个项目发起方根据其在合资企业中的比例，负责项目生产出来产品的销售工作，并将在项目中的投资作为直接投资，无论比例大小全部反映在各自的财务报表上。在项目融资中，这种投资结构经常应用在石油天然气开发、采矿、初级矿产品加工、石油化工、钢铁及有色金属等领域。

信托基金，是指通过专门的经营机构将众多投资者的资金汇集起来，由专业投资人士集中进行投资管理，投资者按其投资比例享受投资收益的一种信用工具。信托基金有多种形式，其中在房地产项目和其他不动产项目的投资、在资源性项目的开发以及在项目融资安排中较常使用的一种信托基金形式被称为单位信托基金。单位信托基金将信托基金划分为类似于公司股票的信托单位，通过发行信托单位来筹集资金。

无论采取何种项目投资结构，都必须签订投资各方认可的合资协议，最大限度地减少摩擦和纠纷的发生，协调各参与者的利益冲突，使项目顺利进行。合资协议的关键条款包括：合资项目的经营范围条款；投资者在合资项目中的权益条款；初始资本注入形式条款；不确定性的资本补充条款；优先购买权条款；融资安排条款；项目的管理和控制条款；违约行为的处理方法条款等。

·关键概念·

项目投资结构　公司型合资结构　合伙制结构　契约型合资结构　信托基金投资结构

·思考题·

1. 在选择与确定项目投资结构过程中，应考虑哪些影响因素？
2. 论述项目投资各主要结构的优缺点。
3. 分析项目合资协议的关键条款及其意义。
4. 案例分析：分析本教材第 8 章广西来宾电厂 B 厂项目案例成功的经验，"来宾模式"对你有何启示？

第3章 项目融资模式

项目融资模式是项目融资整体结构的核心。融资模式不同,其融资结构和实施过程差异很大,因此,根据不同项目的特点和条件设计、选择合适的项目融资模式是项目融资成功的关键。

3.1 选择项目融资模式需考虑的主要因素

在初步拟定项目的投资结构并对项目本身的可行性和可融资性进行了充分的论证以后,项目的直接投资者和主办人必须结合项目本身的特点及在项目运行中存在的各种风险因素及可能的风险分摊方式,考虑项目债务资金的来源及可能取得债务资金的方式,即项目融资模式问题。

所谓项目融资模式是指项目法人取得资金的形式,它是项目融资整体结构组成的核心部分。项目融资模式的设计需要与项目投资结构的设计同步考虑,并在项目的投资结构确定下来之后,进一步细化完成融资模式的设计工作。

由于项目所处行业的性质、投资结构以及项目所处的地域等方面存在差异,投资者对项目的信用支持、融资战略等方面也有所不同等原因,造成几乎没有两个完全相同的项目融资模式。尽管项目融资的具体模式千差万别、多种多样,但是所有项目融资模式的设计必须遵循一定的、共同的基本原则,这是项目融资取得成功的基本的先决条件。下述问题是投资者在选择和设计项目融资模式时必须认真考虑的主要事项。

3.1.1 项目有限追索

由于融资项目的投资额度和风险性往往超出项目投资者的承受能力,而且风险太大也会打击投资者的积极性,因此实现融资对项目投资者的有限追索,是设计项目融资模式的一个最基本原则，它是项目管理能否广泛开展的先决条件。但是对于一个具体项目来说，其债务资金的追索形式和追索的程度，则取决于贷款银行对项目风险的评价以及项目本身融资结构的设计，具体来说就是取决于包括项目所处行业的风险系数、投资规模、投资结构、项目开发阶段、项目经济强度、市场安排以及项目投资者的组成、财务状况、生产技术管理、市场销售能力等在内的多方面的因素。

由于融资项目风险较大，项目投资者在融资模式设计时，必须要尽量降低融资对项目投资者的追索责任。在一般情况下，贷款银行在确定对项目投资者的追索责任时要考虑三个方面的问题：一是项目的经济强度在正常情况下能否足以支持融资的债务偿还；二是项目融资能否找到强有力的来自于投资者以外的信用支持；三是对于融资结构的设计能否做出适当的技术性处理，如提供必要的担保等。

3.1.2　项目风险分担

由于融资项目的风险程度超过了直接投资者的承受能力，通过项目融资合理分配项目风险是项目投资者选择融资的一个重要目标，因此确保项目直接投资者不承担项目的全部风险责任是项目融资模式设计的第二条基本原则，实现这一目标的关键是如何在投资者、贷款银行以及其他与项目利益有关的第三方之间有效地划分项目的风险。

项目在不同阶段，其风险也不尽相同，但可以通过合理的融资结构设计将其分散。例如，项目建设期和试生产期的全部风险很可能由项目的直接投资者（有时包括项目的工程承包公司）全部承担，但是，当项目建成投产以后，通常贷款人同意只将项目直接投资者所承担的风险责任限制在一个特定的范围内，如项目直接投资者（有时也包括对项目产品有需求的第三方）有可能只需要以购买项目全部或绝大部分产品的方式承担项目的市场风险，而贷款银行也有可能同样需要承担项目的一部分经营风险。这是因为尽管项目直接投资者或者项目投资者以外的第三方产品购买者以长期协议的形式承购了全部的项目产品，但对于贷款银行来说仍然存在两种潜在的风险：第一，有可能出现国际市场产品价格过低，从而导致项目现金流量不足的问题；第二，有可能出现项目产品购买者不愿意或者无力继续执行产品销售协议而造成项目产品的市场销售问题。这些潜在问题所造成的风险是贷款银行必须承担的，除非贷款银行可以从项目直接投资人方面获得其他的信用保证支持。

项目风险的分担也需要投资结构的支持。例如，在合资项目中主要投资者可以通过引入一些小股东而保证一部分项目产品市场的方法，就可以起到很好地分担市场风险的作用。

上面两条原则是项目融资最主要和最基本的原则。此外，投资者在设计项目融资模式时还应考虑融资的效益性以及合理的安排部署问题。

3.1.3 通过税务安排降低投资成本和融资成本

一般来说，项目融资所涉及的投资数额巨大，资本密集程度高，运作周期漫长，因此，在项目融资结构的设计与实施过程中经常需要考虑的一个非常重要的问题就是如何降低项目融资成本。在具体设计项目融资模式时，应尽量从以下几方面考虑：第一，完善项目投资结构设计，增强项目的经济强度，降低风险以获取较低的债务资金成本；第二，合理选择融资渠道，优化资金结构和融资渠道配置；第三，充分利用各种税收优惠并力争尽可能地加大债务资金的比例，充分实现财务杠杆的作用，提高投资者的资金利润率，降低所得税税赋。具体方法可以是加速折旧、税务亏损结转、利息冲抵所得税、减免预提税、费用抵税等。这一点在项目融资中非常重要，有的融资模式甚至是专门为了充分吸收税务亏损而设计的，如杠杆租赁融资模式。

3.1.4 项目融资与市场安排之间的关系

长期的市场安排是实现有限追索项目融资的一个信用保证基础，没有这个基础，项目融资就难以组织起来。而对于大多数项目投资者来说，尤其是在非公司型合资结构中，以合理的市场价格从投资项目中取得部分产品是其参与该项目投资的一个主要动机。这样，就可能出现一种矛盾的局面，从贷款银行角度来看，低于公平价格的市场安排意味着银行将要承担更大的市场风险，但对于项目投资者来说，高于公平价格的市场安排则意味着全部地或部分地失去了项目融资的意义。因此，在设计项目融资模式时，能否确定以及如何确定项目产品的公平市场价格就成为借贷双方谈判的一个焦点问题。

国际项目融资在多年的发展中已经积累了大量处理融资与市场关系的方法和手段，其中除了"无论提货与否均需付款合同"和"提货与付款合同"外，还有一些融资模式就是直接对该问题的解答，如"产品支付"融资模式就是一个典型的例子。

3.1.5 有效利用财务杠杆

目前世界各国通常规定，各类项目在其投资建设时必须实行资本金制度，即要求项目投资者必须注入一定的股本资金。此外，在项目融资中，贷款银行为了降低其贷款资金的风险，并约束项目直接投资者的行为，往往也会要求项目直接投资者注入一定的股本资金作为对项目开发的支持。然而在项目融资中，股本资金的投入相对来说比传统的公司融资更为灵活，这就为设计项目融资模式争取实现发起人对项目投入较少的股本提供了条件。比如，项目发起人除了可以认购项目公司股票或提供一定金额的股本金外，还可以以担保存款、信用证担保等非传统的方式代替实际的股本资金投入。因此，如何使发起人以最少的资金投入获得对项目最大程度的控制和占有，也是设计项目融资模式必须加以考虑的问题。

3.1.6 优化融资结构

所谓融资结构是指融通资金的诸组成要素，如资金来源、融资方式、融资期限、利率等的组合和构成。要做到融资结构的优化，应该把握的基本原则是：以融资需要的资金成本和筹资效率为标准，力求融资组成要素的合理化、多元化，即筹资人应避免依赖于单一融资方式、单一资金来源、单一币种货币资金、单一利率和一种期限的资金，而应根据具体情况，从筹资人的实际资金需要出发注意内部筹资与外部筹资、直接融资与间接融资相结合，以提高筹资的效率与效益，降低筹资成本，减少筹资风险。具体而言，这一原则包括以下几个方面：

3.1.6.1 融资方式结构优化

一般来讲，融资有多种方式，各有各的优点和不足，筹资人必须适当选择，如股权融资和债务融资的适当组合等，以确立最合适的融资模式，使资金来源多元化，使资本结构优化。

3.1.6.2 融资成本的优化

筹资人在选择融资方式的同时，还要熟悉各种不同类型金融市场的性质和业务活动，能从更多不同的金融资本市场上获得资金来源，而且在同一市场上应选择多家融资机构洽谈融通资金，增加自己的选择余地。要贯彻择优的原则，争取最低的筹资成本。

3.1.6.3 融资期限结构优化

要保持一个相对平衡的债务期限结构，尽可能使债务与清偿能力相适应，体现均衡性。其具体做法是：

（1）要控制短期债务。短期债务通常主要用于融通贸易支付，或短期手头调剂，对短期融资应严格限制其用途，如果把短期融资用以抵付长期债务的本息偿还，则债务结构必然恶化，必然造成严重的财务支付危机，因此，通常把短期债务控制在总债务的20%以内比较合适。

（2）债务融资偿还期必须与筹资人投资回收期衔接。

（3）应尽量将债务的还本付息时间比较均衡地分开，以避免在个别年度或若干年度内出现"偿债高峰"期。

（4）融资利率结构优化。一般来说，筹集固定利率贷款或债务比较有利，如果浮动利率贷款金额或债券规模过大，一旦金融市场利率上扬，并在相当长的时间内居高不下，则债务的利息负担增加，导致清偿困难。选择利率方式的基本原则是，当资本市场利率水平相对比较低，且有上升趋势时，应尽力争取固定利率融资以避免利率浮动升高可能带来的损失；反之，当市场利率处于相对比较高的水平且有回落趋势时，就应考虑用浮动利率签约。应该注意的是，固定利率资金具有风险小但灵活性较差的特点，而浮动利率资金具有灵活性强但风险大的特点，项目投资者在进行融资时必须根据项目的特点和金融市场的变化趋势进行谨慎选择。

（5）融资币种结构优化。融入资金的币种应能与筹资项目未来收入的币种相吻合，即现在所筹集的资金货币就是将来的还款货币。一般来说，融资货币应尽可能提高融入软币种的比重，以避免融入硬币种币值提高的损失，争取获得融入软币种币值降低的收益。但究竟用软币种有利，还是硬币种有利，或者软硬搭配有利，还必须根据实际情况分析判断才能做出决策。币种的选择，不能单纯以融资谈判时的货币市场汇率行情为依据。筹资人应注意研究国际金融市场汇率的变化趋势，将汇率与利率因素两者相结合考虑，将不同的货币的利率幅度，以及不同货币汇率变化可能造成的影响，综合考虑，权衡利弊得失，尤其是在筹集中长期资金时，更要把握未来较长期内融入货币的利率和汇率走势。

（6）筹资方式可转换性原则。公司在募集资金时，应充分考虑筹资调整的弹性，即筹资方式应有较强的相互转换能力。应选择转换能力较强的筹资方式，以避免或减轻风险。一般来说，短期筹资转换能力较强，但期限短，在面临风险时，可及时采用其他筹资方式。长期筹资时，可考虑发行可转换优先股和可转换债券，尤其是使用可转换债券，既能增加股本又能提高股本收益率。总之，在为项目筹集资金时不能过度依赖某一种筹资方式或几个筹资渠道，而要采取多元化、分散化的筹资方式，增强筹资转换能力，降低风险。

（7）实现资产负债表的表外融资。实现非公司负债型融资（即资产负债表的表外融资），是一些投资者选用项目融资方式筹集项目资金的原因之一。通过项目投资结构的设计，在一定程度上也可以做到不将所投资项目的资产负债表与投资者本身公司的资产负债表合并；但是多数情况下这种安排只对于共同安排融资的合资项目中的某一个投资者而言是有效的。如果是投资者单独安排融资，怎样才能实现投资者的非公司负债型融资的要求呢？这就是在设计项目融资模式时需要考虑的问题。

例如，在项目融资中可以把一项贷款或一项为贷款提供的担保设计成为"商业交易"的形式，按照商业交易来处理。因为商业交易在国际会计制度中是不必进入资产负债表的，这样就既实现了融资的安排，又达到了不把这种贷款或担保列入投资者的资产负债表的目的。再比如在"BOT"项目融资模式中，政府以"特许合约"为手段利用私人资本和项目融资兴建本国的基础设施，一方面达到了改善本国基础设施状况的目的；另一方面又有效地减少了政府的直接对外债务，使政府所承担的义务不以债务的形式出现。

3.2 BOT 项目融资模式

BOT 是国际上近十几年来逐渐兴起的一种用于基础设施建设的融资模式，是一种政府组织利用外资和民营资本兴建基础设施的主要融资模式。所谓 BOT 就是建设（Build）、经营（Operate）和转让（Transfer）三个英文单词第一个字母的缩写，代表着一个完整项目的融资过程。项目融资的发展从 20 世纪 80 年代初期到中期经历了一个低潮时期。在此期间，虽然有大量的资本密集型项目，特别是发展中国家的政府资金奇缺，其基础设施项目一直在努力寻找资金，但是，由于世界性的经济衰退和第三世界债务危机所造成的恶劣影响还远没有从人们心目中消除，所以如何增强项目抗政治风险、金融风险、债务风险的能力，如何提高项目的投资收益和经营管理水平，成为银行、项目投资者、项目所在国政府在安排融资时所必须面对和要解决的问题。BOT 模式就是在这样的背景条件下发展起来的一种主要用于公共基础设施建设的项目融资模式。

3.2.1 BOT 融资模式的基本思路和运行的基本模式

3.2.1.1 BOT 融资模式的基本思路

BOT 融资模式的基本思路是由项目所在国政府或所属机构对项目的建设和经营提供一种特许权协议作为项目融资的基础，由本国公司或者外国公司为项目投资者和经营者安排融资、承担风险、开发建设项目并在有限的时间内经营项目获取商业利润，最后，根据协议将该项目转让给相应的政府机构。所以，有时 BOT 被称为"暂时私有化"过程。BOT 模式一出现，就引起了国际金融界的广泛重视，被认为是代表国际项目融资发展趋势的一种新型形式。

3.2.1.2 BOT 的基本运行模式

BOT 的概念是由土耳其总理厄扎尔于 1984 年正式提出的。当时，厄扎尔决定引入民间资金兴建基础设施，并制定了世界上第一个 BOT 法（土耳其法律：No. 3096）。以后，BOT 方式在世界各国得到广泛推广。世界银行在《1994 年世界发展报告》中指出，BOT 至少有三种基本的具体形式：BOT、BOOT、BOO，除此之外，还有一些其他形式，都是以它们为基础经过演变而形成的。

（1）一些较常见的 BOT 项目融资模式。

1）标准 BOT 模式，即最为典型的定义，通过与该国政府签订特许权协议，私人财团或国外财团自己安排融资、设计、建设基础设施项目。项目开发商根据事先约定经营一段时期以收回投资。经营期满，项目所有权和经营权将被转让给东道国政府。

2）BOOT（Build – Own – Operate – Transfer），即建设—拥有—经营—转让。具体是指由私营部门融资建设基础设施项目，项目建成后在规定的期限内拥有项目的所有权并进行经营，经营期满后，将项目移交给政府部门的一种融资方式。BOOT 代表了一种居中的私有化程度，因为设施的所有权在一定的有限时间内转给私人。

BOOT 与 BOT 的区别主要体现在两个方面：一是所有权的区别。在 BOT 方式下项目建成后，私营部门只拥有所建成项目的经营权；但在 BOOT 方式下，在项目建成后的规定期限内，私营部门既有经营权，也有所有权。二是时间上的区别。采用 BOT 方式，从项目建成到移交给政府这段时间一般比采用 BOOT 方式要短。

3）BOO（Build – Own – Operate），即建设—拥有—运营。具体是指私营部门根据政府赋予的特许权，建设、拥有并经营某项基础设施。但是，并不在一定时期后将该项目移交给政府部门。就项目设施没有任何时间限制地被私有化并转移给私人而言，BOO 代表的是一种最高级别的私有化。

（2）BOT 的一些变通形式。

1）BTO（Build – Transfer – Operate），即建设—转让—经营。对于关系到国家安全的产业如通信业，为了保证国家信息的安全性，项目建成后，并不交由外国投资者经营，而是将所有权转让给东道国政府，由东道国经营通信的垄断公司经营，或与项目开发商共同经营项目。

2）BLT（Build – Lease – Transfer），即建设—租赁—移交。具体是指政府出让项目建设权，在项目运营期内政府成为项目的租赁人，私营部门成为项目的承租人，租赁期满结束后，所有资产再移交给政府公共部门的一种融资方式。

3）DBFO（Design – Build – Finance – Operate），即设计—建设—融资—经营。这种方式是从项目设计开始就特许给某一私人部门进行，直到项目经营期满收回投资，取得投资收益。但项目公司只有经营权，没有所有权。

4）FBOOT（Finance – Build – Own – Operate – Transfer），即融资—建设—所有—经营—转移。这种形式类似于 BOOT，只是多了一个融资环节，也就是说，

只有先融通到资金，政府才予以考虑是否授予特许经营权。

5）BOL（Build－Operate－Lease），即建设—经营—租赁。也就是说，项目公司以租赁方式继续经营项目。

6）DBOM（Design－Build－Operate－Maintain），即设计—建设—经营—维护，强调项目公司对项目进行规定的维护。

7）DBOT（Design－Build－Operate－Transfer），即设计—建设—经营—转移，特许期终了时，项目要完好地移交给政府。

8）TOT（Transfer－Operate－Transfer），即移交—运营—移交。具体是指东道国与外商签订特许权经营协议后，把已经投产运行的基础设施项目移交给外商经营，凭借该设施项目在未来若干年内的收益，一次性地从外商手中融得一笔资金，用于建设新的基础设施项目。特许经营期满后，外商再把该设施无偿移交给政府。TOT 方式与 BOT 方式的根本区别在"B"上，即不需要直接由外商投资建设基础设施项目，因而避免了在"B"段过程中产生的大量风险和矛盾，比较容易使双方达成一致。

3.2.1.3　BOT 模式的结构分析

BOT 项目的参与人主要包括政府、项目承办人（即被授予特许权的私营部门）、投资者、贷款人、保险和担保人、总承包商（承担项目设计、建造）、运营开发商（承担项目建成后的运营和管理）等。此外，项目的用户也因投资、贷款或保证而成为 BOT 项目的参与者。各参与人之间的权利、义务依各种合同、协议而确立。例如，政府与项目承办人之间订立特许权协议、各债权人与项目公司之间签订贷款协议等。

BOT 项目的全过程包括项目发起与确立、项目资金的筹措、项目设计、建造、运营管理等诸多方面和环节。BOT 结构总的原则是使项目众多参与方的分工责任与风险分配明确合理，把风险分配给与该风险最为接近的一方。

BOT 模式结构主要成员包括：

（1）项目的最终所有者（项目发起人）。项目发起人是项目所在国政府、政府机构或政府指定的公司。从项目所在国政府的角度考虑，采用 BOT 融资模式的主要吸引力在于：第一，可以减少项目建设的初始投入。大型基础设施项目，如发电站、高速公路、铁路等公共设施的建设，资金占用量大、投资回收期长但资金紧缺和投资不足是发展中国家政府所面临的一个普遍性的问题。利用 BOT 模式，政府部门可以将有限的资金投入到更多的领域。第二，可以吸引外资，引进先进技术，改善和提高项目的管理水平。

在 BOT 模式中，项目发起人与其他几种项目融资模式中投资者的作用有一定程度的区别。在 BOT 融资期间，项目发起人在法律上既不拥有项目，也不经营项目，而是通过给予项目某些特许经营权和一定数额的从属性贷款或贷款担保作为项目建设、开发和融资安排的支持。在融资期结束后，项目的发起人通常无偿地获得项目的所有权和经营权。由于特许权协议在 BOT 模式中处于核心地位，所以有时 BOT 模式也被称为特许权融资。

（2）项目的直接投资者和经营者（项目经营者）。项目经营者是 BOT 融资模式的主体。项目经营者从项目所在国政府获得建设和经营项目的特许权，负责组织项目的建设和生产经营，提供项目开发所必需的股本资金和技术，安排融资，承担项目风险，并从项目经营中获得利润。项目经营者的角色一般由一个专门组织起来的项目公司来承担。项目公司的组成以在这一领域具有技术能力的经营公司和工程承包公司为主体，有时也吸收项目产品（或服务）的购买者和一些金融性投资者参与。因为在特许权协议结束时，项目要最终交还给项目发起人，所以从项目所在国政府的角度，选择项目经营者的标准和要求如下：

第一，项目经营者要有一定的资金、管理和技术能力，保证在特许权协议期间能够提供符合要求的服务。

第二，经营的项目要符合环境保护标准和安全标准。

第三，项目产品（或服务）的收费要合理。

第四，项目经营要保证做好设备的维修和保养工作，保证在特许权协议终止时，项目发起人接收的是一个运行正常、保养良好的项目，而不是一个过度运营的超期服役项目。

（3）项目的贷款银行。BOT 模式中的贷款银行组成较为复杂。除了商业银行组成的贷款银团之外，政府的出口信贷机构和世界银行或地区性开发银行的政策性贷款在 BOT 模式中通常也扮演很重要的角色。BOT 项目贷款的条件取决于项目本身的经济强度、项目经营者的经营管理能力和资金状况，但是在很大程度上主要依赖于项目发起人和所在国政府为项目提供的支持和特许权协议的具体内容。在具体操作过程中，BOT 融资结构由以下部分组成：

首先，成立项目公司。由项目经营公司、工程公司、设备供应公司以及其他投资者共同组建一个项目公司，从项目所在国政府获得特许权协议作为项目建设开发和安排融资的基础。特许权协议通常包括三个方面的内容：①批准项目公司建设开发和经营项目，并给予使用土地、获得原材料等方面的便利条件；②政府按照固定价格购买项目产品，或者政府担保项目可以获得最低收入；③在特许权协议终止时，政府可以根据协议商定的价格购买或无偿收回整个项目，项目公司必须保证政府所获得的是一个正常运转并保养良好的项目。为了保证项目公司获得特许权协议后有能力按计划开发项目，政府有时会要求项目公司或投资财团提供一定的担保。

其次，项目公司以特许权协议作为基础安排融资。外国政府机构的出口信贷是发展中国家 BOT 模式中贷款部分的重要组成部分，例如，有些出口信贷机构会直接为本国的成套设备出口安排融资。为了减少贷款的风险，融资安排中一般要求项目公司将特许权协议的权益转让给贷款银团作为抵押，并且设计专门的机构控制项目的现金流量。在有些情况下贷款银行也会要求项目所在国政府提供一定的从属性贷款或贷款担保作为项目融资的附加条件。

再次，在项目的建设阶段，工程承包集团以承包合同形式建造项目。采用这种类型的工程承包合同，可以起到类似完工担保的作用，有利于安排融资。

最后，当项目完成建设阶段进入经营阶段之后，经营公司根据经营协议负责项目公司投资建造的公用设施的运行、保养和维修，支付项目贷款本息，为投资财团获得投资利润，并保证在 BOT 模式结束时将一个运转良好的项目移交给项目所在国政府或其他所属机构。

3.2.2　BOT 模式的操作程序

BOT 项目具体来说可能千差万别、不尽相同，但就一般来说，每个项目都需要经过项目确定、准备、招标、各种协议和合同的谈判与签订、建设、运营和移交等过程。在此，我们将其大致分为准备、实施和移交三个阶段。

3.2.2.1　准备阶段

准备阶段的主要目标是政府选定 BOT 项目，通过资格预审与招标，选定项目承办人。项目承办人选择合伙伙伴并取得他们的合作意向，提交项目融资与项目实施方案文件，项目参与各方草签合作合同，申请成立项目公司。政府依据项目发起人的申请，批准成立项目公司，并通过特许权协议，授予项目公司特许权。项目公司股东之间签订股东协议，项目公司与财团签订融资等主合同以后，项目公司另外与 BOT 项目建设、运营等各参与方签订子合同，提出开工报告。

3.2.2.2　实施阶段

实施阶段包含 BOT 项目建设与运营阶段。在建设阶段，项目公司通过顾问咨询机构，对项目组织设计与施工，安排进度计划与资金营运，控制工程质量与成本，监督工程承包商，并保证财团按计划投入资金，确保工程按预算、按时完工。在项目运营阶段，项目公司的主要任务是要求运营公司尽可能边建设边运营，争取早投入早收益，特别要注意外汇资产的风险管理及现金流量的安排，以保证按时还本付息，并最终使股东获得一定的利润。同时在运营过程中要注意项目的维修与保养，以保证项目最大效益地运营以及最后顺利地移交。

3.2.2.3　移交阶段

移交阶段即在特许期期满时，项目公司把项目移交给东道国政府，项目移交包括资产评估、利润分红、债务清偿、纠纷仲裁等。

3.2.3 BOT 模式的特点

BOT 模式实质上是一种债权与股权相混合的产权组合形式，整个项目公司对项目的设计、咨询、供货和施工实行"一揽子"总承包。与传统的承包模式相比，BOT 融资模式的特点主要体现在以下几个方面：

一是通常采用 BOT 模式进行的基础设施建设项目包括道路、桥梁、轻轨、隧道、铁路、地铁、水利、发电厂和水厂等。特许期内项目即生产的产品或提供的服务可能销售给国有单位（如自来水、电等），或直接向最终使用者收取费用（如缴纳通行费、服务费等）。

二是能减少政府的直接财政负担，减轻政府的借款负债义务，所有的项目融资负债责任都被转移给项目发起人，政府无须保证或承诺支付项目的借款，从而也不会影响东道国和发起人为其他项目融资的信用，避免政府的债务风险，政府可将原来这些方面的资金转用于其他项目的投资与开发。

三是有利于转移和降低风险。政府把项目风险全部转移给项目发起人，BOT 模式通过发起人的投资收益与他们履行合同的情况相联系，以防超支，从而降低项目的超支预算风险。

四是有利于提高项目的运行效率。BOT 通常被视为提高设计水平和管理实效的一种十分有效的方式。因为 BOT 项目一般具有巨额资本投入和项目周期长等因素带来的风险，同时由于私营企业的参与，贷款机构对项目的要求就会比政府更加严格。另外，私营企业为了减少风险，获得更多的收益，客观上促使其必须加强管理，控制造价，因此，尽管项目前期工作量较大，但一旦进入实施阶段，项目的设计、建设和运营效率就会比较高，用户也可以得到较高质量的服务。

五是 BOT 融资方式可以提前满足社会和公众的需求。采用此方式时，可使一些本来亟须建设而政府目前又无力投资建设的基础设施项目因其他资金的介入，在政府有能力建设前，提前建成并发挥作用，有利于社会生产力的提高，有利于促进经济的发展。

六是 BOT 项目通常都由外国公司来承包，这会给项目所在国带来先进的技术和管理经验，既给本国的承包商带来较多的发展机会，也促进了国际经济的融合。

总的说来，BOT 模式迄今为止仍然是一种出现时间较短的新型项目融资模式，还没有一个项目足以证明它是一种十分完美而且成功的模式。国际金融界较为一致的看法是，BOT 模式在项目融资中表现出无限的发展潜力，但是还需要做大量的工作才能将它真正移植到不同的项目中去。BOT 模式涉及的方面多，结构复杂，项目融资前期成本高，且对于不同国家的不同项目没有固定的模式可循。

BOT 模式近来在我国已经被引起广泛重视，并且在若干大型基础设施项目融资中得到了应用。然而，BOT 模式能否在我国的基础设施项目建设中大规模地加以利用及如何进行结构创新，还是一个有待专家学者探讨的课题。但是，在改革开放的形势下，BOT 模式的基本思路绝对是加快我国的经济建设、解决大型基础设施建设资金不足的一种创新途径。另外，注重出口我国大型成套设备以及施工和管理技术，在其他发展中国家利用 BOT 模式建设一些公共基础设施，也是这一模式带给我们的最好启迪。BOT 项目融资结构见图 3 – 1。

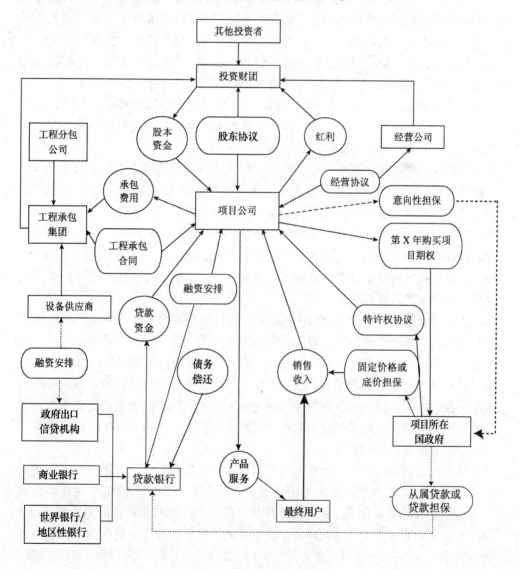

图 3 – 1 BOT 项目融资结构

3.2.4　BOT 项目融资案例分析：印度大博电厂项目

3.2.4.1　案例介绍

印度大博电厂（Dabhol Power Company）由美国安然（Enron）公司投资近30 亿美元建成，是印度国内最大的 BOT 项目，也是迄今为止该国最大的外国投资项目。

20 世纪 90 年代初，亚洲各国兴起了利用项目融资方式吸引外资投资于基础设施的浪潮。基于印度国内电力市场供需情况，印度政府批准了一系列利用外资的重大能源项目，大博电厂正是在这样的背景下开始运作的。大博电厂项目由安然公司安排筹划，由全球著名的工程承包商柏克德（Bchtel）承建，并由通用电气公司（GE）提供设备，这几乎是当时世界上最强的组合。电厂所在地处于拥有印度最大城市孟买的马哈拉斯特拉邦，是印度经济最发达的地区，其国内地位相当于我国的上海。投资者、承包商以及项目所在地的经济实力均是最强的，当时该项目的前景让不少人看好。

与常见的项目融资做法一样，安然公司为大博电厂设立了独立的项目公司。该项目公司与马哈拉斯特拉邦电力局（国营）签订了售电协议，安排了比较完善的融资、担保、工程承包等合同。在项目最为关键的政府特许售电协议中，规定大博电厂建成后所发的电由马哈拉斯特拉邦电力局购买，并规定了最低的购电量以保证电厂的正常运行。该售电协议除了常规的电费收支财务安排和保证外，还包括马哈拉斯特拉邦政府对其提供的担保，并由印度政府对马哈拉斯特拉邦政府提供的担保进行反担保。

售电协议规定，电价全部以美元结算，这样一来所有的汇率风险都转移到了马哈拉斯特拉邦电力局和印度政府身上。协议中的电价计算公式遵循这样一个基本原则，即成本加分红电价，指的是在一定条件下，电价将按照发电成本进行调整，并确保投资者的利润回报。这一定价原则使项目公司所面临的市场风险减至最小。我们可以将售电协议理解为印度政府为其提供的一种优惠，但正是这一售电协议使得马哈拉斯特拉邦电力局和印度政府不堪重负，随之产生的信用风险导致了该项目最终以失败告终。

从合同条款来看，可以说对项目公司而言是非常有利的，合同中的点点滴滴充分反映了协议各方把项目做好的意愿。然而，正当项目大张旗鼓地开始建设时，亚洲金融危机爆发了。危机很快波及印度，卢比对美元迅速贬值 40% 以上。危机给印度经济带来了很大的冲击，该项目的进程也不可避免地受到了影响。直到 1999 年，一期工程才得以投入运营，而二期工程到 2002 年才接近完成。工程的延期大大增加了大博电厂的建设费用，因建设费用上升导致的整体成本上升使大博电厂的上网电价大幅度提高。

对印度经济发展的乐现预期使马哈拉斯特拉邦电力局和大博电厂签订了购电协议，但金融危机造成的卢比贬值使该电力局不得不用接近两倍于其他来源的电价来购买大博电厂发出的电力。2000 年世界能源价格上涨时，这一差价上升了近 4 倍。到 2001 年，大博电厂与马哈拉斯特拉邦的电费纠纷不断升级，电厂最终停止发电。根据协议，先是马哈拉斯特拉邦政府继而印度联邦政府临时拨付了部分款项，兑现了所提供的担保与反担保。然而它们却无法承受继续兑现其承诺所需的巨额资金，因而不得不拒绝继续拨款。至此，该项目运营中的信用风险全面爆发。

3.2.4.2 案例分析

根据契约经济学理论，协议中的任何承诺都有与之相对应的承诺成本，随着承诺成本的增加，承诺方产生信用风险的概率也随之加大。在大博电厂案例中，我们可以发现这样一个逻辑推理过程：项目建设、运营中发生的建设风险、汇率风险，导致了大博电厂过高的上网电价，过高的上网电价使马哈拉斯特拉邦电力局、马哈拉斯特拉邦政府、印度政府承受了超出其能力范围的承诺成本，最终它们的违约也就成为一个必然的结果。

实际上，BOT 项目融资的建设风险、金融风险、市场风险与最终的信用风险并没有一个必然的逻辑关系，大博电厂案例中信用风险之所以发生，是与该项目不合理的风险分配结构联系在一起的。如上文提到的，为了吸引外资，印度政府在大博电厂项目中对安然公司提供了极为优惠的待遇，因为签订了类似于包销的售电协议，因此项目中的金融风险、市场风险等几乎全部落到了印方头上。如果没有亚洲金融危机，如果印度国内经济运行良好，在这样的一种风险分配结构下，大博电厂项目也许可以运营成功。

但经济活动不允许有太多的如果，一个成功的项目，在项目初期就应该考虑到可能出现的种种问题，并据以设计出合理的风险分配方案。对于印度政府而言，部分原因是因为缺乏经验，部分原因是为了尽快促进项目的开展，有关项目的可行性研究、项目成本分析、产品市场、资金回收、风险分配问题都未予以认真考虑。本意为吸引外资的优惠待遇，其结果却导致了政府的失信。大博电厂纠纷的直接效应就是，当时几乎所有的印度境内的独立发电厂都陷于停顿，印度吸引外资的努力也因此受到沉重打击。

3.2.4.3 结论及建议

外商回报（外方运营期间的购买协议）无法兑现，是外商在东道国投资 BOT 项目的首要风险。由新加坡国立大学博士后王守清先生主持的一份调查也印证了这一点。这份针对全球介入过中国 BOT 项目的高级管理人员的调查列出了外资 BOT 项目在中国的 123 项风险，排在最前的依次为中方信用风险、外汇风险和政治风险。

政府守信问题的确存在，但更值得我们关注的是问题的另外一面。在很多 BOT 项目的合同中，政府守信的成本过高，也加大了政府守信的不确定性。因此，提出以下建议：

（1）合理分担风险，不要试图去签一个不平等条约。政府兑现购买价格和购买量是建立在风险分担、公平合理的基础之上的，如果风险分担原本就不合理，购买协议受外在市场环境变化的影响就很大。

（2）不要抛开市场预测。除了合理分担风险，项目本身的风险同样密切地关系到政府兑现合同的可能性。无论签约时政府热情多高、承诺多诱人，充分的市场预测仍是 BOT 成败的关键。市场预测本是投资者与政府共同的任务，但因为政府激励、约束机制方面的原因，投资者最好把这一任务交给自己。

在很多 BOT 项目中，尤其是早期，政府缺资金，外商缺项目，双方一拍即合，对于市场的可行性研究就往往成了一句空话。印度大博电厂项目就是如此，国内也不乏这样的例子。

（3）项目招标不要局限于一对一的谈判。陷入困境的 BOT 项目中，多数都是外商与地方政府一对一谈判的产物。一对一谈判的确可能拿到更优厚的条件，但正如上文所示，地方政府是否兑现这些条件，尤其考虑到一般 BOT 项目历时之长，通常都是经历数届政府，从根本上还将取决于兑现成本。

而规范的竞标项目既是对投资方的一种约束，同时也是对政府的一种约束。另外，竞标通常会形成风险分担，这将在很大程度上有助于兑现合同。

总之，一个建立在充分的市场预测、适度的投资回报率基础上的、合理分担风险的 BOT 项目设计将有助于政府兑现合同。

3.3 ABS 项目融资模式

资产证券化作为一项金融创新产品和高效的制度安排，已经成为 20 世纪 70 年代以来最具生命力的金融创新产品之一。由于以资产证券化中的证券化资产可预测的稳定的预期收益作为担保，而且对资产的原始权益人不构成追索，资产证券化成为项目融资的基本模式之一。

3.3.1 资产证券化（ABS）的概念及其产生、发展的背景

3.3.1.1 资产证券化（ABS）融资的概念

ABS 是英文 Asset - Backed Securitization 的缩写，即资产证券化。资产证券化

融资起源于美国，随后得到不断的发展，现在已经传播到世界其他国家，为项目融资提供了新的模式，更大程度地促进了项目融资的发展。

在 ABS 产生的初始阶段，资产证券化是指通过在资本市场和货币市场上发行证券即以直接融资方式来举债，这种资产证券化被称为"一级证券化"或"融资证券化"。运用这种方法，一个借款人可以向市场上的投资者直接借款而不再需要向银行申请贷款或透支。这种类型的资产证券化动摇了银行作为资金提供者的传统地位，并最终导致"非中介化"或"脱媒"现象的出现。

在以后的发展中，资产证券化出现了一些新的变化，即把已经存在的信贷资产集中起来根据利率、期限、信用质量等标准加以组合并进行包装后转售给投资者，从而使此项资产在原持有者的资产负债表中消失。这种形式的资产证券化被称为"二级证券化"，也就是我们现在通常所说的资产证券化。

ABS 融资具体来说，是指以目标项目所拥有的资产为基础，以该项目资产的未来收益作为保证，通过在国际资本市场上发行高档债券来筹集资金的一种项目证券融资方式。

ABS 融资方式的实质是通过其特有的提高信用等级的方式，使原本信用等级较低的项目同样可以进入国际高档证券市场，利用该市场信用等级高、债券安全性和流动性高、债券利率低的特点，大幅度降低发行债券筹集资金的成本。按照规范化的证券市场的运作方式，在证券市场发行债券，必须对发债主体进行信用评级，以揭示债券的投资风险及信用水平。债券的筹资成本与信用等级密切相关。信用等级越高，表明债券的安全性越高，债券的利率越低，从而使通过发行债券筹集资金的成本越低。例如，根据标准普尔公司的信用等级划分方法，信用等级 AAA、AA、A、BBB 为投资级，即债券的信用等级只有达到 BBB 以上级别时，才具有投资价值，才能在证券市场上发行债券募集资金。在投资级债券中，AAA 级和 AA 级属于高档投资债券，信用风险小，融资成本低。因此，利用证券市场筹集资金，一般都希望进入高档投资级证券市场。但是，对于不能获得权威资信评估机构较高级别信用等级的企业或其他机构，则无法进入到高档投资级证券市场。ABS 运作的独到之处就在于通过信用增级计划，使得没有获得信用等级或信用等级较低的机构，照样可以进入高档投资级证券市场，通过资产的证券化来筹集资金。因此，即使是加入了一些前期分析、业务构造和信用增级等成本，它仍然为融资业务提供了新的、成本更低的资本来源。而且当公司或项目靠其他形式的信用进行融资的机会很有限时，证券化就成为该公司的一个至关重要的融资来源。资产支持的证券评级仅取决于作为证券支持的资产的信用质量，而与发行这些证券的公司的财务状况或金融信用无关。

3.3.1.2 ABS 融资产生与发展的背景

资产证券化融资作为一种融资技术的创新，最早起源于证券业极为发达的美国，后来在英、法、德等西方国家得到了广泛的应用和发展。

资产证券化融资在美国起源的一个重要原因是美国较为特殊的金融政策和环境。从历史发展来看，美国人普遍认为总分行式的银行制度不利于竞争，因此许多州的法律都限制银行分行的发展，这就使得单一银行制在美国成为一种普遍的形式，就数量而言，单一银行制组织占到美国 12000 多家银行的一半，众多的小银行在经营中经常面临着客户要求的贷款数额大于其信贷额度的难题。为了不因拒绝提供贷款而失去客户，小银行常常通过向大银行出售其贷款以维持与关键客户的关系。随着贷款出售这一做法的发展，获得更多的利润和优化资产结构及投资技巧逐渐演变成为主要目的。尽管被出售的贷款还不能被称为证券，但它却为证券化的产生埋下了伏笔。

资产证券化融资的第二个背景原因是银行本身面临日益严峻的外部生存环境。由于银行业的革命，竞争日趋激烈，一方面银行的融资成本上升，存贷款利差收入下降，利润也随之下降；另一方面银行的利率风险和破产风险却在不断上升。到 20 世纪 70 年代初期，美国的整个储蓄机构已面临着严峻的生存危机。此时，抵押证券市场的出现和发展成为储蓄机构走出困境的转折点，它们纷纷将低收益的固定利率资产经过技术处理通过证券市场出售给投资者，以增加流动性资产，抵御风险。这就极大地促进了美国抵押证券市场的发展，进而促进了资产证券化融资的发展。资产证券化融资的第三个背景原因是美国住房抵押贷款的发展。20 世纪 70 年代初，美国住房抵押贷款已达到一定规模，三大抵押贷款公司——政府国民抵押协会（GNMA）、联邦国民抵押协会（FNMA）和联邦住宅信贷抵押公司（FHLMC）收购了大量的抵押贷款，并为许多银行的住房抵押贷款提供了担保。同时，美国的市场利率波动很大，从事抵押贷款的银行和公司面临着筹资成本和收益的不确定性问题。为了转移利率风险，各银行、公司纷纷根据到期年限、利率水平等把手中的住房抵押贷款进行组合，以此为担保或抵押，发行了抵押债券。抵押债券的出现，不仅可以转移利率风险，而且可以使发行者，特别是银行绕过《格拉斯·斯蒂格尔法》不准银行从事证券业务的规定，从事当时投资银行的业务。对于发行者来说，抵押债券可以将不流动的资产盘活，提供大量的资金进一步为客户服务，又可以在一定程度转移利率风险。截至 2003 年年底，美国的按揭资产证券化金额已达 5.3 万亿美元，非按揭资产证券化的余额接近 1.7 万亿美元，两项总和占美国债务市场的 32%。

3.3.2 ABS 融资结构的基本要素与当事人

3.3.2.1 ABS 融资结构的基本要素

（1）标准化合约。该合约要使所有的参与方确信：为满足契约规定的义务，该担保品的存在形式应能够提供界定明确而且在法律上可行的行为。

（2）资产价值的正确评估。如在信贷资产证券化业务中，银行家的尽职调查应能够向感兴趣的各方提供关于风险性质的描述和恰当的价值评估。

（3）拥有历史统计资料的数据库。对于拟证券化的资产，其在过去不同情形下的表现，必须要提供一份具有历史统计资料的数据库，以使各参与方确定这些资产支持证券的风险程度。

（4）适用法律的标准化。证券化融资需要以标准的法律为前提。美国第一银行曾发行过 AAA 级抵押支持转递证券，但是最后以失败而告终，其原因之一是它未能满足美国所有各州所要求的法定投资标准。

（5）确定服务人地位的标准。这一点对于证券化融资也是非常关键的。一般的标准是服务人的破产或服务权的转让不应该导致投资者的损失。

（6）可靠的信用增级措施。证券化融资的重要特点就是可以通过信用增级措施发行高档债券，以降低项目融资的成本。因此，如果没有可靠的、资信较高的信用增级措施，资产证券化融资将是很难操作的。

（7）用以跟踪现金流和交易数据的计算机模型也是促进证券化交易量增长的重要基础。

3.3.2.2 ABS 融资的基本当事人

（1）发起人或原始权益人。发起人或原始权益人即拥有一定权益资产的人，以抵押贷款为例，发起人发放贷款并创造出将成为担保品的资产。发起人主要包括：①商业银行，是综合性的金融机构，其主要功能是吸收存款，管理贷款；②抵押银行，主要功能是发放抵押贷款并在二级市场销售；③政府机构，尽管提供的贷款很少，但发挥的作用很大。

一般而言，发起人的主要作用是：①收取贷款申请；②评审借款者申请抵押贷款的资格；③组织贷款；④从借款人手中收取还款；⑤将借款还款转交给抵押支持证券的投资者等。

发起人的收入来源主要是：①发起费，按贷款数额的一定比例收取；②申请费和处理费；③二级销售利润，即发起人售出抵押贷款时其售价和成本之间的差额。

发起人大多同时也是证券的出售人和承销商，因为对发起人来说，保留证券的承销业务可获得一定的收入。

发起人一般通过"真实出售"或所有权转让的形式把其资产转让到资产组合中。尽管发起人破产并不直接影响资产支持证券的信用，但发起人的信誉仍然需要考虑。因为如果发起人的信誉恶化，那么就会影响包括发起人的资产在内的担保品的服务质量。

（2）服务人。服务人通常由发起人自身或指定的银行来担任。服务人的主要作用体现在两个方面：一是负责归集权益资产到期的现金流，并催讨过期应收款；二是代替发起人向投资者或投资者的代表受托人支付证券的本息。所以，服务的内容包括收集原借款人的还款，以及其他一些为确保借款人履行义务和保护投资者的权利所必需的步骤。因此，资产支持证券的大多数交易与服务人（通常就是发起人）的信用风险存在着直接的关系，因为服务人持有那些要向投资者分配的资金。信用风险的高低是由服务人把从资产组合中得到的支付转交给投资者时的支付频率决定的。

（3）发行人。发行人可以是中介公司，也可以是发起人的附属公司或参股公司，或者是投资银行。有时，受托管理人也承担这一责任，即在证券化资产没有卖给上述的公司或投资银行时，它常常被直接卖给受托管理人。该受托管理人是一个信托实体，一般是一家有特殊用途的实体，其创立的唯一目的就是购买拟证券化的资产和发行资产支持证券。该信托实体控制着作为担保品的资产并负责管理现金流的收集和支付。信托实体经常就是发起人的一家子公司，或承销本次证券发行的投资银行的一家子公司。在某些情况下，由于各单个发起人的资产都不足以创造一个合格的资产组合，因此这时就要由几个发起人的资产共同组成一个资产组合。

当发行人从原始权益人手中购买权益资产在未来收取一定现金流的权利后，并对其进行组合包装，然后以发行证券方式将之在二级市场上出售给投资者。在资产证券化最早出现的美国，充当住房抵押贷款支持证券发行人的主要机构有两类：一类是政府性质的机构，如联邦国民抵押协会（FNMA），购买无政府保险的住房抵押贷款并使之证券化；政府国民抵押协会（GNMA），使有担保的住房抵押贷款证券化；联邦住房抵押公司（FHLMC），购买未经政府保险但经私人保险的常规抵押贷款并以之为担保在资本市场上发行债券。另一类是非政府性质的机构，如住房融资公司（Residential Funding Corporation）等，它们购买不符合FNMA、FHLMC、GNMA等政府或政府资助机构有关条件的住房抵押贷款并使之证券化。

（4）证券商。ABS由证券商承销。证券商或者向公众出售其包销的证券，或者私募债券。作为包销人，证券商从发行人处购买证券，再出售给公众。如果是私募债券，证券商并不购买证券，而只是作为发行人的代理人，为其提供更多的购买者，发行人和证券商必须共同合作，确保发行结构符合法律、规章、财会、税务等方面的要求。

（5）信用强化机构。在资产证券化过程中，有一个环节显得尤为关键，那就是信用增级环节。从某种意义上说，资产支持证券投资者的投资利益能否得到有效的保护和实现主要取决于证券化产生的信用保证。所谓信用增级，即信用等级的提高，经信用保证而得以提高等级的证券将不按照原发行人的等级或原贷款抵押资产等级来进行交易，而是按照提供担保的机构的信用等级来进行交易。

信用增级一般有两种方式：一是发行人提供的信用增级，即内部信用增级；二是第三者提供的信用增级，即外部信用增级。

1）内部信用增级（Internal Enhancement）。由发行人提供的内部信用增级有两种基本的方法，即直接追索权和超额担保。两种形式均具有同样的目的，即减少投资者承担的与资产组合有关的信用风险。具体又可分为三种操作方法，即以高级次级证券结构、超额抵押和储备基金等形式来提高信用等级。SPV（Special Purpose Vehicle，特别目的公司）可以单独使用其中某一种方式，也可以同时使用这三种方式或者其中的两种方式。

第一，设计优先次级证券结构（Senior - Subordinated）。这种结构是指所有的损失首先由次级债券承担，充当高级债券的缓冲器，其最大承担额相当于该类债券的总额。即用高收益的次级证券在本金和利息支付顺序上的滞后处理，来保证低收益的优先证券获得本金和利息的优先支付，从而提高优先证券的信用级别。

第二，建立储备基金账户（Reserve Account）。储备基金账户是指通过事先设立用以弥补投资者损失的现金账户以防范风险。在信贷资产证券化中，就是SPV 将收到的项目贷款的本息与债券支付成本之间的差额，以及 SPV 在现金收付之间因时间差异而产生的再投资收入存入基金账户，在项目贷款出现违约时，动用基金账户以保证对证券投资者的支付。

第三，建立超额抵押（Over - Collateralization）。超额担保是指组合中的资产价值超过所发行证券的金额，如果抵押价值下降到该水平之下，信用强化都必须以新的抵押品弥补该缺口。如在信贷资产证券化中，就要求被证券化的项目贷款的实际价值高于证券的实际发行额。具体就是要求所发行的债券总额不得超过作为基础资产的项目贷款组合的一定比例，例如85%。

2）外部信用增级（External Enhancement）。由第三者提供的外部信用增级可分为部分信用增级和完全信用增级两种形式。部分信用增级的目的是减少投资者承担的组合资产的信用风险，完全信用增级的目的则不仅仅要减少这种风险而且还要完全消除这些风险。与发行人提供的信用增级不同的是第三者信用增级一般不带有相关风险的特征，这是因为第三者的信用质量总的来讲与被提高的信用资产质量没有关系。

外部信用增级方式通常是通过提供银行信用证由一家单线保险公司提供保险以及第三者设立的储备账户基金来形成。这些信用增级依赖于担保人而不是资产本身的信用等级。

（6）信用评级机构。ABS 需要信用评级机构对其进行评级。ABS 的投资人依赖信用评级机构为其评估资产支持证券的信用风险和再融资风险。主要的评级机构有穆迪、标准普尔等公司，这些评级机构从整体来看，其历史记录和表现一直良好，特别是在资产支持证券领域口碑更佳。信用评级机构必须持续监督资产支持证券的信用评级。证券的发行人要为评级机构提供的服务支付费用。因为如果没有评级机构的参与，这些结构复杂的资产支持证券可能就卖不出去。当存在评级机构时，投资者就可以把投资决策的重点转移到对市场风险和证券持续期的考虑上。所以，信用评级机构是证券化融资的重要参与者之一。

发行人需要评级机构的评级是因为他们希望证券拥有更强的流通性和更低的利息成本。当投资者通过评级系统的评级而相信了证券的信用质量时，他们对投资的收益要求通常就会降低。而且许多受到管制的投资者被禁止购买那些级别低于投资级的证券，更不能购买那些未经评级的证券。所以，证券评级机构的存在拓宽了投资者的投资范围，创造了对证券的额外需求，对发行人来说，节省的成本也非常可观。

（7）受托管理人。在证券化的操作中，受托管理人是必不可少的，它充当着服务人与投资者的中介，也充当着信用强化机构和投资者的中介。受托管理人的职责包括三个方面：一是作为发行人的代理人向投资者发行证券，并由此形成自己收益的主要来源；二是将借款者归还的本息或权益资产的应收款转给投资者，并且在款项没有立即转给投资者时有责任对款项进行再投资；三是对服务人提供的报告进行确认并转给投资者，当服务人不能履行其职责时，受托人应该并且能够起到取代服务人角色的作用。

3.3.3　ABS 融资模式的运行程序

ABS 融资在实际操作中要涉及很多的技术性问题，但是证券化过程的基础是比较简单的。发起人将要证券化的资产进行组合后，以之为担保或出售给一个特定的交易机构，由其向投资者进行证券融资。它一般要经过以下几个阶段：

3.3.3.1　确定资产证券化融资的目标

原则上，投资项目所附的资产只要在未来一定时期内能带来稳定可靠的现金收入，都可以进行 ABS 融资。能够带来现金流入量的收入形式可以是：信用卡应收款；房地产的未来租金收入，飞机、汽车等设备的未来运营收入；项目产品的出口贸易收入；等等。一般情况下，这些代表未来现金收入的资产，本身具有很高的投资价值，但由于各种客观条件的限制，它们无法获得权威性资信评估机构授予的较高级别的资信等级。因此，无法通过证券化的途径在资本市场上筹集项目建设资金。

通常，将拥有这种未来现金流量所有权的企业或公司称为原始权益人。原始权益人将这些未来拥有稳定现金流入的资产进行估算和信用考核，并根据资产证券化的目标确定要把多少资产用于证券化，最后把这些资产汇集组合形成一个资产池。

3.3.3.2　组建特别目的公司 SPV（Special Purpose Vehicle）

成功组建 SPV 是 ABS 融资的基本条件和关键因素。为此，SPV 一般是由在国际上获得了权威资信评估机构给予较高资信评定等级（AAA 级或 AA 级）的投资银行、信托投资公司、信用担保公司等与证券投资相关的金融机构组成。有时，SPV 由原始权益人设立，但它是以资产证券化为唯一目的的、独立的信托实体。其经营有严格的法律限制，例如，不能发生证券化业务以外的任何资产和负债，在对投资者付讫本息之前不能分配任何红利，不得破产等。其收入全部系来自资产支持证券的发行。为降低资产证券化的成本，SPV 一般设在免税国家或地区，如开曼群岛等处，设立时往往只需投入最低限度的资本。

3.3.3.3　实现项目资产的"真实出售"

SPV 成立之后，与原始权益人签订买卖合同，原始权益人将资产池中的资产过户给 SPV。这一交易必须以真实出售方式进行，买卖合同中必须明确规定一旦原始权益人发生破产清算，资产池中的资产不列入清算范围，从而达到"破产隔离"的目的。破产隔离使资产池的质量与原始权益人自身的信用水平分割开来，投资者对资产支持证券的投资就不会再受到原始权益人的信用风险的影响，从而达到独立地进行项目融资的目的。这也正是项目融资的最本质的特点。

那么，如何才能达到项目资产或收益的"真实出售"呢？目前，主要有以下三种操作方式：

（1）债务更新。即先行终止发起人与资产债务人之间的债务合约，再由 SPV 与债务人之间按原合约还款条款订立一份新合约来替换原来的债务合约，从而把发起人与资产债务人之间的债权债务关系转换为 SPV 与资产债务人之间的债权债务关系。一般用于资产组合涉及少数债务人的场合。

（2）转让。即通过一定的法律手段把待转让资产项下的债权转让给 SPV，但作为转让对象的资产要由有关法律认可，并具备可转让性质。资产权利的转让必须要以书面形式通知资产债务人，如无资产转让书面通知，资产债务人享有终止支付的法定权利。

（3）从属参与。即 SPV 与资产债务人之间无合同关系，发起人与资产债务人之间的原债务合约继续有效，资产也不必从发起人手中转让给 SPV，而是由 SPV 先行发行资产支持证券，取得投资者的款项后再转贷给发起人，转贷金额等同于资产组合金额，贷款附有追索权，其偿还资金来源于资产组合的现金流量。

不管采取哪种形式，资产的出售均要由法庭最终判定其是否为"真实出售"行为，以防范资产证券化下涉及的发起人违约破产风险。影响法庭裁定"真实出售"的主要因素有：①当事人意图符合证券化目的；②发起人的资产负债表已进行资产出售的财务处理，已经不包含在其资产负债表中；③出售的资产一般不得附加追索权；④资产出售的价格不能盯着贷款利率；⑤出售的资产已经过"资产分离"处理，即已通过信用增级方式将出售的资产与发起人的信用风险分离。不符合上述条件的将不能被视为"真实出售"，而是被当做担保贷款或信托。

与资产出售相对应的是资产的购买。SPV购买资产的形式有两种：一种是整批买进一个特定的资产组合；另一种是买进资产组合中的一项不可分割的权利。前者与票据的直接转让相似，SPV买下特定资产项下卖方的全部权益，资产转归买方所有，这种形式主要用于期限较长的资产证券化。在后一种形式下，SPV的权益不限于组合中的特定资产，因此这项权利不会由于某一特定资产的清偿而终止，随着组合中资产的清偿，新资产的不断补进，SPV的权利亦随之周转，这种形式适合于资金期限较短、周转速度较快的资产组合，主要用于工商贷款与交易应收款的证券化。

3.3.3.4 完善交易结构，进行内部评级

SPV与原始权益人或其指定的资产服务公司签订服务合同，与原始权益人一起确定一家受托管理银行并签订托管合同，与银行达成必要时提供流动性的周转协议，与证券承销商达成证券承销协议等，来完善资产证券化的交易结构。然后，请信用评级机构对这个交易结构以及设计好的资产支持证券进行内部评级。

信用评级机构通过审查各种合同和文件的合法性及有效性，对交易结构和资产支持证券进行考核评价，给出内部评级结果。一般而言，这时的评级结果并不理想，较难吸引投资者。

3.3.3.5 划分优先证券和次级证券，办理金融担保

为吸引更多的投资者，改善发行条件，SPV必须提高资产支持证券的信用等级，即必须进行"信用增级"。信用增级可通过外部增级和内部增级来实现。但无论哪种，为了操作的方便，必须做到以下几点：首先，必须要做到"破产隔离"，剔除掉原始权益人的信用风险对投资收益的影响来提高资产支持证券的信用等级。其次，划分优先证券和次级证券，通过把资产支持证券划分为两类，使对优先证券支付本息先于次级证券，付清优先证券本息之后再对次级证券还本，

这样就降低了优先证券的信用风险，提高了它的信用等级。最后，进行金融担保，即 SPV 向信用级别很高的专业金融担保公司办理金融担保，由担保公司向投资者保证 SPV 将按期履行还本付息的义务，如 SPV 发生违约，由金融担保公司代为支付到期证券的本息。

3.3.3.6　进行发行评级，安排证券销售

信用增级后，SPV 应再次委托信用评级机构对即将发行的、经过担保的 ABS 债券进行正式的发行评级，评级机构根据经济金融形势，发起人、证券发行人等有关信息，SPV 和原始权益人资产债务的履行情况、信用增级情况等因素将评级结果公布于投资者。然后由证券承销商负责向投资者销售资产支持证券。由于这时资产支持证券已具备了较好的信用等级，能以较好的发行条件售出。

3.3.3.7　SPV 获得证券发行收入，向原始权益人支付购买价格

SPV 从证券包销商那里取得证券的销售收入后，即按资产买卖合同签订的购买价格向原始权益人支付购买资产池的价款，而原始权益人则达到了筹资目的，可以用这笔现金收入进行项目投资和建设。

3.3.3.8　实施资产管理

原始权益人或由 SPV 与原始权益人指定的服务公司对资产池进行管理，负责收取、记录由资产池产生的全部收入，将把这些收款全部存入托管行的收款专户。托管行按约定建立积累金，准备用于 SPV 对投资者还本付息。

3.3.3.9　按期还本付息，并支付聘用机构服务费用

到了规定的期限，托管银行将积累金拨入付款账户，对投资者还本付息。待资产支持证券到期后，还要向聘用的各类机构支付专业服务费。由资产池产生的收入在还本付息、支付各项服务费之后，若有剩余，全部退还给原始权益人。整个资产证券化过程至此结束。

以上过程以抵押贷款资产证券化为例可用图 3-2 表示。

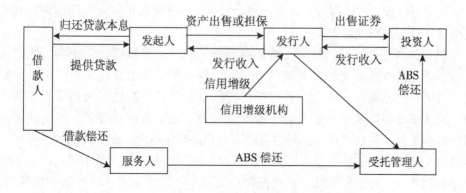

图 3-2　资产证券化融资

3.3.4　ABS 融资的适用范围及主要证券品种

尽管被证券化的项目资产已经非常多，但是到目前为止，运用得最广泛的是以抵押贷款这一金融资产为对象的抵押支持证券 MBS（Mortgage－Backed Securities）方式。

3.3.4.1　可证券化资产的基本特征

一般来说，可证券化的理想资产应该具有以下特征：①能在未来产生可预测的持续稳定的现金流入；②在一定时期内保持低违约率、低损失率的历史记录；③本息的偿还分摊于整个资产的存活期间；④金融资产的债务人有广泛的地域和人口统计分布；⑤原所有者已持有该资产一段时间，有良好的信用记录；⑥金融资产的抵押物有较高的变现价值；⑦金融资产具有标准化、高质量的合同条款。

因此，不利于资产证券化的属性有：①服务者经验缺乏或财力单薄；②资产组合中资产的数量较少或金额最大的资产所占的比重过高；③本金到期一次偿还；④付款时间不确定或付款间隔期过长；⑤金融资产的债务人有修改合同条款的权利。

到目前为止，在北美、欧洲和其他新兴市场上已被证券化的资产种类繁多，可做如下分类：①居民住宅抵押贷款；②私人资产抵押贷款、汽车销售贷款、其他各种个人消费贷款、学生贷款；③商业房地产抵押贷款、各类工商企业贷款；④信用卡应收款、转账卡应收款；⑤计算机租赁、办公设备租赁、汽车租赁、飞机租赁；⑥交易应收款；⑦人寿、健康保险单；⑧航空公司机票收入、公园门票收入、俱乐部会费收入、公用事业费收入；⑨石油/天然气储备、矿藏储备、林地；⑩各种有价证券（包括高收益/垃圾债券）组合。

3.3.4.2　ABS 的证券种类

虽然被证券化的金融资产已经很多，但是到目前为止，证券化交易基本的组织结构只有三种，即抵押过手证券、资产抵押证券和转付证券。其他创新形式都是由这三种结构衍生而来。

（1）抵押过手证券。资产支持证券最普遍的形式是抵押过手证券。所谓抵押过手证券是指贷款发放人（项目发起人）将抵押贷款组合起来并以不可分割的利益出售给投资者，使投资者对抵押贷款及其每月还款现金流拥有直接所有权。从基础抵押贷款中产生的现金流被"过手"给证券的投资者。现金流指每月的抵押支付，包括利息、计划偿还的本金和提前偿还的本金。从抵押贷款中产生的现金流和过手给证券投资者的现金流在金额上和时间上都是不同的，过手证券上的利率——过手利率低于基础抵押贷款利率，其差额等于服务费和担保费。每月从借款人处收到月度抵押支付，但支付给证券持有者时有延期，延期时间的长短随过手证券类型而变动。不过，过手证券的投资者要承担随之产生的提前还款风险或再投资风险，即借款人因利率变动等原因提前还款带来的现金流量的不确定性、收益率减少等风险。

从本质上讲，抵押过手证券代表着原始组合资产的直接所有权，这些组合资产保存于信托机构，所有权证书则出售给投资者，发起人要为这些资产提供服务，并收取本金和利息，从中扣除服务费后，将剩余款项过手给投资者。组合资产的所有权属于投资者。因此，过手证券不是发起人的债务，正常情况下不出现在资产证券发起人的财务报表上。图3-3通过抵押过手证券结构揭示了证券发行的程序。

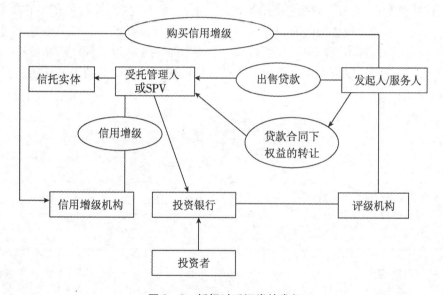

图3-3 抵押过手证券的发行

发起人将资产出售给信托机构，然后，受托管理人代表信托机构签发证书给投资者，每个证书即代表整个贷款组合的不可分割的利益。随着贷款的出售，为了维护投资者的利益，在信用增级的前提下，发起人把资产的各项权利如资产所有权、利息以及收到所有到期付款的权利，都转让给信托机构。

（2）资产抵押证券。最简单、最古老的资产支持证券形式可能就是资产抵押证券。以抵押贷款支持证券为例，资产抵押证券是发行人的负债义务，这项义务以贷款组合为抵押，作为抵押的贷款组合仍在发行人的账簿上以资产表示，资产抵押证券以负债表示。由抵押物产生的现金流并不用于支付资产支持债券的本金和利息，利息通常半年支付一次，本金到期才支付。资产抵押证券的一个重要特征就是一般都要求SPV为所发行的资产抵押证券提供超额抵押。即抵押物价值高于计价，并且当抵押物的价值低于证券契约中规定的水平时，为了保证安全，就要求在抵押物中增加更多的贷款或证券。其原因有三：①因为贷款组合的现金流归于发行人，而不是资产抵押证券的持有者，所以，任何一贷款组合的未结余额可能比资产抵押证券的本金下降得更快。②超额抵押对证券持有人提供了额外保护，保护证券持有人免受组合中个别贷款违约的影响。③超额抵押物保护证券持有人免受在估价期间抵押物市价下降的影响。而且，因为本金和利息款项首先是归于发行人且可以用这些款项进行再投资，所以发行人一般愿意进行超额抵押。在这里，投资者不承担因被证券化资产提前偿付而产生的再投资风险。

图3-4说明了资产抵押证券的一般结构。发行人对一部分资产进行组合，并把这些资产作为担保抵押给受托管理人，这些资产就为它发行的证券作抵押，证券的发行是通过投资银行完成的，并且投资银行和投资者一起私募证券。通常发行时担保物的价值要超过票据的价值（即超额抵押），为了替代超额抵押，或者作为一种补充，发行人可能会以保险证券的形式或者信用证的形式从第三方购买信用增级。

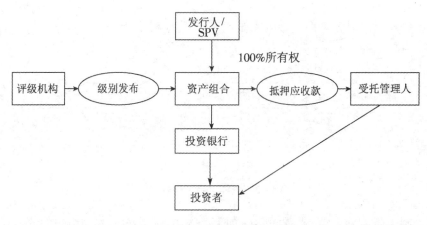

图3-4　资产抵押证券的一般结构

（3）转付证券及其衍生品种。这种证券既有过手证券的特征，也有资产抵押证券的特征。它是由一组资产组合作担保，并且作为负债仍保留在发行人的资产负债表中，这一点与资产抵押证券相似。但是，资产的现金流是用来支付为债券服务的支出，投资者承担因被证券化的资产提前偿还而产生的再投资风险，这一点又与过手证券相似。

随着证券化交易的进一步发展，在上述基本类型的基础上又衍生出许多新的结构形式，如担保抵押债务和剥离式抵押担保证券。

所谓担保抵押债务（Collateralized Mortgage Obligations，CMO），就是根据投

资者对风险、收益和期限等的不同偏好而对抵押贷款组合的现金流的要求不同，将证券划分为不同的级别，使风险以不同形式分配给不同类别的投资者，以满足投资者的多品位要求，这就是担保抵押债务。最典型的担保抵押债务结构包括四个"常规"级债券和一个"剩余"级债券。前三个常规级债券（A、B、C 三级）自债券发行结束之日起就开始付息，并依次偿还本金。第四个常规级债券（称为 Z 级），在前三级本金未偿清之前只按复利计算利息，并不进行实际支付（所以，Z 级债券又称为应计债券）。当前三级本息全部支付完毕后，Z 级债券才开始支付利息和本金。四个常规级的本息清偿后，所有剩余的现金流量全部属于剩余级债券持有人。由于这一特点，CMO 有效地创立了具有不同期限的多级别债券吸引各类投资者。

1983 年 6 月，美国联邦国家抵押协会发行了首批 CMO。每批发行分为三类到期，每类都收到半年的利息付款，并且每类都按顺序收回。首先，第一类债券持有者收到了本金的第一期付款和第一类债券付清以前的所有预付款；其次，第二类债券持有者依次收到本金和预付款；最后，第三类债券持有者才收到本金付款。每级债券都是半年付息一次，各级按顺序偿还本金。此后，这种多等级的转付证券得到了迅速发展。1988 年美国发行的 CMO 总额已超过 1983 年的 16 倍。典型的 CMO 结构如图 3－5 所示。

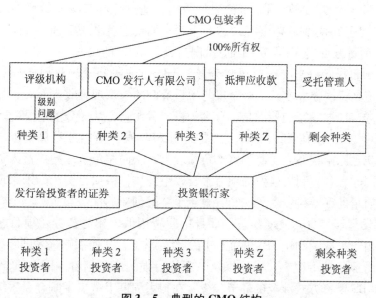

图 3－5 典型的 CMO 结构

剥离式抵押担保证券是在 20 世纪 80 年代下半期出现的一种技术。它是在抵押担保债务基础上进一步创新的金融工具，抵押过手证券把基础抵押组合中的现金流按等比例分配时，如把本金和利息从等比例分配给证券所有人改成非比例分配时，就产生了剥离的抵押支持证券。例如，平均合同利率为 10% 的一组居民抵押贷款组合被剥离成息票利率为 14% 的溢价证券和息票利率为 6% 的折价证券。最典型的剥离形式是发行利息证券和本金证券。即抵押贷款收回的利息支付给利息证券的持有者而收回的本金支付给本金证券的持有者。这种证券的吸引力在于它对投资者和发行者都有益。剥离证券的发行人能够通过分割过手证券得到比只发行一种过手证券更多的收入。投资者能够获得溢价抵押证券，同时只需付出很低的预付费率，哪怕在利率下降时期也是如此，同时那些想要用高预付款得到折价抵押证券的投资者即使在利率上升时期也可以做到。

3.3.5 ABS 融资的特点及其在金融市场中的作用

3.3.5.1 ABS 融资的主要特点

资产支持证券化融资具有以下主要特点：

（1）筹资规模大、成本低，资金来源广。ABS 融资方式的最大优势是通过在国际高档证券市场上发行证券筹集资金，证券利率一般较低，从而降低了筹资成本。而且，国际高档证券市场容量大，资金来源渠道多样化，因此，ABS 方式特别适合大规模地筹集资金。

（2）ABS 代表未来项目融资的发展方向。通过证券市场发行证券筹集资金是 ABS 不同于其他项目融资方式的一个显著特点，无论是产品支付项目融资，还是 BOT 项目融资模式，都不是通过证券化形式融资的。

（3）项目风险割离、投资风险分散。ABS 方式隔断了项目原始权益人自身的风险，使其清偿债券本息的资金仅与项目资产的未来现金收入有关，加之在国际高档证券市场上发行的债券是由众多的投资者购买，从而分散了投资风险。

（4）金融工具的创新。ABS 方式是通过 SPV 发行高档证券募集资金，这种负债不反映在原始权益人自身的资产负债表上，从而避免了原始权益人资产质量的限制。同时，SPV 利用成熟的项目融资改组技巧，将项目资产的未来现金流量包装成高质量的证券投资对象，充分显示了金融创新的优势。

（5）发行环节少，简便易行，而且中间费用低。作为证券化项目融资方式的 ABS，由于采取了利用 SPV 增加信用等级的措施，从而能够进入国际高档证券市场，发行那些易于销售、转让以及贴现能力强的高档债券。同 BOT 等融资方式相比，ABS 融资方式涉及的环节较少，在很大程度上减少了酬金、手续费等中间费用。

（6）由于 ABS 方式是在国际高档证券市场筹资，其接触的多为国际一流的证券机构，按国际上规范的操作规程行事，这将有助于培养东道国在国际项目融资方面的专门人才，规范国内证券市场。

3.3.5.2　ABS 融资在金融市场中的作用

在金融市场效率演变历程中，金融体系的发展可分为三个阶段。在最初阶段，金融体系处于银行本位时期，银行是积累储蓄和进行投资的主要渠道。当资本市场成为融通大量储蓄的主渠道时，金融体系就逐渐向市场本位时期发展，进入了第二阶段。当金融机构开始大量对其资产进行处理与交易时（即资产证券化），金融体系就发展到了最高阶段强市场本位时期。因此，资产证券化就具有了非同一般的作用，它代表着金融市场融资的未来发展方向。

资产证券化的本质含义就是将贷款或应收账款转换为市场上可流通的金融工具的过程。例如，它能够将批量贷款进行证券化销售，或者将小额、非市场化且信用质量不同的资产重新包装为新的流动性债务证券，以使之信用增级，并且提供与基本担保品不同的现金流量。

所以，资产证券化融资具有以下几方面的作用和意义：

（1）对于那些信用等级较低的金融机构，其存款和债务凭证的发行，成本高昂。如能证券化和出售一部分资产组合，由于证券的较高信用等级，可以获得较低的发行成本。

（2）证券化能够使金融机构减少甚至消除其信用过分集中的现象，同时继续发展特殊种类的组合证券。

（3）证券化使得金融机构能够更充分地利用现有的能力，实现规模经济。

（4）证券化能够将非流动资产转换成可流通证券，使其资产负债表更具有流动性，而且能改善资金来源。

（5）证券出售后，将证券化的资产从其资产负债表中移出，可以提高资本比率。

另外，资产证券化融资还具有明确的金融创新意义。资产证券化具有信用风险转移创新、提高流动性创新和信用创造创新的作用。从其功能作用看，资产支持证券化并非迫使银行为其客户提供不同的服务，而是显示了商业银行在竞争中取胜所必须具备的技术和必须遵循的原则。从某种意义上说，这是重新修正了对银行的定义。

3.3.6　ABS 融资方式在我国的实践及其规范发展需要解决的问题

3.3.6.1　中国资产证券化的实践历程

中国的资产证券化道路源于 1992 年海南省三亚地产的投资证券。三亚市开发建设总公司以三亚单洲小区 800 亩土地为发行标的物，公开发行了 2 亿元的 3 年期投资证券，此为中国资产证券化尝试走出的第一步。1996 年 8 月，珠海为了支持珠海公路的建设，以本地车辆登记费和向非本地登记车辆收取的过路费所带来的稳定现金流为支持在国外发行了 2 亿美元债券，这是国内第一个完全按照国际化标准运作的离岸资产证券化案例。1997 年 7 月，央行颁布《特种金融债券托管回购办法》，规定由部分非银行金融机构发行的特种金融债券，均需办理资产抵押手续，并委托中央国债登记结算公司负责相关事项。这在某种程度上使不良资产支持债券的发行成为可能，此后出现了由资产管理公司主导的几笔大额不良资产证券化。2000 年，中国人民银行批准中国建设银行、中国工商银行为住房贷款证券化试点单位，标志着资产证券化被政府认可。

2003 年，中集集团以其海外的应收账款为支持发行了资产支持证券，规定在 3 年的有效期内凡是中集集团发生的应收账款都可以出售给由荷兰银行管理的资产购买公司，由该公司在国际商业票据市场上多次公开发行资产支持商业票据（Asset Backed Commercial Paper，ABCP），协议总额为 8000 万美元。2003 年 6 月，华融资产管理公司推出了国内首个资产处置信托项目，华融将涉及全国 22 个省市 256 户企业的 132.5 亿元债权资产组成资产包，以中信信托为受托人设立财产信托，期限为 3 年。该模式已经接近真正的资产证券化项目，并且首次在国内采用了内部现金流分层的方式，实现了内部信用增级。

到 2004 年，开始出现政府推动资产证券化发展的迹象。2004 年 2 月，《国务院关于推进资本市场改革开放和稳定发展的若干意见》，其中第四条"健全资本市场体系，丰富证券投资品种"提出：加大风险较低的固定收益类证券产品的开发力度，为投资者提供储蓄替代型证券投资品种，积极探索并开发资产证券化品种。2004 年 4 ~ 7 月，中国工商银行通过财产信托对其宁波分行的 26 亿元不良资产进行了证券化。2004 年 12 月 15 日，央行公布实施《全国银行间债券市场债券交易流通审核规则》，从而为资产证券化产品流通扫清障碍。

2005 年以来，我国在资产证券化的道路上有了新的发展。2005 年 3 月 21 日，由中国人民银行牵头，会同证监会、财政部等 9 个部委参加的信贷资产证券化试点工作协调小组正式决定国家开发银行和中国建设银行作为试点单位，分别进行信贷资产证券化和住房抵押贷款证券化的试点。随后，为促进资产证券化试点工作的顺利开展，各相关部委相继出台了一系列的配套制度：2005 年 4 月 21 日，中国人民银行和银监会共同发布了《信贷资产证券化试点管理办法》；2005 年 5 月 16 日，建设部颁布了《建设部关于个人住房抵押贷款证券化涉及的抵押权变更登记有关问题的试行通知》；2005 年 6 月 2 日，财政部正式发布了《信贷资产证券化试点会计处理规定》，对资产证券化相关机构的会计处理进行了全面规范；2005 年 6 月 16 日，中国人民银行发布第 14、15 号公告，对资产支持证券在银行间债券市场的登记、托管、交易、结算以及信息披露等行为进行了详细规范；2005 年 8 月 1 日，全国银行间同业拆借中心发布了《资产支持证券交易操作规则》；2005 年 8 月 16 日，中央国债登记结算有限责任公司发布了《资产支持证券发行登记与托管结算业务操作规则》，规范了资产支持证券的发行、登记、托管、结算以及兑付行为；2005 年 11 月 11 日，银监会发布了《金融机构信贷资产证券化试点监督管理办法》，从市场准入、风险管理、资本要求三个方面对金融机构参与资产证券化业务制定了监管标准。这些配套制度的推出为资产证券化的规范化运行创造了条件，也为今后我国资产证券化的深入发展奠定了制度基础。2005 年 12 月 15 日，国家开发银行和中国建设银行分别在银行间市场成功发行了第一只 ABS 债券 41.78 亿元和第一只 MBS 债券 29.27 亿元。

总体来看，我国以前的资产证券化实践大多属于自发性的个体行为，证券化产品也不是真正意义上的资产证券化产品，操作模式不成熟、不规范。虽然从 2005 年开始，我国拉开了资产证券化试点工作的序幕，并相继出台了一系列的配套制度，但到目前为止，资产证券化还远没有成为金融机构自觉性的群体行为，证券化实践尚未出现实质性突破，资产证券化之路还任重而道远。

3.3.6.2　我国利用 ABS 融资方式需要解决的几个问题

ABS 作为一种新型的项目融资方式虽然开展的时间不长，但已被实践证明是行之有效的，它在美国、西欧和日本等国都获得了较好的发展。但是从我国目前的实际看，开展 ABS 融资方式还存在一些限制因素。

（1）SPV 的组建问题。成功组建 SPV 是 ABS 能够成功运作的基本条件和关键因素。但组建的 SPV 只有在所谓国家主权信用级别较高的国家，如在美国、日本和西欧等经济发达国家注册，并具有雄厚的经济实力和良好的资产质量，才能获得国际权威资信评估机构授予的较高评级。

（2）法律、政策限制的问题。虽然我国形成了 ABS 融资的基本法律框架，但由于 ABS 属于高档投资级的证券融资，原始权益人、投资者和项目的其他参与者的权益和责任是通过法律合同详细规定的，因此现有法律法规远远不能适应ABS 融资的要求。为此要根据我国的国情和国际惯例，加快相关立法，制定一套适合 ABS 融资的法律法规。同时，我国目前对资本项目还实行管制，国家对ABS 融资方式不可能一下子放开，只能逐步试点，取得经验，再一点点普及。

（3）税收问题。ABS 融资方式是以项目资产的未来收益偿还发行债券的本息的，而我国的增值税、营业税、印花税、所得税等税目和税率都与国际惯例有区别，从而影响到 ABS 融资在我国的发展，为此要按照国际惯例进行税制改革。

（4）人民币汇兑问题。把采用 ABS 方式所筹集的资金用于项目建设，但项目本身的产品却可能很少出口创汇，其所得收益主要表现为本国货币，而 SPV 为清偿债券的本息，必然要把本币兑换为外币汇出境外。但目前我国还没有实现人民币在资本项目下的自由兑换以及实行外汇管制政策，这在一定程度上制约了ABS 融资方式的开展。因此，要利用当前我国外汇储备充足的有利时机，保证ABS 项目的外汇兑换，以增强外商对我国进行 ABS 方式投资的信心。

（5）人才培养问题。目前，我国缺少负责 ABS 研究、管理的专门人员，也缺少这方面的法律人才。因此，必须加快有关 ABS 方面的人才培养，深入研究ABS 融资方式的方法和经验，以便更好地利用这一方式，促进我国经济更快地发展。证券市场的运作及监管的经验，了解国际金融市场的最新动态。同时，通过资产证券化进行融资，也是项目融资的未来发展方向。开展 ABS 融资，将极大拓展我国项目融资的活动空间，加快我国的项目融资与国外资本市场融合的步伐，并促进我国外向型经济的发展。

3.3.7　资产证券化融资案例分析

案例：美国运通公司旅行服务公司赊账卡应收账款的证券化过程

3.3.7.1　美国运通公司旅行服务公司（TRS）简介

美国运通公司（American Express）是在全球有多种投资的旅游和金融服务公司。公司全部或部分拥有的旗下公司有：旅行服务公司（TRS）、IDS 金融公司、美国运通银行和 Shearson Lehman Brothers 持股公司。

TRS 为个人和企业提供各种金融和旅游服务。它通过美国运通卡（即绿卡）、美国运通金卡、白金卡、公司卡和 Optima 卡，提供赊账卡和消费信贷等金融服务业务，还通过美国运通旅行支票为顾客提供旅行结算方便。1991 年末，TRS 把分布在全球 120 个国家的 1878 个办公室和独立代理机构联成网络，利用网络提供旅游服务，其中包括零售、批发和传统的旅游业务如行程安排、预订票等。同时，TRS 还拥有美国运通出版公司，出版杂志如《旅游和休闲》、《食品和葡萄酒》、《你的公司》等。这些服务通常都与运通卡联系在一起。

到 1991 年末，世界各地有 3600 万张运通卡在使用，有 350 万家企业允许使用运通卡。仅 1991 年这一年，卡上的交易总额就达 1110 亿美元，其中美国持卡人占了 766 亿美元，因为，TRS 的战略之一是为持卡人提供高水平的服务。而且，除了 Optima 卡外，其余卡均为赊账卡。

TRS 赊账卡的主要特点是：

（1）没有预先设定的支出限制，使用方便。如果卡员过去的消费和付款记录以及个人资信良好，则用赊账卡购物时，会自动核准进行购物支付；如果不符合上述要求，则只要在购物地点，卡员同 TRS 代表进行一次简短的电话谈话就可以解决。这一特点，使这种卡在全球流行起来。

（2）卡员结算时必须一次付清全部款项。对于运通赊账卡而言，卡员在清算时，必须付清全部款项，不能延期付款，而如果是 Optima 卡，则可以在付息的情况下延期付款。这一特点表明赊账卡的违约风险相对较低。

（3）TRS 结算赊账卡时，收入较为稳定。一般地，TRS 在卡员购物后的一段时间内才付款给零售商。而且，所付金额为商品面值减去折扣，折扣多少要看零售商的类型、赊账数额、付款时间和方式等，这就给 TRS 带来了较为稳定的卡费收入。如在 1991 年，TRS 总赊账金额为 1110 亿美元，它从折扣中所得收入就达 35 亿美元。

但是，TRS 付款给零售商和卡员付款给 TRS 之间存在着一定的时间差，因为卡员只有在清算时才付款，这就意味着卡员每一次购物都会产生应收账。

3.3.7.2 莱曼兄弟公司的证券化建议

为 TRS 应收账款融资的任务曾经一直落在它完全拥有的子公司——美国运通信贷公司的身上。美国运通信贷公司成立于 1962 年，于 1965 年被美国运通公司收购，并在 1983 年成为 TRS 完全拥有的子公司。其主要业务是为 TRS 的赊账卡应收账款提供周转资金。所有应收账款由信贷公司收购，不占用 TRS 的资金。

许多投资银行陆续提出通过证券化为其应收账款提供资金，到 20 世纪 80 年代，美国资产证券化交易已逐渐活跃，成为各种发行人的主要融资手段。已证券化的资产有信用卡应收款、汽车贷款、住房贷款及其他资产。但是到 1991 年末，美国运通公司旅行服务公司还未对赊账卡应收账款证券化。

作为美国运通公司所拥有的投资银行——莱曼兄弟公司就向 TRS 提出了对 TRS 的赊账卡应收款进行证券化的建议。经过谨慎考虑之后，TRS 接受了这一建议。

莱曼兄弟公司是美国最早的投资银行之一。近 150 年来，一直为金融机构、公司和政府委托人提供融资服务，它的业务部门主要有五个，分别是投资和商业银行部，固定收入部，权益证券部，互换和金融产品部，外汇、期货和商品部。

莱曼把美国运通信贷公司 TRS 赊账卡证券化作为其业务能力的一个重要标志，希望以此来进一步确立它作为有创新意识的主要资产抵押证券承销人的地位。为此，莱曼兄弟公司在固定收入部设立了不同的业务组来完成 TRS 赊账卡证券化项目融资过程。即：

（1）资产抵押证券银行业务组。主要负责与评级机构磋商，并在系统、会计和法律方面给 TRS 提出建议。

（2）资产抵押证券交易组。负责为新发行证券发现一级市场和维持二级市场。

（3）固定收入调查组。负责制订计划，使投资人认识证券的价值，便于新证券的发行。

（4）固定收入银团组。负责新证券的定价并协调承销银团承销证券。

（5）筹资保证组。为 TRS 提供所有资金增值策略，负责莱曼与 TRS 之间的投资银行业务联系。

3.3.7.3　TRS 证券化的处理过程

1992 年，TRS 决定接受莱曼兄弟公司的建议，对运通消费者赊账卡的应收账款的一部分进行证券化，包括运通卡（绿卡）、金卡、白金卡产生的近 24 亿美元应收账款。决定在初始阶段只将 5 年期和 7 年期的两种各 5 亿美元的应收账款出售给投资者，其余由 TRS 保留，如首次发行成功并且实际需要则可以再发行。

鉴于证券化的需要，TRS 必须对其赊账卡的财务报表和业务的信息系统进行处理，以使指定账户独立出来达到风险隔离的目的，便于证券化。为此，TRS 与资产抵押证券银行业务组的代表多次拜访了 TRS 西部区业务中心（WROC），它负责赊账卡业务的服务、收款和维护赊账卡资产组合的信息系统。1992 年 5 月，在 TRS 消费者赊账卡（绿卡、金卡和白金卡）的合格账户中抽出了 6995152 个账户，这些就是所指定的账户，其应收账款要证券化，总计金额约 24 亿美元，分散在美国各地。其中，加利福尼亚州占 15%、纽约州占 15%、得克萨斯州占 9.3%、新泽西州占 6.5%，其余的分散在其他各州，各州均不超过 4.3%，符合资产证券化要求的资产分散的特点。同年 6 月初，WROC 已将这些指定账户分离出来的计算机程序完成，并由一名独立审计员批准生效。

根据莱曼兄弟公司的建议，这些指定账户被转到一个特别指定的债券信托公司。该信托公司能够得到指定赊账卡账户上的各种现在和将来应收的账款。

该账户需在开始时就指定，正如上面的操作，是从指定账户中随机取得的。该信托公司应该是一家主信托，它要给 TRS 各种灵活性，比如发放多种债务，在不同的时期发放债务，甚至在后期增加或减少账户。

使用主信托和指定账户可以说是赊账卡应收账款证券化的典型特征。

3.3.7.4　评级机构的评级过程

莱曼兄弟公司于 1992 年 2 月获得 TRS 的同意后，立即通知评级机构马上进行证券化。6 月初，该评级机构取得了关于 TRS 服务和收款能力的报告以及赊账卡业务的详细情况。Murray Weiss 是莱曼兄弟公司资产抵押证券银行业务组的副经理，作为主要负责与评级机构磋商的负责人，他必须向评级机构证明该证券化资产的信用等级，所以他向评级机构主要强调了以下三点：

（1）TRS 已把指定账户从其他赊账卡中独立出来，以使评级机构相信 TRS 的业务和管理目标是符合证券化目标的。

（2）主信托公司对 TRS 赊账卡应收账款的收购和服务协议是合法的。

（3）强调赊账卡应收账款与信用卡应收账款的重要区别，以表明赊账卡应收款证券比信用卡应收账款证券更有优势。赊账卡的优势体现在以下几点：一是卡员无权调用赊账款余额。所以运通赊账卡应收账款证券的周转率一直较高而且稳定,而周转率是用来衡量证券从支出到取得回报的循环频率。如在 1989～1991 年,周转率为每年 7.5～7.7 次,假定有 3% 的收益率因子和 7.4 的周转率,则该证券的每年总收益率就为 22.2%(7.4×3%)。二是 TRS 对付信贷损失的能力较强,因为赊账卡实行的是"实时"清算原则,即卡员的所有购物都要在购买时由 TRS 勾销,且清单时卡员必须付清全部账款,这样有助于减少违约事件的发生。三是指定账户的稳定性较高,因为这些卡员资格保持时间长,而且,账户的地区分散化有助于进行证券化融资。

由于运通卡购物是不付利息的,因此,在具体运作上,莱曼兄弟公司想出一种特殊的结构,以增加信托公司的收入。解决办法是让 TRS 在账面价值的基础上打折将应收账款卖给信托公司,最初定的折扣率为 3%,即为信托公司收取应收账款的收益率。这样,信托公司收购应收账款时按 100% 减去收益率计算。因此,信托公司每收购 100 美元应收账款就可以分成 3 美元的利息和 97 美元的本金。

最后,经过考虑,莱曼公司建议最初公开发行 10 亿美元的"A 类"债券,该 A 类债券取得了 AAA 级信用等级,并私募发行 3500 万美元 B 类债券,作为次级债券,以构造一种"超额担保"结构。

3.3.8 BOT 与 ABS 项目融资方法差异比较

3.3.8.1 动作的繁简程度及融资成本的差异

BOT 方式的操作复杂、难度大。采用 BOT 方式必须经过确定项目、项目准备、招标、谈判、签署与 BOT 有关的文件合同、维护、移交等阶段,与政府的许可、审批以及外汇担保等诸多环节有关,涉及的范围广,不易实施,而且其融资成本也因中间环节多而增高。

ABS 融资方式的运作则相对简单。在它的运作中只涉及原始权益人、特设信托机构也称特殊目的公司即 SPC(Special Purpose Corporation)、投资者、证券承销商等几个主体,无须政府的许可、授权及外汇担保等环节,是一种主要通过民间的非政府的途径,按照市场经济规则运作的融资方式。它既实现了操作的简单化,又最大限度地减少了酬金、差价等中间费用,降低了融资成本。

3.3.8.2 投资风险的差异

BOT 项目的投资者主要由两部分组成:一部分是权益投资人,主要包括国际工程投资公司即建筑商、设备供应商、产品购买商以及机构投资者等;另一部分是项目的债务投资人,主要包括国际上的商业银行、非银行金融机构,如保险公司、养老基金和投资基金等。从数量上看,BOT 项目的投资者是比较有限的,这种投资是不能随便放弃和转让的,因此,每个投资者承担的风险相对而言是比较大的。

ABS 项目的投资者是国际资本市场上的债券购买者,其数量是众多的,这就极大地分散了投资的风险，使每个投资者承担的风险相对较小。这种债券还可以在二级市场上转让，变现能力强，使投资风险减少。再者，ABS 债券经过"信用增级"，在资本市场上具有较高的资信等级，使投资者省去了分析研究该证券风险收益的成本，提高了其自身的资产总体质量，降低了自身的经营风险。这对于投资者，特别是金融机构投资者尤其具有吸引力。

3.3.8.3 项目所有权、运营权的差异

BOT 项目的所有权、运营权在特许期限内是属于项目公司的，项目公司再把项目的运营权分包给运营维护承包商，政府在此期间则拥有对项目的监督权。当特许期限届满，所有权将移交给政府指定的机构。

ABS 方式中，项目资产的所有权根据双方签订的买卖合同而由原始权益人即项目公司转至特殊目的公司 SPC，SPC 通过证券承销商销售资产支撑证券，取得发行权后，再按资产买卖合同规定的购买价格把发行权的大部分以资金形式作为出售资产的交换支付给原始权益人，使原始权益人达到筹资的目的。在债券的发行期内，项目资产的所有权属于 SPC，而项目的运营、决策权属于原始权益人。原始权益人的义务是把项目的现金收入支付给 SPC。待债券到期，用资产产生的收入还本付息、支付各项服务费之后，资产的所有权又复归原始权益人。

3.3.8.4 项目资金来源方面的差异

BOT 方式既可利用外资，也可利用国内资本金，有"外资"BOT 和"内资"BOT 之分，"外资"BOT 是指项目的资金来自于国外的非国有部门。从我国采用BOT 方式的实践来看，大多数 BOT 项目是以利用外资为主，是"外资"BOT。随着外资的介入，国外的建筑承包商，运营维护商也随之参与企业的建筑和运营、维护等工作，自然也带来了国外先进的技术和管理经验。"内资"BOT 项目以 1994 年福建泉州的刺桐大桥为典型。该项目是一个由多个民营企业通过股份制的形式成立的股份有限公司与泉州市的授权机构以 60:40 的比例共同出资，以BOT 方式兴建的。该股份公司总股本 6800 万元，来自 55 家企业，其中绝大部分是民营企业。这种方式既以少量的国家投资，带动了大量的私有资本参与基础设施建设，对引导私有经济投资于基础设施领域起到了积极的作用，又能引导民营企业走股份制联合的道路，实现企业的集团化、规模化和现代化。ABS 方式既可以在国际债券市场上发行债券，也可以在国内债券市场上发行债券。目前，国际债券市场有高达 8000 亿美元的市场容量。我国在国际债券市场发行 ABS 债券可以吸引更多的外资来进行国内的基础设施建设。但这只是对外资的利用，不能像 BOT方式一样带来国外先进的技术和管理经验。而如果在国内债券市场上发行，则因ABS 债券的投资风险较小，将会对我国日益强大的机构投资者，如退休养老基金、保险基金、互助基金等产生较大的吸引力；同时，也有利于各种基金的高效运作。

3.3.8.5　适用范围的差异

从理论上讲，凡一个国家或地区的基础设施领域内能通过收费获得收入的设施或服务项目都是 BOT 方式的适用对象。但就我国特殊的经济及法律环境的要求而言，不是所有基础设施项目都可以采用 BOT 方式，其适用范围是有限的。BOT 方式是非政府资本介入基础设施领域，其实质是 BOT 项目的特许期内的民营化。因此，对于某些关系国计民生的重要部门，虽然它有稳定的预期现金流入，也是不宜采用 BOT 方式的。

ABS 方式则不然，在债券的发行期内项目的资产所有权虽然归 SPC 所有，但项目资产的运营和决策权依然归原始权益人所有。SPC 拥有项目资产的所有权只是为了实现"资产隔离"，实质上在这里 ABS 项目资产只是以出售为名，而行担保之实，目的就是为了在原始权益人一旦发生破产时，能带来预期收入的资产不被列入清算范围，避免投资者受到原始权益人的信用风险影响，SPC 并不参与企业的经营与决策。因此，在运用 ABS 方式时，不必担心项目是关系国计民生的重要项目而被外商所控制。凡有可预见的稳定的未来现金收入的基础设施资产，经过一定的结构重组都可以证券化。比如，不宜采用 BOT 方式的重要的铁路干线、大规模的电厂等重大的基础设施项目，都可以考虑采用，ABS 方式的适用范围要比 BOT 方式广泛。但是，由于 ABS 方式的投资者是公众投资者，如果法律法规不完善、操作不规范，造成的风险社会影响将相当大。

3.3.8.6　BOT 与 ABS 项目融资优缺点分析

对于政府来说，BOT 模式有如下优点：可以通过吸引外资，引进新技术，从而改善和提高项目的管理水平，减少项目建设的初始投入，缓解政府财政预算的压力；转移项目风险，减少政府的风险负担。而对项目开发商来说，BOT 方式独特的定位优势和资源优势确保了投资者可以获得稳定的市场份额和资金回报率；同时，BOT 方式具有独占性的市场地位，可以使项目开发商有机会涉足项目东道主国的基础性领域，为将来的其他投资活动打下一个良好的基础，从而有助于开拓期产品市场。不过，BOT 模式也存在如下缺点：项目的周期较长（一般 20 ~ 30 年），需要一定的股份投资，在一定程度上加大了开发商的资金负担和风险。BOT 方式的操作复杂，难度大；BOT 项目投资人承担的风险相对较大；某些关系国计民生的要害部门是不能采用 BOT 方式的。

与 BOT 融资模式相比较，ABS 模式存在如下优点：融资方式的运作相对简单；ABS 可以不受项目原始权益人自身条件的限制，绕开一些客观存在的壁垒，筹集到大量资金，具有很强的灵活性，这一优点特别适合城市基础设施的投融资；可以使东道国保持对项目运营的控制；ABS 项目的投资者数量众多，分散了投资风险，不必担心重要项目被外商控制。ABS 模式的缺点有：不能得到国外先进的技术和管理经验；对证券信用等级要求较高，否则难以筹集到低成本资金。

3.4 其他常用项目融资模式

3.4.1 投资者直接安排项目融资模式

项目投资者直接安排项目融资，并且直接承担融资安排中相应的责任和义务，是使用最早、结构上最简单的一种项目融资模式。这种模式适用于投资者本身公司财务结构不是很复杂的情况。采取这种融资模式不仅有利于投资者税务结构方面的安排，而且对于那些资信状况良好的投资者，直接安排融资还可以获得相对成本较低的贷款。这是因为即使安排的是有限追索的项目融资，但由于是直接使用投资者的名义，对于大多数银行来说资信良好的公司名誉本身就是一种担保。在投资者直接安排融资的结构中，需要注意的问题是如何限制贷款银行对投资者的追索权利。贷款由投资者安排并直接承担其中的债务责任，在法律结构中实现有限追索就会相对复杂一些，这是该种融资模式的一个缺点。这种模式的另一个问题是项目贷款很难安排成为非公司负债型的融资。

投资者直接安排项目融资的模式，在非公司型合资结构中比较常用。因为绝大多数的非公司型合资结构不允许以合资结构或管理公司的名义融资。在这种融资结构中，又可以分为两种操作方法。

3.4.1.1 投资者直接安排项目融资模式一——面对共同的贷款银行和市场安排的方式

在这种模式下由项目投资者直接安排融资，但各个投资者在融资过程中面对的是共同的贷款银行和相同的市场安排，其具体过程如图3-6所示。

该融资模式的具体操作过程如下：

（1）由项目投资者根据合资协议组成非公司型合资结构，并按照投资比例合资组建一个项目管理公司负责项目的建设和生产经营，项目管理公司同时也作为项目投资者的代理人负责项目的产品销售。项目管理公司的这两部分职能分别通过项目的管理协议和销售代理协议加以规定和实现。

（2）根据合资协议的规定，投资者分别在项目中投入相应比例的自有资金，并统一安排项目融资（但是由每个投资者独立与贷款银行签署协议）用于项目的建设资金和流动资金。

（3）在项目的建设期间，项目管理公司代表投资者与工程公司签订工程建设合同，监督项目的建设，支付项目的建设费用；在生产期间，项目管理公司负责项目的生产管理，并作为投资者的代理人销售项目产品。

（4）项目的销售收入将首先进入一个贷款银行监控下的账户，用于支付项目的生产费用和资本再投入，偿还贷款银行的到期债务，最后按照融资协议的规定将盈余资金返还给投资者。

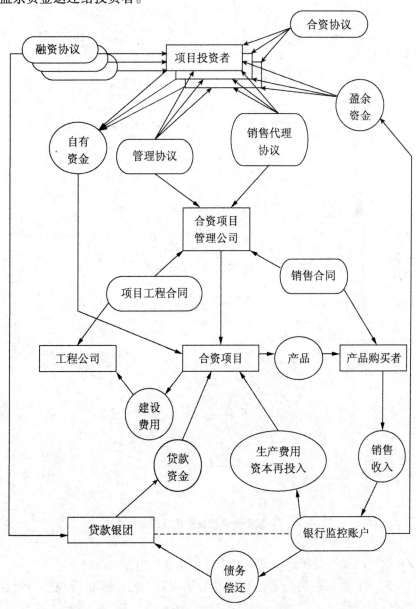

图 3 - 6　投资者直接安排项目融资模式一

3.4.1.2 投资者直接安排项目融资模式二——投资者独立安排融资和承担市场销售

在这种融资模式中，项目投资者组成非公司型合资结构，投资项目由投资者而不是由项目管理公司组织产品销售和债务偿还，其具体操作过程如图 3 - 7 所示。

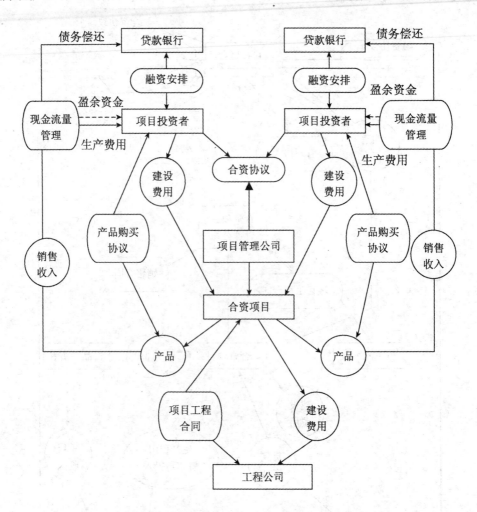

图 3 - 7 投资者直接安排项目融资模式二

这种融资模式在安排融资时更具有灵活性，其操作过程如下：

（1）项目投资者根据合资协议组建合资项目，任命项目管理公司负责项目的建设和生产管理。

（2）投资者按照投资比例，直接支付项目的建设费用和生产费用，根据自己的财务状况自行安排融资。

（3）项目管理公司代表投资者安排项目建设，安排项目生产，组织原材料供应，并根据投资比例将项目产品分配给项目投资者。

（4）投资者以"无论提货与否均需付款"协议的规定价格购买产品，其销售收入根据与贷款银行之间的现金流量管理协议进入贷款银行监控账户，并按照资金使用序列的原则进行分配。在公司型合资结构中，投资者有时也可以为其股东资金投入部分直接安排融资。但是，由于贷款银行缺乏对项目现金流量的直接控制，实际上做到有限追索的项目融资是很困难的。

3.4.1.3 投资者直接安排项目融资模式的特点

（1）特点。投资者直接安排项目融资的融资模式具有以下特点：

1）投资者可以根据其投资战略的需要，较灵活地安排融资结构。这种灵活性表现在三个方面：①选择融资结构及融资方式上比较灵活。投资者可以根据不同需要在多种融资模式、多种资金来源方案之间加以充分选择和合并。②债务比例安排比较灵活。投资者可以根据项目的经济强度和本身资金状况较灵活地安排债务比例。③可以灵活运用投资者在商业社会中的信誉。同样是有限追索的项目融资，信誉越好的投资者就可以得到越优惠的贷款条件。

2）由于采用投资者可以直接拥有项目资产并控制项目现金流量的投资结构，投资者直接安排项目融资的模式可以比较充分地利用项目的税务亏损（或优惠）条件组织债务，降低融资成本。

3）融资可以安排在有限追索的基础上，追索的程度和范围可以在项目不同阶段之间发生变化。

（2）不足。主要表现为在将融资构造成有限追索的融资结构时比较复杂，体现在以下三个方面：

1）如果合资结构中的投资者在信誉、财务状况、市场销售和生产管理能力等方面不一致，就会增加以项目资产及现金流量作为融资担保抵押的复杂性。

2）在安排融资时，需要注意划清投资者在项目中所承担的融资责任和投资者其他业务之间的界限，这一点在操作上更为复杂。所以，在大多数项目融资中，由项目投资者成立一个专门公司来进行融资的做法比较受欢迎。

3）通过投资者直接融资很难将融资安排成为非公司负债型的融资形式，也就是说在安排成有限追索的融资时难度很大。

3.4.2 投资者通过项目公司安排项目融资模式

项目投资者通过建立一个单一目的的项目公司来安排融资，有两种基本模式。

3.4.2.1 投资者通过项目公司安排项目融资模式一——投资者通过项目子公司对项目投资

为了减少投资者在项目中的直接风险，在非公司型合资结构、合伙制结构甚至公司型合资结构中，项目的投资者经常建立一个单一目的的项目子公司作为投资载体，以该项目子公司的名义与其他投资者组成合资结构并安排融资。

这种模式的特点是项目子公司将代表投资者承担项目中的全部或主要的经济责任，但是由于该公司是投资者为一个具体项目专门组建的，缺乏必要的信用和经营历史（有时也缺乏资金），所以可能需要投资者提供一定的信用支持和保证。在项目融资中，这种信用支持一般至少包括项目的完工担保、产品购买担保和保证项目子公司具备良好的经营管理的意向性担保等，其操作过程如图 3-8 所示。

采用这种结构安排融资，对于其他投资者和合资项目本身而言，与投资者直接安排融资没有多大区别，然而对于投资者本身而言却有一定的不同。

（1）容易划清项目的债务责任。贷款银行的追索权只能涉及项目子公司的资产和现金流量，其母公司除提供必要的担保以外不承担任何直接的责任，融资结构较投资者直接安排融资要相对简单清晰一些。

（2）项目融资有可能被安排成为非公司负债型的融资。

（3）在税务结构安排上灵活性可能会差一些，但这也不一定就构成这种融资模式的缺陷，这取决于各国税法对公司之间税务合并的规定。

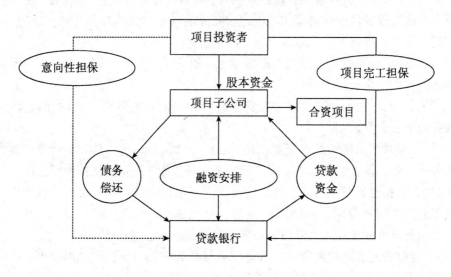

图 3-8 投资者通过项目公司安排融资模式一

3.4.2.2 投资者通过项目公司安排融资模式二——共同组建项目公司形式

通过项目公司安排融资的另一种形式，也是最主要的形式，就是由投资者共同投资组建一个项目公司，再以该公司的名义拥有、经营项目和安排融资。这种模式在公司型合资结构中较为常用。采用这种模式，项目融资由项目公司直接安排，主要的信用保证来自项目公司的现金流量、项目资产以及项目投资者所提供的与融资有关的担保和商业协议。对于具有较好经济强度的项目，这种融资模式可以安排成为对投资者无追索的形式，图 3－9 是通过项目公司安排融资的一种结构。

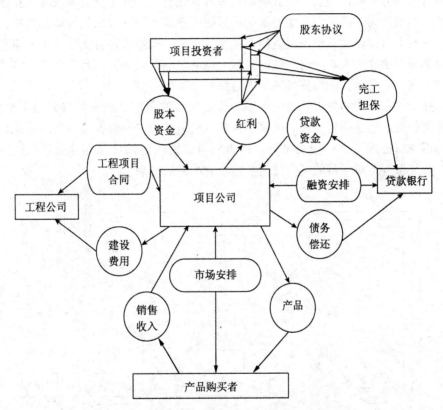

图 3－9 投资者通过项目公司安排融资结构模式二

这种融资结构的基本思路是：

（1）项目投资者根据股东协议组建项目公司，并注入一定的股本资金。

（2）项目公司作为独立的法人实体，签署一切与项目建设、生产和市场有关的合同，安排项目融资，建设经营并拥有项目。

（3）项目融资安排在对投资者有限追索的基础上。但是，由于项目公司除正在安排融资的项目以外没有任何其他的资产，也没有任何经营历史。所以，项目发起人必须要提供一定的信用担保。这种担保最普遍的是在项目建设期间，发起人为贷款银行提供完工担保。

完工担保是通过项目公司安排融资模式中很关键的一环。在项目生产期间，如果项目的生产经营达到预期标准，现金流量满足债务覆盖比率的要求，项目融资可以安排成为无追索贷款。

除了在公司型合资结构中投资者通过项目公司安排融资之外，投资者还可以利用信托基金结构为项目安排融资。这种模式在融资结构和信用保证结构方面均与通过项目公司安排融资的模式类似。另外，还有一种介于投资者直接安排融资和通过项目公司安排融资两者之间的项目融资模式，即在合伙制投资结构中，利用合伙制项目资产和现金流量直接安排项目融资。虽然这种合伙制结构不是项目公司那样的独立法人，项目贷款的借款人也不是项目公司，而是由独立的合伙人共同出面，但是项目融资安排的基本思路是一样的。

在图 3－10 的结构中，投资者以合伙制项目的资产共同安排有限追索融资，债务责任被限制在项目资产和项目的现金流量范围内，投资者只是提供"无论提货与否均需付款"的市场安排协议作为项目融资的附加信用保证。采用这种结构，贷款银行将对项目的现金流量实施较为严格的控制。

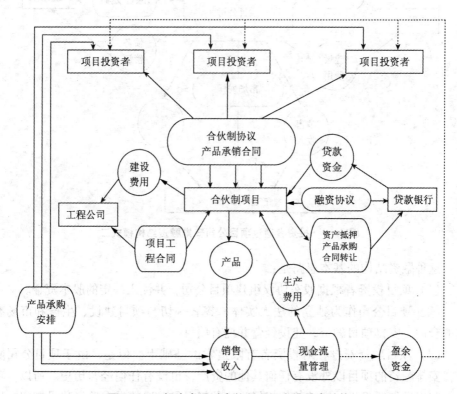

图 3－10　投资者通过合伙制项目安排融资结构

3.4.2.3 投资者通过项目公司安排融资具有的特点

（1）项目公司统一负责项目的建设、生产、市场，并且可以整体地使用项目资产和现金流量作为融资的抵押和信用保证，在概念上和融资结构上较易为贷款银行接受，法律结构相对比较简单。

（2）项目投资者不直接安排融资，而是通过间接的信用保证形式支持项目公司的融资，如完工担保、"无论提货与否均需付款"或"提货与付款"协议等，投资者的债务责任在质的概念上和量的概念上均较直接融资清楚，较容易实现有限追索的项目融资和非公司负债型融资的目标要求。

（3）在公司型合资结构中，通过项目公司安排融资，可以充分利用大股东在管理、技术、市场和资信等方面的优势为项目获得优惠的贷款条件，而这些优惠条件可能是其中一些条件相对较弱的股东无法得到的；同时，共同融资避免了投资者之间为安排融资的相互竞争。

（4）这种模式的主要问题是缺乏灵活性，很难满足不同投资者对融资的各种要求。缺乏灵活性主要表现在两个方面：①在税务结构上缺乏灵活性。项目的税务优惠或亏损只能保留在项目公司中应用。②在债务形式选择上缺乏灵活性。虽然投资者对项目的资金投入形式可以选择以普通股、优先股、从属性贷款、零息债券、可转换债券等多种形式进入，但是，由于投资者缺乏对项目现金流量的控制，在资金安排上有特殊要求的投资者就会面临一定的困难。

3.4.3 以"设施使用协议"为基础的项目融资模式

3.4.3.1 "设施使用协议"项目融资模式的含义

国际上，一些项目融资是围绕着一个工业设施或者服务性设施的使用协议作为主体安排的。这种设施使用协议，在工业项目中有时也称为"委托加工协议"，是指在某种工业设施或服务性设施的提供者和这种设施的使用者之间达成的一种具有"无论提货与否均需付款"性质的协议。这种协议就构成了项目融资安排中的主要担保来源，以此协议为基础构造一种有限追索的项目融资是以设施使用协议为基础的项目融资模式。

利用以"设施使用协议"为基础的项目公司安排融资，主要应用于一些带有服务性质的项目，例如石油、天然气管道项目、发电设施、某种专门产品的运输系统以及港口、铁路设施等。从国际市场上看，20世纪80年代以来，由于国际原材料市场的长期不景气，使原材料的价格与市场一起维持在较低的水平上，导致与原材料有关项目的投资风险偏高，以原料生产为代表的一些工业项目也开始尝试引入"设施使用协议"这一融资模式，并取得了良好的效果。

利用"设施使用协议"安排项目融资，其成败的关键是项目设施的使用者能否提供一个强有力的具有"无论提货与否均需付款"（在这里也可以称为"无论使用与否均需付款"）性质的承诺。这个承诺要求项目设施的使用者在融资期间定期向设施的提供者支付一定数量的预先确定下来的项目设备使用费。这种承诺是无条件的，不管项目设施的使用者是否真正地利用了项目设施所提供的服务。

在项目融资中，这种无条件承诺的合约权益将被转让给提供贷款的银行，通常再加上项目投资者的完工担保，就构成了项目信用保证结构的主要组成部分。理论上，项目设施的使用费在融资期间应能够足以支付项目的生产经营成本和项目债务还本付息。

3.4.3.2 "设施使用协议"项目融资模式的特点

通过以"设施使用协议"作为基础安排的项目融资具有以下几个特点：

（1）具有"无论提货与否均需付款"性质的设施使用协议是项目融资的不可缺少的组成部分。这种项目设施使用协议在使用费的确定上至少需要考虑到项目投资在以下三个方面的回收：①生产运行成本和资本再投入费用。②融资成本，包括项目融资的本金和利息的偿还。③投资者的收益，在这方面的安排可以较前两方面灵活一些。在安排融资时，可以根据投资者股本资金的投入数量和投入方式分别做出不同的结构安排。采用这种模式的项目融资，在税务结构处理上需要更加谨慎。虽然国际上有些项目将拥有"设施使用协议"的公司的利润水平安排在损益平衡点上，以达到转移利润的目的，但是有些国家的税务制度是不允许这样做的。

（2）投资结构的选择比较灵活。既可以采用公司型合资结构，也可以采用非公司型合资结构、合伙制结构或者信托基金结构。投资结构选择的主要依据是项目的性质、项目投资者和设施使用者的类型及融资、税务等方面的要求。

（3）项目的投资者可以利用与项目利益有关的第三方（即项目设施使用者）的信用来安排融资，分散风险，节约初始资金投入，因而特别适用于资本密集、收益相对较低但相对稳定的基础设施类型项目。

3.4.3.3 "设施使用协议"项目融资案例分析

图3-11是20世纪80年代初期澳大利亚一个运煤港口项目的建设实例。A、B、C等几家公司以非公司型合资结构的形式在澳大利亚昆士兰州的著名产煤区投资兴建了一个大型的煤矿项目。该项目与日本、欧洲等地的公司订有长期的煤炭供应协议。但是，由于港口运输能力不够，影响项目的生产和出口，该项目的几个投资者与主要煤炭客户谈判，希望能够共同参与港口的扩建工作，以扩大港口的出口能力，满足买方的需求。然而，买方是国外的贸易公司，不愿意进行直接的港口项目投资，而A、B、C等几家公司或者由于本身财务能力的限制，或

者出于发展战略上的考虑，也不愿意单独承担起港口的扩建工作。最后，煤矿项目投资者与主要煤炭客户等各方共同商定采用"设施使用协议"作为基础安排项目融资来筹集资金进行港口扩建。

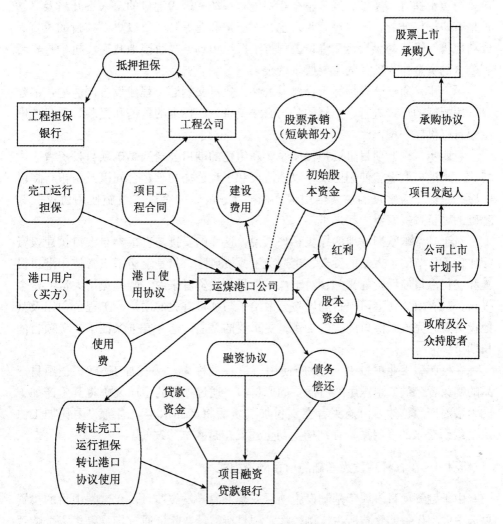

图 3－11　运用"设施使用协议"组织项目融资的运煤港口项目

第一步，签订港口设施使用协议。煤矿项目的投资者与日本及欧洲的客户谈判达成协议，由煤炭客户联合提供一个具有"无论提货与否均需付款"性质的港口设施使用协议，在港口扩建成功的前提条件下定期向港口的所有者支付规定数额的港口使用费作为项目融资的信用保证。由于签约方是日本和欧洲主要的实力雄厚的大公司，因而这个港口设施使用协议能够为贷款银行所接受。

第二步，成立港口项目公司。A、B、C 等几家公司以买方的港口设施使用协议以及煤炭的长期销售合约作为基础，投资组建了一个煤炭运输港口公司，由该公司负责拥有、建设、经营整个煤炭港口系统。因为港口的未来吞吐量及其增长是有协议保证的，港口经营收入也相对稳定和有保障，所以煤矿项目的投资者成功地将新组建的煤炭运输港口公司推上股票市场，吸收当地政府、机构投资者和公众的资金作为项目的主要股本资金。

第三步，通过公开招标选择建设公司，签订交钥匙工程建设合同。港口的建设采用招标的形式进行，中标的公司必须具备一定标准的资信和经验，并且能够由银行提供履约担保。

第四步，构造项目融资担保体系。新组建的港口公司从煤矿项目投资者手中转让过来港口的设施使用协议，以该协议和工程公司的承建合同以及由银行提供的履约担保作为融资的主要信用保证框架。这样，一个以"设施使用协议"为基础的项目融资就组织起来了。

对于日本、欧洲等地的煤炭客户来说，这样的安排与直接参与港口扩建投资相比，不仅节约了大量的资金，也避免了投资风险，只是承诺了正常使用港口设施和支付港口使用费的义务；对于煤矿项目的投资者来说，既避免了大量的资金投入，又有效地将港口项目的风险分散给了与项目有关的用户、工程公司以及其他投资者，完成了港口的扩建工作，更重要的是通过这一安排保证了煤矿项目的长期市场。

在生产型工业项目中，"设施使用协议"被称为"委托加工协议"，项目产品的购买者提供或组织生产所需要的原材料，通过项目的生产设施将其生产加工成为最终产品，然后由购买者在支付加工费后将产品取走。围绕"委托加工协议"组织起来的项目融资在结构上与上述安排是基本一致的。

3.4.4 以杠杆租赁为基础的项目融资模式

由于融资项目多属于基础设施项目或是资源开发类项目，在这类项目的投资总额中大型设备购置费所占比例较大。项目所需设备除可通过贷款筹集资金购置以外，也可以采取租赁的形式获得。根据出租人对购置一项设备的出资比例，可将金融租赁划分为直接租赁和杠杆租赁两种类型。在一项租赁交易中，凡设备购置成本 100% 由出租人独自承担的即为直接租赁。而在项目融资中，得到普遍应用的是杠杆租赁。

以杠杆租赁为基础组织起来的项目融资模式，是指在项目投资者的要求和安排下，由杠杆租赁结构中的资产出租人融资购买项目的资产然后租赁给承租人

（项目投资者）的一种融资结构。资产出租人和融资贷款银行的收入以及信用保证主要来自结构中的税务好处、租赁费用、项目的资产以及对项目现金流量的控制。

在项目融资的租赁安排中，提供租赁的出租人可以是以下三方：一是专业租赁公司、银行和财务公司，这些机构可以为项目安排融资租赁，包括直接租赁和杠杆租赁；二是设备制造商和一部分专业性租赁公司，这些机构主要为项目安排经营租赁；三是项目的投资者以及与项目发展有利益关系的第三方，也采取租赁形式将资金投入到项目中，包括经营租赁、直接租赁和杠杆租赁等。

3.4.4.1 杠杆租赁融资的优势分析

从一些国家的情况来看，租赁在资产抵押中使用得非常普遍，特别是在购买轮船和飞机的融资活动中。在英国和美国，很多大型工业项目也采用金融租赁，因为金融租赁，尤其是其中杠杆租赁的设备，技术水平先进、资金占用量大，所以它能享受到诸如投资减免、加速折旧、低息贷款等多种优惠待遇，使得出租人和承租人双方都能得到好处，从而获得一般租赁所不能获得的更多的经济效益。

对项目投资者和项目公司来说，采用租赁融资方式解决项目所需资金，具有以下好处：

（1）项目公司仍拥有对项目的控制权。根据金融租赁协议，作为承租人的项目公司拥有所租赁资产的使用、经营、维护和维修权等。在多数情况下，金融租赁项下的资产甚至被看成由项目发起人完全所有、由银行融资的资产。

（2）可实现百分之百的融资要求。一般在项目融资中，项目发起人总是要提供一定比例的股本资金，以增强贷款人提供有限追索性贷款的信心。但在杠杆租赁融资模式中，由金融租赁公司的部分股本资金加上银行贷款，就可以全部解决项目所需资金或设备，项目发起人不需要再进行任何股本投资。

（3）较低的融资成本。在多数情况下，项目公司通过杠杆租赁融资的成本低于银行贷款的融资成本，尤其是在项目公司自身不能充分利用税务优惠的情况下。因为在许多国家中，金融租赁可享受到政府的融资优惠和信用保险。通常，如果租赁的设备为新技术、新设备，政府将对租赁公司提供低息贷款。如果租赁公司的业务符合政府产业政策的要求，政府可以提供 40% ~60% 的融资等。

同时，当承租人无法交付租金时，由政府开办的保险公司向租赁公司赔偿50% 的租金，以分担风险和损失。这样，金融租赁公司就可以将这些优惠的租金分配一些给项目承租人——项目公司。

（4）可享受税前偿租的好处。在金融租赁结构中，项目公司支付的租金可以被当做费用支出，这样，就可以直接计入项目成本，不需要缴纳税收。这对项目公司而言，就起到了减少应纳税额的作用。

3.4.4.2 杠杆租赁融资模式的复杂性

与其他融资模式相比，以"杠杆租赁"为基础的项目融资模式在结构上较为复杂，其复杂性体现如下：

(1) 结构设计的复杂性。多数融资模式的设计主要侧重于资金的安排、流向、有限追索的形式及其程度，以及风险分担等问题上，而将项目的税务结构和会计处理问题放在项目的投资结构中加以考虑和解决；杠杆租赁融资模式则不同，在结构设计时不仅需要以项目本身经济强度特别是现金流量状况作为主要的参考依据，而且也需要将项目的税务结构作为一个重要的组成部分加以考虑。因此，杠杆租赁融资模式也被称为结构性融资模式。

(2) 杠杆租赁项目融资中的参与者比其他融资模式要多。在一个杠杆租赁融资模式中，至少要有以下四部分人员的介入：

1) 至少由两个"股本参加者"组成的合伙制结构（在美国也可以采用信托基金结构）作为项目资产的法律持有人和出租人。合伙制结构是专门为某一个杠杆租赁融资结构组织起来的，其参加者一般为专业租赁公司、银行和其他金融机构，在有些情况下，也可以是一些工业公司。合伙制结构为杠杆租赁结构提供股本资金（一般为项目建设费用或者项目收购价格的 20%～40%），安排债务融资，享受项目结构中的税务好处（主要来自项目折旧和利息的税务扣减），出租项目资产收取租赁费，在支付到期债务、税收和其他管理费用之后取得相应的股本投资收益（在项目融资中这个收益通常表现为一个预先确定的投资收益率）。

2) 债务参加者（其数目多少由项目融资的规模决定）。债务参加者为普通的银行和金融机构。债务参加者以对股本参加者无追索权的形式为被融资项目提供绝大部分的资金（一般为 60%～80%）。由债务参加者和股本参加者所提供的资金应构成被出租项目的全部或大部分建设费用或者购买价格。通常，债务参加者的债务被全部偿还之前在杠杆租赁结构中享有优先取得租赁费的权利。对于债务参加者来说，为杠杆租赁结构提供贷款和为其他结构的融资提供贷款在本质上是一样的。

3) 项目资产承租人。项目资产承租人是项目的主办人和真正投资者。项目资产承租人通过租赁协议的方式从杠杆租赁结构的股本参加者手中获得项目资产的使用权，支付租赁费作为使用项目资产的报酬。由于在结构中充分考虑到了股本投资者的税务好处，所以与直接拥有项目资产的融资模式相比较，项目投资者可以获得较低的融资成本。具体地说，只要项目在建设期和生产前期可以有相当数额的税务扣减，这些税务扣减就可以被用来作为支付股本参加者的股本资金投资收益的一个重要组成部分。与其他模式的项目融资一样，项目资产的承租人在多数情况下，也需要为杠杆租赁融资提供项目完工担保、长期的市场销售保证、一定形式和数量的资金投入（作为项目中真正的股本资金）以及其他形式的信用保证。由于其结构的复杂性，并不是任何人都可以组织起来以杠杆租赁为基础的项目融资。项目资产承租人本身的资信状况是一个关键的评判指标。

4）杠杆租赁经理人。杠杆租赁融资结构通常是通过一个杠杆租赁经理人组织起来的。这个经理人相当于一般项目融资结构中的融资顾问角色，主要是由投资银行担任。在安排融资阶段，杠杆租赁的经理人根据项目的特点、项目投资者的要求设计项目融资结构，并与各方谈判组织融资结构中的股本参加者和债务参加者，安排项目的信用保证结构。如果融资安排成功，杠杆租赁经理人就代表股本参加者在融资期内管理该融资结构的运作。

（3）实际操作中对杠杆租赁项目融资结构的管理比其他项目融资模式复杂。一般项目融资结构的运作包括两个阶段，即项目建设阶段和项目经营阶段。但是杠杆租赁项目融资结构的运作需要包括五个阶段（见图 3 - 12）：项目投资组建（合同）阶段；租赁阶段；建设阶段；经营阶段；中止租赁协议阶段。

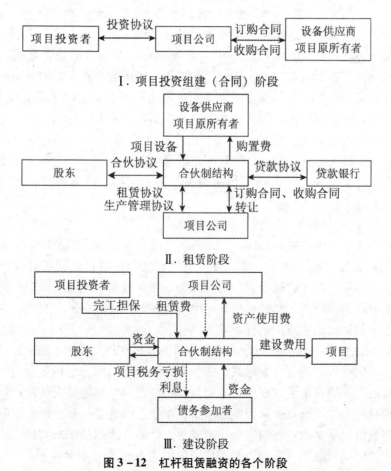

图 3 - 12　杠杆租赁融资的各个阶段

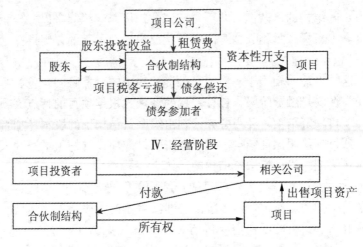

IV. 经营阶段

V. 中止租赁协议阶段

图 3 – 12   杠杆租赁融资的各个阶段（续）

杠杆租赁融资结构的运作与其他项目融资结构运作之间的主要区别在于两个方面：第一，在项目投资者确定组建（或参加）一个项目的投资之后，需要将项目的资产及其投资者在投资结构中的全部收益转让给由股本参加者组织起来的杠杆租赁融资结构，然后再从资产出租人（即由股本参加者组成的合伙制结构）手中将项目资产转租回来；第二，在融资期限届满，或由于其他原因中止租赁协议时，项目投资者的一个相关公司需要以事先商定的价格（或价格公式）将项目的资产购买回去。这个相关公司在一些国家规定不能是投资者本人或项目子公司，否则就会被认为是另一种"租用购买"融资结构，而失去杠杆租赁结构中的税务好处。

3.4.4.3   杠杆租赁融资模式的操作步骤

杠杆租赁项目融资结构如图 3 – 13 所示。这个融资结构的操作步骤为：

（1）项目投资者设立一个单一目的的项目公司，项目公司签订资产购置和建造合同，购买开发建设所需的厂房和设备，并在合同中说明这些资产的拥有权将转移给金融租赁公司，然后再从其手中将这些资产转租回来。当然，这些合同必须在金融租赁公司同意的前提下才可以签署。

（2）由愿意参与到该项目融资中的两个或两个以上的专业租赁公司、银行及其他金融机构等，以合伙制形式组成一个特殊合伙制的金融租赁公司。因为对于一些大的工程项目来说，任何一个租赁机构都很难具有足够大的资产负债表来吸引和获得所有的税收好处。因此，项目资产往往由许多租赁公司分别购置和出租，大多数情况下是由这些租赁公司组成一个新的合伙制结构来共同完成租赁业务。这个合伙制金融租赁公司就是租赁融资模式中的"股本参与者"，它们的职

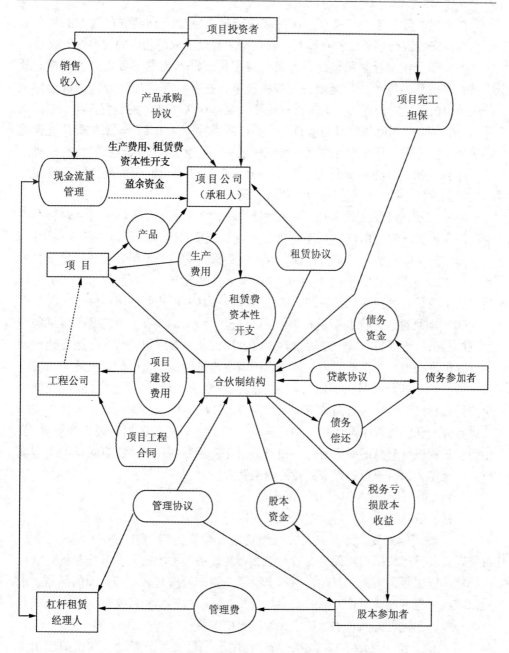

图 3 – 13　以杠杆租赁为基础的项目融资结构

责是：①提供项目建设费用或项目收购价格的 20% ~ 40% 作为股本资金投入；②安排债务资金用以购买项目及资产；③将项目及资产出租给项目公司。

在这项租赁业务中，只有合伙制结构能够真正享受到融资租赁中的税务好处。它在支付银行债务、税收和其他管理费后，就能取得相应的股本投资收益。

（3）由合伙制金融租赁公司筹集购买租赁资产所需的债务资金，也即寻找项目的"债务参与者"为金融公司提供贷款，这些债务参加者通常为普通的银行和金融机构，它们通常以无追索权的形式提供60%～80%的购置资金。一般来讲，金融租赁公司必须将其与项目公司签订的租赁协议和转让过来的资产抵押给贷款银行，这样，贷款银行的债务在杠杆租赁中就享有优先取得租赁费的权利。

（4）合伙制金融租赁公司根据项目公司转让过来的资产购置合同购买相应的厂房和设备，然后把它们出租给项目公司。

（5）在项目开发建设阶段，根据租赁协议，项目公司从合伙制金融公司手中取得项目资产的使用权，并代表租赁公司监督项目的开发建设。在这一阶段，项目公司开始向租赁公司支付租金，租金在数额上应该等于租赁公司购置项目资产的贷款部分所需支付的利息。同时，在大多数情况下，项目公司也需要为杠杆租赁提供项目完工担保、长期的市场销售保证及其他形式的信用担保等。

（6）项目进入生产经营阶段时，项目公司生产出产品，并根据产品承购协议将产品出售给项目投资方或用户。这时，项目公司要向租赁公司补缴在建设期间没有付清的租金。租赁公司以其收到的租金通过信托支付银行贷款的本息。

（7）为了监督项目公司履行租赁合同，通常由租赁公司的经理人或经理公司监督或直接管理项目公司的现金流量，以保证项目现金流量在以下项目中按顺序进行分配和使用：生产费用、项目的资本性开支、租赁公司经理人的管理费、相当于贷款银行利息的租金支付、相当于租赁公司股本投入的投资收益的租金支付，以及作为项目投资者投资收益的盈余资金。

3.4.4.4 杠杆租赁融资模式的特点

杠杆租赁融资模式的特点主要体现在以下方面：

（1）融资模式复杂。首先是杠杆租赁融资模式的参与者较多，其次是资产抵押以及其他形式的信用保证在股本参加者与债务参加者之间的分配和优先顺序问题比一般项目融资模式复杂，再加上税务、资产管理与转让等方面的问题，造成组织这种融资模式所花费的时间要相对长一些，法律结构及文件的确定也相对复杂一些，但这种方式特别适应于大型项目的融资安排。

（2）债务偿还灵活。杠杆租赁充分利用了项目的税务好处，如税前偿租等作为股本参加者的投资收益，不但降低了投资者的融资成本和投资成本，同时也增加了融资结构中债务偿还的灵活性。据统计，杠杆租赁融资中利用税务扣减一般可偿还项目全部融资总额的30%～50%。

（3）杠杆租赁融资应用广泛。既可以作为一项大型项目的项目融资安排，也可以为项目的一部分建设工程安排融资，例如用于购置项目的某一项大型设备。

（4）融资项目的税务结构以及税务减免的数量和有效性是杠杆租赁融资模式的关键。杠杆租赁模式的税务减免主要包括对设备折旧提取、贷款利息偿还和其他一些费用项目开支上的减免，这些减免与投资者可以从一个项目投资中获得的标准减免没有任何的区别。但一些国家对于杠杆租赁的使用范围和税务减免有很多具体的规定和限制，使其在减免数量和幅度上较之其他标准减免要多。这一点要求我们在设计融资结构时必须了解和掌握当地法律和具体的税务规定。

（5）受上述复杂因素的影响，杠杆租赁融资模式一经确定，重新安排融资的灵活性以及可供选择的重新融资余地变得很小，这也会给投资者带来一定的局限。投资者在选择采用杠杆租赁融资模式时，必须注意其这一特点。

3.4.4.5 杠杆租赁融资模式案例分析

中国国际信托投资公司（以下简称"中信公司"）在澳大利亚波特兰铝厂的项目，是一个非常典型的以杠杆租赁为基础安排的有限追索项目融资模式。

波特兰铝厂位于澳大利亚维多利亚州的港口城市波特兰，主要由美国铝业澳大利亚公司投资，始建于1981年，因为国际市场铝价大幅度下跌和电力供应等问题，于1982年停建。在与州政府达成30年电力供应协议之后，于1984年重新开始建设。1985年，美铝澳公司邀请中信公司投资波特兰铝厂。经过历时一年的投资论证、可行性研究、收购谈判及融资谈判等紧张的工作，中信公司于1986年8月成功地向波特兰铝厂进行了投资，持有项目10%的资产，每年可获得3万吨铝锭产品。

（1）波特兰铝厂项目投资结构分析。波特兰铝厂的投资结构采用的是非公司型的合资结构，1986年，中信公司参与波特兰铝厂时，项目的具体投资比例根据合资协议分配为：美铝澳公司为45%；维多利亚州政府为35%；第一国民资源信托基金为10%；中信澳公司为10%。1992年，维多利亚州政府又将其在波特兰铝厂中的10%资产出售给日本丸红公司，这样新的投资结构组成为：美铝澳公司为45%；维多利亚州政府为25%；第一国民资源信托基金为10%；中信澳公司为10%；日本丸红公司为10%。

投资各方在该项目中的职责分别是：

1）由各项目投资者的代表组成一个"项目管理委员会"，作为该合资项目的最高管理决策机构，负责项目的建设、生产、资本性支出和生产经营预算的审批等一系列重大决策问题。这是非公司型合资结构在管理上的操作特点。

2）项目资产根据合资协议由各投资者按比例分别直接拥有，波特兰铝厂本身不具有法人地位。投资各方单独安排自己的项目建设和生产所需资金，单独安排项目生产中所需要的主要原材料（氧化铝和电力），并直接获得相应比例的最终产品、直接销售其所获产品。这种投资结构为中信公司在安排项目融资时直接提供项目资产作为贷款抵押担保提供了客观上的可能性。

3）由于其他投资者都不具备生产、管理铝厂的经验和技术，由项目管理委员会与其中之一的投资者——美铝澳公司的一个全资控股的单一目的公司——波特兰铝厂管理公司签订了项目管理协议，由波特兰铝厂管理公司作为项目经理负责项目的日常生产经营活动。

（2）中信公司的融资模式分析。中信公司为了具体参与到该合资项目中来，特成立了中信澳大利亚有限公司（简称"中信澳公司"），代表总公司管理项目的投资、生产、融资、财务和销售，承担总公司在合资项目中的经济责任。经过认真分析，中信公司决定为在该项目中的投资份额设计一个以杠杆租赁为基础的有限追索的融资结构，为此，又成立了由中信澳公司100%控股的单一目的公司——中信澳（波特兰）公司直接进行该项目的投资。其操作过程可简单归纳如下：

1）选定项目融资经理人。中信公司聘请美国信孚银行澳大利亚分行（Bankers Trust Australia Ltd.，BT银行）作为项目融资顾问，由其负责设计项目融资结构。

2）组建股本参与银团。由五家澳大利亚银行组成一个合伙制租赁公司，作为项目的股本投资者，在法律上拥有中信公司投资的波特兰铝厂10%的投资权益。为了更好地利用项目的税务优惠，这五家银行只提供项目建设资金的10%，其余资金由债务参与者提供，以充分利用项目资产加速折旧及贷款利息税前支付的税务好处。所以，作为合伙制租赁公司的投资者，银行将通过两方面来获得收益：一是来自项目的巨额税务亏损，通过利用合伙制结构特点吸收这些税务亏损抵免公司所得税；二是收取租金。

3）寻找债务参与银团。由这五家银行作为股本参与者去寻找债务参与者的合伙制租赁公司提供债务资金，用以购买波特兰铝厂10%的投资权益。在具体操作中，由比利时国民银行提供项目建设所需的2/3的资金，但该行不愿意承担任何项目信用风险，所以，由BT银行作为主经理人组成一个债务参与银团，为比利时银行的贷款提供信用证担保来承担项目信用风险。其之所以选择这种融资结构是因为，在当时比利时税法允许其国家级银行申请扣减在海外支付的利息预提税，因此，澳大利亚利息预提税成本就可以不由项目的实际投资者和借款人——中信澳公司承担（1992年，比利时政府修改税法，已取消了这种税务优惠安排）。此举为中信公司节省了总值几百万美元的利息预提税款。

4）债务参与银团由BT银行牵头，由澳大利亚、日本、美国、欧洲等九家银行组成的国际贷款银团，它们本身不对项目提供任何资金，主要以银行信用证方式为合伙制租赁公司的股本参与者和比利时银行的贷款资金提供信用担保，承担全部的项目风险。

5）中信澳（波特兰）公司作为项目的承租人，与合伙制租赁公司的全资项目代理公司签订了一个为期 12 年的租赁协议，从项目代理公司手中获得 10% 波特兰铝厂项目资产的所有权。中信澳（波特兰）公司自行安排氧化铝及电力等关键性供应合同，使用租赁的资产生产出最终产品——铝锭，并直接销售给母公司［当然，并非是中信澳（波特兰）公司直接生产，而是由美铝澳公司全资控股的波特兰铝厂管理公司负责生产出铝锭，再按投资比例由中信澳（波特兰）公司直接拥有项目产品］。

6）在融资担保上，由母公司中信总公司和其 100% 控股的中信澳公司为中信澳（波特兰）公司提供一定程度的信用支持。其信用支持方式表现在五个方面。

第一，由中信澳（波特兰）公司与中信澳公司签订"提货与付款"性质的产品购买协议，该协议是一个期限与融资期限相同的产品长期销售协议，根据该协议，中信澳公司保证按照国际市场价格购买中信澳（波特兰）公司生产的全部铝锭产品，这样就大大降低了项目债务参与银团的市场风险。

第二，由于当时的中信澳公司和中信澳（波特兰）公司都只是一个"空壳"公司，所以项目债务参与银团要求中信公司作为母公司对于它们之间签订的"提货与付款"购买协议提供担保。

第三，中信公司还以担保存款方式为项目提供了"完工担保"和"资金缺额担保"。为此，中信公司在海外一家国际一流银行存入了一笔固定金额的美元担保存款。在项目建设费用超支和项目现金流量不足时，杠杆租赁经理人就可以动用该担保存款的本金和利息。事实上，由于项目经营良好，担保存款从来没被动用过，并在 1990 年通过与银行谈判解除担保。

第四，中信公司在项目中也投入了一部分股本资金，但其投入形式选择了以大约相当于项目建设总金额 4% 的资金购买合伙制租赁公司发行的与融资期限相同的无担保零息债券，实际上是一种准股本资金的投入形式。这种形式，在对债务参与银团起到一种良好的心理作用的同时，给项目发起人自身也带来了诸多的灵活性。

第五，中信公司同意项目公司以总公司的名称冠在其前面，即以"中信澳（波特兰）公司"出现。因为"中信"在国际上的知名度是大多数银行认可的，中信公司以这种形式提供的担保，正是前面所说的"默示担保"。

以上操作过程如图 3 - 14 中信澳（波特兰）公司杠杆租赁项目融资结构所示。

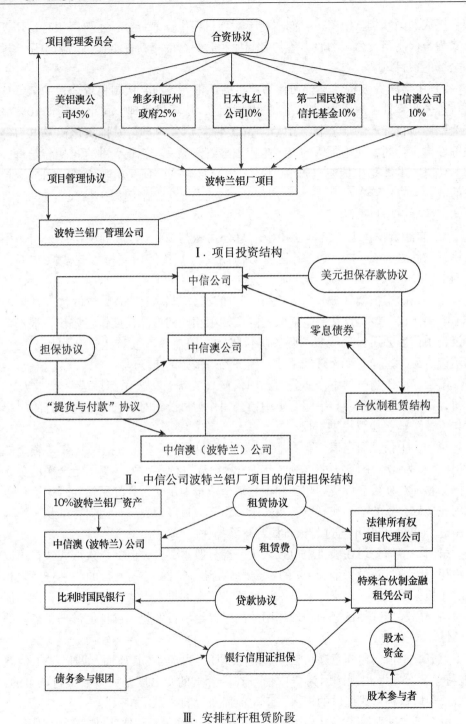

Ⅰ. 项目投资结构

Ⅱ. 中信公司波特兰铝厂项目的信用担保结构

Ⅲ. 安排杠杆租赁阶段

图 3－14　中信澳（波特兰）公司杠杆租赁项目融资结构

3.4.5 以"产品支付"为基础的项目融资模式

3.4.5.1 "产品支付"的概念及适用范围

产品支付是项目融资的早期形式之一。它起源于 20 世纪 50 年代美国的石油天然气项目开发的融资安排。以产品支付为基础组织起来的项目融资，在信用保证结构上与其他的融资模式有一定的差异。

"产品支付"方法是在石油、天然气和矿产品项目融资中被证明和接受的无追索权或有限追索权比较有效的融资方法。它完全以产品和这部分产品销售收益的所有权作为担保品，而不是采用转让或抵押方式进行融资。这种形式是针对项目贷款的还款方式而言的，借款方在项目投产后不以项目产品的销售收入来偿还债务，而是直接以项目产品来还本付息。在贷款得到偿还前，贷款方拥有项目部分或全部产品的所有权。当然，这并不意味着贷款银行真的要储存几亿桶石油或足以照亮一座城市的电力，在绝大多数情况下，产品支付只是产权的转移而已，而非产品本身的转移。通常贷款方要求项目公司重新购回属于它们的产品或充当它们的代理人来销售这些产品。因此，销售的方式可以是市场销售，也可以是由项目公司签署购买合同一次性统购统销。无论哪种情况，贷款方都用不着接受实际的项目产品。

因此，产品支付融资适用于资源储量已经探明，并且项目生产的现金流量能够比较准确地计算出来的项目。

3.4.5.2 "产品支付"融资的特点

以"产品支付"为基础组织起来的项目融资，在具体操作上具有以下基本特征：

（1）独特的信用保证结构。这种融资方式是建立在由贷款银行购买某一特定矿产资源储量的全部或部分未来销售收入的权益的基础上的。这部分生产量的收益也就成为项目融资的主要偿债资金来源。因此，产品支付是通过直接拥有项目的产品，而不是通过抵押或权益转让的方式来实现融资的信用保证。对于那些资源属于国家所有的项目，项目投资者获得的只是资源开采权，这时，产品支付的信用保证是通过购买项目未来生产的现金流量，加上资源开采权和项目资产的抵押实现的。

（2）贷款银行的融资容易被安排成为无追索或有限追索的形式。由于所购买的资源储量及其销售收益被用作产品支付融资的主要偿债来源，而产品支付融资的资金数量多少决定于产品支付所购买的那一部分资源储量的预期收益在一定利率条件下体现出来的资产现值。所以，贷款的偿还非常可靠，从一开始贷款就可以被安排成无追索或有限追索的形式。因此，如何计算所购买的资源储量的现值就成为安排产品支付融资的一个关键性问题。同时，也是实际工作中一个较为复杂的问题。为了计算资源储量现值，一般需要确定以下因素：①已证实的资源总量，它将影响产品支付融资的最大可能性；②资源价格；③生产计划，包括年度开采计划和财务预算；④通货膨胀率、汇率、利率和其他一些经济因素；⑤资源税和其他有关政府税收等。

（3）产品支付的融资期限一般应短于项目预期的经济生产期。即如果一个资源性项目具有 20 年的开采期，产品支付融资的贷款期限必须大大短于 20 年。

（4）产品支付中的贷款银行一般只为项目的建设和资本费用提供融资，而不承担项目生产费用的融资，并且要求项目发起人提供最低生产量、最低产品质量标准等方面的担保等。

（5）产品支付融资时，一般成立一个"融资中介机构"，即所谓的专设公司用以专门负责从项目公司中购买一定比例的项目生产量。这样做的目的，可能是出于以下原因的考虑：其一，贷款人所在国家的银行禁止银行参与非银行性质的商业交易；其二，在由多家银行提供项目贷款时，希望由一家专设公司负责统一管理，如果由银行直接与项目公司签订"产品支付"协议，则必须得到有关部门的授权才能从事此项"贸易"。

3.4.5.3 "产品支付"项目融资的操作过程

以"产品支付"为基础的项目融资结构的基本思路如下：

（1）由贷款银行或者项目投资者建立一个"融资的中介机构"，从项目公司购买一定比例的项目资源的生产量（如石油、天然气、矿藏储量）作为融资的基础。这个中介公司一般由信托基金结构组成。

（2）贷款银行为融资中介机构安排用以购买这部分项目资源生产量的资金，融资中介机构再根据生产协议将资金注入项目公司作为项目的建设和资本投资资金；作为产品支付协议的一个组成部分项目公司承诺按照一定的公式（购买价格加利息）安排产品支付；同时，以项目固定资产抵押和完工担保作为项目融资的信用保证。

（3）项目公司从专设公司那里得到"购货款"作为项目的建设和资本投资资金，进行项目的开发建设。

（4）在项目进入生产期后，根据销售协议项目公司作为融资中介机构的代理销售其产品，销售收入将直接进入融资中介机构用来偿还债务。在产品支付融资中也可以不使用中介机构而直接安排融资，但是这样融资的信用保证结构将会变得较为复杂；另外，使用中介机构还可以帮助贷款银行将一些由于直接拥有资源或产品而引起的责任和义务（例如环境保护责任）限制在中介机构内。以"产品支付"为基础的项目融资结构如图 3-15 所示。

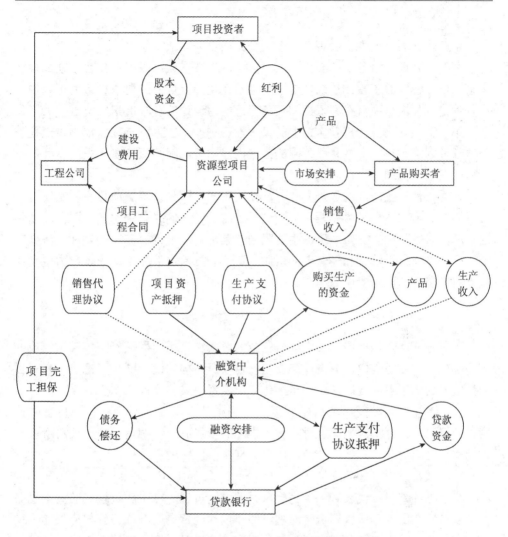

图 3－15　以"产品支付"为基础的项目融资结构

3.4.5.4　"产品支付"的另一种方式——生产贷款

产品支付项目融资的另一种可供选择的方式是生产贷款。生产贷款广泛地应用于矿产资源项目的资金安排。在形式上，生产贷款与项目融资中使用的其他贷款，与以"产品支付"为基础的项目融资结构形式没有很大的区别，有时甚至可以更灵活地安排，成为提供给项目投资者的银行信用额度，投资者可以根据项目资金的实际需求在额度范围内安排提款和还款。

生产贷款的金额数量是根据项目资源储量的价值计算出来的，通常表现为项目资源价值的一个预先确定的百分数，并以项目资源的开采收入作为偿还贷款的首要来源。

生产贷款的特点主要表现在以下两个方面：

第一，表现在债务偿还安排上的灵活性。生产贷款可以根据项目预期的生产水平来设计融资的还款计划以适应项目经营在现金流量上的要求，因而可以说生产贷款是一种根据项目在融资期间债务偿还能力设计的有限追索融资。

第二，表现在设计贷款协议上的灵活性。例如，在生产贷款协议中可以把债务还款计划确定在一个具有上下限的范围内浮动，实际的债务偿还根据实际的生产情况在这个范围之内加以调整。

作为一种自我摊销的融资方式，产品支付通过购买一定的项目资源来安排融资，一个突出的特点是可能较少地受到常规的债务比例或租赁比例的限制，增强融资的灵活性。产品支付融资的主要限制因素来自于项目的资源储量和经济生产期。另外，项目投资者和经营者的素质、资信、技术水平和生产管理能力也是产品支付融资中的重要考虑因素。

·本章小结·

项目融资模式是指项目法人取得资金的形式，它是项目融资整体结构组成的核心部分。项目融资模式的设计需要与项目投资结构的设计同步考虑，并在项目的投资结构确定下来之后，进一步细化完成融资模式的设计工作。

投资者在选择和设计项目融资模式时必须认真考虑以下因素：项目有限追索；项目风险的分担；如何通过税务安排降低投资成本和融资成本；项目融资与市场安排之间的关系；如何有效利用财务杠杆与优化融资结构。

BOT 就是建设（Build）、经营（Operate）和转让（Transfer）三个英文单词第一个字母的缩写，代表着一个完整项目的融资过程。BOT 融资模式的基本思路是由项目所在国政府或所属机构对项目的建设和经营提供一种特许权协议作为项目融资的基础，由本国公司或者外国公司作为项目投资者和经营者安排融资、承担风险、开发建设项目并在有限的时间内使经营项目获取商业利润，最后，根据协议将该项目转让给相应的政府机构。

ABS 是英文 Asset – Backed Securitization 的缩写，即资产证券化。ABS 融资是指以目标项目所拥有的资产为基础，以该项目资产的未来收益作为保证，通过在国际资本市场上发行高档债券来筹集资金的一种项目证券融资方式。ABS 融资方式的实质是通过其特有提高信用等级的方式，使原本信用等级较低的项目同样可以进入国际高档证券市场，利用该市场信用等级高、债券安全性和流动性高、债券利率低的特点，大幅度降低发行债券筹集资金的成本。ABS 运作的独到之处就在于通过信用增级计划，使得没有获得信用等级或信用等级较低的机构，照样可以进入高档投资级证券市场，通过资产的证券化来筹集资金。

项目投资者直接安排项目融资，并且直接承担融资安排中相应的责任和义务，是使用最早、结构上最简单的一种项目融资模式。这种模式适用于投资者本身公司财务结构不是很复杂的情况。采取这种融资模式不仅有利于投资者税务结构方面的安排，而且对于那些资信状况良好的投资者，直接安排融资还可以获得相对成本较低的贷款。

投资者通过建立一个单一目的的项目公司来安排融资，有两种基本模式：一是投资者通过项目子公司对项目投资。这种模式的特点是项目子公司将代表投资者承担项目中的全部或主要的经济责任，但是由于该公司是投资者为一个具体项目专门组建的，缺乏必要的信用和经营历史（有时也缺乏资金），所以可能需要投资者提供一定的信用支持和保证。在项目融资中，这种信用支持一般包括项目的完工担保、产品购买担保和保证项目子公司具备良好的经营管理的意向性担保等。二是共同组建项目公司模式。即是由投资者共同投资组建一个项目公司，再以该公司的名义拥有、经营项目和安排融资。这种模式在公司型合资结构中较为常用。采用这种模式，项目融资由项目公司直接安排，主要的信用保证来自项目公司的现金流量、项目资产以及项目投资者所提供的与融资有关的担保和商业协议。对于具有较好经济强度的项目，这种融资模式可以安排成为对投资者无追索的形式。

以"设施使用协议"为基础的项目融资模式在工业项目中有时也称为"委托加工协议"，是指在某种工业设施或服务性设施的提供者和这种设施的使用者之间达成的一种具有"无论提货与否均需付款"性质的协议。这种协议就构成了项目融资安排中的主要担保来源，以此协议为基础构造一种有限追索的项目融资即是以设施使用协议为基础的项目融资模式。利用以"设施使用协议"为基础的项目公司安排融资，主要应用于一些带有服务性质的项目，例如石油、天然气管道项目、发电设施、某种专门产品的运输系统以及港口、铁路设施等。

以杠杆租赁为基础组织起来的项目融资模式，是指在项目投资者的要求和安排下，由杠杆租赁结构中的资产出租人融资购买项目的资产然后租赁给承租人（项目投资者）的一种融资结构。资产出租人和融资贷款银行的收入以及信用保证主要来自结构中的税务好处、租赁费用、项目的资产以及对项目现金流量的控制。

以"产品支付"为基础的项目融资模式是在石油、天然气和矿产品项目融资中被证明和接受的无追索权或有限追索权比较有效的融资方法。它完全以产品和这部分产品销售收益的所有权作为担保品，而不是采用转让或抵押方式进行融资。这种形式是针对项目贷款的还款方式而言的，借款方在项目投产后不以项目产品的销售收入来偿还债务，而是直接以项目产品来还本付息。在贷款得到偿还前，贷款方拥有项目部分或全部产品的所有权。

·关键概念·

项目融资模式　BOT 项目融资模式　ABS 项目融资模式　投资者直接安排项目融资模式　设施使用协议　杠杆租赁

·思考题·

1. 设计与选择项目融资模式应考虑哪些主要因素？

2. 什么是 BOT 项目融资模式？其运行的基本模式是怎样的？

3. 简述 BOT 项目融资模式的特点。

4. 什么是 ABS 项目融资模式？

5. BOT 与 ABS 项目融资模式有何差异？

6. 说明投资者通过建立一个项目公司来安排项目融资的基本思路及其特点。

7. 简述以"产品支付"为基础的项目融资结构的基本思路。

8. 简述杠杆租赁融资模式的特点。

9. 案例分析：某自来水公司项目

案例背景：我国某省某自来水公司已拥有 A、B 两个自来水厂，还将增建 C厂。目前有三种筹资方案可选：

（1）项目资金贷自建设银行，年利息率 5.8%，贷款及未来收益计入自来水公司的资产负债表及损益表中。建成后可以用 A、B、C 三个厂的收益偿还贷款。如果项目失败，该公司将把原来的 A、B 两个自来水厂的收益作为赔偿的担保。

（2）项目资金贷自世界银行，年利息率 6.3%，用于偿债的资金仅限于 C 厂建成后的水费和其他收入。贷款及未来收益不计入自来水公司的资产负债表及损益表中。如果项目失败，贷款方只能从清理新项目 C 厂的资产中收回贷款的补偿，不能从别的资金来源，包括 A、B 两个自来水厂的收入索取补偿。

（3）项目资金贷自世界银行，年利息率 6.3%，用于偿债的资金仅限于 C 厂建成后的水费和其他收入。贷款及未来收益不计入自来水公司的资产负债表及损益表中。如果项目失败，贷款方除从清理新项目 C 厂的资产中收回贷款的补偿外，差额部分由政府指定的担保部门承担。拟讨论的问题包括：

1）试分析上述三种情况各属于哪一种融资方式？

2）试说明三种融资方式的特征。

3）试分析说明不同融资方式相对于融资主体的优缺点。

10. 案例分析：隆星电厂电费收入资产证券化融资。

（1）该电厂融资背景介绍。隆星电厂有限公司（集团）前身为隆星电厂，始建于 1973 年。1996 年 10 月，由所在市人民政府批准改组为隆星电厂集团有限公司，注册资本为 2.85 亿元。集团公司下辖发电厂、自备电厂、水泥厂、铝业公司等 14 个全资及控股子公司，现有总资产 17 亿元，形成了以电力为龙头，集煤炭、建材、有色金属及加工、电子电器等为一体的，具有鲜明产业链特色和优势的国有大型企业集团。其中，发电一厂及自备电厂装机容量共 25.6 万千瓦，自有煤矿年产原煤 45 万吨，铝厂年生产能力 3 万吨，粉煤灰水泥厂年生产规模 30 万吨。此外，铝加工厂及铝硅钛多元合金项目计划于 1999 年内投产。1998 年，集团实现销售收入 5.5 亿元，实现利税 1.1 亿元，居所在市预算内企业前茅，经济实力雄厚。

隆星电厂在 1995 年向国家计委递交了一份拟建立 2×300 兆瓦火力发电厂的项目建议书，并于同年获准。1997 年 9 月 5～8 日，电力规划设计总院对可行性研究又进行了补充审查，并下发了补充可行性报告审查意见。隆星电厂在建议书中，计划项目总投资 382261 万元。其中，资本金（包括中方与外方）95565 万元（占总投资额的 25%），项目融资（包括境内融资与境外融资）286696 万元（占总投资额的 75%）。境内融得的 86009 万元主要从国家开发银行获得，而境外拟融资 24179 万元，隆星电厂拟通过在境外设立特殊工具机构发债，即资产证券化来实现。

（2）电厂融资模式的选择。1997 年 5 月 21 日，公司通过招标竞争的方式向美国所罗门兄弟公司、摩根斯坦利公司、雷曼兄弟公司、JP 摩根公司、香港汇丰投资银行及英国 BZW 银行 6 家世界知名投资银行和商业银行发出邀请，为本项目提供融资方案建议书。

1997 年 7～9 月，投资各方对上述各家融资方案进行了澄清、分析、评估。6 家均提出了由项目特设工具机构发债的方案，后两家银行同时也提出了银团贷款的方案。公司经过慎重考虑，鉴于以下原因决定选择以 ABS 特设工具机构发债的方式融资，并由雷曼兄弟公司作为隆星电厂的融资顾问。

1）在国外资本市场发行债券主要是指在美国、日本和欧洲等国际大型资本市场发债。其中美国资本市场是世界上最大的资本市场，发行期限是最长的，同时市场的交易流动量为世界第一。由于资本市场有大量的投资者，在资本市场发债具有较大的灵活性，发债规模和利率较有竞争性，融资能在较短的时间内完成，融资期限也较一般银团贷款长得多。近年来，世界各地有许多大型基建项目以及美国较大的企业，都采用在资本市场发债方式达到融资的目的。

2）银团贷款是指由数家商业银行形成一个贷款集团向项目或企业放贷。贷款给中国项目的商业银行主要为一些欲扩大其在世界银行市场占有率的中小型银行，项目能取得的融资额一般较小。由于东南亚及东亚金融危机，愿意借贷给亚洲国家的商业银行已经减少了。国内还没有既能成功取得银团融资，而又采用国产设备、国内总承包商、有限追索权且没有某种国际风险的保险项目。另外，银团贷款一般由出口信贷牵头，在没有出口信贷的情况下银团贷款非常不容易。与发行债券相比，银团对项目的要求较多，介入项目的操作较多，取得融资所需时间一般也较长。

3）由于隆星电厂采用国产设备及国内总承包商，出口信贷不包括在本项目的融资考虑范围内。要取得世行、亚行贷款需要较长的时间，而且隆星电厂也不是世行、亚行的贷款项目。

4）隆星电厂各投资方的安全融资顾问设计了一个低成本、融资成功可能性较高，能在较短时间内（6个月左右）有效取得融资的方案。雷曼兄弟公司有丰富的发债经验及对隆星项目的深入了解，提出了切合实际的融资考虑；同时，雷曼兄弟公司的费用是各家中最低的。基于以上所述的项目特点，以及各种融资渠道和融资顾问提出的融资方案的优劣比较，隆星电厂决定选择雷曼兄弟公司作为融资顾问，通过在美国资本市场发行债券形式进行融资。

（3）拟讨论的问题：

1）该项目能否采用 BOT 方式融资，试分析原因。

2）项目中还应该有哪些 ABS 融资主体？

3）你认为本案例中的项目采用 ABS 模式存在哪些制约因素？

第4章 项目融资资金来源

在项目的投资结构和融资模式基本确定之后，项目资金的来源结构和筹资方式成为项目融资结构设计中的又一个关键环节。不同来源的资金融资成本不同，项目融资的成功与否，融资成本的控制是重要一环，因此必须明确项目融资的资金来源和组成。

4.1 项目资金的结构和选择

项目资金的结构和选择是指如何安排和选择项目的资金构成和来源。项目融资的资金构成一般有三个部分：股本资金、准股本资金和债务资金。虽然这三部分资金在一个项目中的构成及比例关系受到项目的投资结构、融资模式和项目的信用保证结构等的限制，但是也不能忽视资金结构安排和资金来源选择在项目融资中也会起到的特殊作用，它们之间的关系是相辅相成的。如果能够灵活巧妙地安排项目的资金结构比例，选择适当的资金来源形式，将可以达到既减少项目投资者的自有资金流入又提高项目综合经济效益的双重目的。

4.1.1 债务和股本资金的比例

与传统的公司融资相比较，项目融资的一个重要特点就是可以增加项目的债务承受能力，项目融资方式可以获得较高的债务资金比例。但是，项目融资的这一特点并不意味着项目融资可以不考虑股本资金或只需要很少的股本资金。项目融资所做到的只是通过投资结构和融资模式的合理设计，使股本资金的投入形式多样化，最大限度地利用项目的信用保证结构来支持项目的经济强度。同时，即使在具备较高的经济强度和强有力的担保结构支持下，贷款银行也会要求投资者在项目中注入相当数量的股本资金，以确保投资者有足够的经济动力和压力来激励他们保证项目运作成功。

项目资金安排的一项基本原则是在不影响项目经济强度的前提下，尽可能地降低项目的资金成本。由于债务资金利息在所得税前支付，股本资金的股利在所得税后支付，因此债务资金成本相对股本资金低。理论上如果一个项目使用的债务资金比例越高，该项目的资金成本越低，但是它的风险却越大，此时，再使用债务资金的成本将快速上升；相反，如果一个项目使用股本资金比例越高，该项目的资金成本就相对高，它的风险却相对低。因此，项目资本结构的确定事实上是项目资金成本和可承受风险的权衡问题。由于不同的项目、不同的行业、不同的投资者以及不同的融资模式的具体情况不同，项目融资没有标准的"债务/股本资金比率"可供参照。一般来说，项目的经济强度和投资者对待风险的态度会影响项目的债务/股本资金比率。

4.1.2 合理的项目资金结构需要考虑的内容

确定合理的项目资金来源结构和筹资方式，除了需要确定合理的债务和股本资金的比例关系外，还需要考虑以下内容：

4.1.2.1 项目的总资金需求量和现金流量

为了合理确定项目的资本结构和筹资规模，必须准确地制订项目的资金使用计划并计算总资金需求量。如果资金使用计划和总需求量测算不够准确，往往会导致资金筹集和资金使用不匹配，增加项目资金成本和运行风险，甚至可能影响项目的最终成败，国际上存在着大量因资金使用计划考虑不全面和不准确导致失败的案例。

一个新建项目的资金预算主要包括三方面的资金计划：

（1）项目资本投资。本类资金预算应包括土地、基础设施、厂房、机器设备、工程设计、工程建设等费用。

（2）项目流动资金。是确保项目正常运行需要的流动资金。

（3）不可预见费用。也即投资费用超支准备金，一般为项目总投资的10%~30%。

为避免因资金不足影响项目的建设和运行，也为了避免项目融资规模过大，做好项目总资金需求量预算以及项目建设期、试生产期、生产期各阶段的资金需求量及现金流量预算是项目融资中的重要环节。

4.1.2.2 资金使用期限

理论上说，投资者的股本资金是项目中使用期限最长的资金，其回收只能依靠项目的投资收益，而项目的债务资金则是有固定期限的。因此，有必要根据具体项目的现金流量特点和不同项目阶段的资金需求采用不同的融资手段，确定不同的债务期限结构。合理的债务期限结构可以起到优化项目债务结构、降低项目债务风险的作用。

安排资金使用期限一般原则是：长期资金使用需要长期债务支持，利用短期贷款为项目安排长期资金是不经济的。对于流动资金的需求除短期贷款外，还可以采用较灵活的方式，如银行信用额度、银行透支、商业票据等，可以根据项目的实际生产资金需求安排提款和还款。需要注意的是，项目融资贷款期限通常比公司融资期限要长，短的期限可以达到 8 ~ 10 年，长的期限可以达到 20 年，因此，根据项目的经济生命周期和项目现金流量状况决定长期负债的期限更加重要。

4.1.2.3　资金成本

项目资本中投资者的股本资金成本是一种机会成本，在评价该成本的时候要考虑很多因素：投资者获得该部分资金时的实际成本；当时、当地的资本市场利率水平；可供选择的投资机会预计收益率；投资者的长期发展战略；潜在的相关投资利益等。

4.1.2.4　混合结构融资

混合结构融资是指不同利率结构、不同贷款形式或者不同货币种类的贷款的结合。混合结构融资如果安排得当，可以起到降低项目融资成本、减少项目风险的作用。例如，根据项目产品的市场分布和销售收入的货币币种比例，相应安排项目的融资货币种类可以起到自然保值的作用，降低汇率风险。

4.2　股本资金与准股本资金

股本资金主要包括优先股和普通股。优先股又可以分为固定红利优先股、浮动红利优先股和可转换优先股。准股本资金则主要包括无担保贷款、零息债券和可转换债券。股本资金和准股本资金最大的区别就在于：准股本资金相对于股本资金来说，在安排上具有较高的灵活性，并在资金偿还序列上享有优先于股本资金的地位。

准股本资金是相对于股本资金而言的，它是指项目投资者或者与项目利益有关的第三方所提供的一种从属性债务。准股本资金需要具备以下性质：①债务本金的偿还需要具有灵活性，不能规定在某一特定期间强制性地要求项目公司偿还从属性债务；②从属性债务在项目资金优先序列中要低于其他的债务资金，但是要高于股本资金；③当项目公司破产时，在偿还所有的项目融资贷款和其他的高级债务之前，从属性债务将不能被偿还。从项目融资贷款人的角度来看，准股本资金将被视为股本资金的一部分。项目融资中股本资金、准股本资金的形式如图 4 - 1 所示。

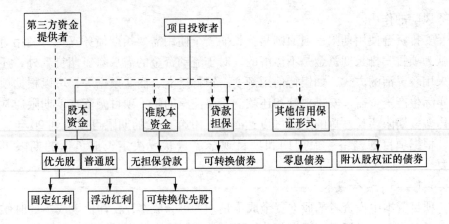

图 4 - 1　项目融资中股本资金、准股本资金的形式

4.2.1　股本资金

由于项目融资中股本资金在收益分配和风险承担上的特殊性，股本投入在项目中具有风险资本的性质，它是项目融资的基础。由于债务资金具有优先受偿权，贷款人均将项目投资者的股本资金视为其融资的安全保障。然而，作为项目投资者，股本资金不仅要承担风险，更重要的是项目具有良好的发展前景，能够为其带来相应的投资收益。

增加股本资金并不能改变或提高项目的经济效益，但可以提高项目的风险承受能力，增加项目的经济强度。股本资金在项目融资中所起的作用可以归纳为以下几个方面：

第一，股本资金越高，债务资金风险越低。项目预期的现金流量（在偿还债务之前）在某种意义上讲是固定的。贷款银行通常希望项目的现金流量能够按照计划支付项目的生产成本、资本开支、管理费用，并按计划偿还债务，同时为各种可能发生的不可预见风险提供充分的资金余地。毫无疑问，项目承受的债务越高，现金流量中用于偿还债务的资金占用比例就越大，贷款人所面对的潜在风险也就越大；相反，在项目中股本资金投入越多，项目的抗风险能力就越强，贷款人的风险也就越小。

第二，股本资金越高，借款成本越低。具有高股本资金比例的项目可以增强项目对贷款人的吸引力，使得贷款人可以以比较低的利率放款，在一定程度上降低项目的债务成本。

第三，股本资金越高，投资者对项目的关注程度越高。投资者在项目中投入资金的多少与其对项目管理和前途的关心程度是成正比的。因此，贷款人总是要求投资者在项目中投入相当数量的资金。如果投资者在项目中只承担很少的责任，他们就可能会在对其自身伤害很少的情况下从项目中脱身。

第四，投资者在项目中的股本资金代表着投资者对项目的承诺和对项目未来发展前景的信心，对于组织项目融资可以起到很好的心理鼓励作用。

在项目融资结构中，应用最普遍的股本资金形式是认购项目公司的普通股和优先股。过去项目公司股本资金的来源基本上来自投资者直接资金投入，近年来有一些项目在安排项目融资的同时，直接安排项目公司上市，通过发行项目公司股票和债券的方式来筹集项目融资所需要的股本资金和准股本资金。这类股本资金被称为公募股本资金，其中较为典型的例子有欧洲海底隧道和欧洲迪斯尼乐园两个项目。

除此之外，有时与某个项目开发有关的一些政府机构和公司出于其政治利益或经济利益等方面的考虑，也会为项目提供类似股本资金和准股本资金的资金。这些机构包括愿意购买项目产品的公司、愿意为项目提供原材料的公司、工程承包公司、政府机构以及世界银行和地区开发银行等。这些机构为了促使项目的开发，有可能提供一定的股本资金、软贷款或贷款担保等。

4.2.2 准股本资金

如前所述，准股本资金是相对股本资金而言的。一般来讲，准股本资金可以作为一种与股本资金和债务资金平行的形式进入项目，也可以用作一种准备金形式，用来支付项目建设成本超支、生产费用超支以及其他贷款银行要求投资者承担的资金责任。从资金的从属性质出发，又可以把准股本资金分为一般从属性债务和特殊从属性债务两大类。所谓一般从属性债务是指该种资金在项目资金序列中低于一切其他债务资金形式；而所谓特殊从属性债务将在其从属性定义中明确规定出该种资金相对于某种其他形式债务（典型的是项目融资中的长期债务）的从属性，但是针对另外的一些项目债务，则具有平等的性质。

4.2.2.1 准股本资金的优点

对于项目投资者，为项目提供从属性债务与提供股本资金相比，前者具有以下优点：

（1）从属性债务为投资者设计项目的法律结构提供了较大的灵活性。首先，作为债务，利息的支付是可以抵税的；其次，债务资金的偿还可以不用考虑项目的税务结构，而股本资金的偿还则会受到项目投资结构和税务结构的种种限制，其法律程序要复杂得多。

（2）投资者在安排资金时具有较大的灵活性。作为一个投资者，任何资金的使用都是有成本的，特别是，如果在项目中投入的股本资金是投资者通过其他渠道安排的债务资金，投资者就会希望利用项目的收入承担部分或全部的融资成本。从属性债务一般包含了比较具体的利息和本金的偿还计划，而股本资金的红利分配则带有较大的随机性和不确定性。

（3）在项目融资安排中，对于项目公司的红利分配通常有着十分严格的限制，但是可以通过谈判减少对从属性债务在这方面的限制，尤其是对债务利息支付的限制。然而，为了保护贷款人的利益，一般要求投资者在从属性债务协议中加上有关债务和股本资金转换的条款，用以减轻在项目经济状况不佳时的债务负担。

（4）准股本资金的操作相对于股本资金来说也要简便一些。

4.2.2.2 准股本资金的主要形式

如图4-1所示，项目融资中常见的准股本资金有无担保贷款、可转换债券、零息债券和附认股权证的债券四种形式。

（1）无担保贷款。无担保贷款又称信用贷款，是没有任何项目资产作为抵押和担保的贷款。无担保贷款的取得依靠的是借款人的全部信用，大量无担保贷款只用于历史长、财务状况一贯良好且与贷款人关系较好的最有信用的公司。在项目融资中，项目发起人为了吸引有担保贷款和其他融资，往往愿意提供无担保贷款，作为种子资金。由于项目融资所需要金额巨大，发起人一般只能筹集到有限的权益资本。为了使主要贷款人放心，项目发起人可以提供无担保贷款作为发起人投入资金的补充形式，以支持来自金融市场的商业贷款。而且，发起人使用债务筹资还可以享受利息免税的好处，利用财务杠杆提高其资本的报酬率等。因此，项目发起人乐于接受无担保贷款来代替权益投资。在发展中国家，无担保贷款往往由政府提供，因为有些融资项目政府机构不能拥有股权，但可以给项目提供无担保贷款，以此作为种子资金吸引外国金融机构的主要贷款，是鼓励外商投资的一种措施。

有时无担保贷款也可能由项目其他参与者提供。如急于为自己的设备寻找长期销路的设备供应商可能以商业信用的方式为项目公司提供设备，即相当于供应商向项目公司提供了无担保贷款。此时，由于无担保贷款仅以项目公司的信用为基础发放，所以，在操作上一般会规定一些特殊的条款，以在一定程度上保护贷款人的利益。这些条款包括以下内容：

1）负担保条款。规定若项目公司抵押其流动性较强的及高价值的资产会降低贷款人的贷款回收安全性时，项目公司将不得抵押其资产。

2）加速还款条款。规定在经营期间按所得净现金流量的一定比例偿还贷款的本息，并规定当项目公司财务状况恶化时，应提高这一比例，甚至可要求项目全部的净现金流量用于还款，以保证无担保贷款按期或加速偿还。

3）限制新债务条款。为了保证无担保贷款人的资金安全，可以规定限制项目公司筹措新的债务。

（2）可转换债券。可转换债券是从属性债务的另一种形式，它赋予持有人在发债后一定时间内，可依据本身的自由意志，选择是否依约定的条件将持有的债券转换为发行公司的股票的权利。换言之，可转换公司债券持有人可以选择持有债券至到期，要求公司还本付息；也可选择在约定的时间内将债券转换成股票，享受股利分配或资本增值。这种公司债券实际上是一种混合型金融产品，具有债权性和期权性双重属性。

可转换债券的发行没有任何公司资产或项目资产作为担保，债券利息一般也比同类贷款利息略低。这种形式对债券持有人的吸引力在于：如果公司或项目经营良好，公司股票价格或项目资产价值高于现已规定的转换价格，则债券持有人通过转换可以获得资本增值；相反，如果公司或项目经营结果较预期的差，债券持有人仍可以在债券到期日收回债券面值。国外一些项目融资结构中的投资者，出于法律上或税务上的考虑，希望推迟在法律上拥有项目的时间，常常采用可转换债券形式安排项目的股本资金。

（3）零息债券。零息债券也是项目融资中常用的一种从属性债务形式。零息债券计算利息，但是不支付利息。在债券发行时，根据债券的面值、贴现率（即利率）和到期日贴现计算出发行价格，债券持有人按发行价格认购债券。因而，零息债券持有人的收益来自于债券购买价格与面值的差额，而不是利息收入。深贴现债券（Deep Discount Bond）是零息债券的一种变通形式。深贴现债券需要定期支付很低的利息，同时在发行时也采用贴现的方法计算价格，因而这种债券的收益也主要是来自贴现而不是来自利息收入。零息债券作为一种准股本资金形式在项目融资结构中获得较为普遍的应用，其主要原因是这种资金安排既带有一定的债务资金特点，同时又不需要实际支付利息，减轻了对项目现金流量的压力。因而，如果由于种种原因项目投资者没有在项目中投入足够的股本资金，则贷款人通常会要求投资者以零息债券或深贴现债券的形式为项目提供一定数额的从属性债务，作为投资者在项目中的准股本资金。债券的期限原则上等于或略长于项目融资期限。

（4）附认股权证的债券。附认股权证债券指债券附有认股权证，持有人依法享有在一定期间内按约定价格（执行价格）认购股票的权利，是债券加上认股权证的产品组合。从海外市场的有关实践看，附认股权证的债券可以分为"分离型"与"非分离型"和"现金汇入型"与"抵缴型"。"分离型"指认股权凭证与债券可以分开，单独在流通市场上自由买卖；"非分离型"指认股权无法与债券分开，两者存续期限一致，同时流通转让，自发行至交易均合二为一，不得分开转让。"非分离型"附认股权证债券近似于可转换债券。"现金汇入型"指当持有人行使认股权利时,必须再拿出现金来认购股票;"抵缴型"则指债券票面金额本身可按一定比例直接转股。把"分离型"、"非分离型"与"现金汇入型"、"抵缴型"进行组合,可以得到不同的产品类型。

附认股权证的债券可以采用两种定价方式:一是认股权证与债券分别作价;二是两者一并作价,即发行债券附送认股权证。前者债券利率会高些,后者债券利率则与可转换债券相当。如果权证可与债券分离交易,则债券发行利率甚至还可以再低些。而可转换债券的发行成本通常也较普通债券低。

4.2.3 以贷款担保形式出现的股本资金

以贷款担保作为项目股本资金的投入,是项目融资独具特色的一种资金投入方式。在项目融资结构中投资者不直接投入资金作为项目公司的股本资金或准股本资金,而是以贷款人接受的方式提供固定金额的贷款担保作为替代。作为项目的投资者,这是利用资金的最好形式,由于项目中没有实际的股本资金占用,项目资金成本最低。然而,从贷款银行的角度,项目风险高于投资者直接投入股本资金的形式,因为贷款银行在项目的风险因素之外,又增加了投资者自身的风险因素。因此,采用贷款担保形式作为替代投资者全部股本资金投入的项目融资结构是较少见的,多数情况是贷款担保作为项目实际投入的股本资金或者准股本资金的一种补充。只有在项目具备很好的经济强度,同时承诺担保责任方本身具有很高的政治、商业信誉的双重条件下的项目融资结构,才有可能以贷款担保形式百分之百或者接近百分之百地替代项目投资者实际的股本资金投入。

4.2.3.1 贷款担保股本资金的形式

(1)担保存款。担保存款是指项目投资者在一家由贷款银团指定的第一流银行中存入一笔固定数额的定期存款,存款账户属于项目投资者,存款的利息也属于投资者,但是存款资金的使用权却掌握在贷款银团的手中,如果项目出现资金短缺,贷款银团可以调用担保存款。

(2)备用信用证担保。备用信用证担保是比担保存款对项目投资者更为有利的一种形式。投资者可以根本不用动用公司的任何资金,而只是利用本身的资信作为担保。由于这种方式贷款银团要承担投资者的信用风险,所以一般坚持要求备用信用证由一家被接受的独立银行开出,将风险转移。

4.2.3.2 贷款担保在项目融资结构中发挥作用的形式

贷款担保在项目融资结构中的作用可以分为两种形式:

(1)一般性贷款担保。即如果项目出现资金短缺,或者出现项目到期债务无法偿还等情况时,动用贷款担保弥补资金短缺或偿还债务,从贷款担保中获取的资金将按比例在贷款人之间分摊。

（2）针对性贷款担保。即该贷款担保只针对项目资金中的某一家银行或某一部分资金，而这家银行或这部分资金将在整个融资结构中扮演从属性债务的角色。

4.3 债务资金

项目融资最典型的作用在于为特定项目筹集大量的债务资金，通常在基础设施项目或资源开发项目中，债务资金比例可达70% ~80%，甚至更高。因此，如何安排项目的债务资金筹集是项目融资资金结构问题的核心。

4.3.1 项目债务资金的主要来源及选择步骤

4.3.1.1 项目债务资金的主要来源

项目投资者可能获得债务资金的市场可以分为两类，即本国资金市场和外国资金市场。本国资金市场又可以分为国内金融市场和政府信贷两部分；外国资金市场又可分为国际金融市场、外国政府出口信贷、世界银行以及地区开发银行的政策性信贷等。

从投资者获得债务资金的性质上分，也可分为商业贷款和政策性贷款。如果所投资项目符合项目所在地政府或国际机构如世界银行、亚洲开发银行的条件，经申请批准可以获得政策性债务资金。

一般情况下，工业化国家的项目发起人会从本国取得债务资金，而发展中国家的发起人应该努力从国外借入资金。主要有两个原因：一是大部分的项目成本包含"进口内容"，如项目中的机器设备通常是工业国家生产，以美元定价，或者是其他可接受的硬通货定价，进口到东道国。二是出于法律和规章制度的原因，许多发展中国家的国内银行系统通常都无法以外币和硬通货的形式提供资金。另外，因为存款大部分是短期的，银行系统不可能也不愿意提供基础设施项目所需的大量的长期本国货币贷款①。

4.3.1.2 历史上四个经济繁荣时期资金流入发展中国家的回顾

表4-1说明了过去130年来长期资金流入新兴市场国家的四个主要的高潮阶段。

---

① 事实上，即使当地的银行系统能够提供本国货币形式的资金，也可能这个国家的现货市场上外汇不足以支付一些大项目进口设备。另外，像中国、泰国、马来西亚等国家，还有拉丁美洲的一些国家，拥有相关的成熟的本国银行和资本市场系统，能够支持一些很大的项目，但从整体上看，发展中国家的项目机会和资金来源是不对称的，需要跨国债务资金流动才能完成。

表 4 -1　　四个繁荣时期（1870～1997 年）资金流入发展中国家的情况：历史回顾

主要事件	第一阶段	第二阶段	第三阶段	第四阶段
	1870 年至第一次世界大战的爆发	第一次世界大战后至 1929 年经济大萧条时期	1973 年石油价格的冲击至 1982 年墨西哥金融危机	1990～1997 年亚洲金融危机
资金全球流动升高的原因	给私人和基础设施项目提供资金存在很大的利润和机会	贸易和繁荣的极大膨胀。需要大量贷款提供给某些特定国家解决贸易赤字。拉美国家连续获得基础设施项目贷款	石油价格升高导致美国、欧洲银行石油美元的巨大可利用性。在那之后导致发展中国家无法适应石油价格的提升	由于发展中国家政策法规框架的一些改变，允许私人自由拥有基础设施，短期内有大量的项目融资和收购融资机会
债权人/债权国	英国、法国、德国的商业银行及其他机构，高级净值债券持有人	美国、英国、法国的高级净值债券持有人	美国、英国、日本、德国、法国及其他工业化国家的商业银行	美国、英国、日本、德国、法国、澳大利亚、加拿大及其他工业化国家的商业银行和金融机构
借贷者	澳大利亚、加拿大、新西兰、美国	中欧和东欧、拉丁美洲国家	借贷国家的数量快速增长	大部分新兴市场化国家
所使用的金融工具	项目实体发行的债券	拉丁美洲国家的项目实体和别的政府发行的债券	主要是银团贷款；项目融资有限	全部为项目融资，有价证券投资和外国直接投资
目标项目	主要是铁路，还有其他基础设施建设（电力、水利、矿产）	主要为公共部门借款；另外拉丁美洲私人拥有的铁路和基础设施项目继续吸引资金投入	主要为公共部门借款，不过大量的石油、天然气、矿产开发采用项目融资吸引借款	主要是私营部门的电力、电信项目借款。接着在各种基础设施建设中项目融资都得到了应用

第一阶段：1870 年至第一次世界大战的爆发。

第二阶段：第一次世界大战后至 1929 年经济大萧条的开始。

第三阶段：1973 年石油价格的冲击至 1982 年墨西哥金融危机。

第四阶段：1990～1997 年亚洲金融危机。

通过对这些时期资金流向的仔细分析，可以得出以下结论：

第一，长期、平缓甚至有时出现倒流的跨国资金流动伴随着流往发展中国家的突发性的、大规模的资金流动。

第二，在第一、二、四时期中，这些跨国资金流动都与发展中国家基础设施建设融资有关。

第三，在第四个时期，许多发展中国家的公共政策的框架出现了变化，允许外国自由占有基础设施。伴随着变化带来的发展，发展中国家政府运用不同的方式实现了基础设施私有化。通常亚洲国家注重通过新建方式发展基础设施项目，而拉丁美洲国家则注重现有基础设施私有化。在新政策的吸引下，发达国家的长期拥有的巨大资本流入了发展中国家新的或刚私有化的基础设施项目和其他类似的设施建设。

到第四个时期结束时，项目融资吸引了许多不同类型的参与者，他们提供了贷款、股本资金以及多种资信增级措施，如最大的商业银行、多边银行（如世界银行和其地区分行）、政府或东道国、双边机构（主要是贸易金融及投资促进机构）、债券市场、投资基金、东道国的债务和股本资金来源等。

每个机构都会执行不同的任务，制定各自项目融资供给的模式和方法。1990～1997 年，跨国资金流动的上升量使得发展中国家对本国基础设施建设的参与程度提高（包括融资与操作层面），主要原因在于本国发起人和国内股票市场提供的股本资金以及国内发展金融机构和商业银行提供的贷款。

1997 年以后，流入发展中国家的资本逐渐降低，到 2003 年才开始强劲复苏，并继续保持到了 2004 年，但速度有所放慢。在这个阶段，私人和官方债务资本总的净流入达到了创纪录的 3250 亿美元的高点，比 2000～2002 年间的 2000 亿美元有明显上升。考虑到通货膨胀、经济增长以及美元对多数主要货币大幅贬值等因素之后，上升的幅度则会变得温和一些。2004 年，发展中国家的资本净流入相当于其国内生产总值（GDP）的 4.5%，比 2003 年的 4.3% 稍有上升，但明显低于 20 世纪 90 年代中期达到的超过 6% 的高点。在 2004 年，流入发展中国家的外商直接投资出现戏剧性的急剧增长，估计达到 400 亿美元（1991 年只有 30 亿美元）。在此期间，在国际间银行贷款净额继续下降的同时，债券发行量达到创纪录的水平，债券发行总量第一次超过了银行贷款总量。另外，私人债务资本流动也出现强劲增长①。

4.3.1.3　选择债务资金的步骤

活跃在国际金融市场上的债务资金具有多种多样的形式和种类，例如，商业银行贷款、辛迪加银团贷款、欧洲债券等。为了选择适合于具体项目融资需要的债务资金，需要借款人按以下两个步骤进行：

（1）根据融资要求确定债务资金的基本结构框架。债务资金形式多种多样，并且每种形式都有其独特的特征。借款人必须根据项目的结构特点和项目融资的特殊要求，对各种形式的债务资金加以分析和判断，确定和选择出债务资金的基本框架。

---

① 世界银行：《2000 年全球金融发展》，第 110～154 页。

（2）根据市场条件确定债务资金的基本形式。在确定了债务资金的基本框架之后，还需要根据融资安排时当地的市场条件（这些条件包括借款人条件、项目条件以及当时、当地的金融市场条件等），进一步确定几种可供选择的资金形式，针对这些资金形式的特点（如融资成本、市场进入时间、税务结构等），从中选择出一种或几种可以保证项目融资获得最大利益的债务资金形式。

4.3.2 债务资金的基本结构性问题

4.3.2.1 债务期限

债务的到期时间是区别长期债务和短期债务的一个重要界限。在资产负债表中，一年期以下的债务称为流动负债，超过一年的债务则称为非流动负债，即长期负债。

项目融资结构中的债务资金基本上是长期性的资金，即便是项目的流动资金，多数情况下也是在长期资金框架内的短期资金安排。有的资金形式，如商业银行贷款、辛迪加银团贷款、租赁融资等可以根据项目的需要较灵活地安排债务的期限。但是，如果使用一些短期资金形式，如欧洲期票、美国商业票据等作为项目融资的主要债务资金来源，如何解决债务的合理展期就会成为资金结构设计的一个重要问题。

4.3.2.2 债务偿还

一般来说，至少有两个不同的项目阶段反映在贷款协议中：建造或开发阶段、运营阶段。

在建造或开发阶段中，贷款被发放，偿债可能通过两种方式被推迟，即在产生现金流量的运营阶段到来之前采用利息转本，或者在运营阶段之前允许用新发放的贷款来支付利息。

建造阶段对贷款人来说是高风险期。对这一阶段的融资，常常通过获得项目发起人的有法律约束力的担保来使融资具有完全追索权。或者，在建造阶段，贷款人要求比项目其他阶段较高的利率。用建造合同和相关的履约保函作为担保也将减少风险。

当项目按照预先决定的、项目文件中的所有各方同意并经独立的专家审核了的标准被认为是圆满竣工时，对发起人的追索权将不再存在，或者较高的利率将被降低。项目的竣工将是运营阶段的开始，这时项目应产生现金流量，并开始偿债、分期还款。

在运营阶段，贷款人将用销售收益或项目产生的其他收益作为担保品。偿债的速度通常取决于项目预期产量和应收账款。

长期债务需要根据一个事先确定下来的比较稳定的还款计划表来还本付息。

又由于项目融资的有限追索性，还款需要通过建立一个由贷款银团经理人控制的偿债基金方式来完成。每年项目公司按照规定支付一定数量的资金到偿债基金中，然后由经理人定期按比例分配给贷款银团成员。如果资金形式是来自金融市场上公开发行的债券，则偿债基金的作用就会变得更为重要。

项目融资的借款人通常希望保留提前还款的权利，即在最后还款期限之前偿还全部的债务。这种安排可以为借款人提供较大的融资灵活性，根据金融市场的变化或者项目风险的变化，对债务进行重组，获得成本节约。但是，某些类型的债务资金安排对提前还款有所限制，例如一些债券形式要求至少一定年限内借款人不能提前还款，又如采用固定利率的银团贷款，因为银行安排固定利率的成本原因，如果提前还款，借款人可能会被要求承担一定的罚款或分担银行的成本。

4.3.2.3　债务序列

无论是公司融资还是项目融资，债务安排都可以根据其依赖于公司（或项目）资产抵押的程度或者依赖于有关外部信用担保的程度而划分为由高到低不同等级的序列。所谓高级债务，是指由全部公司（或项目）资产作为抵押的债务或者是得到相应强有力信用保证的债务；所谓低级债务，是相对于高级债务而言的，一般是指无担保的债务。低级债务也称为初级债务和从属性债务。项目融资中的准股本资金就属于这一类型。在公司（或项目）出现违约的情况下，公司（或项目）资产和其他抵押、担保权益的分割将严格地按照债务序列进行。从属性债权人的位置排在有抵押权和有担保权的高级债权人之后，只有在这些债务获得清偿之后，才有权从公司（或项目）资产和其他来源中获得补偿。

项目融资中的银团贷款（或类似性质的债务资金）是最高级的债务资金形式，这是因为有限追索的性质决定了贷款银团在项目融资中要求拥有最高的债权保证。投资者在项目中的贷款或其他类似性质的贷款是项目公司的从属性债务，对于贷款银团来说具有股本资金的性质。因此，已经安排了项目融资的项目，基本上是不可能再以该项目资产为基础从其他渠道获得相似性质的融资了。

4.3.2.4　债务担保

项目融资的债务担保在形式上和内容上都与公司融资有一定程度的区别。公司债务可以分为有担保债务和无担保债务两类。有担保债务可以公司的资产（如工厂设备、房地产、有价证券等）作为抵押或关联企业担保、有价证券质押等，形式比较简单；无担保债务也即信用债务，主要依赖于公司的资信、经营能力，有时也依赖于公司提供的消极担保条款作为保证。

项目融资的债务担保在含义上要广泛得多，除了包括以项目资产作为抵押外，还包括对项目现金流量使用和分配权的控制；对项目公司银行往来账户的控制；对有关项目的一切重要商业合同（包括工程合同、市场销售合同、原材料供应合同等）权益的控制；对项目投资者给予项目的担保或来自第三方给予项目的担保及其权益转让的控制。项目融资中的债务担保是项目信用保证结构需要重点解决的问题。

4.3.2.5 违约风险

任何一种债务都是有违约风险的，即使是处于高债务序列的负债，仍然存在一定风险。在公司融资中，基本可以确定债务资金风险低于股本资金风险。但是，在项目融资中，这种区分很可能没有意义。因为如果项目失败了，贷款人可能会发现他们的地位与股本投资者没有太大的区别，这是由项目融资的有限追索和负债率高的特点所决定的。

项目融资出现借款人违约无法偿还债务的情况一般有三种形式：

（1）项目的现金流量不足以支付债务的偿还。

（2）项目投资者或独立的第三方不执行所承担的具有债权保证性质的项目义务。

（3）在项目公司违约时，项目资产的价值不足以偿还剩余的未偿还债务。

4.3.2.6 利率结构

项目融资中的债务资金利率主要有三种机制，即浮动利率、固定利率以及浮动/固定利率。较为普遍使用的债务资金形式，如辛迪加银团贷款采用的多为浮动利率，计算利率的基础（以美元贷款为例）一般为伦敦同业银行拆放利率（LIBOR）或美国银行的优惠利率（Prime Rate），有时也使用美国财政部发行的证券收益率（Yield），然后根据项目的风险情况、金融市场上的资金供应状况等因素，在这个基础上加一个百分数，形成借款人的实际利息率。浮动利率债务一般的利率变动期间为三个月或六个月，在此期间内利率是固定的。

采用固定利率机制的债务资金有两种可能性：一种可能性是贷款银团所提供的资金本身就具有固定利率的结构，如一些长期债券和财务租赁；另一种可能性是通过在金融掉期市场上将浮动利率转换成为固定利率而获得的，利率被固定的期间可以是整个融资期，也可以是其中的一部分时间。

评价项目融资中应该采用何种利率结构，需要综合考虑三方面的因素：一是项目现金流量的特征；二是金融市场上利率的走向；三是借款人对控制融资风险的要求。

首先，项目现金流量的特征对选择浮动利率还是固定利率起着决定性的作用。有一些类型的项目，其现金流量相对稳定，如采用固定利率机制有许多优点，有利于项目现金流量的预测，减少项目风险。如一些火力发电厂项目，一些专门为发电站供应煤炭的煤矿项目和一些运输系统项目，由于政府部门作为项目产品（或服务）的承购方将产品（或服务）的价格以固定价格加通货膨胀因素的公式确定，因而项目的现金流量相对稳定。另一些类型的项目，如资源和原材料项目，虽然可以有"无论提货与否均需付款"或"提货与付款"性质的产品销售安排，但是，产品价格是由国际市场价格规定的。这类项目的现金流量受价格影响大，极不稳定。对于这类项目，采用固定利率就会导致在产品价格低时项目还款能力降低，采用浮动利率机制相对更优。因为国际金融市场上浮动利率的基本变化趋势是跟随各主要工业国家的经济情况和政府金融政策变化的，国际市场上的资源和原材料价格的变化趋势与世界经济的繁荣和衰退趋势也基本大致吻合。在经济衰退期，各工业国家为了刺激经济的发展，多用降低利率作为一种主要手段。因此，采用浮动利率机制，当产品价格不高时，虽然项目现金流量较差，但是，由于利率也较低，相应也降低了项目的风险。

其次，对金融市场中利率的走向预测对决定债务资金利率结构时也起着很重要的作用。在分析利率达到或接近谷底时，如果能够将部分或全部浮动利率债务转化成为固定利率债务，将降低借款人的融资成本；当预测利率水平在高位运行，有降低的趋势时，采用浮动利率可以享受未来利率下降的好处。

需要强调的是，任何一种利率结构都有可能为借款人带来一定的利益，但也会相应增加一定的成本，最终取决于借款人如何在控制融资风险和减少融资成本之间权衡。如果借款人将控制融资风险放在第一位，在适当时机将利率固定下来是有利的，然而短期内可能要承受较高的利息成本；如果借款人更趋向于减少融资成本，问题就变得相对复杂得多，要更多地依赖于金融市场上利率走向的分析。

近几年来，在上述两种利率机制上派生出几种具有固定利率特征的浮动利率机制，可以满足借款人的不同需要。具有固定利率特征的浮动利率机制是相对浮动利率加以封顶，对于借款人来说，在某个固定利率水平之下，利率可以自由变化，但是，利率如果超过该固定水平，借款人只按照该固定利率支付利息。

4.3.2.7　货币结构与国家风险

项目融资债务资金的货币结构可以依据项目现金流量的货币结构加以设计，以减少项目的外汇风险。投资者可以采取一些货币保值措施。另外，为了减少国家风险和其他不可预见因素，国际上大型项目的融资安排往往不局限于在一个国家的金融市场上融资，也不局限于一种货币融资，而是经常签署"一揽子"货币保值条款。事实证明，资金来源多样化是减少国家风险的一种有效措施。

在以下的几节中，将重点介绍几种常见的债务资金形式。这几种资金形式是：商业银行贷款、国际辛迪加银团贷款和世界银行贷款等。

4.4　商业银行贷款

在项目融资整个发展过程中，商业银行是主要的参与者，商业银行贷款是项目融资中最基本和最简单的债务资金形式。商业银行贷款可以由一家银行提供，也可以由几家银行联合提供。贷款形式可以根据借款人的要求来设计，包括定期贷款、建设贷款、流动资金贷款等。

4.4.1　参与项目融资的商业银行贷款基本情况

商业银行在20世纪70年代率先参与在石油、天然气、矿业行业的项目融资。到90年代，又开始基础设施项目的融资。表4-2反映了1999~2000年间世界上安排项目融资债务的前15家银行。其中4家是美国的商业银行或投资银行，在这4家中，有着在这段时期第一和第二的最大安排行。排名第5家到第12家的分别是来自英国、德国、日本、加拿大的银行，还包括两家荷兰银行和两家法国银行。第13、14、15位是3家意大利银行，其中之一是国家出口信贷机构。

表4-2　积极操作全球项目融资的商业银行和投资银行

	承销人	全球		美洲		亚太地区		欧洲—中东—非洲	
		百万美元	交易数	百万美元	交易数	百万美元	交易数	百万美元	交易数
1	花旗银行	2171	15	1351	5	208	4	612	6
2	美洲银行	2149	8	1616	4	98	2	438	2
3	巴克莱资金	2119	12	535	2	735	3	849	7
4	荷兰银行	1768	14	821	5	158	4	789	5
5	法国巴黎银行	1598	14	499	5	156	3	944	6
6	西德意志银行	1181	12	912	7	147	3	122	2
7	德累斯顿佳信	1000	12	69	1	130	4	801	6
8	高盛	733	2	600	1	0	0	133	1
9	霸菱	482	5	329	1	0	0	153	4
10	JP摩根	450	2	70	1	0	0	380	1

续表

承销人		全球		美洲		亚太地区		欧洲—中东—非洲	
		百万美元	交易数	百万美元	交易数	百万美元	交易数	百万美元	交易数
11	里昂信贷银行	445	5	357	2	49	2	39	1
12	三菱东京银行	388	4	339	2	49	2	0	0
13	意大利商业银行	380	1	0	0	0	0	380	1
14	哈利法克斯银行	375	3	0	0	0	0	375	3
15	中央中期信贷银行	374	1	0	0	0	0	374	1

从表 4 - 2 可以看出，发达国家商业银行项目融资主要的流向还是发达国家和地区，流向发展中国家和地区的商业银行贷款相对较低。导致这种现状的原因是多方面的，但重要原因之一是发展中国家项目融资主要是基础设施项目，而商业银行作为风险规避的机构，对风险较大的基础设施项目比较谨慎。原因在于：

4.4.1.1　基础设施项目提供的利益很重要而且通常是垄断提供

基础设施项目垄断提供的特点增加了收费价格的政治敏感度。来自消费者的压力从政治上使得价格很难保证回收成本和偿债。

4.4.1.2　基础设施项目回收期长，汇率风险高

基础设施项目需要资金沉淀 10 ~ 30 年后才能回收。如此长的时间会使投资者面对汇率风险。例如，典型的融资包括20% ~ 40%的股本资金和60% ~ 80%的债务资金。汇率风险对于出口导向型产业的外国投资商来说风险不大，对于基础设施项目就不是这样了。项目收入通常来自当地货币，而外债和外国股本资金的偿还需要以外汇支付。汇率波动、潜在的资金控制或兑换限制都会为外国投资者和融资商带来严重的风险。

在一定程度上，美国商业银行参与项目融资，一般会有以下几个原因：第一，融资项目来自可投资级别国家，而不是来自非投资级别国家（假设商业银行会避开参与管理欠佳国家的无担保贷款，而不是仅仅考虑国家评级。出于同样的原因，商业银行也会冒险参与某些管理良好但不是可投资级别国家的无担保贷款项目）。第二，私有化项目而不是新建项目，前者的现金流更好预期且没有建设期风险。第三，带来外汇收益的新建项目。第四，位于非投资级别国家，不会带动外汇的新建项目，主要有以下几个特点：①多边银行参与；②来自多边银行、多边投资担保机构、双边机构、私营保险商的政治风险担保；③国际金融公司或其他多边银行牵头的 B 贷款银团。

4.4.2　商业银行贷款的基本法律文件

商业银行贷款的基本法律文件包括两个部分：贷款协议、资产抵押或担保

协议。

贷款协议的主要内容包括：

（1）贷款目的。

（2）贷款金额。

（3）贷款期限和还款计划表。

（4）贷款利率。

（5）提款程序和提款先决条件。

（6）借款人在提款时的保证，包括：①贷款资金的正确使用；②借款人的财务状况；③公司资产所有权；④无重大法律纠纷；⑤无不可预见的债务责任；⑥借款人具有的法律地位和签署贷款协议的授权。

（7）保证性契约，包括：①借款人依照所在国法律从事商业活动，缴纳税款；②保证一切项目设备设施正常运行，保持项目资产保险；③获得必要的政府批准；④定期向贷款人提供公司财务报告；⑤保证不利用借款人资产做其他抵押；⑥对借款人的资产兼并、资产出售或改变公司经营方向的限制；⑦对利润分配政策的限制。

（8）财务性契约，包括：①对借款人进一步举债的限制；②规定借款人必须保持的最低财务指标，包括总资产/总债务比率、流动资产/流动债务比率、债务覆盖比率等。

（9）利息预提税的责任。

（10）贷款成本、贷款建立费和贷款承诺费（针对未使用贷款额度收取的费用）。

（11）违约和对违约情况的处理，包括：①违约情况：技术性违约、一般性违约和交叉违约；②违约情况下的补救措施；③在违约条件下贷款人可行使的权利。

（12）资产抵押或担保协议。

4.4.3　担保的类型

贷款的资产抵押或担保协议是项目融资结构的一个重要法律文件。商业银行贷款的资产抵押或担保协议的形式和内容与各国法律有直接的关系，因而在不同国家以及不同项目之间其文件形式会有较大的差别。但基本的担保形式一般有四种类型：抵押、质押、保证、附属合同。

4.4.3.1　抵押

抵押是指借款人或第三人在不转移财产占有权的情况下，将财产作为债券的担保。当借款人不履行借款合同时，银行有权以该财产折价或者以拍卖、变卖该财产的价款优先受偿。充当抵押物的财产应保证其具有极高的流动性。

4.4.3.2　质押

质押是指借款人或者第三人将其动产或权利移交银行占有，将该动产或权利作为债券的担保。当借款人不履行债务时，银行有权将该动产或权利折价出售来收回借款，或者以拍卖、变卖该动产或权利的价款优先受偿。质押分为动产质押和权利质押。

4.4.3.3　保证

保证是指银行、借款人和第三方签订一个保证协议，当借款人违约或无力归还贷款时，由保证人按照约定发行债务或者承担相应的责任。

4.4.3.4　附属合同

附属合同是指由借款人的其他债权人签署的同意对银行贷款负第二责任的协议，其作用是为银行提供对其他债权人的债务清偿优先权。

4.5　国际辛迪加银团贷款

国际辛迪加银团贷款（International Syndicated Loan），简称国际银团贷款，是由获准经营贷款业务的一家或数家银行牵头，多家银行与非银行金融机构参加而组成的银行集团。采用同一贷款协议，按商定的期限和条件向同一借款人提供融资的贷款方式。它是国际商业银行贷款的一种特殊形式，是商业银行贷款概念在国际融资实践中的合理延伸，并且在目前的国际金融市场上得到越来越广泛的运用。许多项目，特别是发展中国家的项目，大多是由多边金融机构共同融资的。国际上很多大型项目融资，因其资金需求规模大、结构复杂，只有大型跨国银行和金融机构联合组织起来才能承担得起融资的任务。

4.5.1　国际辛迪加银团贷款的特点

与传统的双边贷款相比，国际银团贷款具有以下特点：

其一，所有成员行的贷款均基于相同的贷款条件，使用同一贷款协议。

其二，牵头行根据借款人、担保人提供的资料编写信息备忘录，以供其他成员行决策参考，同时聘请律师负责对借款人、担保人进行尽职调查，并出具法律意见书，在此基础上，银团各成员行进行独立的判断和评审，做出贷款决策。

其三，贷款法律文件签署后，由代理行统一负责贷款的发放和管理。

其四，各成员行按照银团协议约定的出资份额提供贷款资金，并按比例回收贷款本息，如果某成员行未按约定发放贷款，其他成员行不承担责任。

4.5.2 项目融资中使用辛迪加银团贷款的优点

在项目融资中使用辛迪加银团贷款有以下主要优点：

其一，参与辛迪加银团贷款的银行通常是国际上具有一定声望和经验的银行，具有理解和参与复杂项目融资结构和承担其中信用风险的能力。

其二，有能力筹集到数额很大的资金。辛迪加银团贷款市场是国际金融市场中规模最大、竞争最激烈的一个组成部分。在同样的项目风险条件下，在这个市场上可以筹集到数量较大、成本相对较低的资金。

其三，贷款货币的选择余地大，对贷款人的选择范围同样也比较大，这一点为借款人提供了很大的方便。借款人可以根据项目的性质、现金流量的来源和货币种类，来组织最适当的资金结构，并能很好地规避汇率风险。

其四，提款方式灵活，还款方式也比较灵活。

其五，对于贷款人来说，采用银团贷款可以降低单个银行承担的违约风险。

4.5.3 国际辛迪加贷款的期限和价格

银团贷款的期限比较灵活，短则 3~5 年，长则 10~20 年，但通常为7~10年。在银团贷款的整个贷款期限内又可分为三个阶段，即提款期、宽限期和还款期，借款人应合理确定自己的贷款期限。

国际辛迪加贷款的价格由利息和费用两部分组成。

4.5.3.1 利息。

对于人民币银团贷款利率，按照人民银行的有关规定执行（目前除利息外不得收取其他任何费用）。

外币银团贷款利率主要分为固定利率和浮动利率两种。

（1）固定利率。是借贷双方商定选用的一个利率，一般在签订贷款协议时利率就固定下来，在整个贷款期限内不变。固定利率一般要由借贷双方谈判确定。

（2）浮动利率。是以伦敦银行同业拆放利率 LIBOR 为基本利率，再加上一定的利差作为银团贷款的风险费用。LIBOR 有 1 个月、3 个月和 6 个月之分，绝大多数银团贷款均使用6 个月浮动的 LIBOR 作为基本利率。

4.5.3.2 费用

在外币银团贷款中，借款人除了支付贷款利息以外，还要承担一些费用，如承诺费、管理费、参加费、代理费、安排费及杂费等。

（1）承诺费（也称承担费）。借款人在用款期间，对已用金额要支付利息，未提用部分因为银行要准备出一定的资金以备借款人的提款，所以借款人应按未提贷款金额向贷款人支付承诺费，作为贷款人承担贷款责任而受到利息损失的补偿。承诺费通常按未提款金额的 0.125% ~0.5% 计收。

（2）管理费。此项费用是借款人向组织银团的牵头行支付的。由于牵头行负责组织银团、起草文件、与借款人谈判等，所以要额外收取一笔贷款管理费，作为提供附加服务的补偿，此项费用一般在 0.25% ~0.5% 之间，由借贷双方协商确定。该费用通常在签订贷款协议后的 30 天内支付。

（3）参加费。参加费按出贷份额在各参加行中按比例分配，参加费一般为0.25%。参加贷款金额较大的银行的管理费和参加费可稍高于参加贷款较少的银行。

（4）代理费。是借款人向代理行支付的报酬，作为对代理行在整个贷款期间管理贷款、计算利息、调拨款项等工作的补偿。代理费的收费标准一般在 0.25% ~0.5%，具体根据代理行的工作量大小确定。

（5）安排费及杂费。是借款人向牵头行支付的费用，用于其在组织银团、安排签字仪式等工作期间的支出，如通信费、印刷费、律师费等。

4.5.4 银团代理行

辛迪加银团贷款任命一家银行作为银团代理行，并在贷款协议中详细规定出代理行的权利和义务。代理行负责监管借款人的财务活动，管理贷款和保持银团与借款人之间的联系。

银团代理行的主要工作包括以下五个方面：

第一，建立和保持贷款活动的历史记录。

第二，监管借款人的经营活动，特别是贷款协议中规定的贷款条件和借款人的各种保证性条款是否得到满足。

第三，代表银团收取贷款的利息和本金偿还，并按出资比例在银团成员中进行分配。

第四，负责向银团通报有关借款人执行贷款协议的情况，向银团提供有关借款人的财务信息。如果是项目融资，银团代理行也需要向银团及时通报项目的建设、经营情况以及出现的重大问题。

第五，在出现违约情况时处理有关事宜。

4.5.5 按比例分配偿债资金

辛迪加银团贷款的一个基本原则是每个贷款银行应该按其贷款比例获得从借

款人方面的任何偿债资金。借款人不能歧视其中任何一家银行。所有借款人的偿债资金都支付给代理行，然后由代理行再按比例分配给每一家贷款银行。

辛迪加银团贷款做出这样的规定目的是为了限制银团中某一家银行行使其债务抵消权（Off－Set）或者合并借款人银行账户的权利，而损害其他贷款银行的利益，因为持有借款人存款的贷款银行有可能利用该存款抵消借款人在银团贷款中所欠债务，而其他银行则未必有此便利，故而得不到相同比例的补偿，尤其是在借款人发生还款困难的情况下。

综上所述，辛迪加银团贷款由于涉及的银行数目多，有时这些银行又在不同的国家，无论是在谈判上、准备法律文件的具体程序上，还是在贷款的管理上均要比商业银行贷款复杂。

4.5.6　世界银行参与的国际辛迪加贷款

如果项目发起人不是项目所在国的企业，世界银行或它的私有企业贷款机构——国际金融公司（IFC）的参与将减少项目发起人对所在国政治风险等的一些担心。

由世界银行支持的公共部门项目，可能获得低息贷款。如果借款人事实上不是政府，世界银行将要求政府担保。

与世界银行相反，IFC 贷款给私有企业，并且不要政府担保。但 IFC 贷款不是低息的，而且费用可能较高，这表明许多 IFC 的借款人将努力从商业银行获得市场利率的贷款。高费率和由 IFC 融资带来的对政治风险的"安慰"能吸引商业贷款人加入他们本来不愿意参加的共同融资项目。

IFC 对贷款项目的要求是必须有利于所在国的经济；通常与世界银行或国际货币基金组织（IMF）监督下的结构调整政策相配套，增加所在国获得硬货币的能力。借款人必须是在当地成立的股份有限公司，但如果所在国法律允许，也可以是 100% 外资公司。

世界银行项目的审批必须通过十分严格的环境效应评估；在试图满足其他要求的过程中，项目可能遇到问题而被推迟。

世界银行对它本身的贷款通常不要求担保，但要求借款人接受严格的消极保证条款，并且世界银行将分享任何商业银行享有的担保权益。如果商业银行享有担保权益，该权益只有在得到世界银行批准后才能实施。

通常，贷款文件中将包含一个特殊条款，该条款指明了世界银行、IFC 或其他共同融资机构的决定；除了在贷款文件中明确阐明的责任外，共同融资机构不对商业银行承担任何责任。

4.6　世界银行贷款

　　世界银行集团由 5 个紧密联系的机构组成，它们互相合作，共同支持遍布全球的发展项目，世行集团合作的例子包括国别联合援助战略，促进投资倡议，国外投资咨询服务，大型基础设施项目担保，微型、小型和中型企业发展的联合项目以及 HIV/艾滋病防治。2010 财年，世行批准了总值超过 230 亿美元的包含基础设施内容的贷款。比上个财年增长约 39%，符合世行的基础设施行动计划，该计划于 2003 年制订，用以回应借款国需要向基础设施投资和实现千年发展目标概述的广泛发展目标的要求。大部分贷款承诺用于交通部门（占 40%）和能源及矿业部门（占 38%），其次是供水、环卫和防洪部门（占 21%）等。2010财年世行为东亚和太平洋地区批准了 75 亿美元的资金，其中 IDA 信贷 16.5 亿美元、IDA 赠款 8450 万美元、IBRD 贷款 58.7 亿美元。签订了总额为 9.393 亿美元的碳汇信托基金合同，使该地区减少全球温室气体减排的总承诺资金达 11 亿美元。2006 年，世行批准了中国的一项新的国家合作伙伴关系战略，旨在促进公平、改善环境和帮助农村向城市过渡。在世行的碳基金支持下，两家中国公司同意创纪录地、最大限度地实现三氟甲烷（HFC－23）气体减排，预计每年减少排放 1900 万吨二氧化碳气体；中国政府获得的 HFC－23 气体减排收入的一多半将被一个新的清洁发展基金用来投资于与气候变化有关的活动，如能源效率、可再生能源和煤矿甲烷气回收利用。

4.6.1　世界银行集团的组成

4.6.1.1　世界银行集团的直属机构①

　　（1）国际复兴开发银行（IBRD）。成立于 1944 年，有 187 个成员国，截至2010 年度，其累计贷款额为 5236 亿美元。国际复兴开发银行旨在通过贷款、担保、风险管理产品以及非贷款服务（包括调研和咨询服务），推动中等收入国家和信誉好的贫穷国家的可持续发展，实现减贫目的。IBRD 多年来所得的收入使其可以资助发展活动，并确保其拥有资金实力，从而可以从资本市场上以较低成本进行筹资，并向借款国提供条件优惠的贷款。IBRD 的执董会共有 24 名成员，代表 187 个成员国，包括 5 个政府委派和 19 个选举产生的执董。

---

　　①　世界银行 2006 年度报告。

2010 财年，国际复兴开发银行的贷款业务为向 46 个国家提供了总额为 442 亿美元的 164 笔新贷款。

（2）国际开发协会（IDA）。成立于 1960 年，有 170 个成员国，截至 2010 年度，其累计贷款额为 2212 亿美元。国际开发协会向世界上 81 个最贫穷国家提供高度优惠的贷款。由于得到了捐款国捐款和 IBRD 净收入转移支付，所以 IDA 可以向最贫穷国家提供无息信贷和赠款。这对于最贫穷国家来说至关重要，因为这些国家几乎或根本没有能力按照市场条件筹借资金。IDA 的融资有助于在主要政策领域支持国家主导的减贫战略，包括提高生产力、提供可信赖的公共治理、改善私人投资环境、增加穷人接受教育和卫生保健的机会。

2010 财年，国际开发协会的贷款承诺额为对 66 个国家提供了总额为 145 亿美元的 190 笔贷款。这些贷款投向最多的部门为法律、司法及公共管理、交通运输、卫生和其他社会服务。

（3）国际金融公司（IFC）。成立于 1956 年，有 182 个成员国，截至 2010 年度，其已承诺贷款项目总额为 387 亿美元（包括 80 亿美元的银团贷款）。国际金融公司是世行集团对私人部门进行投资的机构。IFC 向发展中国家和转型国家中那些具有可持续发展性的私营企业进行投资，且不要求政府担保，从而帮助减贫和提高人们的生活水平。IFC 向借款国提供股本、长期贷款、结构性融资、风险管理产品、技术援助和咨询服务。IFC 寻求在融资渠道有限的地区和国家开展业务。在商业投资者认为如果没有 IFC 参与就会风险过大的那些市场里，IFC 不仅提供资金，还通过提供有关公司治理、环境和社会等方面的专项知识来增加项目的价值。IFC 与 IBRD、IDA、MIGA、ICSID 在私人部门倡议方面进行合作。

国际金融公司 2010 财年的承诺额为对 66 个国家提供了总额为 127 亿美元的 584 个新项目。

（4）多边投资担保机构（MIGA）。成立于 1988 年，有 175 个成员国，截至 2010 年度，其累积担保发放额为 224 亿美元（包括由联合担保项目带动的金额）。多边投资担保机构为外国在发展中国家的直接投资提供非商业担保（保险）。对投资环境和政治风险的顾虑经常会阻碍在发展中国家的外国直接投资，MIGA 为了消除这些顾虑，提供政治风险担保。MIGA 担保可以使投资者抵御非商业风险，如征用、货币不可兑换、违反合同、战争和内战的风险。MIGA 还提供咨询服务，帮助各国吸收和留住国外投资，调解投资争端以保护现有的投资，为将来的投资消除可能存在的故障，并向国际工商业界传播有关投资机会的信息。多边投资担保机构 2010 财年发放的担保额为 15 亿美元。

（5）解决投资争端国际中心（ICSID）。成立于 1966 年，有 144 个成员国，已登记案例总数为 319 个；2010 财年登记案例数为 27 个。解决投资争端国际中心旨在解决外国投资者和东道国之间的投资争端。通过各种调解和仲裁投资争端的国际服务，ICSID 鼓励外国投资，并营造东道国和外国投资者之间相互信任的氛围。许多国际投资协定都指定 ICSID 作为仲裁机构。ICSID 还进行有关仲裁法和国外投资法的研究和出版活动。

第二次世界大战一结束，世界银行就贷款给西欧国家帮助重建国家。到 20世纪 60 年代，银行的重点发生改变，转向为非洲、亚洲、拉丁美洲的人类发展提供资金。在接下来的 20 年中，世界银行参与的融资项目主要集中在以下领域：住房、医疗、净化水质、安全进行废弃物处理、能源、教育。到 80 年代末，银行的战略转向降低公共部门在基础设施建设领域的作用，加强私有部门在该领域的作用。

世界银行上述机构还通过合作提供资金。如 2005 年 IBRD、IFC 和 MIGA 都在俄罗斯 Kupol（位于俄罗斯东北部）采矿项目上发挥了作用。世界银行 2002 ~ 2006 年俄罗斯国别援助战略认为有必要促进俄罗斯东北部这个偏远地区的经济发展和经济增长。IFC 向贝马黄金公司提供了 3500 万美元贷款用于开采 Kupol 金矿，这样可以创造 750 个就业机会。MIGA 为股本投资提供了 3.05 亿美元的担保，根据项目贷方的观点，正是 MIGA 的担保使他们的融资成为可能。根据世行对采掘业的政策，为了使该项目的社会绩效和环境绩效都达到国际标准，世行集团将提供专业知识和指导。

4.6.1.2 世界银行同等授权的地方多边机构

世界银行同等授权的地方多边机构的基本情况及参与项目融资的情况如表 4 - 3 所示。

表 4 - 3 世界银行同等授权的地方多边机构

机构名称	成立时间	成员国数量	对项目融资的参与
非洲开发银行（AFDB）	1963 年	51 个非洲国家（以及其他 25 个工业化国家）	有限
亚洲开发银行（ADB）	1966 年	36 个亚洲国家（以及其他 16 个工业化国家）	通过其私有窗口提供股本、债务和 B 贷款银团
欧洲投资银行（EIB）	1958 年	15 个成员国	为 1967 年加入欧洲联盟（EU）的 6 个国家提供金融服务
美洲开发银行（IADB）	1959 年	46 个拉美国家（以及其他 17 个工业化国家）	通过泛美投资公司提供有价证券、债务、B 贷款银团
欧洲复兴开发银行（EBRD）	1991 年	50 个成员国加上 EU 和 EIB 成员国	为东欧和中欧提供商人银行业务
伊斯兰开发银行（ISDB）	1974 年	来自亚洲、非洲、中东的 45 个成员国	为基础设施项目提供赠款和贷款

4.6.1.3　案例分析：利用世界银行贷款的二滩水电工程

二滩水电工程是我国 20 世纪建成的最大的水电站，它位于四川省西南部，是长江上游金沙江一条支流雅砻江上的一个梯级电站，坝址离攀枝花市仅 48 公里。电站枢纽由三部分组成：第一部分是一座高 240 米的混凝土双曲拱坝。第二部分为一座规模宏大的地下厂房，主厂房长 285 米，宽 25.5 米，高 65 米。主厂房内装有 6 台 55 万千瓦的水轮发电机组，总装机容量 330 万千瓦。第三部分为两条泄洪洞。工程总投资 285 亿元人民币，其中外资 9.3 亿美元。另外，二滩送出工程由四川省电力公司作为业主，向世行贷款 2.7 亿美元。所以二滩工程共用世行贷款（包括由世界担保的联合融资）共 12 亿美元，为世行有史以来最大的项目贷款。二滩电站于 1991 年 9 月 14 日正式开工，1993 年 11 月 26 日提前 14 天截流，1998 年 8 月第一台机组发电，同年 11 月第二台机组发电，次年其余四台机组相继投产，比预定工期提前一年。电站于 2000 年全部竣工。工程质量优良，得到业内人士一致称赞。工程投资控制在概算之内。二滩电站装机容量约占四川电网总装机容量的 1/4。年发电量可达 170 亿千瓦时，为川渝电网主干电站。二滩电站的建设是在新的历史条件下进行的。建设者在工程实践过程中对国际工程的项目管理进行了多方面的探索，在和国际接轨的道路上迈出了一大步。二滩是我国第一个大规模使用世界银行贷款并全方位实行国际招标的工程。

二滩电站 1987 年获得国家有关部门的立项批复，并开始施工准备。对于资金不足，人们把眼光转向国际金融市场。1991 年对二滩来说是个不寻常年头。这一年里，在经历了西方国家对中国两年多的经济封锁之后，世界银行改变了对中国的态度，批准向二滩水电站贷款 7.8 亿美元。这是 1989 年之后，世界银行向中国发放的第一笔贷款，同时也是世界银行自 1945 年成立以来对一个单项工程发放的最大一笔贷款。这之后，二滩又从世界一些金融机构融资，引进外资共 10.789 亿美元。

按照世界银行的规定，使用世界银行贷款的工程，必须实行国际公开招标。经过充分竞争和知识较量，1991 年 8 月，由意大利的英波吉诺公司和托诺公司、法国的杜美兹公司和大马赛公司及中国的水电八局组成的联营体中一标，修建大坝；德国的菲利普·霍尔兹曼公司和霍克蒂夫公司及中国葛洲坝集团公司组成的联营体中二标，修建地下发电厂房。作为一个总投资将近 300 亿元人民币的巨大工程，二滩水电站设计与施工的高难度和先进性主要体现在大坝和地下发电厂房。我国在此之前从未修建过这样大、这样难的工程。国际招标为二滩建设提供了良好的机遇。而二滩的实践又为我国在高山峡谷地区修建水电站树立了榜样。在二滩工程中标的外国承包商都是在世界水电行业中享有盛名的大公司。他们不仅带来了技术、设备，还带来了先进施工组织方法，大大降低了截流的难度。又如，布置紧凑合理的沙石料生产系统和混凝土生产系统，效率很高。国内许多设计和施工单位看过以后大受启发，称这是"不出国的出国考察"。这些软技术的引进，是难以用价值估量的。

分析：世界银行贷款不仅解决了二滩工程的资金问题，也引进了世界先进的技术和工程管理模式，使二滩向世界迈出了更大的一步，成为使用巨额世界银行贷款、采用国际招标雇用外国承包商施工、全方位实行合同管理、创建风险与权益共担的独立发电企业。其开放的广度、深度、力度，都远远超过了16年前地处云南的鲁布革电站，它因率先引用外资、国际承包商和咨询专家，在当时以自营方式建设的中国水电行业掀起一股"鲁布革冲击"。这是当代中国人勇敢走向世界，理智地与世界接轨的有力证明。一位外国专家说：这简直是中国加入WTO前的一场成功彩排。

4.6.2　世界银行贷款及担保方式

4.6.2.1　国际复兴开发银行（IBRD）的贷款及担保

（1）贷款。IBRD是一个AAA级信誉评级的与众不同的金融机构。它的股东是主权国政府，每个国家均有参与IBRD政策设定的发言权，其中很多国家有资格从IBRD借款。IBRD的主要目标是通过促进中等收入国家和有信誉的低收入借款国经济持续发展来减少贫困。它提供资金（贷款、担保和相关风险管理工具）以及与发展相关的专门技术。

IBRD帮助借款国获得大量的、条件优惠的、期限较长的和更为持续的资金与金融风险管理工具，而这些从其他渠道是难以获得的。与商业银行不同，IBRD不追求利润最大化，而是以发展影响为导向。

2006财年IBRD为112笔业务承诺的新贷款达141亿美元，比上年多了5亿美元。是过去7个财年中贷款量最高的一年。发展政策贷款比重略高于2005财年。拉美地区和加勒比海地区获得的IBRD贷款最多，达57亿美元，占IBRD承诺贷款总额的40%。其次是欧洲和中亚地区，达35亿美元；东亚太平洋地区达23亿美元。巴西、中国、印度、墨西哥和土耳其5个国家大约共获得了2006财年IBRD贷款总额的52%。按部门划分，公共管理包括法律和司法是使用IBRD贷款最多的部门（31亿美元），其次是交通运输（21亿美元）和能源与采矿业（21亿美元）。2006财年，按主题划分，金融和私营部门发展处于领先地位，其次是公共部门治理和城市发展。

（2）担保。如图4-2所示，国际复兴开发银行也为更贫困国家带来外汇（"飞地"项目）的独立项目提供贷款，通常担保方式如下：①成员国的相关反担保；②私有股东的保证，例如，他们将按时完成项目；③海外信托账户的转让。

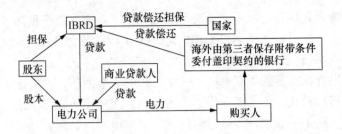

图 4-2 国际复兴开发银行在国际开发协会成员国家的项目贷款

4.6.2.2 国际开发协会 (IDA) 的贷款及担保

IDA 是对世界上最贫困国家提供援助的最大优惠资金来源。2006 财年，年人均收入 965 美元以下的国家符合获得 IDA 援助的条件。IDA 还支持一些人均收入高于收入画线但缺乏 IBRD 借款信誉的国家。

除了通过国际复兴开发银行提供贷款和做出担保，国际开发协会还直接对成员国提供贷款。目的在于创建金融中介，包括一种投资基金或者其他机构，可以为许多独立融资项目提供贷款、股本资本、担保、支出资金或其他金融方面的支持。如 2006 年 3 月，IBRD、IFC 和 MIGA 为优势互补，联手支持私人参与重点基础设施项目，建立了非洲催化和增长基金，旨在加速增长、减贫和实现千年发展目标，并支持地区项目和强化经济改革。

早在 1992 年，国际复兴开发银行给牙买加政府分别提供了两笔贷款用以建立私人部门基础设施基金 (PSIF) 和私人部门能源基金 (PAEF)，目的是给私人部门基础设施项目提供长期贷款，包括为能源项目提供长期贷款。1994 年，国际复兴开发银行通过巴基斯坦政府为私人部门能源开发二期项目 (PSEDP-Ⅱ)提供了 2.5 亿美元的贷款，这些贷款分给了八个私人部门能源项目。同样在 1997年，国际开发协会给斯里兰卡政府提供了 1 亿美元的贷款，用以创建私人部门基础设施开发公司 (PSIDC)，还给孟加拉国政府提供了 2.25 亿美元的贷款用来成立基础设施开发有限公司 (IDCOL)。

国际开发协会的贷款特点如下：

(1) 提供给成员国的国际开发协会贷款要遵守开发信贷协议，采取零利率，长达 40 年的贷款期限，延长了宽限期，对于贷款余额征收每年 0.75% 的服务费。

(2) 借贷国通过指定的机构与现存的或新成立的公司签订代理和管理协议 (AAA) 来管理债务基金。各方都要认识到提供给成员国的国际开发协会贷款将形成贷款的资源基础，在接近商业利率的基础上基金管理者把钱投入私营基础设施建设。与 AAA 的其他规定一样，管理者要在到期时对债务的管理和回收负责。

(3) 国际开发协会与管理者达成项目协议，制定与贷款和管理政策相关的广泛要求。在此规定下，基金管理者在任何项目贷款发放之前必须得到国际开发协会颁布的"无反对意见"证明。

（4）大部分的基金以接近市场利率的条件提供次级贷款，而不是高级贷款。虽然不同于担保，但在促进商业银行参与项目融资中起到相似的作用（当然也有例外，孟加拉国的 IDCOL 既提供高级贷款也提供次级贷款）。

项目融资中次级贷款的主要目的是降低项目融资中高级贷款人的风险，使得项目的整体债务水平比单纯依靠项目自身现金流时有所提高。债务次级安排可以达到两个目的：

第一，在融资方案中建立两种类别的债务。

第二，贷款人分为高级贷款人和次级贷款人两个类别，且他们的风险收益组合互不相同。高级贷款人之所以向项目提供贷款是因为次级贷款人给他提供了如下优先权：①在运营期使用项目现金流偿还债务；②执行项目抵押物，即在融资文件规定的违约事件发生时获得抵押收益，并控制采取补救措施的权利。次级贷款人之所以将优先权转让给高级贷款人，并愿意承担较高的还款风险是因为他可以从项目贷款中获得更高的收益。一些次级贷款人贷款定价较低是为了达到开发的目的，而不是为了获取高收益。对不同层次贷款人和发起人的权利进行分层是项目融资中次级贷款之所以被称为多层次融资（Iayered Finance）的原因之一。

2006 财政年度，IDA 承诺为 167 个项目提供总额为 95 亿美元的资金支持，其中包括 76 亿美元信贷、18 亿美元赠款和 6000 万美元的担保。非洲获得 IDA 资金承诺最多，达 47 亿美元，约占 IDA 贷款承诺总额的 50%。其次是南亚地区和东亚太平洋地区，分别为 26 亿美元和 11 亿美元。其中，巴基斯坦是最大的单个受援国。2006 财年，约有 19% 的 IDA 资金以赠款的形式提供。IDA 资金支持最多的是包括法律和司法部门在内的公共管理部门，达 28 亿美元，占贷款总额的 28%。IDA 还对交通运输、卫生和社会服务部门、能源采矿给予了强大支持，分别为 11 亿美元、10 亿美元和 9.5 亿美元。公共部门治理与金融和私营部门发展是最突出的两个主题，各获得 19% 的 IDA 承诺资金。此外，人类发展（15%）、农村发展（14%）和社会保障及风险管理（9%）也是关注的中心。

4.6.2.3 国际金融公司（IFC）

国际金融公司是世界银行的私营部门负责机构，为发展中国家广泛的私营部门提供融资。为实现这个目标，根据宪章，国际金融公司有权使用以下方式进行投资：

（1）股本资金。对项目实体的普通股票、金融机构及其他类型项目进行直接投资。

（2）准股本资金。对拥有借贷和股本特点的金融工具进行直接投资，如次级贷款和可转换债务。它们的风险、收益特点介于直接贷款和股本投资之间。

（3）贷款。对项目实体发行的长期债务证券的直接投资。在此情况下，国际金融公司认可了至少两种贷款形式：

1）A 贷款。国际金融公司以自己的资源支持的贷款。

2）B 贷款。国际金融公司联合相关金融机构提供的贷款或组成的银团。相对于项目单位和借债国而言，IFC 是记录贷款人。在融资关闭时或之后国际金融公司向第三方金融机构分销自己的 B 贷款份额。国际金融公司是每个交易中的"记录贷款人"，给予参与银行优先借贷人地位[①]。必须指出，B 贷款不是一种正式的担保。

2010 财年（截至 6 月 30 日），IFC 新增投资承诺项目数从 2009 财年的 447个上升到 528 个，上升 18.1%，承诺国家数量仍保持 2009 财年的 103 个。在 IFC的新增投资承诺额中，自有资金从 2009 财年的 105.5 亿美元增加到 126.6 亿美元，增幅为 20%；而外部筹集资金总额占到了 29.8%，从 2009 财年的 39.6 亿美元增加到 53.8 亿美元，增幅为 35.7%。2010 财年，公司的投资承诺额达到创纪录的 180 亿美元，数量比 2009 财年增加 18%。而在投资拨付方面，IFC 自有资金 67.9 亿美元，外部筹集资金 30.5 亿美元。承诺组合方面，承诺企业数量达到了 1656 个，IFC 自有资金 388.6 亿美元，外部筹集资金 99.4 亿美元。咨询服务方面，有 736 个在执行咨询项目，总价值超过 8.5 亿美元，年开支超过 2.68 亿美元。

促进住房与金融市场之间的联系是 IFC 资助的一个投资，在中国，IFC 通过对中国惠泽控股公司（Advantage China Holdings）的股权投资，支持中国房屋抵押贷款服务业的发展。作为中国第一批从事房屋抵押贷款服务的一家公司，它有望加强银行的信用评级能力。

表 4-4　国际金融公司 2006~2010 年业务概览

年份	2010	2009	2008	2007	2006
新增投资承诺					
项目数	528	447	372	299	284
国家数	103	103	85	69	66
国际金融公司自有资金	$ 12664	$ 10547	$ 11399	$ 8220	$ 6703

---

① 优先借贷指的是 IMF、世界银行集团的各个机构及许多地区多边银行。根据宪章规定，这些机构在被认可的情况下和外汇处于危机时，可以在可靠的外汇基础上向成员国提供贷款。

续表

年份	2010	2009	2008	2007	2006
外部筹集资金					
联合贷款	$ 1986	$ 1858	$ 3250	$ 1775	$ 1572
结构化融资	$ 797	$ 169	$ 1403	$ 2083	$ 1245
国际金融公司的新项目和其他	$ 2358	$ 1927			
资产管理公司	$ 236	$ 8			
外部筹集资金总额	$ 5377	$ 3962	$ 4653	$ 3858	$ 2817
投资拨付					
国际金融公司自有资金	$ 6793	$ 5640	$ 7539	$ 5841	$ 4428
外部筹集资金总额	$ 3048	$ 1966	$ 2382	$ 1615	$ 1311
承诺组合					
企业数目	1656	1579	1490	1410	1368
国际金融公司自有资金	$ 38864	$ 34502	$ 32366	$ 25411	$ 21627
外部筹集资金总额	$ 9943	$ 8004	$ 7525	$ 5543	$ 5079
咨询服务					
项目数	736	872	862	1018	
批准项目价值	$ 859	$ 941	$ 919	$ 846	
咨询服务支出	$ 268	$ 291	$ 269	$ 197	$ 152

案例：IFC 在中国进行的对医疗的首次投资

2002 年，IFC 向淄博万杰医院——山东省淄博市的一家癌症治疗医院提供了债务融资。这一项目为医院扩大业务提供了资金，这是 IFC 在中国的第一个医疗投资项目。在中国，主要由于吸烟人数增加以及严重的污染，癌症已成为导致死亡的主要疾病之一。癌症治疗设备的短缺严重耗费了公立医院的资源，而癌症患者也仅能在中国的大城市接受较好的治疗。这个项目将提供高质量、以患者为中心的医疗服务，从而加强专科公共医疗体系。

根据扩建计划，淄博万杰医院将安装最先进的质子治疗仪，IFC 邀请了癌症治疗专家对该院业务进行审查，并提出改进建议。IFC 还进行了独立的火险安全检查，并就达到国际医疗安全标准提出了建议。IFC 帮助安排该院与加拿大医疗服务国际公司——不列颠哥伦比亚省的一家医院财团——建立战略医疗联盟，以便改进万杰医院的管理与治疗工作。

IFC 提供了一笔 1500 万美元贷款，并从一家中资银行募集 1 亿元人民币，以满足该院扩展业务所需的债务融资。IFC 在保证医院对此类计划的长期资金需求方面给予帮助。IFC 的参与取得当地银行——中国建设银行的支持是至关重要的。IFC 帮助发起人获得了国际资金和审慎的公司治理实践方面的经验。

4.6.2.4 多边投资担保机构

多边投资担保机构（MIGA），成立于 1988 年，是为私人对外投资股本和贷款提供政治风险的担保。涵盖的风险类型有国家征用、战争、平民动乱、货币转让和违约。当违约借贷者无法得到适当司法和仲裁援助时，多边投资担保协议能提供该方面的帮助。多边投资担保协议的担保方式不同于国际复兴开发银行和国际开发协会，主要是三个方面：一是每个项目担保的金额限定在 2 亿美元；二是不需要借贷国反担保；三是除商业贷款以外，还对股本和股东贷款提供担保。

多边投资担保协议对私人部门基础设施公司的政治风险担保近年来得到飞速的发展。除了为贷款人提供以上提到的风险担保之外，多边投资担保协议的多边地位还意味着它参与项目增强了投资者的信心，投资者的权利会得到尊重。多边投资担保机构的担保具有多样化特点，跨越多个部门。金融部门占总额的 34%，随后的是基础设施行业（29%）且增长速度最快。

2005 年度，多边投资担保机构的主要业务包括：为国际开发协会成员国提供了 20 项担保及 20 个技术援助项目；为次撒哈拉非洲国家提供 8 项新担保及 11 项技术援助项目；第一次参与废弃物处理领域运作，为三个废弃物管理项目提供支持；配合地区性和全球性新项目的实施，在 33 个国家内开展了 84 个技术援助项目，建立总额为 450 万欧元的信托基金；与欧洲重建组织合作，建立总额为 450 万欧元的信托基金，已在巴尔干开展技术援助服务；在阿富汗、非洲、巴尔干、中国推出企业竞争性比较研究项目；MIGA 的 11 个项目得到总额为 3.53 亿美元的临时再保险；MIGA 为 1 个项目提供了 360 万美元的临时再保险等。

2005 年度，多边投资担保机构还在多个项目中与世界银行担保计划进行合作。这些项目包括西非天然气管道项目（加纳）、抵押贷款证券化项目（拉脱维亚）、Umeme（乌干达）及 Nam Theun2（老挝/泰国）电力项目等。

表 4-5 多边投资担保机构 2000~2005 年的担保组成

年 份	2000	2001	2002	2003	2004	2005
签发保险数量	53	66	59	59	55	62
所支持的项目数量	37	46	33	37	35	33
新签发保单总保险金额（10 亿美元）	1.6	2.0	1.2	1.4	1.1	1.2

资料来源：多边投资担保机构《2005 年度报告》（www.worldbank.org）。

4.7　夹层融资

夹层融资是在国际市场中蓬勃发展着的企业融资方式，进行夹层融资创新是解决企业融资困难的有效途径之一。夹层融资出现于20世纪70年代中期的美国市场。近年来，作为一种金融创新新形式，夹层融资在欧美国家发展非常迅速。目前已成为中小企业扩张和基础设施建设的主要融资方式。

4.7.1　夹层融资的含义与特点

4.7.1.1　夹层融资的含义

债务资金和股本资金为它们的贡献者提供了关于激励和补偿的相反机制。前者是低风险和低回报的组合，后者更像是高风险和高回报的投资方式。处在这两种融资方式之间的方式就是夹层融资。

"夹层"的概念源自华尔街，原指介于投资级债券与垃圾债券之间的债券等级，后逐渐演变到公司财务和项目融资领域。通俗地讲，夹层融资就是一种介于优先债务和股本之间的融资方式，是企业或项目通过夹层资本的形式融通资金的过程。它包括两个层面的含义：从夹层资本的提供方（即投资者）的角度出发，称为夹层资本；从夹层资本的需求方（即融资者）的角度出发，称为夹层债务。夹层融资产品是夹层资本所依附的金融合同或金融工具，例如夹层贷款。资金供求双方对夹层融资产品进行交易的场所，称为夹层融资市场。

夹层资本是收益和风险介于企业债务资本和股权资本之间的资本形态，本质上是长期无担保的债权类风险资本。从资本成本的角度看，夹层债务的融资费用低于股权融资，对股权融资体现出债权的优点；从权益角度看，夹层投资的权益低于优先债权，所以对于优先债权人来讲，可以体现出股权的优点。当企业破产清算时，优先债务提供者首先得到清偿，其次是夹层资本提供者，最后是公司的股东。因此，对投资者来说，夹层资本的风险介于优先债务和股本之间。夹层债务与优先债务一样，要求融资方按期还本付息，但通常要求比优先债务更高的利率水平。

通常，企业在如下情况存在时会更倾向选择夹层融资：

需要长期融资。对于许多中小企业而言，获得长期银行贷款是一件很难的事，通过发行债券获得长期资金的做法同样难以实现。而夹层融资则可以弥补以上不足。

不愿采取股权融资。考虑到股权融资较高的资本成本以及股权稀释，许多企业是不愿采取股权形式的融资的，这时候可以使用夹层融资替代权益性的融资。

对融资灵活性要求较高。夹层融资的最大优点是灵活性高，在对灵活性要求较高的融资形式下，可以使用夹层融资。夹层融资可以为融资者调整还款方式，此外，还可以通过不同的融资组合形式来满足投资人及融资者的需求。

希望有较少的财务限制。与银行贷款相比，夹层融资在公司控制和财务契约方面的限制较少。

4.7.1.2 夹层融资的特点

夹层融资结合了固定收益资本的特点（如现金利息收入）和股权资本的特点（如转股权利），可以获得现金收益和资本升值的双重收益。

夹层融资的本质仍然是一种债务融资工具，投资者在融资合同中通常会加入限制性条款，对企业融资行为进行约束，从而将资产下跌风险控制到最小。

夹层融资对投资方而言，融资期内有可预测的、稳定的、正向的现金流入，如利息或本金的分期还款，而且投资者还可以通过财务杠杆来改变资金结构，提高投资收益。

对融资方而言，夹层融资成本一般高于优先债务但低于股本融资，而且可以按照客户的独特需求设计融资条款，可在最大程度上减少对企业控制权的稀释。作为新兴的融资工具和资产类别，夹层融资特别适合那些现金流可以满足现有优先债务的还本付息，但是难以承担更多优先债务的企业或项目。

4.7.2 夹层融资的形式

夹层融资通常采用夹层债、优先股或两者结合的形式，也可以采取次级贷款的形式，还可以采用可转换票据的形式。在夹层债中，投资人将资金借给借款者的母公司或是某个拥有借款者股份的其他高级别实体（以下简称夹层借款者），夹层借款者将其对借款者的股份权益抵押给投资人；与此同时，夹层借款者的母公司将其所有的无限责任合伙人股份权益也抵押给投资人。这样，抵押权益将包括借款者的收入分配权，从而保证在清偿违约时，夹层投资人可以优先于股权人得到清偿，用结构性的方法使夹层投资人权益位于普通股权之上、债券之下。在优先股结构中，夹层投资人用资金换取借款者的优先股份权益。夹层投资人的"优先"体现为在其他合伙人之前获得红利，在违约情况下，优先合伙人有权力控制对借款者的所有合伙人权益。

4.7.3 夹层融资的优缺点

（1）夹层融资的优点。对融资企业而言，夹层融资通常提供形式非常灵活的较长期融资，这种融资的稀释程度要小于股权融资，并能根据特殊需求做出调整。此外，夹层融资的付款事宜也可以根据企业的现金流状况确定。一般来说，如果企业不能通过债务性融资获得资金以满足投资需求，或者不愿通过用股权融资稀释股权时，夹层融资就是一个很好的选择。

对投资者而言，夹层融资与债权投资相比，收益更高。夹层融资结合了固定收益的特点和股权资本的特点，通常可以获得现金和股权双重收益。其中现金收益通常按照高于银行贷款利率的股利率计算，股权收益则通过优先股赎回溢价。而且，在法律意义上，企业破产情况下夹层融资债务追索权排在贷款融资之后，但优于股权融资。因此，风险相对较低。此外，夹层融资通过在融资协议中加入的条款为投资者提供了更强的保护。夹层融资交易违约率也很低，据统计，欧洲的 550 笔夹层融资的交易中，违约率仅仅占到 0.4%。而发生交易后的本金回收比例也较高。

（2）夹层融资的缺点。对融资企业而言，夹层融资的不足之处主要表现在：融资成本虽然低于股权融资但也高于债务融资；夹层融资的信息透明度较低；获得夹层融资必须满足一些苛刻的条件，如良好的财务状况、较高的成长性等。

对投资者而言，夹层融资的缺点主要体现在投资期限较长等方面。

4.7.4　夹层融资的发展

近年来，夹层融资在欧美发达国家迅速发展，为企业在传统的资本市场和银行借贷之外开辟了新的融资渠道。投资者的构成从早期的以保险公司为主，逐渐转变为以基金和商业银行为主。夹层融资产品在欧美发达市场上具有良好的流动性和较低的波动性，风险收益特征对机构投资者具有很强的吸引力，保险公司、商业银行、养老基金、对冲基金等各类金融机构不断增加对夹层资本的投资。夹层资本在欧美已成为一个成熟的类别。

目前，全球的夹层资本已经开始进入亚洲市场。虽然亚洲夹层融资发展较晚，规模还比较小，但夹层资本已经开始在满足企业对风险资本的需求方面发挥重要作用。在 1997 年亚洲金融危机之后，不利的经济气候也引发了许多积极的发展，这帮助夹层融资提供者创造了更加良好的投资环境。

由于我国金融市场体系不合理，金融体系也不够健全，企业始终缺乏长期资本的融资渠道，夹层融资在我国起步相当晚。直到 2005 年底，联华信托公司发行准房地产信托基金"联信·宝利"7 号。"联信·宝利"7 号信托资金将投资于大连琥珀湾房地产开发项目公司的股权。计划终止时，优先受益人优先参与信托利益分配，劣后受益人次级参与信托利益分配。既有外来资金的投资，又有自有资金的进入，这才构成了一个经典的夹层融资。

据相关数据分析，中国房地产年投资总额为 10106 亿元。按照美国商业不动产中使用夹层融资的比例（融资额为投资总额的 15%～20%）计算，则中国每年夹层融资总额可高达 152 亿～202 亿元。另外，夹层融资作为一种金融创新工具，将成为我国各类金融机构业务拓展的新目标。

而目前的状况是，我国的融资方式仍然是以银行为主导的，商业银行贷款在融资总量中占有很大比重。尽管近年来我国积极拓展直接融资渠道，努力提高资本市场在融资体系中的作用，但由于资本市场股权分置改革的影响，企业债券市场发展缓慢，企业信用评估和法律配套不完善等诸多原因，银行贷款在社会融资中的比例不跌反升。企业特别是中小企业融资困难，融资渠道单一，这不仅制约了企业的发展，而且加大了商业银行的经营压力，使金融风险大量隐含在银行体系之中。在目前市场条件下，当务之急是进行金融产品创新，拓展企业融资渠道。借鉴国际市场经验，夹层融资是我国现阶段解决中小企业或项目融资困难的有效手段。

基于国内尚未成熟的资本市场，夹层融资这种股债融合的方式更有利于投资方对项目投资收益的把握，也能为融资方提供更具弹性的股权管理选择，而且夹层基金机动灵活的运行方式也能提高资金的周转效率。中小企业都面临着引入外部股东导致股权稀释甚至失去控制权又难以争取更多银行贷款或负债融资的两难境地，而夹层融资的股债双重特性正好可以很好地解决中小企业这一难题。基于以上分析，在中国，夹层融资在中小企业中将得到广泛的应用。

4.8 其他项目融资资金来源

4.8.1 双边机构

全球项目融资中，活跃着两种双边机构：出口信贷机构和投资促进机构。

4.8.1.1 出口信贷机构

出口信贷机构的主要工作就是推进本国对发展中国家的出口。它们通过以下的融资服务完成工作，提供的服务占据了本国出口货运总值的 85%。

（1）给外国的买家提供中、长期的直接贷款。

（2）向给购买人提供资金的单位提供担保以防止政治和商业风险。

1994 年前，出口信贷机构在贷款和担保时都是向接受贷款国家的机构寻求反担保。从此，一些出口信贷机构成员国（日本、法国、德国、英国、美国）开始支持发展中国家的项目融资。在新规则出台后，出口信贷机构在项目融资交易中承受的直接担保风险和间接担保风险并不总是需要反担保来支持。

中国出口信用保险公司是中国唯一承办出口信用保险业务的政策性保险机构，它主要通过信用保险、贸易融资、信息咨询、应收账款管理等方式促进中国的出口、海外投资以及国内贸易。

案例：工行出口信贷项目获选 2005 年度全球最佳交易

中国工商银行一项出口买方信贷项目被《贸易融资》、《全球贸易观察》和《贸易与福费廷观察》三家国际权威贸易融资类杂志同时评选为"2005 年度最佳交易"。这是中国银行业在出口信贷方面首次同时获此三项大奖。

该项目是由中国工商银行和法国巴黎银行联合牵头安排的，用于巴西盖尔道阿斯米纳斯公司贷款采购中国五矿集团和中冶集团提供的冶金设备。

上述杂志的"最佳交易"奖是从 2005 年由全球数十家出口信贷保险机构承保的大量出口信贷项目中评选出来的，代表了当年全球出口信贷领域的最佳水平。

五矿集团和中冶集团在 2004 年巴西盖尔道集团焦炉扩建工程项目国际招标中胜出，合同金额高达 2.37 亿美元。中国工商银行通过与法国巴黎银行、出口商、业主等有关各方的沟通协商，顺利完成了融资结构设计、尽职调查、融资条件谈判等工作。

最终，中国工商银行和法国巴黎银行联合向巴西盖尔道阿斯米纳斯公司提供 2 亿美元的出口买方信贷。据了解，巴西盖尔道阿斯米纳斯出口项目是我国企业在拉美地区最大的出口项目，也是迄今为止中国企业最大的黑色冶金设备的出口项目。

4.8.1.2　投资促进机构

（1）投资促进机构的作用。私营企业投资促进机构动员本国公司参与新兴市场国家的经济、社会发展。投资促进机构将给本国公司提供以下服务：

1）为预防大规模政治危机，给私有证券投资担保。

2）通过贷款和贷款担保的方式为海外私营企业提供资金。

3）动员成立私营投资基金会，为海外私营企业提供第三方股本资金来源。

（2）投资促进机构发展的影响因素。投资促进机构的发展、所提供的金融服务和活动的国家范围会受到以下因素的影响：

1）跨国证券投资在过去 20 年来不管是在发达国家，还是在新兴市场经济国家和经济转型国家都取得了空前的成绩。

2）苏联、东欧、西欧以至所有发展中国家的成千上万的国有企业私有化在推动双边机构发展方面起着重要的作用,这些国家的项目不仅需要购买方的股本资金,还需要第三方的股本投资和政治风险担保。

3)主要发达国家政府感觉到为支持本国私有部门的国际化行为迫切需要推出"官方"保护伞。

4)双边投资促进机构正努力保护股本资金流通,而多边机构通过类似的多方努力完成了这个目标,特别是世界银行1988年成立的多边投资担保机构,还有其他的举措等。

5)可靠的项目供给使美国私有机构也参与到海外投资中(以及多边和双边保护计划的发展),以寻求更高的收益和实现投资多样化。

1995年4月26~27日,在联合国贸易和发展会议的赞助下,世界投资促进机构协会(以下简称协会)举行了成立大会。协会是一个非政府和非营利的组织,总部设于瑞士日内瓦。协会作为投资促进机构的论坛,提供网络机会和增进在投资促进方面的经验交流。协会的咨询委员会由以下国际政府和非政府组织组成:世界银行集团的外国投资咨询服务(机构)(FIAS);世界银行集团的多边投资担保机构(MIGA);经济合作与发展组织(OECD);联合国贸易和发展会议(UNCTAD);联合国工业发展组织(UNIDO)。

为适应中国对外开放的新形势,有效实施中国投资促进总体战略,完善中国投资促进体系,经中国国务院批准,中国国际投资促进会于2006年1月成立。经过半年的筹备工作,于2006年7月25日召开成立大会。中国国际投资促进会是由中国各省市、自治区、国家级开发区投资促进机构、促进双边投资贸易合作的企业家委员会和社会中介机构、机构投资者共同组成的国际投资促进民间团体。拥有上百家投资促进机构和企业、中介机构作为会员。中国国际投资促进会将与政府投资部门、半官方投资促进机构形成优势互补、资源共享、各司其职、共同发展的新格局,形成了中国官方、半官方和民间投资促进机构相结合的双向投资促进服务体系。

4.8.2 国际债券市场

世界上主要的国家债券市场位于美国、日本、德国、英国。美国债券的数量最多,而占国民生产总值(GNP)的数量比率排在日本之后。

美国债券可以向公众出售,也可以直接销售给金融机构投资者。公共债券需要在证券交易委员会(SEC)登记注册,在向公众出售之前需要由评级机构评级。相反,私募债券局限于金融机构的投资者中,例如保险公司、养老基金,不需要登记和评级。

长期以来,美国债券市场是联邦政府、市政府、地方政府发行机构借贷的主要来源。公共部门发行的债券比私有部门要多。私有发行部门可能是公司，可能是银行。在债券发行方面，比起日本和德国，美国公司的作用更重要。而在日本和德国这两个国家，银行发行显得更重要。

20世纪80年代特别是90年代，外国债券在美国债券市场上很受欢迎。扬基（Yankee）债券是外国发行方在美国货币市场发行的长期债务形式。外国债券得到青睐的主要原因是1990年证券交易委员会颁布的144（a）规则。该规则允许美国合格机构（至少管理1亿美元资金）购买外国未经登记的债券，同时可以把这些债券出售给其他的机构投资者，另外还不限制持有证券的最短时间。消除了30年来的障碍后，日本的债券市场也受到了外国公司的欢迎。根据日本方面的规定，外国公司可以发行两种日元面值的外国债券：武士债券和私募（Shibosai）债券。武士债券是公开发行的债券，目标是一些大型并有着良好信誉的买家，如多边组织和外国政府。私募债券是在日本市场私募发行的。

在德国市场上发行债券的外方主要是工业公司和银行。因为发行手续简化，在20世纪90年代，德国债券市场上的外国债券大幅增加。在英国债券市场上虽然外国债券占有大部分的比重，但总量还是很有限。

接下来就是20世纪60年代出现的欧洲债券。针对美国国民发行外国债券征收利息平准税（Interest Equalization Tax，该税针对美国居民购买外国长期债券所得利息及其他收益收税），税收使得外国人在纽约借款更为昂贵，所以欧洲市场移到了伦敦，在伦敦，借贷者可以选择欧洲货币市场。欧洲债券可以以任何货币形式发行，但是不允许在货币发行国发行，否则会使货币发行国实行更加严格的监管政策。因此，欧洲美元债券可以在英国和法国发行，但为了避免SEC的监督，不在美国发行。同样，欧洲日元债券可以在英国和美国发行，但不在日本发行。如此一来，欧洲债券远离了所有监管机构的控制。

总之，大部分债券市场出现违约风险的概率很小，也反映了发行债券的严厉要求。通常情况下只有高质量的公司可以进入这些市场。20世纪90年代以来，位于拉丁美洲和亚洲的许多国有外国公司也能在这些市场上成功发行债券。发展中国家的私有基础设施项目必须前景很好而且拥有著名的项目发起人，这样才能进入这些市场。

4.8.3 基础设施投资基金

投资银行、多边银行、保险公司创立了许多股票基金，目的是对发展中国家和发达国家的私有基础设施项目进行股本投资。

这些基金将来自机构投资者的股本资金、准股本资金和债务资金，投入亚洲、拉丁美洲等国家的电力、电信、运输项目的私人发起人手中，例如亚洲Mezzanine 基础设施基金会。这样做的目的是允许投资者（否则这些投资者可能不会向单个项目投资，因为对单一项目投资规模过大会带来风险和成本）实现对基础设施公司和项目投资组合的多元化。经营结果表明这些基金每年预期收益超过20%。

这种类型的基金之所以受到欢迎的原因在于：

一是这样的机会同时在许多国家和地区出现。

二是部分机构投资者需要寻求投资多元化，实现高收益。

三是项目发起人不希望自己承担一个或一个以上项目的所有股本资金需求。

四是名声好的基金经理的出现。

基金也会面临所有基础设施项目投资面临的风险，即流动性风险。为了降低流动性风险，一旦它们有了运行记录，就会在发达国家股票市场上发行自己的股票并帮助项目实体在新兴国家的股票市场上发行证券。但是这些基础设施投资在基金寿命期内是不可以流动的。

4.8.4 政府

4.8.4.1 政府的作用

政府机构对基础设施的投资有两种方式：一是为私人投资者特别是跨境的投资者提供担保和保险支持；二是颁布良好的公共政策，特别是好的规则框架。

4.8.4.2 担保

对于新建项目来说更需要政府担保和金融支持，因为产品或服务价格通常要比市场上高出许多。以下是风险类型以及政府为减缓风险做出的担保：

（1）政府所属的项目参与者毁约，如包销商、主要原料供应商。

（2）政策和政治风险，如货币兑换和货币转让，法规和规定的更改有损项目。

（3）利率变化，如在融资关闭前调整产品或服务价格来吸收利率风险。

（4）市场风险，如包销协议下的各方面担保，包括买进数量和支付价格的规定。

（5）价格和汇率水平，如包销协议下支付的价格反映通货膨胀和汇率风险变化。

（6）债务偿还，包括通过部分风险担保或部分资信担保来担保全部或部分债务。

·本章小结·

项目资金的结构和选择是指如何安排和选择项目的资金构成和来源。项目融资的资金构成一般有三个部分：股本资金、准股本资金和债务资金。作为项目管理者，选择最佳的债务与股本资金比例与资金来源形式，将可以达到既减少项目投资者的自有资金流入又提高项目综合经济效益的双重目的。

合理的项目资金结构需要考虑的内容包括：项目的总资金需求量和现金流量；资金使用期限；资金成本；不同利率结构、不同贷款形式或者不同货币种类的贷款的结合方式等因素。

股本资金主要包括优先股和普通股，是投资者投入项目的资金，它是项目融资的基础。在资金偿还的顺序中，股本资金排在最后一位。准股本资金是相对股本资金而言的，它是指项目投资者或者与项目利益有关的第三方所提供的一种从属性债务。当项目公司破产时，在偿还所有的项目融资贷款和其他的高级债务之前，从属性债务将不能被偿还。从项目融资贷款人的角度，准股本资金将被视为股本资金的一部分。

如何安排项目的债务资金筹集是项目融资资金结构问题的核心。项目投资者可能获得债务资金的市场可以分为两类，即本国资金市场和外国资金市场。本国资金市场又可以分为国内金融市场和政府信贷两部分；外国资金市场又可分为国际金融市场、外国政府出口信贷、世界银行以及地区开发银行的政策性信贷等。

从投资者获得债务资金的性质上分，也可分为商业贷款和政策性贷款。商业贷款的主要来源有商业银行贷款、国际辛迪加银团贷款、双边机构及国际债券市场筹资等。如果所投资项目符合项目所在地政府或国际机构如世界银行、亚洲开发银行的条件，经申请批准可以获得政策性债务资金。

· 关键概念 ·

股本资金　准股本资金　债务/股本资金比例　国际辛迪加银团贷款　世界银行　双边机构

· 思考题 ·

1. 简述合理的项目资金结构需要考虑的内容。
2. 债务资金的基本结构性问题应考虑哪些方面内容？
3. 简述商业银行贷款的基本法律文件的内容。
4. 简述项目融资中国际辛迪加银团贷款的特点和优点。
5. 简述政府在项目融资资金筹集中的主要作用。
6. 案例分析：三峡工程项目融资

（1）项目融资基本情况。三峡工程是中国跨世纪的一项巨大工程，到2009年三峡工程全部建成时，所需的动态资金共计 2034 亿元人民币。由于三峡工程耗资巨大，我国政府采取对未来资金流动进行预测的方法，对资金需求实行动态管理。三峡工程静态投资按 1993 年 5 月国内价格水平总额为 900.9 亿元人民币。考虑到物价上涨、贷款利息等因素，到 2005 年工程的动态投资为 1468 亿元。资金来源主要有三项：一是三峡工程基金，二是葛洲坝电厂利润，三是三峡电厂从 2003 年开始发电的利润。这三项是国家对三峡工程的动态投入，可解决工程的大部分资金。

到 2005 年底，三峡电站装机 10 台，当年发电收入加上三峡基金和葛洲坝电厂利润，可满足工程移民资金需要并出现盈余。从 2006 年开始，三峡工程有能力逐步偿还银行贷款。

根据三峡工程开发总公司提供的资料显示，三峡工程的造价由以下三个部分组成：

①国家批准的 1993 年 5 月的价格，900.9 亿元人民币，其中枢纽工程 500.9 亿元人民币，水库淹没补偿（移民费）400 亿元人民币。

②建设期物价增长因素。

③贷款利息，包括已与开发银行签约 300 亿元人民币贷款每年需付的利息以及其他贷款利息，预计为 384 亿元人民币。

（2）资金筹集情况。三峡工程筹资由以下几个部分组成：

①国家出台的三峡建设基金，即在全国销售电力中每度电增提电价的专用资金，1996 年起部分地区每度电增加 7 厘钱。该资金随着全国电量的增长而增长，预计建设期 17 年共可获得 1000 亿元人民币。

②已经划归三峡总公司的葛洲坝电厂，在原上网电价每度 4.2 分的基础上再涨 4 分钱。17 年内可以获得 100 亿元人民币。

③三峡工程 2003 年开始自身发电的收益也投入三峡工程建设，2003 ~ 2009 年预计可得发电收益 450 亿元人民币。

以上三项共计 1560 亿元人民币，可以视做国家资本金投入，在建设期无须付利息。

④国家开发银行 1994 ~ 2003 年连续 10 年每年贷款 30 亿元人民币，共 300 亿元人民币，这部分资金每年需付利息。

⑤国内发行企业债券。经国家计委、财政部批准，1996 年度发行 10 亿元债券。

⑥进口部分国内无法生产的机电设备，利用出口信贷及部分商业贷款来弥补部分资金不足。

⑦通过其他融资方式筹集资金。

（3）拟讨论的问题：

①试分析三峡工程项目融资的主要资金来源。并阐明政府在其中发挥的

作用。

②本项目融资的资金成本主要包括哪几个方面？

③针对项目现在的融资结构，应该重点考虑哪些融资风险？

④与第 8 章英法海底隧道工程项目相比，三峡工程在项目融资方面有哪些特点和优势？

第5章 项目融资可行性研究

项目的可行性研究主要是为了提供拟投资项目的技术、经济、结构、政府支持及市场等方面的资料，它是项目发起人在争取有限追索资金时必须提供的一个重要报告，项目发起人通过这个报告对项目的详细说明吸引潜在的贷款人、政府官员和潜在的股本投资者参与到这个项目中来。

融资项目可行性研究是融资项目前期工作的最重要内容，以市场需求为起点，以资源投入为基础，得出技术评价和经济评价结果，综合反映一个融资项目建设的必要性、技术的可行性与先进性，经济的合理性。因此，可行性研究的意义和作用主要表现在：第一，为融资项目发起人提供投资决策的依据；第二，为求得政府部门支持提供依据；第三，是开展融资活动、寻求融资伙伴的依据；第四，作为项目具体建设的指导依据。至于全面的项目可行性研究将在本丛书《项目评价管理》中进行介绍。

5.1 项目可行性研究概述

项目可行性研究是项目立项阶段最重要的核心文件，具有相当大的信息量和工作量，是项目决策的主要依据。根据项目的大小与不同类型，研究内容由浅入深，项目可行性研究包括项目机会研究、初步可行性研究、详细可行性研究和项目评估决策等几个部分。

5.1.1 可行性研究的依据

项目的可行性研究，必须在国家有关的规划、政策、法规的指导下完成；同时，还必须要有相应的各种技术资料作为参考。进行可行性研究工作的依据主要包括：

5.1.1.1 宏观环境

具体包括国家经济和社会发展的长期规划，部门与地区规划，经济建设的指导方针、任务、产业政策、投资政策和技术、经济政策以及国家和地方法规等。

5.1.1.2 与项目直接相关的依据

（1）经过批准的项目建议书和在项目建议书批准后签订的意向性协议等。

（2）由国家批准的资源报告，国土开发整治规划、区域规划和工业基地规划，对于交通运输项目建设要有有关的江河流域规划与路网规划等。

（3）国家进出口贸易政策和关税政策。

（4）当地的拟建厂址的自然、经济、社会等基础资料。

（5）有关国家、地区和行业的工程技术、经济方面的法令、法规、标准定额资料等。

（6）由国家颁布的建设项目可行性研究及经济评价的有关规定。

（7）包含各种市场信息的市场调研报告。

5.1.2 可行性研究的主要内容

各类投资项目可行性研究的内容及侧重点因行业特点不同而不同，但一般应包括以下内容。

5.1.2.1 投资必要性

主要是根据市场调查及预测的结果，以及有关的产业政策等因素，论证项目投资建设的必要性。在投资必要性的论证上，要注意以下几点：一是要做好投资环境的分析，对构成投资环境的各种要素进行全面的分析论证；二是要做好市场研究，包括市场供求预测、竞争力分析、价格分析、市场细分、定位及营销策略论证等。

5.1.2.2 技术可行性

主要从项目实施的技术角度，合理设计技术方案，并进行比选和评价。各行业不同项目技术可行性的研究内容及深度差异很大。对于工业项目，可行性研究的技术论证应达到能够比较明确地提出设备清单的深度；对于各种非工业项目，技术方案的论证也应达到目前工程方案初步设计的深度。

针对不同的项目，行业专家的作用是非常关键的。例如，在道路、桥梁和隧道的建设中，专家将检查设计和建造计划、交通流量预报和交通支线状况。在电站建设中，关键是电站的设计和运行方案，必须检查试运行程序、竣工标准、必要的输电线路和电网能力；预测燃料的供应、用电计划和电网要求。在保护贷款人的利益方面，银行自己的技术专家起着很重要的作用，但大部分贷款人还是要求有独立的工程师参与项目的评估和控制过程。

5.1.2.3 财务可行性

项目融资以项目资产和现金流为还款依据，所以项目融资可行性分析中财务

项目融资管理

可行性是不可缺少的内容。财务可行性主要是从项目及投资者的角度设计合理的财务方案，从企业理财的角度进行资本预算，评价项目的财务盈利能力，进行投资决策，并从融资主体（企业）的角度评价股东投资收益、现金流量计划及债务清偿能力。

5.1.2.4 组织可行性

制定合理的项目实施进度计划，设计合理的组织机构，配备经验丰富的管理人员，建立良好的协作关系，制定合适的培训计划等，以保证项目顺利执行。

5.1.2.5 经济可行性

主要是从资源配置的角度衡量项目的价值，评价项目在实现区域经济发展目标、有效配置经济资源、增加供应、创造就业、改善环境、提高生活水平等方面的效益。

5.1.2.6 社会价值可行性

按照世界银行等国际金融组织的要求，在可行性研究阶段应进行项目的社会评价，分析项目为实现国家和地区的社会发展目标所做的贡献及其影响，以及项目与社会的相互适应性。主要内容涉及人口、就业、移民安置、公平分配、文化历史、妇女、民族宗教、居民生活水平和质量、社会基础设施等，评价的重点是项目周围的社区，同时还应考虑项目对技术进步、节约时间、促进地区和部门发展、改善经济布局和产业结构等的影响。评价指标包括就业效果、收入分配效益、资源节约指标、公平分配、扶贫效果、妇女参与、机构发展和持续性等。

5.1.2.7 环境影响评价

可行性研究应对项目可能产生的环境影响进行全面、综合、系统、实际的评价，这种评价对分析项目的社会、经济、技术和财务上的可行性十分重要。环境影响分析包括项目对周围地区的影响，特别是对当地人群、植物群和动物群的影响。环境影响因素分析应以项目所在国的法规、"三废"排放标准为基础进行影响因素的识别和分析，在环境背景调查的基础上，分析项目的实施对当地环境的影响。主要目的是：①就项目对自然及人类居住地所造成的环境影响后果进行全面、综合的分析；②研究和了解项目的各个方案新增的环境影响的范围和程度；③把环境保护法规的要求纳入可行性研究中；④确定减轻消极的环境影响和增加有利影响的措施；⑤对各种需要进一步研究的环境问题进行分析；⑥对各种环境影响进行必要的定性和定量分析研究，确定项目方案在环境方面的主要优缺点。

5.1.2.8 风险因素及对策

主要是对项目的市场风险、技术风险、财务风险、组织风险、法律风险、经

· 180 ·

济及社会风险等风险因素进行评价，制定规避风险的对策，为项目全过程的风险管理提供依据。

上述可行性研究的内容，适应不同行业、各种类型的投资项目。

5.1.3　可行性研究的步骤

可行性分析方法发展到今天，已经成为一种成熟的标准化程序。在联合国工业发展组织（UNIDO）编写的《工业可行性研究报告编制手册》中，将可行性研究工作分为四个阶段，即机会研究（项目建议书）、初步可行性研究、详细可行性研究及项目评估和决策。由于基础资料占有的程度和研究深度与可靠程度不同，以上四个阶段的研究性质、工作目标、工作要求及作用、工作时间与费用各不相同。一般来说，各阶段的研究内容由浅入深，项目投资和成本估算的精度要求由粗到细，研究工作量由小到大，研究的目标和作用逐步提高，因而研究工作的时间和费用也逐渐增加。这种循序渐进的工作程序，既符合对项目调查研究的客观规律，又能节省人力、财力、时间，因而其效果是明显的。在任何一个阶段，只要得出不可行的结论，就不必进行下一步的研究；如认为可行，则要转入下一阶段的工作。这种广义的可行性研究工作，又可根据项目的规模、性质、要求和复杂程度的不同，进行适当的调整。如对于小型规模和工艺技术成熟或不太复杂的项目，就可直接做可行性研究；对于有的项目经过初步可行性研究认为有把握，就可据以做出投资决策。

5.1.3.1　项目机会研究

机会研究依其性质而言，是相当粗糙的，更多地依靠总的估计数而不是详尽的分析；通常不是通过设备供应商等的报价单，而是通过类似的现有项目来获得成本数据。是否必须进行一般机会研究或具体项目机会研究，或是否两者都必须进行，这要取决于所调查的当时条件。

（1）一般机会研究。主要用于鉴别与发展投资机会、形成投资意向，提供可供选择的项目发展方向和投资领域。一般机会研究通常由国家机构和公共机构来完成，目的是指明具体的投资建议。这类研究有三种：①地区研究，谋求鉴别在某一特定地区（如省、市或一个港口的腹地贸易区内）的各种机会；②分部门研究，谋求在诸如食品加工、电子计算机等某一特定的产业部门内鉴别各种机会；③以资源为基础的研究，谋求识别基于利用自然、农业、工业产品的各种机会，如以森林为基础的工业、石化工业等。

（2）具体项目机会研究。这项研究主要用于筛选项目，提出项目建议，比一般机会研究更深入、更具体。主要包括市场研究、外部环境分析、优势分析、论证结论几部分，最后以项目建议书的形式出具给项目相关者。这项研究工作的承担者一般是项目的受益者或项目未来的投资者。具体项目机会研究可定义为：将项目设想转变为概略的投资建议（即我国的项目建议书），其研究目的是要促使投资者做出反应。因此它必须包括某些基本的资料：第一，对所鉴别的产品是有选择的；第二，汇编与各种产品有关的数据，以便国内外的潜在投资者能够考虑这些可能性是否具有足够的吸引力以进入下一个项目研究阶段。有关各种产品生产的基本政策和程序的资料，可以作为这些数据的补充。这样即可得出概括的投资简介，以达到促使投资者做出反应的目的。

（3）方案策划。根据项目的目标与功能要求，进行总体规划与设计。作为可行性研究的前提与实施的依据主要包括：功能与目标分析，有总目标、分目标、技术指标、经济指标、环境指标等指标；总体方案设想，有概念创新、方案设想等内容；总体方案规划，有布局、规模、指标等内容；各部分功能设计，有子系统功能、联系等内容；方案选择与确定，有技术、经济、环境、风险、周期比较、确定一到两个方案进一步研究与论证等内容。

5.1.3.2 项目初步可行性研究

本阶段研究必须在更为详细的研究报告中详尽阐述项目设想。然而，系统地提出能够就项目做出明确决定的技术和经济上的可行性研究报告是件既费钱又费时的工作。所以，在拨款进行本阶段研究之前，必须在可行性初步研究报告中对项目设想进行初步的估计。

项目初步可行性研究阶段主要是对项目进行初步的论证和评估，分析前途、关键技术或管理与制度问题。在总体方面，应分析项目立项的必要性、时间周期、资源需求、资金筹措、利益、合理性、风险性等内容；在产品方面，主要分析市场与生产能力，包括市场预测、经营渠道、价格、销量等内容；在资源投入量分析方面，主要分析建设与运行过程的资源需求；在选址方面，分析地点选择、场地选择等内容；在项目总设计方面，分析规划、工艺、设备、土建、技术、进度、投资额、成本等内容；在收益估算方面，主要包括经济性、技术性、环境结论等内容。

如果就投资可能性进行了项目机会研究，那么，项目的可行性初步研究阶段往往可以省去；如果关于部门或资源的机会研究包括足够的项目数据可继续进入可行性研究阶段或决定终止这一研究，那么有时也可越过可行性初步研究阶段。然而，如果项目的经济效益使人产生疑问，就要进行可行性初步研究来确定项目是否可行，除非可行性初步研究的某一方面已通过详尽的市场研究或一些其他的功能研究进行了深入的调查。必须把估计项目的主要投资支出和生产成本作为可行性初步研究的一部分，但并不一定只以确定的报价单为估计依据。

5.1.3.3　项目详细可行性研究

详细可行性研究是为项目的投资决策提供技术、经济上的基础。它应该对有关某一产品生产的关键因素连同进行生产的各种备选方法一并做出规定或予以分析。这种研究对项目的分析应确认以下问题：它位于选定的地点，具备规定的生产能力，使用和规定的原料与投入有关的某一种或几种技术，具有确定了投资费用和生产成本并从销售收益中获得规定的投资收益。

具体做到在决策前对项目有关的工程、技术、经济、环境、政策等方面的条件和情况做详尽、系统、全面的调查、研究与分析，对各种可能的建设方案和技术与工程方案进行充分的比较论证，对项目完成后的经济效益、国民经济和社会效益进行预测和评价，是项目评估和决策的依据。主要内容包括：总论，主要有背景、必要性、依据和范围需求预测等内容；项目规模，主要有国内外需求、能力、竞争力、技术经济分析等内容；资源情况，主要有原材料、设施、燃料、人员、技术、装备等内容；项目实施条件与地点选择，主要有地理地形、气象水文、地质、交通运输、通信、水、电、气、地点选择与比较等内容；设计方案，主要有范围、方法、进度、工作量等内容；组织建设方案，主要有机构设置、人员招募与培训等内容；投资估算与资金筹措方案；社会及经济效果评价；环境评价，主要有环境保护、环境影响等内容。

5.1.3.4　项目评估和决策

项目评估和决策是由投资决策部门组织或授权给有关专家，根据政策、法规、方法、参数和条例等因素，从项目的国民经济、社会角度出发，对项目的必要性、条件、市场、技术、环境、效益等进行全面评价，判断其是否可行，以审查可行性研究报告的可靠性、真实性和客观性，为审批项目提供决策依据。其内容包括：

（1）全面审核报告中反映的各项情况是否属实。

（2）分析项目可行性研究中各项指标计算是否都正确，包括各种参数、基础数据、定额费率的选择。

（3）综合分析项目的财务效益和社会经济效益。

（4）分析项目可行性研究的可靠性、真实性和客观性，对项目做出取舍的最终投资决策。

（5）写出项目评估报告。评估依据有项目建议书、批准文件、可行性研究报告、申请报告、初审意见、有关协议文件等内容；评估程序主要有成立评估小组、资料审查分析、调查分析、论证、编写评估报告、讨论修订、专家论证会、出具评估报告等步骤。可行性研究各阶段工作的目的和要求见表 5－1。

表 5 – 1　可行性研究各阶段工作的目的和要求

研究阶段	机会研究	初步可行性研究	详细可行性研究	项目评估决策
研究性质	项目设想	项目初选	项目准备	项目评估
研究目的和内容	鉴别投资方向，寻求投资机会，选择项目，提出项目投资建议	对项目做初步评价，进行专题辅助研究，广泛分析、筛选方案，确定项目初步可行性	对项目进行深入细致的技术经济论证，重点对项目的技术方案和经济效益进行分析评价和多方案筛选，提出结论性意见	综合分析各种效益。对可行性研究报告进行全面审核和评估；分析、判断可行性研究的可靠性和真实性
研究要求	编制项目建议书	编制初步可行性报告	编制可行性研究报告	提出项目评估报告
研究作用	为初步选择投资项目提供依据，批准后列入建设前期工作计划	判断是否有必要进行下一步详细可行性研究，进一步判明建议项目的生命力	作为项目投资决策的基础和重要依据	为投资决策者提供最后决策依据，决定项目取舍和选择最佳投资方案

5.2　项目财务评价

　　财务评价是对项目的现金流量、收益、费用、获利能力、贷款偿还能力等财务状况进行预测、分析和计算，并以此评价项目财务可行性的一种评价方法。

5.2.1　项目的现金流量分析

　　项目融资中贷款人最初在考虑安排贷款时，用该项目经济实体的现金流量和收益作为偿还贷款的资金来源，并以该经济实体的资产作为贷款的安全保障。所以，项目的经济强度将是贷款人最关注的方面。项目的经济强度是指在安排最初投资时，如果项目可行性研究中假设条件符合未来实际情况，项目是否能够生产出足够的现金流量，能否支付生产经营费用、偿还债务并为投资者提供理想的收益，以及在项目运营的最后或者最坏的情况下项目本身的价值能否作为投资保障。项目的经济强度表现在项目的获利能力、安全性、抗风险能力和变现能力上。通常，项目的经济强度要从两个方面来测量：第一，项目未来可用于收回投资或偿还贷款的净现金流量；第二，项目本身的资产价值。

5.2.1.1　现金流量的构成内容

项目投资中的现金流量包括现金流出量、现金流入量和现金净流量。

（1）现金流出量。一个项目投资的现金流出量是指该项目投资引起的企业现金支出的增加量。一个项目投资的现金流出量主要包括以下四个部分：

1）固定资产投资。固定资产投资由工程费用、工程建设其他费用、预备费用以及建设期借款利息支出等构成。

工程费用。工程费用是指用于项目各种工程建设的投资费用，包括土建工程费用、设备购置费用以及安装工程费用等。

工程建设其他费用。工程建设其他费用是指从工程开工到工程竣工验收交付使用为止的整个建设期内，除了建筑安装工程费用和设备、器具购置费用以外，为保证工程建设顺利完成和交付使用后能够正常发挥效用而发生的各项费用之和，一般包括勘测设计费、研究试验费、临时设施费、工程监理费、工程保险费、办公费、试运转费以及施工机构迁移费等。

预备费用包括基本预备费用和涨价预备费用。其中，基本预备费用是指为弥补项目规划设计中难以预料而在项目实施中可能增加工程量的费用；涨价预备费用是指在建设期内由于物价上涨而增加的项目投资费用。

建设期借款利息支出。现行会计制度规定，建设期借款利息也应计入固定资产价值，因而也属于固定资产投资的一项构成内容。

2）无形资产投资。无形资产投资主要包括土地使用权、专利权、商标权、专有技术、商誉、特许权等方面的投资。

3）递延资产投资。递延资产投资主要包括开办费投资和其他递延资产投资。

4）流动资产投资。流动资产投资是项目投产后为保证其生产经营活动得以正常进行所必需的周转资金。

（2）现金流入量。一个项目投资的现金流入量是指该项目投资引起的企业现金收入的增加额。一个项目投资的现金流入量主要包括以下三个部分：

1）营业现金流入。营业现金流入是指项目投产后所取得的营业收入与付现成本的差额。

2）回收固定资产残值。回收固定资产残值是指项目出售或报废时固定资产的变卖收入。

3）回收流动资金。项目出售或报废时，原流动资产投资可用于其他目的，回收的流动资金也属于项目投资现金流入量的构成内容。

（3）现金净流量。项目投资的现金净流量是指项目周期内现金流入量和现金流出量的差额。当现金流入量大于现金流出量时，现金净流量为正值；反之，现金净流量为负值。

5.2.1.2　现金流量的计算

根据现金流出量、现金流入量和现金净流量的构成内容，我们不难推导现金流量的计算公式。

现金流入量 = Σ各年营业现金流入 + 回收固定资产残值 + 回收流动资金

　　　　　 = Σ（各年营业收现收入 – 各年付现成本）+ 回收固定资产残值 + 回收流动资金

现金流出量 = 固定资产投资 + 无形资产投资 + 递延资产投资 + 流动资产投资

净现金流量 = 现金流入量 – 现金流出量

【例5－1】ABC企业拟进行项目投资，甲方案是备选方案之一，试求出甲方案的现金流入量、现金流出量及净现金流量。

解：

现金流入量 =（1500 – 1140）× 5 + 75 + 375 = 2250（万元）

现金流出量 = 1125 + 300 = 1425（万元）

净现金流量 = 2250 – 1425 = 825（万元）

具体与甲方案相关的现金流量的过程如表5－2所示（不考虑所得税因素的影响）。

表5－2　甲方案现金流量计算表　　　　　　　单位：万元

时间	固定资产投资(1)	流动资产投资(2)	现金流出量合计(3)=(1)+(2)	营业收入(4)	付现成本(5)	回收固定资产残值(6)	回收流动资金(7)	现金流入量合计(8)=(4)-(5)+(6)+(7)	净现金流量合计(9)=(8)-(3)
0	–1125	–300	–1425						–1425
1				1500	1140			360	360
2				1500	1140			360	360
3				1500	1140			360	360
4				1500	1140			360	360
5				1500	1140	75	375	810	810
合计	–1125	–300	–1425	7500	5700	75	375	1800	825

此外，现金流入量的计算还可采用间接法，即用利润调节，计算方法如下：

现金流入量 = 营业现金流量 + 回收固定资产残值 + 回收流动资金

营业现金流量 = 营业收入 – 付现成本 = 营业收入 – 成本 + 折旧 = 利润 + 折旧

保持【例 5 - 1】其他条件不变，将付现成本换为成本和折旧两项，假设按直接法计提折旧，且每年计提折旧金额为 60 万元，则每年成本为 1200 万元。按照间接法计算现金流量的过程如表 5 - 3 所示。

表 5 - 3　间接法计算现金流量表　　　　　　单位：万元

时间	固定资产投资(1)	流动资产投资(2)	现金流出量合计(3) = (1) + (2)	营业收入(4)	成本(5)	折旧(6)	回收固定资产残值(7)	回收流动资金(8)	现金流入量合计(9) = (4) - (5) + (6) + (7) + (8)	合计
0	-1125	-300	-1425							-1425
1				1500	1200	60			360	360
2				1500	1200	60			360	360
3				1500	1200	60			360	360
4				1500	1200	60			360	360
5				1500	1200	60	75	375	810	810
合计	-1125	-300	-1425	7500	6000	300	75	375	1800	825

由表 5 - 3 可知，甲方案的现金流入量、现金流出量和净现金流量的计算如下所示：

现金流入量 = （1500 - 1200 + 60）× 5 + 75 + 375 = 2250（万元）

现金流出量 = 1125 + 300 = 1425（万元）

净现金流量 = 2250 - 1425 = 825（万元）

直接法和间接法仅在计算现金流入量时不同，前者是对现金流动的直观体现，后者则从利润出发，剔除利润中的非现金部分。

5.2.2　财务评价指标的计算

5.2.2.1　静态指标的计算

在项目财务分析中，把不考虑资金时间价值因素的影响而计算的财务评价指标称为静态指标。静态指标主要包括投资收益率、静态投资回收期、借款偿还期和财务比率等。

（1）投资收益率。投资收益率是指在工程项目达到设计能力后，其每年的净收益与项目全部投资的比率。

$$投资收益率 = \frac{项目年净收益}{项目全部投资} \times 100\%$$

投资收益率指标是一个综合性指标，在进行项目财务分析时，根据分析目的的不同，投资收益率指标又分为投资利润率、投资利税率、资本金利润率和投资净利润率等。

【例 5-2】设企业的资本成本为 12%，有三项投资项目。试确定三个方案的投资收益率分别是多少，取投资收益率较大者为最优方案。

解：

投资收益率（甲）=（2700+3888）÷2÷24000×100% = 13.73%

投资收益率（乙）=（-2700+3600+3600）÷3÷10800×100% = 13.89%

投资收益率（丙）= 1000÷14400×100% = 6.94%

由于乙方案的投资收益率（13.89%）大于甲方案的投资收益率（13.73%），因此，选择乙方案。具体计算投资收益率的过程如表 5-4 所示。

表 5-4　项目投资收益率计算表　　　　　　　　　　单位：万元

年份	甲项目			乙项目			丙项目		
	净收益	折旧	现金流量	净收益	折旧	现金流量	净收益	折旧	现金流量
0			-24000			-10800			-14400
1	2700	15000	17700	-2700	3600	900	1000	4000	5000
2	3888	15000	18888	3600	3600	7200	1000	4000	5000
3				3600	3600	7200	1000	4000	5000
合计	6588	30000	12588	4500	10800	4500	3000	12000	600

投资收益率法的优点是：它是一种评价项目盈利能力的简便算法，概念简单易懂；计算采用的数据源于财务报表，易取得；综合考虑整个项目周期的全部利润；该方法揭示出财务报表的相关变化，便于经理人预知经营业绩及项目实施后的评估。

投资收益率法的缺点是：不能体现净收益的时间价值；忽略了折旧对现金流量的影响。

（2）静态投资回收期（P_t）。静态投资回收期法是最早使用的投资评估方法，它是通过计算一个项目所产生的未折现现金流量足以抵消初始投资额所需要的年限，即用项目回收的速度来衡量项目投资方案的一种方法。在这里，静态投资回收期就是从项目投建之日起，用项目各年的未折现现金流量将全部投资收回所需的期限。静态投资回收期一般从建设开始年算起，也可以从投产年算起，但应予以注明。静态投资回收期一般是越短越好，其表达式为：

$$\sum_{t=0}^{P_t} (CI - CO)_t = 0$$

式中：CI 为现金流入量（Cash Inflows）；CO 为现金流出量（Cash Out-flows）；$(CI - CO)_t$ 为第 t 年的净现金流量；P_t 为静态投资回收期。

静态投资回收期更为实用的计算公式为：

$$静态投资回收期 = \frac{累计净现金流量}{出现正值的年份} - 1 + \frac{上年累计净现金流量绝对值}{当年净现金流量}$$

计算出的静态投资回收期要与行业规定的标准投资回收期或行业平均投资回收期进行比较，如果小于或等于标准投资回收期或行业平均投资回收期，则认为项目是可以考虑接受的，否则认为项目不可行。

【例 5-3】根据【例 5-2】的资料，试求出甲项目和乙项目的回收期。

解：

回收期（甲）= 1 +（6300 ÷ 18888）= 1.33（年）

回收期（乙）= 2 +（2700 ÷ 7200）= 2.38（年）

甲项目和乙项目的静态投资回收期计算过程如表 5-5 所示。

表 5-5 项目静态投资回收期计算表 单位：万元

甲项目	现金流量	回收额	未回收额
原始投资	-24000		
现金流入：			
第一年	17700	17700	6300
第二年	18888	6300	0

静态投资回收期 = 1 +（6300 ÷ 18888）= 1.33（年）

乙项目	现金流量	回收额	未回收额
原始投资	-10800		
现金流入：			
第一年	900	900	9900
第二年	7200	7200	2700
第三年	7200	2700	0

静态投资回收期 = 2 +（2700 ÷ 7200）= 2.38（年）

静态回收期法的优点是：计算简单易懂；能够衡量项目的流动性和风险程度。

静态回收期法的缺点是：忽略了货币的时间价值；未考虑回收期以后项目的盈利性；易导致公司放弃有战略性质的长期项目，产生短期行为。

（3）借款偿还期。借款偿还期是指用可用于偿还借款的资金来源还清建设投资借款本金所需要的时间。可用于偿还建设投资借款的资金来源包括折旧费、摊销费、未分配利润和其他收入等。借款偿还期的计算公式为：

借款偿还期 = 偿还借款本金的资本来源大于年初借款本息累计的年份 − 开始

借款的年份 + $\dfrac{年初借款本息累计}{当年实际偿还本金的资金来源}$

计算出借款偿还期后，要与贷款机构的要求期限进行对比，等于或小于贷款机构提出的要求期限，即认为项目是有清偿能力的。否则，认为项目清偿能力比较差，从清偿能力角度考虑，则认为项目是不可行的。

【例5-4】根据【例5-2】的资料，假设原始投资按资本成本12%借入的，试求出甲项目和乙项目的借款偿还期。

解：

借款偿还期（甲）＝2－1＋（9180÷18888）＝1.50（年）

借款偿还期（乙）＝3－1＋（5339.52÷7200）＝2.74（年）

有关甲项目和乙项目的借款偿还期的计算过程如表5－6和表5－7所示。

表5－6　甲项目借款偿还期计算表　　　　　　　　　　单位：万元

年份	年初借款	年息12%	年末借款	偿还现金	借款余额
1	24000	2880	26880	17700	9180
2	9180	1101.6	10281.6	18888	− 8606.4

借款偿还期 = 2 − 1 + （9180÷18888）= 1.50（年）

表5－7　乙项目借款偿还期计算表

年份	年初借款	年息12%	年末借款	偿还现金	借款余额
1	10800	1296	12096	900	11196
2	11196	1343.52	12539.52	7200	5339.52
3	5339.52	640.74	5980.26	7200	− 1219.74

借款偿还期 = 3 − 1 + （5339.52÷7200）= 2.74（年）

借款偿还期的优缺点与静态回收期的优缺点类似，在此不再赘述。

（4）财务比率。财务比率主要是指偿债能力比率，包括资产负债率、流动比率和速动比率。

1）资产负债率。资产负债率是反映项目各年所面临的风险程度及偿债能力的指标。计算公式为：

$$资产负债率 = \frac{负债总额}{资产总额} \times 100\%$$

2）流动比率。流动比率是反映项目各年偿付流动负债能力的指标。计算公式为：

$$流动比率 = \frac{流动资产总额}{流动负债总额} \times 100\%$$

3）速动比率。速动比率是反映项目快速偿付流动负债能力的指标。计算公式为：

$$速动比率 = \frac{速动资产总额}{流动负债总额} \times 100\%$$

速动资产总额 = 流动资产总额 – 存货 – 预付账款 – 待摊费用

5.2.2.2 动态指标的计算

动态指标是指考虑资金时间价值因素的影响而计算的指标。与静态指标相比，动态指标更加直观地反映项目的盈利能力，所以，它的应用也就比静态指标更加广泛。

动态评价指标主要包括净现值（NPV）、净现值率、内部收益率（IRR）和动态投资回收期等。

（1）净现值（NPV）。净现值法是进行投资评估的基本方法。净现值（NPV）是指把项目计算期内各年的净现金流量，用设定的折现率（基准收益率）折算到第零年（建设期初）的现值之和。其表达式为：

$$NPV = \sum_{t=1}^{n} \frac{(CI - CO)_t}{(1 + i_c)^t}$$

式中：$(CI - CO)_t$ 为第 t 年的净现金流量，其中 CI 为现金流入量，CO 为现金流出量；n 为年份（1，2，3，…，n）；i_c 为基准折现率。

计算出的净现值可能有三种结果，即 NPV > 0，NPV = 0 或 NPV < 0。用于项目经济评价时，其判别规则如下：当 NPV > 0 时，说明项目可行；当 NPV = 0 时，说明项目可以考虑接受；当 NPV < 0 时，说明项目不可行。

【例 5 – 5】根据【例 5 – 2】的资料，试求出甲项目、乙项目和丙项目的净现值。

解：

净现值（甲）$= 17700 \times (P/F, 12\%, 1) + 18888 \times (P/F, 12\%, 2) - 24000$

$\qquad\qquad = 17700 \times 0.8929 + 18888 \times 0.7972 - 24000$

$\qquad\qquad = 15804.33 + 15057.51 - 24000$

$\qquad\qquad = 6861.84$（万元）

净现值（乙）$= 900 \times (P/F, 12\%, 1) + 7200 \times (P/F, 12\%, 2) + 7200 \times$
$(P/F, 12\%, 3) - 10800$

$\qquad\qquad = 900 \times 0.8929 + 7200 \times 0.7972 + 7200 \times 0.7118 - 10800$

$\qquad\qquad = 803.61 + 5739.84 + 5124.96 - 10800$

$\qquad\qquad = 864.41$（万元）

净现值（丙）$= 5000 \times (P/A, 12\%, 3) - 14400$

$\qquad\qquad = 5000 \times 2.402 - 14400$

$\qquad\qquad = -2390$（万元）

由上述计算可知，甲项目和乙项目的净现值均大于 0，说明从净现值的角度来看两项目均可行；丙项目的净现值小于 0，说明丙项目不可行。

净现值法的优点：适用范围较为广泛；考虑了货币资金的时间价值和风险价值；反映投资项目在其整个经济年限内的总效益；能够灵活选择贴现率。

净现值法的缺点：净收益现值是个绝对数，在比较投资额不相等的项目时有一定的局限性。

（2）内部收益率（IRR）。内部收益率是一个重要的动态评价指标，它是指使计算期内各年净现金流量现值之和为零时的折现率，也就是使净现值等于零时的折现率。其表达式为：

$$NPV(IRR) = \sum_{t=0}^{n} (CI - CO)_t (1 + IRR)^{-t} = 0$$

式中：IRR 为内部收益率，其他符号含义同前。

内部收益率的判别准则：若 $IRR > i_c$，项目可行；若 $IRR = i_c$，项目可以考虑接受；若 $IRR < i_c$，项目不可行。内部收益率反映工程项目的实际投资收益水平。

内部收益率与净现值相比，在考虑资金时间价值的基础上，进一步反映了项目自身可达到的收益率。内部收益率的计算，一般情况下要用到"逐步测试法"。首先估计出一个折现率，用它计算项目的净现值。若净现值为正数，则说明项目自身的报酬率高于折现率，应进一步提高折现率再测试；若净现值为负数，则说明项目自身的报酬率低于折现率，应降低折现率再测试。经过数次测试，找到净现值最接近零的折现率，即为项目自身的内部收益率。

【例 5 - 6】根据【例 5 - 5】的资料，试求出甲项目的内部收益率的值。

解：

分析：甲项目的净现值为正数，说明它的投资收益率大于12%。因此，应该提高折现率再测试。假设以36%的折现率进行测试，净现值为 -772。然后降到32%重新测试，净现值为259。两个结果都不接近零，可以使用内插法更加精确地求出项目的内部收益率。甲项目内部收益率的具体计算过程如表5-8所示。

内部收益率（甲）$= 32\% + [4\% \times 259 \div (259 + 772)] = 33.01\%$

表5-8 甲项目内部收益率的测试 单位：万元

年份	现金净流量	折现率=36%		折现率=32%	
		折现系数	现值	折现系数	现值
0	-24000	1	-24000	1	-24000
1	17700	0.735	13010	0.758	13417
2	18888	0.541	10218	0.574	10842
净现值			-772		259

（3）动态投资回收期（P_t'）。动态投资回收期法是通过计算一个项目所产生的已贴现现金流量足以抵消初始投资现值所需要的年限，是用项目回收的速度来衡量项目投资方案的一种动态评价方法。在这里，动态投资回收期就是从项目投建之日起，用项目各年的已贴现现金流量将全部投资现值收回所需的期限。同样道理，动态投资回收期一般是越短越好，其表达式为：

$$P_t' = \sum_{t=0}^{P_t'} (CI - CO)_t (1 + I_c)^{-t} = 0$$

式中：P_t'为项目动态投资回收期。

动态投资回收期的计算公式为：

$$\text{动态投资回收期} = \text{累计净现金流量现值出现正值的年份} - 1 + \frac{\text{上年累计净现金流量现值绝对值}}{\text{当年净现金流量现值}}$$

动态投资回收期的判别准则是：设置基准动态投资回收期 T_c'，当 $P_t' < T_c'$ 时，项目可行；当 $P_t' = T_c'$ 时，项目可以考虑接受；当 $P_t' > T_c'$ 时，项目不可行。

动态投资回收期又称为折现投资回收期，它克服了静态投资回收期不考虑资金时间价值的缺陷，但仍未能反映回收期以后的现金流量，即不能衡量项目的盈利性，促使企业的短期投资行为。

【例5-7】根据【例5-2】的资料，假设该企业的资本成本为12%，试求出甲项目的动态投资回收期。甲项目的动态投资回收期的计算过程如表5–9所示。

解：

甲项目的动态投资回收期 = 2 – 1 + （8196 ÷ 15058）= 1.54（年）

表5–9　甲项目动态投资回收期计算表　　　　　　单位：万元

甲项目	现金流量	折现系数（12%）	净现金流现值	累计净现金流量现值
原始投资	– 24000	1	– 24000	– 24000
第1年流入	17700	0.893	15804	– 8196
第2年流入	18888	0.797	15058	6862

折现回收期 = 2 – 1 + （8196 ÷ 15058）= 1.54（年）

5.2.2.3　不确定性分析

可行性研究是在占有一定信息资料的基础上，对影响投资经济效益的各技术经济变量进行技术经济预测、分析与判断，以此作为投资决策的依据。但是，由于各方案中技术经济变量受政治、文化、社会因素和经济环境、资源与市场条件、技术发展情况等因素的影响而不断变化，这些不确定性因素在未来的变化就构成了项目决策过程的不确定性。同时项目经济评价所采用的数据一般都带有不确定性，加之主观预测能力的局限性，对这些技术经济变量的估算与预测不可避免地会有误差，从而使投资方案经济效果的预期值与实际值可能会出现偏差。这种情况通常称为项目的不确定性。不确定性分析的基本方法包括盈亏平衡分析和敏感性分析。

（1）盈亏平衡分析。盈亏平衡分析是指当年的销售收入扣除销售税及附加后等于其总成本费用，在这种情况下，项目的经营结果既无盈利又无亏损。盈亏平衡分析是通过计算盈亏平衡点（BEP）处的产量或生产能力利用率，分析工程项目成本与收益的平衡关系，判断工程项目适应市场变化的能力和风险大小的一种分析方法。所以，盈亏平衡分析也称量本利分析。

盈亏平衡分析的计算公式为：

$$Q_{BEP} = \frac{F}{P - V - T}$$

式中：Q_{BEP} 为达到盈亏平衡时的产量；F 为年固定成本；P 为单位产品的销售价格；V 为单位产品的可变成本；T 为单位产品的销售税金及附加。

上式为以产量表示的盈亏平衡点。当产量达到 Q_{BEP} 时，项目即可达到盈亏平衡。以产量表示的盈亏平衡点，表明企业不发生亏损时必须达到的最低限度的产量。

同样可以计算出以生产能力利用率表示的盈亏平衡点，设 R_{BEP} 是以生产能力利用率表示的盈亏平衡点，则

$$R_{BEP} = \frac{Q_{BEP}}{Q} \times 10\% \quad \text{或} \quad R_{BEP} = \frac{F}{Q\ (P - V - T)} \times 100\%$$

式中：R_{BEP} 为达到盈亏平衡时的生产能力利用率；Q 为达到设计生产能力时的产量。

上式表明，当生产能力利用率达到 R_{BEP} 时，项目即可达到盈亏平衡点。

盈亏平衡点低，说明项目生产少量产品即可不发生亏损，表示项目适应市场变化的能力、抗风险能力都比较强，获得能力强。通过计算公式还可以看出，项目的固定成本、产品销售收入和变动成本是盈亏平衡点的决定性因素。

【例 5 - 8】某企业生产 A、B、C 三种产品，固定成本为 3000 元，有关资料如表 5 - 10 所示，请确定其盈亏临界点。

表 5 - 10 产品定价、单位变动成本与销量关系   单位：元

产品	单价（P）	单位变动成本（V）	销量（Q）
A	12	10	2000
B	11	8	2000
C	10	6	2000

解：

A 产品的 $Q_{BEP} = 3000 \div (12 - 10) = 1500$（元）

B 产品的 $Q_{BEP} = 3000 \div (11 - 8) = 1000$（元）

C 产品的 $Q_{BEP} = 3000 \div (10 - 6) = 750$（元）

以生产能力利用率表示的盈亏平衡点如下：

A 产品的 $R_{BEP} = 1500 \div 2000 \times 100\% = 75\%$

B 产品的 $R_{BEP} = 1000 \div 2000 \times 100\% = 50\%$

C 产品的 $R_{BEP} = 750 \div 1200 \times 100\% = 37.5\%$

由上例可知，C 产品的盈亏临界点最低，它适应市场变化能力、抗风险能力和获利能力比 A 产品和 B 产品都强。

（2）敏感性分析。敏感性分析是研究分析项目的投资、成本、价格、产量和工期等主要变量发生变化时，导致项目经济效益的主要指标发生变动的敏感程度。分析的指标主要是项目内部收益率、净现值、投资收益率、投资

回收期或偿还期，所以，敏感性分析也称为灵敏度分析。通过敏感性分析，在诸多的不确定因素中，找出对经济效益指标反应敏感的因素，并确定其影响程度。

通常项目敏感性分析的步骤包括：

1）确定分析指标。由于敏感性分析是在确定性分析的基础上进行的，故一般敏感性分析指标应与确定性分析所使用的指标相一致。当项目确定性分析中使用的指标比较多时，敏感性分析可围绕其中一个或几个最重要的指标进行。经常使用的指标是净现值、内部收益率和投资回收期等。

2）选择需要分析的不确定因素。在影响方案效果的多个不确定因素中，可以根据两条原则选择主要的不确定因素进行敏感性分析，其一是在预计可能的变动范围内，该因素的变动将会强烈地影响方案的经济效益指标值；其二是对在确定性分析中所采用的该因素的数据的可靠性、准确性把握不大。

3）研究设定不确定因素的变动范围，并列示不确定因素的不同变化。对所选择的需要进行分析的不确定性因素，按照一定的变化幅度（如5%、10%和20%等）改变它的数值，然后计算这种变化对经济评价指标的影响数值，并将其与该指标的原始值相比较，从而得出该指标的变化率。

4）结合确定性分析与敏感性分析的结果，对项目进一步评价，还可以进一步寻找相应的控制风险的对策。

【例5-9】东盛公司是一家汽车制造企业，现正准备投资一新项目。新项目计划投资200万元，其中固定资产投资150万元，营运资本投资50万元。新项目上马后，预计每年新增销售量4000个，单价为300元。每年变动成本为当年销售额的40%，折旧以外的固定成本费用为5万元。项目预计期限4年，固定资产采用直线法计提折旧。4年末，固定资产的残值收入为20万元，营运资本全部收回。公司的所得税率为30%。公司的资本成本为10%。试求：东盛公司新项目的新进流量表；销量（单价、变动成本率、折旧以外的固定成本、固定资产投资、营运资本投资、固定资产残值）变化-10%、-5%、5%、10%对净现值的影响，并列出敏感性结果分析表（见表5-11）。

解：

若求销售量下降10%后的净现值，见如表5-12所示计算过程。

其他不确定性因素（如单价、变动成本率等因素）按一定幅度变化对净现值及内部收益率指标的影响的计算方法类似表5-12的计算过程，依次计算可得到各不确定因素发生不同幅度变化后净现值的金额，结果如表5-13所示。

表 5-11 东盛公司新项目现金流量计算表 单位：元

	0	1	2	3	4
固定资产投资	-1500000				
营运资本投资	-500000				
销量		4000	4000	4000	4000
单价		300	300	300	300
销售收入		1200000	1200000	1200000	1200000
变动成本		480000	480000	480000	480000
折旧以外的固定成本		50000	50000	50000	50000
折旧费用		375000	375000	375000	375000
税前利润		295000	295000	295000	295000
所得税		88500	88500	88500	88500
税后利润		206500	206500	206500	206500
营业现金流量		581500	581500	581500	581500
固定资产残值					200000
营运资本收回					500000
总现金流量	-2000000	581500	581500	581500	1281500
NPV（10%）	321386				
IRR	16.30%				

表 5-12 销量下降10%后的净现值计算过程表 单位：元

	0	1	2	3	4
固定资产投资	-1500000				
营运资本投资	-500000				
销量		3600	3600	3600	3600
单价		300	300	300	300
销售收入		1080000	1080000	1080000	1080000
变动成本		432000	432000	432000	432000
折旧以外的固定成本		50000	50000	50000	50000
折旧费用		375000	375000	375000	375000
税前利润		223000	223000	223000	223000
所得税		66900	66900	66900	66900

续表

	0	1	2	3	4
税后利润		156100	156100	156100	156100
营业现金流量		531100	531100	531100	531100
固定资产残值					200000
营运资本收回					500000
总现金流量	−2000000	531100	531100	531100	1231100
NPV（10%）	161625				
IRR	13.002%				

表 5−13　敏感分析结果表　　　　　　　　　　单位：元

	NPV				
	−10%	−5%	0	5%	10%
销量	161625	241506	321386	401267	481147
单价	161625	241506	321386	401267	481147
变动成本率	427894	374640	321386	268132	214879
折旧以外的固定成本	332481	326933	321386	315839	310292
固定资产投资	435725	378556	321386	264217	207047
营运资本投资	337236	329311	321386	313462	305537
固定资产残值	307726	314556	321386	328216	335046

5.3　项目的可融资性分析

　　项目的经济、技术、政策及环境可行性在很大程度上都是从项目发起人的角度进行的可行性分析。但这并不意味着项目就具备了可融资性，即满足了投资者的最低风险要求并不意味着项目一定能够满足融资的要求。因此，进行以上项目可行性分析的同时，还要进行项目的可融资性分析。

　　项目的可融资性，即银行的可接受性。一般地，银行不愿冒不确定或不能控制的风险，如它们一般不愿承担法律变化的风险，因为这样的风险无法转移给消费者或产品购买者。但它们可承担石油开发项目中原油价格下跌的风险，因为它们的分析师能根据大量的历史数据预测原油价格的未来走势。

5.3.1　项目可融资性的内涵

对于项目的可融资性，应着重理解以下几点：

第一，银行一般不愿意承担法律变化的风险。

第二，在存在信用违约或对贷款人进行第一次偿还以前，项目发起人不得进行红利分配。

第三，完工前收入应用于补充项目的资本性支出，以此来减少对银行资金的需求量。

第四，项目风险应进行较好的分摊。项目公司不能承担太多的风险，尤其不能承担东道国政府和项目发起人都不愿承担的风险。

第五，项目合同涉及的其他当事人不能因为银行对项目资产或权益行使了抵押权益而终止与项目公司的合同。

5.3.2　对"免责条款"的运用

在项目融资实务中，项目发起人在说服银行接受该项目时，应注意利用不可抗力因素来构成"免责条款"。因此，对这一条款的理解相对于发起人和银行来说都是非常重要的。一般地，出现以下事件时，就构成了不可抗力因素，可以免除项目发起人的责任：罢工或其他停工行为；战争和其他武装斗争，如恐怖分子活动、武装阴谋破坏活动、暴乱等；封锁或禁运导致供应或运输的中断；不利的自然现象，如雷电、地震、地陷、火山爆发、山崩、飓风、暴雨、火灾、洪水、干旱、积雪及陨石等；流行病；辐射和化学污染等；法律和法规的变化；其他人类暂时不能控制的事件等。

以上是构成不可抗力的一些排序，但并不是所有的项目都可以将以上所有事件视为不可抗力。对于不同的项目，不可抗力的特征是不同的，如在电力项目开发中，能源供应的中断就不构成项目的不可抗力事件，以此表明项目公司必须为此承担责任。

5.3.3　项目可融资性的必要条件

银行只有在所承担的风险与其收益相当时，才能向项目注入资金，而要保证这一点，银行就会提出种种限制条件。

5.3.3.1　对各种授权合约的限制

（1）所有授权合约都必须确定项目的有效生命期。

（2）如果银行对项目公司行使抵押权时（包括银行卖出项目公司抵押的股

份），授权合约不能提前终止，即所有这些合约应与项目而不是项目公司同在。

（3）授予的权利应能全部转让。

5.3.3.2　对股东协议和所有者权益分配的限制

（1）发起人应认购分配给它的全部股份。

（2）发起人应补足成本超支的资金。

（3）发起人应为保险不能覆盖的部分提供资金保证。

5.3.3.3　对特许协议的限制

（1）特许协议应规定项目的固定生命期。

（2）不能将不适当的、过重的条款加在项目公司的身上。

（3）特许协议的授予者应承担法律变更的风险。

（4）由于不可抗力因素，应延长项目的特许期限。

（5）特许协议不能简单地因为银行对项目公司行使了抵押权而提前终止。

（6）银行应可以自由地转让特许权给第三者。

5.3.3.4　对建设合同的限制

（1）建设合同应是"一揽子"承包合同。

（2）在建设合同中，应规定固定价格。

（3）应在规定期限内完工。

（4）不可抗力事件应控制在有限范围内。

（5）如果不能在规定日期完工，承包商应承担由此给项目公司带来的损失，而且这种损失赔偿应至少能弥补项目公司需支付的银行贷款利息额。

（6）承包商应提供广泛的担保合同。

5.3.3.5　对经营和维护合同的限制

（1）对项目经营者应提供适当的激励措施以使其保证项目正常有效率地运行，实现项目公司利润最大化的目标。

（2）如果由于项目经营管理不善导致经营目标的失败，经营者应承受严厉处罚。

（3）银行应有权对经营管理不善的经营者行使开除权或建议开除权。

对于以上三点应进行一些解释：首先，经营者所得到的激励与所承受的处罚应相对平衡，有时甚至需要进行重新谈判修改条款；其次，对于银行拥有的对经营者的否决权，操作起来有些难度，通常的做法是把项目公司在经营和维护合同中拥有的控制合同终止权授予银行，这样，银行可以控制经营合同的期限但不能直接开除某经营者。

综上所述，只有在解决以上问题之后，才能打消银行的顾虑，银行才能将大量资金长期注入到项目中来。

5.3.4　项目融资失败的原因

从定性方面分析项目融资失败的主要原因包括：

（1）工程设计含有瑕疵、发生错误，缺乏技术或生产技术落伍，项目范围更改；

（2）项目执行机构的能力不足，管理层无法胜任，缺乏技术专门人才，导致项目的监控与评估较差；

（3）工程顾问的聘请延误；

（4）气候不佳，影响施工；

（5）工程进度延误，项目执行过程中遭到困难与问题，如土地不易取得，劳资纠纷，承包商发生财务困难，致使投资项目未能如期完成；

（6）工资及建筑材料价格上涨，导致实际投资的支出超出原先的估计；

（7）发生环境污染，项目所在地附近的居民不同意兴建，以致项目无法动工或顺利完工；

（8）政府财政收支困难，无法筹措足够的相对资金以配合投资项目的执行，导致项目搁置；

（9）投资项目已如期完成，但是由于原料价格上涨或供应中断，或产品市场的需求量较原估算低，或产品丧失市场竞争力，以致生产设备不能充分利用。

项目融资失败的案例：香港地区海水淡化项目。

20 世纪 60 年代，香港人口激增，蓄水池储存雨水有限，饮用水严重缺乏，而香港、九龙面临海洋，海水取之不尽，用之不竭，于是香港地区当局于 1970 年向亚洲开发银行申请海水淡化项目融资（Sea Water Desalting Project），贷款金额为 2150 万美元，用以兴建海水淡化厂。在获得亚行贷款后，香港地区在很短的时间内即完成建厂并顺利调试。海水经过高温处理而蒸发，然后收集水蒸气冷却变成淡水，这一过程十分耗电，而香港地区电费非常高，每天生产的淡水量有限，可以说每滴淡水得来不易，犹如甘露。香港地区政府当局计算成本效益后，发现成本远大于效益，得不偿失，决定关闭该海水淡化厂，改以大水管自珠江接引河水，净化处理后供香港居民饮用，这是亚洲开发银行项目融资失败的一个例子。

· 本章小结 ·

项目的可行性研究主要是为了提供拟投资项目的技术、经济、结构、政府支持及市场等方面的资料，它是项目发起人在争取有限追索资金时必须提供的一个重要报告，项目发起人通过这个报告对项目的详细说明以吸引潜在的贷款人、政府官员和潜在的股本投资者参与到这个项目中来。

根据项目的大小与不同类型，研究内容由浅入深，项目可行性研究包括项目机会研究、初步可行性研究、详细可行性研究和项目评估决策等几个部分。

财务评价是对项目的现金流量、收益、费用、获利能力、贷款偿还能力等财务状况进行预测、分析和计算，并以此评价项目财务上的可行性的一种评价方法。

项目的经济强度将是贷款人最关注的方面。项目的经济强度是指在安排最初投资时，如果项目可行性研究中假设条件符合未来实际情况，项目是否能够生产出足够的现金流量，能否支付生产经营费用、偿还债务并为投资者提供理想的收益，以及在项目运营的最后或者最坏的情况下项目本身的价值能否作为投资保障。项目的经济强度表现在项目的获利能力、安全性、抗风险能力和变现能力上。通常，项目的经济强度要从两个方面来测量：第一，项目未来可用于收回投资或偿还贷款的净现金流量；第二，项目本身的资产价值。

财务可行性分析主要是对项目获利能力及发展前景的定量分析，可以从静态和动态两方面进行。在项目财务分析中，把不考虑资金时间价值因素的影响而计算的财务评价指标称为静态指标。静态指标主要包括投资收益率、静态投资回收期、借款偿还期和财务比率等。动态指标是指考虑资金时间价值因素的影响而计算的指标。与静态指标相比，动态指标更加直观地反映项目的盈利能力，所以，它的应用也就比静态指标更加广泛。动态评价指标主要包括净现值（NPV）、净现值率、内部收益率（IRR）和动态投资回收期等。

由于各方案技术经济变量受政治、文化、社会因素和经济环境、资源与市场条件、技术发展情况等因素的影响而不断变化，这些不确定性因素在未来的变化就构成了项目决策过程的不确定性。不确定性分析的基本方法包括盈亏平衡分析和敏感性分析。

项目的可融资性，即银行的可接受性。项目的经济、技术、政策及环境可行性在很大程度上都是从项目发起人的角度进行的可行性分析。但这并不意味着项目就具备了可融资性，即满足了投资者的最低风险要求并不意味着项目一定能够满足融资的要求。因此，通过项目可行性分析的同时，还要进行项目的可融资性分析。

·关键概念·

项目可行性研究　项目的经济强度　项目现金流量　净现值（NPV）　内部收益率（IRR）　动态投资回收期　项目的可融资性　免责条款

·思考题·

1. 简述项目可行性研究各阶段工作的目的和要求。

2. 可行性研究的静态分析与动态分析应分别从哪些方面进行?

3. 为什么要进行项目的可融资性分析? 项目可融资性的必要条件是什么?

4. 分析在香港特别行政区海水淡化项目融资过程中, 亚洲开发银行贷款失误的关键是什么?

5. 分析第 8 章英法海底隧道工程案例, 说明在项目可行性分析方面, 该项目存在什么问题。

第6章 项目融资风险管理

项目融资时间跨度长、涉及面广，受各种相关因素的综合影响。因此，研究项目融资中存在的风险以及风险的分配与管理是项目融资过程不可缺少的环节。

6.1 项目风险的识别与种类

项目融资风险管理的基础环节是风险识别，对于项目融资的风险识别因依据标准不同而存在差异。依据项目投资者是否能够直接控制项目风险的角度可划分为项目的核心风险和项目的环境风险。按照项目建设进展的阶段将风险划分为项目建设开发阶段风险、项目试生产阶段风险、项目生产经营阶段风险。在项目的不同进展阶段，项目风险具有不同的特点。

6.1.1 按照项目风险的可控制性划分

项目风险，从项目投资者是否能够直接控制的角度，可以将其划分为两类：项目的环境风险和项目的核心风险。

6.1.1.1 项目的环境风险

项目的环境风险是指项目的生产经营由于受到超出企业控制范围的经济环境变化的影响而遭受到损失的风险。这类风险企业无法控制，并在很大程度上也无法准确预测，因而项目的环境风险也被称为项目的不可控制风险。项目的环境风险包括：

（1）项目的政治风险。项目的政治风险可分为两大类：一类表现为国家风险，即项目所在国政府由于某种政治原因或外交政策上的原因，对项目实行征用、没收，或者对项目产品实行禁运、联合抵制，中止债务偿还的潜在可能性；另一类表现为国家政治经济法律稳定性风险，即项目所在国在外汇管理、法律制度、税收制度、劳资关系、环境保护、资源主权等与项目有关的敏感性问题方面的立法是否健全，管理是否完善，是否经常变动。项目的政治风险可以涉及项目的各个方面和各个阶段，从项目的选址、建设一直到生产经营、市场销售、现金流量、利润回收等项目的全过程。

项目政治风险的影响包括以下几个方面：

1）项目可能需要政府许可证、特许经营权或其他形式的批准。例如，电站、交通基础设施和国家自然资源的开发项目，一般都需要政府的经营特许，任何有关政策上的负面变化都有可能造成项目的损失。

2）项目本身可能对于国家的基础设施或安全有重要影响。例如，能源、机场、海港、公路、铁路、桥梁、隧道等方面的项目，这类项目出现政治风险的概率会较一般项目高。

3）有些项目对于所在国政府的社会政策或国际形象有重大影响。例如，医院、学校、运动场所、旅馆和其他旅游设施项目，对于这类项目，所在国政府可能对政治上的考虑大于经济上的考虑。

4）项目所在国有可能改变进出口政策，增加关税或限制项目设备、原材料的进口，增加关税或限制项目产品的出口。对于国外投资者利用该国优势从事来料加工一类的项目投资，这种变化将会造成较大的影响。

5）由于国内经济原因或国际政治原因，项目所在国政府有可能对项目实行限产或对资源开发实行限制。典型的例子包括石油输出国组织成员国对国内石油生产的限制，以及近几年东南亚和南太平洋岛国对森林采伐和原木出口的限制。

6）改变或增加对项目的税收。典型的例子是英国政府对北海油田项目的收入增收附加税。

7）改变或增加对项目利润汇出或国外债务偿还的税收限制。

8）在项目经济生命期中引入更严厉的环境保护立法，增加项目的生产成本或影响项目的生产计划。

9）有些项目是根据一定的假设条件安排融资的。例如，固定价格或政府控制价格，政府对市场的管理与控制，一定的税收规定或外汇控制，这些条件的变化将对项目的可行性造成较大的影响。

如果项目融资在很大程度上依赖于政府的特许经营权，依赖于特定税收政策、价格政策、外汇政策等因素，并以这些政策和特许权作为重要的信用支持来安排有限追索的项目贷款，那么政治风险问题对于项目融资将变得更加敏感和突出。

降低项目政治风险的办法之一是政治风险保险，包括纯商业性质的保险和政府机构的保险，后者在几个主要工业国家政府为保护本国公司在海外的投资中较为常用。除此之外，在投资或安排项目融资时，尽力寻求项目所在国政府、中央银行、税收部门或其他有关的政府机构的书面保证也是行之有效的办法，这里包括政府对一些特许项目权力或许可证的有效性及可转移性的保证，对外汇管制的承诺，对特殊税收结构的批准认可等一系列措施。另外，在一些外汇短缺或管制严格的国家，如果项目本身的收入是国际流通货币，贷款银行愿意通过项目融资结构在海外控制和保留相当部分的外汇用以偿还债务，达到减少项目政治风险以及外汇管制风险的目的。

（2）环境保护风险。随着人们生活水平的提高，全世界普遍开始关注工业项目对自然环境、人类健康和生活所造成的负面影响。一个总的发展趋势是对于工业项目的排放标准、废物处理、噪声、能源使用效率、自然植被破坏等有关环境保护方面的立法在世界大多数国家变得越来越严格。毫无疑问，从长远看这些立法将有助于自然环境和人类生活环境的改善，促进工业生产技术和科研水平的提高，然而，在短期内，作为项目投资者却有可能因为严格的环境保护立法而被迫降低项目生产效率，增加项目生产成本，或者增加新的资金投入改善项目的生产环境，更严重的甚至迫使项目无法继续生产下去。对于项目融资的贷款银行，环境保护风险不仅表现在由于增加生产成本或资本投入而造成项目经济强度降低甚至丧失原有的经济强度，而且表现在一旦项目投资者无法偿还债务时，贷款银行取得项目的所有权和经营权之后也必须承担同样的环境保护的压力和责任。更进一步说，由于存在环境保护方面的问题，项目本身的价值降低了。因此，在项目融资期内有可能出现的任何环境保护方面的风险应该和其他风险一样得到充分重视。

由于环境保护问题所造成的项目成本的增加，最主要的表现形式首先是对所造成的环境污染的罚款以及为改正错误所需要的资本投入。其次还需要考虑到由于为了满足更严格的环境保护要求所增加的环境评价费用、保护费用以及其他的一些成本。在项目融资中，环境保护风险通常被要求由项目的投资者或借款人承担，因为投资者被认为对项目的技术条件和生产条件的了解比贷款银行要多得多。并且，环境保护问题也通常被列为贷款银行对项目进行经常性监督的一项重要内容。

（3）项目的金融风险（利率风险和汇率风险）。项目的金融风险主要表现在利率风险和外汇风险两个方面。

1）利率风险，是指在经营过程中由于利率变动直接或间接地造成项目价值降低或收益受到损失。实际利率是项目借（贷）款人的机会成本的参照系数。如果投资方利用浮动利率融资，一旦利率上升，项目的融资成本就上升；如果采用固定利率融资，一旦市场利率下降便会造成机会成本的提高；而对于借款者而言，则反之。

2）外汇风险涉及东道国、经营收益的自由汇出以及汇率波动所造成的货币贬值问题。境外的项目发起人一般希望将项目产生的利润以本国货币或者硬通货汇往本国，以避免因为东道国的通货膨胀而蒙受损失。而资金投入与利润汇出两个时点上汇率的波动可能对项目发起人的投资收益产生较大的影响。

（4）部分项目的市场风险。项目最终产品的市场风险包含着价格和市场销售量两个要素。有些产品，如黄金、白银、石油等，被认为只具有价格风险而没有市场销售量风险；但是对于绝大多数产品而言，则是同时具有价格和市场销售量的双重风险。对于大多数产品而言，市场价格和销售量是企业无法控制的。

6.1.1.2　项目的核心风险

项目的核心风险是指与项目建设和生产经营管理直接有关的风险，包括项目信用风险、完工风险、生产风险、技术风险和部分市场风险。这类风险是项目投资者在项目建设或生产经营过程中无法避免而且必须承担的风险，同时也是投资者应该知道如何去管理和控制的风险。因此，项目的核心风险亦称为可控制风险。

（1）信用风险。有限追索的项目融资是依靠有效的信用保证结构支撑起来的。组成信用保证结构的各个项目参与者是否有能力执行其职责，是否愿意并且能够按照法律文件的规定在需要时履行其所承担的对项目融资的信用保证责任，就构成项目融资所面临的信用风险。

信用风险贯穿于项目的各个阶段。提供项目信用保证的项目参与者（包括项目投资者、工程公司、产品购买者、原材料的供应者等）的资信状况，技术和资金能力，以往的表现和管理水平等都是评价项目信用风险程度的重要指标。

（2）完工风险。项目的完工风险存在于项目建设阶段和试生产阶段。其主要表现形式为：项目建设延期、项目建设成本超支、由于种种原因项目迟迟达不到设计规定的技术经济指标；在极端情况下，由于技术和其他方面的问题，项目完全停工放弃等。完工风险是项目融资的主要核心风险之一，因为如果项目不能按照预定计划建设投产，项目融资所赖以依存的基础就受到了根本性的破坏。完工风险对项目造成综合性的负面影响是项目建设成本增加、项目贷款利息负担增加、贷款偿还期限的延长和市场机会的错过、项目现金流量不能按计划获得等。

根据已有的统计资料，无论是在发展中国家还是在发达国家，项目建设期出现完工风险的概率是比较高的，有大量的项目不能按照规定的时间或者预算建成投产，导致项目融资成本大幅度上升乃至失败。例如有这么一个案例，在一个高速公路的项目中，由于项目公司在规划阶段没有能够顺利地购买一块关键土地的使用权，而使本应在夏秋季进行的混凝土工程不得不往后推迟。由于后面紧跟而至的冬季、春季，室外混凝土工程无法进行，使得混凝土工程不得不推迟到下一年的夏季至秋季，从而工程推迟两个月，导致公路开通推迟了九个月。这样由于各种直接的和间接的原因，使得工程成本增加了50%，这种结果已经在很大程度上影响了该公路项目的可行性。

项目的"商业完工"标准是贷款银行检验项目是否达到完工条件的依据。商业完工标准包括一系列经专家确定的技术经济指标。根据贷款银行对具体项目的完工风险的评价，项目融资中实际采用的"商业完工"标准可以有很大的差别。总的原则是，对于完工风险越大的项目，贷款银行会要求项目投资者承担更大的"商业完工"责任。一些典型的"商业完工"标准包括：

1）完工和运行标准。项目需要在规定的时间内达到商业完工的标准，并且在一定时期内（通常为3～6个月）保持在这个水平上运行。

2）技术完工标准。这一标准比完工和运行标准约束性要差一些，因为在条件中没有规定对项目运行时间的检验。采用这一标准，贷款银行实际上承担了一部分项目生产的技术风险。

3）现金流量完工标准。这是另一种类型的完工标准，贷款银行不考虑项目的技术完工和实际运行情况，只要求项目在一定时期内（一般为3～6个月）达到预期的最低现金流量水平，即认为项目通过了完工检验。

4）其他形式的完工标准。有些项目，由于时间关系在项目融资还没有完全安排好就需要进行提款。在这种情况下，贷款银行为了减少项目风险，往往会要求确定一些特殊的完工标准。例如，如果产品销售合同在提款前还未能最后确定下来，贷款银行就有可能规定以某种价格条件销售最低数量的产品作为项目完工标准的一部分；又如，如果在提款前矿山的最终储量还不能最后确定下来，则最小证实储量会被包括在项目的完工标准。

为了限制及转移项目的完工风险，贷款银行通常要求投资者或工程公司等其他项目参与者提供相应的"完工担保"作为保证。常用的完工保证形式包括：①无条件完工保证。投资者提供无条件的资金支持，以确保项目可以达到项目融资规定的"商业完工"条件。②债务承购保证。如果项目的完工条件最终不能达到，则由投资者将项目债务收购下来或将其转化为公司债务，即由项目融资变为公司融资。③单纯的技术完工保证。按照这种形式，保证人（作为项目生产技术的提供者）只承诺实现项目的技术生产条件，但不承担任何项目的债务责任。④完工保证基金。即要求项目投资者提供一笔固定数额的资金作为保证基金，投资者不承担任何超出保证基金的项目建设费用。⑤最佳努力承诺。这种保证形式在法律概念上比较模糊，在内涵上，可以包括从单纯技术管理承诺到技术、管理和资金全面承诺等各种形式。

（3）生产风险。项目的生产风险是对项目在试生产阶段和生产运行阶段存在的技术、资源储量、能源和原材料供应、生产经营、劳动力状况等风险因素的总称，是项目融资的另一个主要的核心风险。项目的生产风险直接关系着项目是否能够按照预订的计划正常运转，是否具有足够的现金流量支付生产费用和偿还债务。然而，在"风险分担"形式上，与完工风险通常被要求由项目投资者全部或大部分承担不同，贷款银行愿意更多地依靠项目现金流量作为偿还债务的主要来源，即在项目风险分析的假设前提下与投资者共同分担一部分生产风险。项目生产风险的主要表现形式包括：

1）技术风险。作为贷款银行，项目融资不是风险投资，因而银行的原则是只为采用经市场证实的成熟生产技术的项目安排有限追索性质的项目融资，对于任何采用新技术的项目，如果不能获得投资者强有力的技术保证和资金支持，是不可能得到项目融资的。贷款银行对项目技术风险的评估与银行是否曾经参加过类似项目的融资有很大关系。然而，有时尽管银行曾经参加过该类项目的融资，但是由于新的被融资项目在设备规模上或在技术上有较大的改进，银行将仍然认为项目的技术风险是较高的。

2）资源风险。对于依赖某种自然资源（如石油、天然气、煤矿、金属矿等）的生产型项目，在项目的生产阶段有无足够的资源保证是一个很大的风险因素，因此，对于这类项目的融资，一个先决条件是要求项目的可供开采的已证实资源总储量与项目融资期间内所计划采掘或消耗的资源量之比要保持在风险警戒线之下。资源风险评价的公式称为资源覆盖比率：

资源覆盖比率（RCR）= 可供开采资源总储量/项目融资期间计划开采资源量

上述公式中可供开采资源总储量指根据现有技术及现有生产计划可供开采的全部资源储量。

最低资源覆盖比率是根据具体项目的技术条件和贷款银行在这一工业部门的经验确定的，一般要求资源覆盖比率应在 2 以上；如果资源覆盖比率小于 1.5，则贷款银行就可能认为项目的资源风险过高，要求投资者提供相应的最低资源储量担保，或者要求在安排融资前做进一步的勘探工作，落实资源情况。

为了避免项目的资源风险，有时贷款银行可能向投资者推荐混合融资方案：A 方案为较短期的有限追索项目融资，以项目已有的资源储量作为基础；B 方案为接在 A 方案之后的公司融资方案，在资源不足的情况下，以投资者（借款人）的其他资产作为贷款的附加信用保证。A、B 方案的划分点就设计在贷款银行可以获得满意的资源覆盖比率上，对于银行来说，获得合适的资源覆盖比率，不仅可以防止出现资源不足的风险，而且也可以有效地降低由于其他一些风险因素导致项目失败的概率。例如，生产成本的增加、产品价格的下跌（在周期性波动的世界能源和原材料市场上，这是经常发生的）等因素都会大大减少项目的现金流量，推迟债务偿还计划的执行，只有获得足够的资源储量保证，才有可能在项目生命期内偿还全部的贷款。

3）能源和原材料供应风险。能源和原材料供应由两个要素构成：能源和原材料的价格及供应的可靠性。一些重工业部门（如电解铝厂和铜冶炼厂）和能源工业部门（如火力发电站）对能源和原材料的稳定供应依赖性很大，能源和原材料成本在整个生产成本中占有很大的比重，价格波动和供应可靠性成为影响项目经济强度的一个主要因素。对于这类项目，没有能源和原材料供应的恰当安排，项目融资基本上是不可能的。

长期的能源和原材料供应协议是降低项目能源和原材料供应风险的一种有效方法。这种安排可以保证项目按照一定的价格稳定地得到重要能源和原材料供应，在一些特殊情况下（例如原材料市场不景气），甚至有可能进一步将供应协议设计成"供货和付款"类型的合同，这样，项目的经济强度就能够得到更强有力的支持。近年来，面对变幻莫测的国际原材料和能源市场，投资者把如何降低能源和原材料风险作为一个重要的课题加以研究，其中一种值得重视的发展趋势是能源和原材料价格指数化，将能源和原材料的供应价格与项目产出品的国际市场价格直接挂钩，并随着项目产出品价格的变化浮动。这种做法特别适用于项目产出品是具有国际统一定价标准的大宗资源性商品的项目。

能源和原材料供应价格指数化，对各方面都有一定的好处。对于项目投资者来说，可以降低项目风险，在国际市场不景气时降低项目的能源和原材料成本，在产出品国际市场上升时仍可获得较大的利润；对于能源和原材料供应商来说，既保证了稳定的市场，又可以享受到最终产品价格上涨的好处；对于贷款银行来说，由于这种做法增强了项目的经济强度，保证了项目的偿债能力，因此，特别受项目融资的安排者的欢迎。

4）经营管理风险。管理风险主要用来评价项目投资者对于所开发项目的经营管理能力，而这种能力是决定项目的质量控制、成本控制和生产效率的一个重要因素。

项目的投资者以往在同一领域是否具有成功的经验是贷款银行衡量项目经营管理风险的一项重要指标。经验证明，在一个由多个投资者组成的合资项目中，如果项目经理（即负责项目日常生产管理的公司）是由一个在这一领域具有良好资信的投资者担任，那么无论是整个项目进行融资，还是其中个别投资者单独进行融资，这一因素都会成为项目很好的信用支持。

评价项目的经营管理风险主要从三个方面考虑：①项目经理（无论是否为项目投资者）在同一领域的工作经验和资信。②项目经理是否为项目投资者之一；如果是投资者，则要看在项目中占有多大比例，一般经验是项目经理同时又是项目最大投资者之一（40%以上），对于项目融资是很有帮助的。③除项目经理的直接投资外，项目经理是否具有利润分成或成本控制奖励等鼓励机制。如果这些措施使用恰当，则可以有效地降低项目风险。

（4）市场风险。虽然项目产品市场整体价格和销售量从项目本身无法控制，但是，可以通过签订长期的产品销售协议降低项目市场风险。这种协议的合同买方可以是项目投资者本身，也可以是对项目产品有兴趣的具有一定资信的任何第三方。通过这种协议安排，合同买方对项目融资承担了一种间接的财务保证义务。

长期销售协议的期限要求与融资期限相一致。销售数量通常是这一时期项目所生产的全部产品或者至少是大部分产品，在销售价格上则根据产品的性质分为浮动定价和固定定价两大类型。

1）浮动定价方式（亦称为公式定价）。主要用于在国际市场上具有公认定价标准、价格透明度比较高的大宗商品。公式定价以国际市场的某种公认价格（例如，伦敦有色金属交易所价格）作为基础，按照项目的具体情况加以调整，如加一定的贴水或打一定的折扣。价格公式一经确定，在合同期内就固定不变。采用这种定价公式的产品包括大部分有色金属、贵金属、石油、铁矿砂、煤炭等。由于产品价格的透明度较高，可比性强，有历史资料可供参考，贷款银行对项目市场风险的评估相对比较清楚，因而愿意接受债务偿还主要依赖于项目产品未来市场状况的项目融资安排。作为投资者，这样的安排则将一部分项目的风险转移到贷款银行。有些项目，贷款银行可能认为单纯按照定价公式执行合同，银行承担的市场风险过大，这时会要求在定价公式中设定一个最低价格，当市场价格低于最低价格时，合同买方被要求用最低价格购买产品。

2）固定定价方式。是指在谈判长期销售协议时确定下来一个固定价格，并在整个协议期间按照某一预先规定的价格指数（或几个价格指数）加以调整的定价方式。这种定价方式主要用于以国内市场为依托的项目，例如，发电站、以发电站为市场的煤矿、港口码头、石油天然气运输管道、公路、桥梁等。如何规定价格指数是固定定价方式的关键，习惯上价格指数的参照系包括国家或项目所在地区的通货膨胀指数，工业部门价格指数，劳动工资指数等。如果项目融资中采用了较大比重的美元贷款，美国的通货膨胀指数也有可能被要求包括在参照系中。

在有关降低项目市场风险的谈判过程中，如何建立一个合理的价格体系，对于投资者和贷款银行双方无疑都是一个重要的问题。双方均需要对市场的结构和运作方式有清楚的认识，对各方承受项目市场风险的能力有正确的判断。过去有的融资安排曾出现过投资者对市场结构不是十分了解而接受过高定价公式的情况，实际上是由投资者为项目提供了附加的财务保证。

6.1.2　按照项目风险的阶段性划分

根据项目发展的时间顺序，其风险可以划分为三个阶段，即项目建设开发阶段风险、项目试生产阶段风险和项目生产经营阶段风险。每个阶段的项目风险都有不同的特点。

6.1.2.1　项目建设开发阶段的风险

大多数项目在正式建设之前都会有一个较长的预开发阶段，包括项目的规划、可行性研究、工程设计，对于矿山项目还会包括地质勘探、储量确定、矿石金属性试验等一系列工作。在这一时期，项目带有许多未知的和不确定的因素，这时期的投资也带有风险投资的性质。这一阶段的风险是由项目投资者来承担的，因此也就不包括在项目融资风险之中。

项目建设开发阶段的风险，是从项目正式动工建设开始计算的。项目动工建设之后，大量的资金投入到购买工程用地、购买工程设备、支付工程施工费用当中，贷款的利息也由于项目还未产生任何收入而计入资本成本。从贷款银行的角度，在这一阶段随着贷款资金的不断投入，项目的风险也随之增加，在项目建设完工时项目的风险也达到或接近了最高点。这时，如果因为任何不可控制或不可预见的因素造成项目建设成本超支，不能按预定时间完工甚至项目无法完成，贷款银行所承受的损失也是最大的。因此，项目融资在这一阶段要求投资者提供强有力的信用支持以保证项目的顺利完成。只有在对项目建设有百分之百把握的前提下，贷款银行才会取消对投资者提供附加信用支持的要求。

利用不同形式的工程建设合同可以相应影响项目建设期的风险变化，有可能将部分项目建设期的风险转移给工程承包公司。这类合同的一个极端是固定价格、固定工期的"交钥匙"合同，另一个极端是"实报实销"合同，在两者之间又有多种中间类型的合同形式。在"交钥匙"合同中，项目建设的控制权和建设期风险全部由工程公司承担；而在"实报实销"合同中，项目建设期风险及项目控制权全部落在项目的投资者身上。

6.1.2.2　项目试生产阶段的风险

项目融资在试生产阶段的风险仍然是很高的，即使这时项目建成投产了，但是，如果项目不能按照原订的成本计划生产出符合"商业完工"条件的产品和服务，就无法达到项目预期的现金流目标，必然危及贷款的偿还，给项目投资者带来相应的风险。

项目融资中所谓的"商业完工"是指以融资文件中具体规定的项目产品的产量和质量、原材料、能源消耗定额以及其他一些技术经济指标作为完工指标，并且将项目达到这些指标的时间下限也作为一项指标。只有项目在规定的时间范围内满足这些指标时，才被贷款银行接受为正式完工。

6.1.2.3　项目生产经营阶段的风险

一旦项目试生产满足了"商业完工"的具体指标，项目的生产经营阶段也即最后一个阶段就开始了。在这一阶段，项目进入正常的运转，如果项目可行性研究报告中的假设条件符合实际情况，项目应该生产出足够的现金流量支付生产经营费用，偿还债务，并为投资者提供理想的收益。项目的生产经营阶段是项目融资风险阶段的一个"分水岭"。从这一阶段起，贷款银行的项目风险随着债务的偿还逐步降低，融资结构基本上依赖于项目自身的现金流量和资产，成为一种"无追索"的结构。这一阶段的项目风险主要表现在生产、市场、金融以及其他一些不可预见因素方面。

6.1.3　按照项目风险的投入要素划分

项目在开发和经营的过程中需要投入的要素可以划分为五大类：人员、时间、资金、技术和其他要素，因此从项目投入要素的角度，可以对上述项目风险做出另一种形式的划分。

6.1.3.1　人员方面的风险

主要表现在：人员来源的可靠性，技术熟练程度，流动性；生产效率；工业关系，劳动保护立法及实施；管理人员素质，技术水平，市场销售能力；质量控制；对市场信息的敏感性及反应灵活程度；公司内部政策，工作关系协调等。

6.1.3.2　时间方面的风险

主要表现在：生产计划及执行；决策程序、时间；原材料运输；原材料短缺的可能性；在建设期购买项目土地、设备延期的可能性，工程建设延期的可能性；达到设计生产水平的时间；单位生产效率等。

6.1.3.3　资金方面的风险

主要表现在：产品销售价格及变化；汇率变化；通货膨胀因素；项目产品购买者及项目设备使用者的信用；年度项目资本开支预算；现金流量；保险；原材料及人工成本；融资成本及变化；税收及可利用的税务优惠；管理费用和项目生产运行成本；土地价值；项目破产以及与破产有关的法律规定等。

6.1.3.4　技术方面的风险

主要表现在：综合项目技术评价（选择成熟技术是减少项目融资风险的一个

原则）；设备可靠性及生产效率；产品的设计或生产标准。

6.1.3.5　其他方面的风险

除上述四个方面的风险外，其他如产品需求、产品替代的可能性，市场竞争能力；投资环境（立法、外交政治环境、外汇管制）；环境保护立法；项目的法律结构和融资结构；知识产权；自然环境；其他不可抗拒因素等造成的风险。

毫无疑问，以上几种要素无论哪一种要素（不仅仅是资金要素）出现问题，都会对项目的经济强度产生影响。

6.1.4　按照风险的影响范围划分

项目风险可以按照其影响范围分为两类：系统风险和非系统风险。

6.1.4.1　项目的系统风险

项目的系统风险是指该项目的预期收益对整体资本市场要素变化的敏感程度。系统性风险不能通过增加不同类型的投资数目而排除。因为造成这种风险的要素将会影响到整体资本市场的运动。系统性风险的典型例子有政府经济政策（如税收、货币政策等）的调整、经济衰退、世界性能源危机、中长期资本市场利率激增等。

6.1.4.2　项目的非系统风险

非系统风险是指一个项目所特有的风险，如项目的关键技术人才的流失、项目所需的某种特殊原材料的供应问题等。非系统风险一般可以通过多样化、分散化投资战略加以避免或降低。对于非系统风险，投资者只能做出定性的判断，而不可能取得统一的定量分析标准。

6.2　项目融资风险的分配与管理

6.2.1　项目融资风险的分配原则

有效地分配风险与减少风险对于基础设施项目融资的成功来说是十分重要的。只有当风险由最适于管理它的一方承担时，才会有效地分配。即便一些风险没有照此原则分担，项目融资仍可进行，但是成本及最终的资费就会高一些。项目方和债权人认为，承担更多的风险就会得到更多的回报。为了减轻项目融资的风险，项目的投资者在运作项目融资的过程中必须建立和坚持以下原则：一是确定项目的关键风险；二是评价项目每一种风险的可接受程度；三是确定最适合承担某种风险的各当事人。

在国际项目融资中，项目风险的识别和分配对项目参与方来说是一个核心问题：项目风险的分配并不是对每个参与者平均分配风险，而是将所有的风险都分配给最适合承担它的一方，即项目的任何一种风险应完全由对该风险偏好系数最大的项目参与方承担时，项目的整体满意度最大。如东道国政府被认为最适合承担项目的政治风险而不愿承担项目的商业风险，而境外投资者却正好相反，它们有能力承担商业风险而对政治风险则望而却步。在这种情况下，如果能够通过各种协议让参与方各得其所，使风险各就其位，那么，境外投资者和东道国政府都不会因为不得不面对自己不熟悉的风险而将风险成本估计过高。

6.2.2 项目融资主要风险的管理

6.2.2.1 政治风险的管理

政治风险的防范与管理，一般包括事前防范与事后管理。在事前防范中，项目发起人应加强投资前的调研，对政治风险的可能性做到心中有数。同时，可以与东道国签订协议，对投资者做一些法律上的保障，例如征税方法、税率、税基的规定，当地资本参股的条款，进入东道国资本市场的许可，买入一些外汇的远期合同来防范汇率风险等。另一种方法是申请政治风险保险，从而转嫁风险，一旦保险事件发生，则可以申请赔偿。在事后管理中，当发现有政变或战争的前兆时，则要尽快地将资金、设备和产品转移到较为安全的国家或是本国。为避免资本投入后遭遇风险，加快收回投资是最好的方法，例如加速折旧，扩大利润分配，利用转移价格将利润转移到母公司等。

总之，在项目融资中，贷款银行和国外项目发起人都会尽量采取措施来降低政治风险，以尽量减少损失。在实践中，管理政治风险的措施有许多，归纳起来有以下几种方法可供选择：

（1）贷款银行与世界银行等多边金融机构和地区开发银行共同对项目发放贷款。这样，项目遇到诸如被没收或国有化的风险会大大降低。因为，一国政府通常不愿激怒这些金融机构，以免在未来失去这些机构的有吸引力的信贷支持。如在 20 世纪 80 年代早期，墨西哥、巴西发生了对大量国外贷款违约的债务危机，但他们都尽量避免对这些多边金融机构违约（无论是项目贷款还是其他形式的贷款）。

（2）形成一个国际投资和贷款者的集团共同投资该项目，这样，如果该项目被没收，将导致该国对一批国际贷款和投资者违约，因而危及该国的国家信用，使该国陷入一种不能被国际社会接受和容忍的局面。

（3）向某些私人保险机构和政府保险机构投保政治风险保险。政府保险机构是承保政治风险的重要机构，他们一般为海外投资提供政治风险的担保。如英国的出口信贷担保局（ECGD）、德国的赫尔梅斯保险公司（Hermes）、美国的进出口银行（EXIM）等，当然，还有属于世界银行的多边投资担保机构也为这些海外投资提供政治风险担保。

（4）从项目主管政府部门取得允许项目在固定期限内自由利用特定部分资产的许可，例如从一国中央银行获得外汇的长期保证等。

（5）把各种担保合同置于东道国政府管辖之外，尽量避免东道国政府可能采取的干预行动。如要求由东道国以外的担保人提供担保；要求项目公司与东道国国外的买主订立项目产品买卖合同，并要求买主将贷款存入开立在东道国国外的银行信托账户（Trust Account）等。

（6）在借贷法律文件中选择以外国法为准据法，并选择外国法院为管辖法院，这样做可以不受东道国法律变动的影响和不受东道国法院的管辖。

（7）和政府部门谈判，以确定当发生某些政治波动、法律变更等事件时，由政府给予适当的补贴。例如，在菲律宾的 Pagbilao 项目中，国家电力公司同意承担在菲律宾出现的主要政治风险，并通过双方同意的"项目全面收购"合同来承担这种责任。其主要内容是，如果东道国政治风险事故连续维持一定时期时，国家电力公司有责任用现金收购该项目，其价格以能偿还债务并向项目发起人提供某些回报为准。而在印度的电力开发项目中，当发生政治性事故时，国家电力局或国家电力公司有责任继续支付电费，最长可达 270 天，因此，所有债务在政治性事故发生时都有政府部门的保障。

我国政府机构目前一般不准对项目作任何形式的担保或承诺，中方机构也不得对外出具借款担保。因此，在我国进行项目融资，其政治风险尚不能由我国政府及政府机构来承担。目前，比较可行的办法有三种：一是为政治风险投保，如在山东日照电厂项目中，由德国的 Hermes 和荷兰的 CESCE 两家保险机构为项目的政治风险进行了担保；二是引入多边机构参与项目贷款；三是引入当地企业尤其是国有大企业参与项目建设与经营。

6.2.2.2 金融风险的管理

在项目融资实务中，一般通过以下方法来进行金融风险的管理：

（1）将项目收入货币与支出货币相匹配。在一些项目融资中，常常是通过长期固定的合同带来现金流量的，这样的收入流量就不能进行适时的调整，极易遇到货币贬值风险。但是，可以通过构造不同的合同结构使项目的收入与债务支出货币相匹配。如在电力开发项目中，如果借进的是美元货币，则电力购买协议应主要以美元或其他硬货币来结算。

（2）在当地筹集债务。项目公司可以通过在当地举债的办法来减少货币贬值风险。因为，由于项目收入多以当地货币取得，债务偿还就不存在货币兑换问题。当然，在当地借款要受到许多因素的制约。

（3）将产生项目收入的合同尽量以硬货币支付，尤其是当这些合同的一方是政府部门时，因为这实际上意味着政府以合同的方式为项目提供了硬货币担保。

（4）与东道国政府谈判取得东道国政府保证项目公司优先获得外汇的协议或由其出具可获得外汇的担保。

（5）利用衍生金融工具减少货币贬值风险。如远期合约、货币期权和其他货币市场套期工具等。当然，这些工具在发展中国家还不很普遍，在项目融资风险管理中的应用也受到诸多限制。

1）利用互换交易进行金融风险管理。主要是通过利率互换和货币互换两种方式来降低金融风险。在项目融资中，互换就是用项目的全部或部分现金流量交换与项目无关的另一组现金流量。利率互换（Interest Rateswap）在项目融资中很有价值，因为多数银团贷款在安排长期项目贷款时，只愿意考虑浮动利率的贷款公式，使得项目承担较大的利率波动风险。作为项目投资者，如果根据项目现金流量的性质，将部分或全部的浮动利率贷款转换成固定利率贷款，在一定程度上可能减少利率风险对项目的影响。在项目融资中进行的货币互换经常是交叉货币互换（Cross – Currency Swaps），即在货币互换中包含了利率互换。这样的操作能达到降低项目的汇率和利率风险的目的。假如项目公司的收入是英镑，却争取到了固定利率的美元出口信贷。而在金融市场上，预测英镑利率将下降，美元利率将上升，英镑相对美元的汇率也随之下跌，这就意味着项目将承受汇率风险，因为项目公司将需要更多的英镑才能偿还美元贷款。所以，项目公司决定进入金融市场进行货币互换来降低此风险。

例：假设即期汇率为 GBP1 = USD1.7，项目公司的美元出口信贷利率为 4.5%，贷款金额为 1.7 亿美元，假设它同投资银行换到期限相同的英镑利率为 LIBOR +0.5%。则互换程序如图 6 – 1 所示。

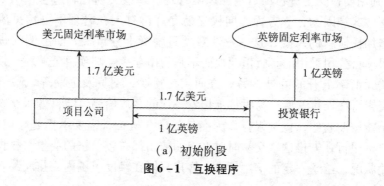

（a）初始阶段

图 6 – 1 互换程序

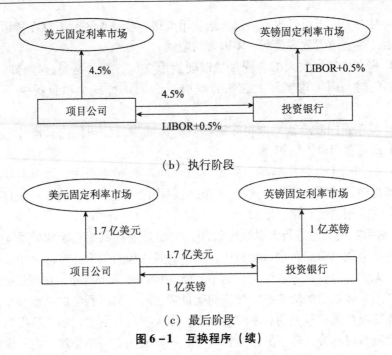

（b）执行阶段

（c）最后阶段

图6-1　互换程序（续）

　　即项目公司支付浮动的英镑利率为 LIBOR + 0.5%，而收取固定的美元利率为 4.5%，通过这一安排，该公司不仅降低了项目的汇率波动风险，而且也从不断降低的英镑利率中获益。

　　需要注意的是，在项目融资中，对货币/利率进行风险管理时，要采取谨慎的态度。经验证明，大多数的工业投资者对于金融市场的变化并不是十分熟悉，在做出风险管理决策时，切勿贪图眼前暂时的融资成本的节约而无形中大大地增加新的汇率风险。如 20 世纪 80 年代后期，国际上有些公司只看到日元低利率所带来的成本节约，将大量的美元贷款转换成日元贷款，但是忽视了潜在日元升值造成的成本增加，导致这些公司形成了很大的汇率亏损。

　　2）利用期权交易进行项目金融风险管理。期权交易比较适合于项目融资的风险管理。这是因为，一方面，期权交易允许持有人在管理不可预见风险的同时，不增加任何新的风险，这一特性对项目融资十分重要。如上例的货币互换中，如果项目公司采用的是货币期权而不是货币互换，则项目公司就可以不必放弃任何美元汇率上升的好处。另一方面，在互换、期货及远期等风险管理工具中，投资银行在安排这些交易时都承担着一定的客户信用风险，如果交易中的任何一方不能按期履约，投资银行作为交易的中介机构都需要承担起相应的责任。因此，投资银行在安排这些交易时对客户的信用都有较严格的要求，根据不同客户的信用状况，给予一定的信用额度，客户只能在额度范围内安排交易。这对于采用项目融资的项目而言，难度增大。而期权交易却没有这一缺陷，不受这一条件的限制，因为项目公司对此已支付了一定费率的期权费，如果项目公司不履约，投资银行也能收到一笔期权费，并不承担客户违约风险。所以，在项目融资的金融风险管理中期权交易使用得比较多。

在项目融资中，利用期权交易进行风险管理必须灵活应用，如对于利率期权而言，由于项目融资的长期性质，简单的短期利率期权基本上是没有市场的，在项目融资中使用的多数是较为复杂的中期利率期权形式，如 Caps、Floors、Collars 等，期限可达 3~10 年，其特点如下：第一，可安排的贷款利率风险管理期限较长；第二，在风险管理期内，不是使用一个固定的利率作为期权价格（即利率上限），而是使用一系列逐步升高的利率作为不同时期的期权价格，通过这种方式来降低期权的成本；第三，对于大多数项目，在项目前期，由于项目还未带来任何现金流入却要发生大量债务。因此，保证项目有较低的利息负担是至关重要的，随着时间的推移，项目债务逐步减少，现金流量逐步增加，债务承受能力也不断增强，这时候利率在一定范围内可逐步增加。所以，一般通过逐步递增的利率上限来充分利用项目现金流量的上述特点，以达到最大限度地降低风险，提高项目投资收益率的目的。

6.2.2.3 完工风险的管理

为了限制及转移项目的完工风险，贷款人通常要求采取以下方法管理此种风险：

（1）签订固定价格的"交钥匙"总承包合同。由项目公司与工程承包商签订固定价格的"交钥匙"总承包合同，对工程建设费用采取一次性包干，不管发生什么意外情况，项目公司都不会增加对工程的拨款，由此控制成本超支导致的完工风险。如英法海底隧道就采用了固定总价和目标总价合同的方法，英法海底隧道公司承担了全部建设风险，并且对造价超支设置了 18 亿美元的备用金。贷款人之所以偏好固定价格的"交钥匙"总承包合同，是因为该合同减少了贷款人必须面对的当事人。更为重要的是，它减少了由于不同的承建商之间发生纠纷和互相推卸责任的风险。如果不使用固定价格的"交钥匙"总承包合同，则贷款人将要花费相当的时间去分析考虑建设合同，而且项目管理者的作用将变得非常关键，这意味着贷款人又要承担管理者的违约风险。

（2）由项目发起人提供完工担保。即由项目的一个或几个发起人，以连带责任或个别责任的形式，保证项目按照融资协议中确定的完工标准，在一个规定的时间内完工。完工担保的存在使完工测试的谈判变得更为复杂，并且增加了关于是否满足完工标准的争论，特别是当完工是项目从有追索权融资到无追索权融资的转折点时。

（3）提供债务承购保证。如果项目最终不能达到商业完工标准的条件，则由项目发起人将项目债务收购下来或将其转化为公司债务，即由有限追索的项目融资转化为完全追索的公司融资。

（4）技术保证承诺。在项目工程的建设中，要求施工方使用成熟的技术，并要求其在一个双方同意的工程进度内完成，也可以要求承包商提供项目完工担保和工程建成后的性能担保。

（5）建立完工保证基金。即要求项目发起人提供一笔固定数额的资金作为保证基金，这样，投资者不再承担任何超出保证基金的项目建设费用。

（6）保险。通过保险来分散完工风险可分为两种情况：一是东道国商业保险机构的保险；二是外国投资者和贷款人本国的投资保险机构或多边投资担保机构的保险。前者是指项目公司向东道国商业保险公司投保由于不可抗力事件引起的项目建设不能按时完工和中途停工造成的经济损失；后者是指项目的外国投资者和贷款人向其本国投资保险机构（如美国的 OPIC）或多边投资机构投保由于项目建设过程中的政治风险（如战争等）给自己的投资和贷款造成的经济损失。因此，保险实际上并不能覆盖项目建设过程中的全部风险。

6.2.2.4 经营风险的管理

在项目建成后，项目进入试运营期，业主或项目公司一般都要求承包商对该项目提供一个保证期限，通常是在设施建成移交后的 12 个月内，以便承包商对其材料和工艺的缺陷进行修补，承包商必须对维修工作提供资金来源方面的担保。之后，项目进入正常运营期，此时，可以通过以下管理措施来降低风险：

（1）签订无条件的供应合同。如原材料供应、设备供应合同，这种合同对于降低经营风险至关重要。因为它可以保证项目的运营成本相对稳定。

（2）签订无条件的销售合同。如 Take or Pay 和 Pass Through Structures 来保证项目的现金收入。这是由项目产品买主或用户以自己的信用保证，无论是否取得产品或接受服务都要支付规定数额的货款，这对项目经营阶段的经营效益有至关重要的保障作用。

（3）建立储备基金账户。通过储备基金账户，保证有足够的收入来应付经营成本、特别设备检修费和偿还债务等，为此，应分别设立经营成本储备账户、检修储备账户和债务偿还账户。这些基金的来源可以从项目收入中或部分银行贷款中扣取。

（4）由项目发起人提供资金缺额担保。即由项目发起人向贷款人保证，由于各种原因引起项目收益不足，以致不能清偿全部贷款时，自己补足其差额。这种担保协议通常规定一个上限，或者按贷款原始总额的百分比确定（惯例为贷款总额的 20%～50%），或者按预期项目资产价值的百分比确定。例如，一个收费桥梁开发项目，总造价为 5000 万美元，采用 90% 的有限追索融资，由项目发起人提供占贷款额 25% 的资金缺额担保，即 1125 万美元为担保上限。若干年后，债务降为 2500 万美元，由于某种原因，项目在经营过程中发生经营风险，造成贷款到期时，项目净收入仅为 1800 万美元，则发起人需动用 700 万美元的担保金，如果净收入为 1300 万美元，则需动用 1125 万美元的担保金，还有 75 万美元的债务无须发起人承担，所以这种担保对项目发起人来说，是一种有限金额的担保方式。

（5）签订有利的经营管理合同。如带有最高价格和激励费用的成本加费用合同：这是一种在成本加费用合同基础上改进的合同形式。在这种结构下，经营者的报酬将严格地与其经营成本的高低挂钩，即经营者实现低成本运营将会得到一笔奖励。如果经营成本超过了最高价格，则经营者自己吸收这些成本，或者项目发起人有权更换经营者而提前终止协议。关于激励费用，只有经营者实现了规定的经营目标，才取得一笔奖金。相反，如果经营者未实现规定的经营目标，它将要接受一定的惩罚，此时，项目公司支付给它的经营费用将会降低。因此，在这种合同结构中，关键问题是事先就经营目标进行谈判并在合同中详细注明与项目经营和维护有关的所有方面应达到的目标。贷款者一般非常偏爱这种形式的经营和维护的合同结构，因为，这种合同结构不仅将项目公司与项目相关联的大部分经营风险隔离，而且提供了使项目在预算内有效运营的良好前景。

6.2.2.5　市场风险的管理

对于市场风险的管理，一方面是在项目初期做好充分的市场调查，以大大减少项目上马的盲目性，也就是认真做好项目可行性研究工作；另一方面是在产品销售合同上，确定好产品定价策略。

（1）签订具有担保性质的长期购买协议。即项目公司与项目产品买方或项目设施用户签订长期购买项目产品或使用项目设施的合同。这是分散市场风险最常见的法律措施。长期购买协议在不同性质的项目融资中有不同的表现形式，如无论提货与否均需付款合同（Take or Pay Sales Contract）、使用合同（Through - put Agreement）、最低支付额合同（Minimum Payment Contract）等。这些合同虽然具体形式和内容有区别，但其本质特点相同，即不论项目产品买主或项目设施用户是否取得产品或获得服务，都有义务向项目公司支付一个最低金额的款项，以抵偿项目公司对贷款人应偿债务的义务。

（2）在产品销售合同中，确定合理的产品定价策略。即在前述介绍的产品定价的两种基本方法浮动定价和固定定价方法中根据项目产品的特点进行选择。另外还可以采用实际生产成本加上一个固定投资收益的定价方法，这种定价方法在发展中国家使用较多，它是被当做在市场经济不太发达情况下吸引外资的一种优惠措施来使用的，现在许多发展中国家已不再使用。

6.2.2.6　环境保护风险的管理

各国对环境保护责任都有自己的法律规定。因此，在项目融资中根据项目所在国法律规定，谁负有环保责任，该风险就应由谁来承担。据此，可能出现两种情况：一种是环保责任由项目公司和贷款人共同负担；另一种是由项目公司单独负担。但不论哪种情况，环境风险最终都会影响到贷款的偿还。所以，要采取切实可行的措施分散和降低项目环境保护风险。

（1）在项目设计中应考虑环境因素。首先，要熟悉所在国与环境保护有关的法律，并将其纳入项目的总的可行性研究中。其次，必须将令人满意的环境保护计划作为融资的一个必要前提条件，并且该计划应留有一定的余地，确保其能适应将来可能趋严的环保管制。最后，项目文件应包括借款人的陈述、保证和约定，用来确保借款人重视环保并遵守有关法规。

（2）在合约中明确列出各方面应采取的措施，即估计项目的环境责任风险，包括项目公司、项目所在地、与项目往来的供应商和运输商、项目产品的用户等。在很多项目融资中，将承担因前土地业主所产生的污染视为次要条款，这样，保障项目投资者在没有违反主要条款的情况下，合同仍然生效，而投资者只需采取适当的解决办法即可，如成立一些附带条件的契约账户，投资者拨出一定数量的资金于该账户，用来解决环保问题。

（3）投保环境保险。项目发起人和贷款人都可以通过投保来降低环境风险。但是，在项目环境风险管理中，保险的作用非常有限。因为，保险难以包括除事故以外的风险和损失。由于过去的污染、逐渐变化的污染或违约造成的损失都很难得到保险。由污染支付的罚金和污染给项目带来的损失将不能被保险所补偿，即使能得到保险，金额也是有限的，而重大的环境损害的潜在责任将是无限的。

6.3　项目风险的定量分析方法

在项目融资中，除了对项目风险进行识别和分类，还必须对其进行定量分析。只有对项目风险在定性和定量两方面做出正确的分析，才能找出限制项目风险的方法和途径，设计出规避风险的融资结构。

项目融资的风险分析是在项目可行性研究的基础上进行的，可行性研究中经常使用的项目现金流量模型，是项目风险评价的重要定量分析工具。根据项目融资的特点和要求，运用项目现金流量模型，对影响项目经济强度的各种因素的变动风险做出准确的数量化的描述，为项目融资的方案设计提供重要的数据支持。

项目风险分析的基本思路如下：首先确定选用什么样的标准来测定项目的经济强度，然后通过与所选定的标准进行比较，判断各种因素对项目的影响程度。

6.3.1　确定项目风险收益率的 CAPM 模型

CAPM 模型（Capital Asset Price Model）又称资本资产定价模型，是项目融资中被广泛接受和使用的一种确定项目风险收益（贴现）率的方法。在项目融资中，进行项目总体经济强度的分析时，首先遇到的问题就是项目风险贴现率的确定问题，依据选定的贴现率计算项目的投资收益和净现值，评价项目的经济强度。在 CAPM 模型中，项目风险贴现率的含义是指项目的资本成本在公认的低风险的投资收益率的基础上，根据具体项目的风险因素加以调整的一种合理的项目投资收益率。

6.3.1.1　CAPM 模型的基本假设

CAPM 模型的应用基于以下理论假设：

（1）资本市场是一个充分竞争和有效的市场。在这个市场上可以不用考虑交易成本和其他制约因素（如借贷限制、资产转让限制等）的影响。

（2）在这个市场上，所有的投资者都追求最大的投资收益。

（3）在这个市场上，所有的投资者对于同一资产具有相同的价值预期。高风险的投资有较高的收益预期，低风险的投资有较低的收益预期。

（4）在这个市场上，所有的投资者均有机会充分运用多样化、分散化的战略来减少投资的非系统风险，在投资决策中只考虑系统性风险的影响和相应的收益问题。

（5）在这个市场上，对某一特定资产，所有的投资者都是在相同的时间区域做出投资决策。

6.3.1.2　CAPM 模型的基本公式

根据 CAPM 模型的基本假设，投资者在做出投资决策时，只需考虑项目的系统性风险，即该项目与资本市场上其他投资机会相比较所具有的带共性的风险如政治风险、经济衰退等，以及由于承担了这种项目风险而应该得到的收益。无须考虑项目的非系统性风险（即可由项目实体自行控制管理的风险，如完工风险、经营风险等）。

因此，一个具体项目的投资收益率可以表示为：

$$R_i = R_f + \beta_i \ (R_m - R_f)$$
$$= R_f + 风险收益率$$

（6-1）

式中：R_i为在给定风险水平 β 条件下项目 i 的合理预期投资收益率，也即项目 i 带有风险校正系数的贴现率（风险校正贴现率）；R_f为无风险投资收益率；β_i为项目 i 的风险校正系数，代表项目对资本市场系统风险变化的敏感程度；R_m为资本市场的平均投资收益率。

将风险校正贴现率代入项目现金流量净现值的计算公式中：

$$NPV = \sum_{t=0}^{n} (CI - CO)_t (1+i)^{-t} \qquad (6-2)$$

就可以计算出考虑到项目具体风险因素之后的净现值：

$$NPV = \sum_{t=0}^{n} (CI - CO)_t [1 + R_f + \beta_i (R_m - R_f)]^{-t} \qquad (6-3)$$

式中：NPV 为项目的净现值；$(CI - CO)_t$为第 t 年项目的净现金流量，其中 CI 为现金流入量，CO 为现金流出量；n 为计算期期数，一般为项目的寿命期；i 为折现率。

根据项目现金流量的净现值的计算，如果 $NPV \geq 0$，则表明项目投资者在预期的项目寿命期内，至少可以获得相当于项目贴现率的平均投资收益率，项目收益将大于或等于投资的机会成本，项目是可行的。如果 $NPV \leq 0$，说明该项目的投资机会成本过高，项目不可行。

需要注意的是，此处为了简化分析，假定无风险投资收益率、资本市场平均投资收益率及风险校正系数在项目的寿命期内保持不变。

6.3.1.3 CAPM 模型参数的确定

CAPM 模型的参数主要有：无风险投资收益率（R_f）；风险校正系数（β）；资本市场平均投资收益率（R_m）。

（1）无风险投资收益率（R_f）。无风险投资收益率是指在资本市场上可以获得的风险极低的投资机会的收益率。在项目风险分析中，需要确定无风险投资收益率这一指标值，一般的做法是在资本市场上选择与项目预计寿命期相近的政府债券的利率作为 R_f的参考值，通常 R_f也被用来作为项目风险承受力底线的指标。

（2）风险校正系数（β）。风险校正系数是风险贴现率计算中较难确定的指标值，在项目风险分析中，对这一指标值的计算方法存在的争议也较大。在国际项目融资中，一般的方法是根据资本市场上已有的同一种工业部门内相似公司的系统性风险的 β 值作为将要投资项目（分析对象）的风险校正系数。β 值越高，表示该工业部门在经济发生波动时风险性越大。也就是说，当市场宏观环境发生变化时，那些 β 值高的公司对这些变化更加敏感；反之，公司的 β 值越低，市场和宏观环境的变化对其影响相对较小。

（3）资本市场平均投资收益率（R_m）。依据现代西方经济理论，在资本市场上存在一个均衡的投资收益率，然而这一均衡的投资收益率在实际的风险分析工作中却很难计算出来。在一些资本市场相对发达的国家，通常以股票价格指数来替代这一均衡投资收益率作为资本市场的平均投资收益率的参考值。由于股票价格指数的收益率变动频繁、幅度较大，所以，在实际计算资本市场平均投资收益率时，一般是计算一个较长时间段的平均股票价格指数收益率。这样做带来的一个问题是，在实际的风险分析计算时，可能会出现 $R_m - R_f < 0$ 的情况，这是因为 R_m 的估值是过去某一阶段的平均收益率，而 R_f 的估值，如前所述，是反映对未来收益的预期，两者不匹配。为了解决这一问题，可以采用计算一个较长时间段内的 $(R_m - R_f)$ 的平均值，以此来代替对 R_m 的单独估值。

6.3.1.4　加权平均资本成本（WACC）

运用 CAPM 模型计算项目投资的合理资金成本，即加权平均资本成本，可以为项目投资决策提供依据。加权平均资本成本是将债务资本成本和权益资本成本分别乘以两种资本在总资本中所占的比例，再把两个乘积相加所得到的资本成本。其计算公式如下：

$$WACC = R_e \times W_e + R_d (1 - t) W_d$$
$$= R_e \times E / (E + D) + R_d (1 - t) \times D / (E + D) \qquad (6-4)$$

式中：WACC 为加权平均资本成本；R_e 为权益资本成本；W_e 为权益资本权重 $[W_e = E / (E + D)]$；$R_d (1 - t)$ 为债务资本成本；W_d 为债务资本权重 $[W_d = D / (E + D)]$；R_d 为债务利息；t 为税率，通常是公司所得税税率；E 为权益资本；D 为债务资本；E + D 为总资本，即权益资本与债务资本之和。

一般来说，运用 CAPM 模型计算项目投资的资金成本可以分为以下四个步骤：

（1）确定项目的风险校正系数 β 值。一般是根据所要投资项目的性质和规模及其所属产业市场状况等，在资本市场上寻找相同或相近的公司资料来确定这一数值。

（2）根据 CAPM 模型计算投资者股本资金的机会成本。

（3）根据各种可能的债务资金的有效性和成本，估算项目的债务资金成本。

（4）根据股本和债务资金在资本总额中各自所占的比例并以此为权数，应用加权平均法计算出项目的投资平均资本成本。

需要注意的是，在资本市场上获得的 β 值是资产 β 值，即 β_a，要转化为股本资金 β 值，即 β_e，反映公司（项目）在不同的股本/债务资金结构中的融资风险，债务越大融资风险也就越高，因而 β_e 也越高。β_a 与 β_e 之间的关系为：

$$\beta_e = \beta_a \left[1 + \frac{D}{E} (1 - t) \right] \qquad (6-5)$$

式中：t 为公司所得税税率，其他同前。

当项目投资者进行投资时，如果其资本额不高于用这种方法计算出的加权平均资本成本，说明投资者至少可以获得资本市场上相同投资的平均投资收益率，即项目投资满足了最低风险收益的要求。

6.3.2 项目融资的敏感性分析

前面已提到，项目的风险分析是在可行性研究的基础上，运用可行性研究中所使用的现金流量模型进行风险分析，当确定了风险贴现率后，就可以计算项目的净现值，判断项目的投资能不能满足最低风险收益的要求。如果项目的投资能满足最低风险收益的要求，对于项目投资者来说，从风险分析的角度看，项目是可行的，但这并不意味着项目一定能满足融资的要求。为了设计合理的融资结构，满足投资方和债务方对相应风险的共同要求，就需要在现金流量模型的基础上建立项目的融资结构模型。合理的项目融资结构模型需要考虑项目的债务承受能力和投资者可以得到的投资收益率。通常，在一系列债务资金的假设条件下，通过调整现金流量模型中各种变量之间的比例关系，来验证预期的融资结构是否可行。采用的方法是在建立了现金流量模型的基础方案之后，进行模型变量的敏感性分析，考察项目在各种可能条件下的现金流量状况及债务承受能力。

敏感性分析，就是分析并测定各个因素的变化对指标的影响程度，判断指标（相对于某个项目）在外部条件发生不利变化时的承受能力。一般情况下，在项目融资中需要测度敏感性的变量要素主要有：价格、利率、汇率、投资、生产量、工程延期、税收政策和项目寿命期等。

项目敏感性分析有单因素敏感性分析和多因素敏感性分析两种。在单因素敏感性分析中，设定每次只有一个因素变化，而其他因素保持不变，这样就可以分析出这个因素的变化对指标的影响大小。如果一个因素在较大的范围内变化时，引起指标的变化幅度并不大，则称其为非敏感性因素；如果某因素在很小的范围内变化时，就引起指标很大的变化，则称为敏感性因素。对于敏感性因素，需要进一步研究这个变量取值的准确性，或者收集众多的相关数据以减小在预测中的误差。多因素敏感性分析是考察多个因素同时变化对项目的影响程度，从而对项目风险的大小进行估计，为投资决策提供依据。

敏感性分析的基本步骤如下：

首先，确定分析指标。如前所述，在项目融资风险分析中，通常采用 NPV 指标。

其次，选择需要分析测度的变量要素。

再次，计算各变量要素的变动对指标的影响程度。

在项目融资风险分析中，一般情况下，产量变化幅度应不超过 10% ～ 15%；价格是以略低于目前实际价格的产品价格作为初始价格，然后按照预期的通货膨胀率逐年递增作为现金流量模型的基础价格方案，在基础方案之上对项目前几年（至少 5 年）的价格水平加以调整，或在基础方案上以高出生产成本的 5% ~ 10% 考虑；投资成本的超支假设一般在 10% ~30% 之间取值；生产成本的取值可以采用比基础方案生产成本高出 5% ~10% 的数字或采用比基础方案通货膨胀率高的生产成本增长速度；利率的敏感性取值比较简单，可以以金融市场上的可测利率为依据。

最后，确定敏感性因素，对项目的风险情况做出判断。

此外，需要注意的是，有时在进行现金流量模型变量的敏感性分析时，需要对最差方案下的现金流量（即所有变量的最坏可能性结合在一起作为现金流量模型的方案）和最佳方案下的现金流量进行比较，以此来了解在各种假设条件下的项目现金流量状况及债务承受能力。

6.3.3　项目融资中的风险评价指标

完成了项目现金流量模型的敏感性分析，获得了有关项目经济强度的一系列数据，接下来的工作是计算项目的风险评价指标，然后运用指标来评价项目的债务承受能力。项目融资中最经常使用的风险评价指标主要有项目债务覆盖率、资源收益覆盖率和项目债务承受比率。

6.3.3.1　项目债务覆盖率

项目的债务覆盖率是指项目可用于偿还债务的有效净现金流量与债务偿还责任的比值，它是贷款银行对项目风险的基本评价指标，可以通过现金流量模型计算出项目债务覆盖率。项目债务覆盖率可以分为单一年度债务覆盖率和累计债务覆盖率两个指标。

单一年度债务覆盖率的计算公式为：

$$DCR_t = \frac{NC_t + RP_t + IE_t + LE_t}{RP_t + IE_t + LE_t} \qquad (6-6)$$

式中：DCR_t 为第 t 年债务覆盖率；NC_t 为第 t 年项目净现金流量；RP_t 为第 t 年到期债务本金；IE_t 为第 t 年应付债务利息；LE_t 为第 t 年应付的项目租赁费用（存在租赁融资的情况下）。

一般情况下，在项目融资中，贷款银行要求 $DCR_t \geqslant 1$，如果项目融资风险较高，贷款银行会要求 DCR_t 数值相应增加，因为债务覆盖率增大，意味着有更多的有效净现金流量可用于偿还债务。公认的项目债务覆盖率取值范围在 1.0~1.5 之间。

累计债务覆盖率的计算公式为：

$$\sum DCR_t = \frac{NC_t + RP_t + IE_t + LE_t + \sum_{i=1}^{t-1} NC_i}{RP_t + IE_t + LE_i} \qquad (6-7)$$

式中：$\sum DCR_t$ 为项目累计债务覆盖率；$\sum\limits_{i=1}^{t-1} NC_i$ 为自第 1 年开始至第 t – 1 年项目未分配的净现金流量。

在实践中，控制累计债务覆盖率的作用，是为了保证项目能够持续地、经常地满足债务覆盖率的要求。由于项目在某几个特定的年份（如项目生产前期和设备更新时期）可能会出现较低的 DCR 值，所以规定项目把一定比例的盈余资金保留在项目公司中，只有满足累计覆盖率以上的资金部分才被允许作为利润返还给投资者，这样就可以使项目在不同年份之间都有能力偿还债务。通常累计债务覆盖率的取值范围在 1.5 ~ 2.0 之间。

在项目融资中，一般只要 $DCR_t \geq 1$ 且 $\sum DCR_t \geq 1.5$，就说明项目具有较强的债务承受能力，项目的融资结构是合理的，可以接受的。

另外，为了项目的正常运营及保证贷款人的权益，在考察项目债务覆盖率的同时，一般在项目融资中还采取两种相关方法：一是根据项目生产前期的现金流量状况，给予项目贷款一定的宽限期；二是贷款银行要求项目投资者提供一定的偿债保证基金。

6.3.3.2 资源收益覆盖率

对于依赖某种自然资源（如煤矿、石油、天然气等）的生产型项目，在项目的生产阶段有无足够的资源保证是一个很大的风险因素，因此，对于这类项目的融资，一般要求已经证实的可供项目开采的资源总储量是项目融资期间计划开采资源量的两倍以上，而且，还要求任何年份的资源收益覆盖率都要大于 2。

资源收益覆盖率的计算公式为：

$$RCR_t = \frac{PVNP_t}{OD_t} \tag{6-8}$$

式中：RCR_t 为第 t 年资源收益覆盖率；OD_t 为第 t 年所有未偿还的项目债务总额；$PVNP_t$ 为第 t 年项目未开采的已证实资源储量的现值。其计算公式为：

$$PVNP_t = \sum_{i=t}^{n} \frac{NP_i}{(1+k)^i} \tag{6-9}$$

式中：n 为项目的经济寿命期；k 为贴现率，一般采用同等期限的银行贷款利率作为计算标准；NP_i 为项目第 i 年的毛利润，即销售收入与生产成本之差额。

6.3.3.3 项目债务承受比率

项目债务承受比率是项目现金流量的现值与预期贷款金额的比值。项目债务承受比率的计算公式如下：

$$CR = \frac{PV}{D} \tag{6-10}$$

式中：CR 为项目债务承受比率；PV 为项目在融资期间采用风险校正贴现率

为折现率计算的现金流量的现值；D 为计划贷款的金额。

和项目债务覆盖率一样，项目债务承受比率也是项目融资中经常使用的指标。在项目融资中，项目债务承受比率的取值范围一般要求在 1.3 ~ 1.5 之间。

·本章小结·

项目融资风险管理的基础环节是风险识别，对于项目融资的风险识别因依据标准不同而存在差异。依据项目投资者是否能够直接控制项目风险的角度可划分为项目的环境风险和项目的核心风险。按照项目建设进展的阶段将风险划分为项目建设开发阶段风险、项目试生产阶段风险、项目生产经营阶段风险。在项目的不同进展阶段，项目风险具有不同的特点。

项目的环境风险包括项目的政治风险、环境保护风险、项目的金融风险（利率风险和汇率风险）、项目的市场风险等。

项目的核心风险是指与项目建设和生产经营管理直接有关的风险，包括项目信用风险、完工风险、生产风险、技术风险和部分市场风险。这类风险是项目投资者在项目建设或生产经营过程中无法避免而且必须承担的风险，同时也是投资者应该知道如何去管理和控制的风险。因此，项目的核心风险亦称为可控制风险。

在项目融资中，除了对项目风险进行识别和分类，还必须对其进行定量分析。只有对项目风险在定性和定量两方面做出正确的分析，才能找出限制项目风险的方法和途径，设计出规避风险的融资结构。

项目融资的风险分析是在项目可行性研究的基础上进行的，可行性研究中经常使用的项目现金流量模型，是项目风险评价的重要定量分析工具。根据项目融资的特点和要求，运用项目现金流量模型，对影响项目经济强度的各种因素的变动风险做出准确的数量化的描述，为项目融资的方案设计，提供重要的数据支持。

项目风险分析的基本思路包括：确定选用什么样的标准来测定项目的经济强度；通过与所选定的标准进行比较，判断各种因素对项目的影响程度。

项目风险的定量分析方法主要有：确定项目风险收益率的 CAPM 模型（资本资产定价模型）；项目融资的敏感性分析；应用风险评价指标进行分析。项目融资中最经常使用的风险评价指标主要有项目债务覆盖率、资源收益覆盖率和项目债务承受比率。

·关键概念·

项目的核心风险　项目的环境风险　信用风险　完工风险　生产风险　技术

风险　CAPM 模型　项目债务覆盖率　项目债务承受比率

·思考题·

1. 项目融资政治风险的管理可以采取哪些措施？

2. 可以采用哪些方法对金融风险进行管理？

3. 为了限制及转移项目的完工风险，贷款人通常要求采取哪些方法管理此种风险？

4. 可以通过哪些管理措施来降低经营风险？

5. 案例分析：本书第 8 章英法海底隧道项目、欧洲迪斯尼乐园项目面临的主要风险有哪些？在其风险管理过程中有何经验教训？

第7章 项目融资担保

合理的风险分配和严格的管理是项目融资成功的关键因素，也是项目各参与方谈判的核心问题之一。担保是项目风险分配和管理的主要手段，是在风险管理的基础上将风险分析结果落实到书面上的行为。

由于项目融资的基本特点是实现"无追索权或有限追索"，项目融资中的担保与一般商业贷款的担保有明显差异。一般商业贷款人要求担保人应有足够的资产弥补借款人不能按期还款可能带来的损失；项目融资的贷款方关注的不是项目资产的现有价值，而是项目的成功与否。因此，他们要求担保能够确保项目按期、按质完工，正常经营，获取足够的现金流偿还贷款。

担保在项目融资中还有着特殊作用，它可以把项目融资的某些风险转嫁给一些不想直接参与经营或为项目提供资金的有关方面。通常的情况是第三方担保人愿意帮助建成项目，但不希望在自己的资产负债表上有所反映。在这种情况下，可以不贷款或出资，而是以提供担保承担商业风险的方式参与。

7.1 担保在项目融资中的作用

7.1.1 担保的概念和种类

担保在民法上指以确保债务或其他经济合同项下义务的履行或清偿为目的的保证行为，它是债务人提供履行债务的特殊保证，是保证债权实现的一种法律手段。项目融资担保指借款方或第三方以自己的信用或资产向贷款或租赁机构做出的偿还保证。具体可分为物权担保和信用担保。

物权担保指借款人或担保人以自己的有形财产或权益财产为履行债务而设定的担保物权，如抵押权、质押权、留置权等。信用担保即担保人以自己的资信向债权人保证对债务人履行债务承担责任，有担保（保证书）、安慰信等形式。

在项目融资结构中，物权担保是以项目特定物产的价值或者某种权利的价值作为担保，如债务人不履行其义务，债权人可以行使其对担保物的权利来满足自己的债权。物权担保主要表现为对项目资产的抵押和控制上，包括对项目的不动产和有形动产的抵押，对无形资产设置担保物权等几个方面。

在项目融资结构中，信用担保的基本表现形式是项目担保。项目担保是一种以法律协议形式做出的承诺，依据这种承诺担保人向债权人承担了一定的义务。项目担保义务可以是第二位的法律承诺，即在被担保人（主债务人）不履行其对债权人（担保受益人）所承担义务的情况下（即违约时），必须承担起被担保人的合约义务，这种担保义务是附属和依存在债务人和债权人之上的。项目担保也可以是第一位的法律承诺，也就是即期担保。即期担保承诺在担保受益人的要求之下（通常是根据融资文件或者担保文件中的有关条款），立即支付给担保受益人（或担保受益人指定的其他任何人）规定数量的资金，而不管债务人是否真正违约。因而，即期担保相对独立于债权人与债务人之间的合约。项目的完工担保多数属于这一种类型。

7.1.2 担保在项目融资中的作用

由于项目融资的根本特征体现在项目风险的分担方面，而项目担保正是实现这种风险分担的一个关键所在。由于许多的项目风险是项目本身所无法控制的，出于对超出项目自身承受能力的风险因素的考虑，贷款银行必须要求项目的投资者或与项目利益有关的第三方提供附加的债权担保。所以，项目担保是项目融资结构中的一个关键环节，成为保障项目融资成功的首要条件。

具体来说，项目担保在项目融资中的作用主要有两个方面：

第一，采用项目担保形式，项目的投资者可以避免承担全部的和直接的项目债务责任，项目投资者的责任被限制在有限的项目发展阶段之内或者有限的金额之内。也正是因为如此，项目投资者才有可能安排有限追索的融资结构。

第二，采用项目担保形式，项目投资者可以将一定的项目风险转移给第三方。

通过组织一些对项目发展有利，但又不愿意直接参与项目投资或参与项目经营（由于商业原因或政治原因）的机构为项目融资提供一定的担保，或者利用商业担保人提供的担保，在一定条件下可以将项目的许多风险因素加以转移。

因此，项目融资担保的任务是将与项目利益有关的和对项目发展有需求的各个方面所能提供的担保及所能承担的责任组织起来，使得其中任何一方都不会因财务负担过重或者项目风险过高而无法开发或经营项目，通过利用各个方面所提供的担保，组成一个强有力的项目信用保证结构，使其能够为贷款银行所接受。

7.2　项目担保人

项目担保人包括三个方面：项目的投资者、与项目利益有关的第三方参与者和商业担保人。

7.2.1　项目投资者作为担保人

项目的直接投资者和主办人作为担保人是项目融资结构中最主要和最常见的一种形式（见图 7 – 1）。

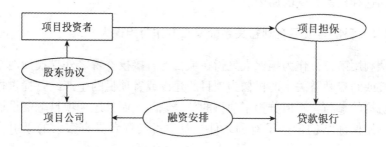

图 7 – 1　项目投资者作为担保人

在一般的情况下，项目投资者通过建立一个专门的项目公司来经营项目和安排融资。但是，这样的安排，由于项目公司在资金、经营历史等各方面多不足以支持融资，很多情况下贷款银行会要求借款人提供来自项目公司之外的担保作为附加的债权保证。如果项目投资者不能够找到其他能够被贷款银行所接受的担保人，那么项目的投资者自己必须提供一定的项目担保。如项目投资者提供的"项目完工担保"、"无论提货与否均需付款协议"和"提货与付款协议"等均属于这种性质的项目担保。

项目投资者提供的担保可以有两种形式。

7.2.1.1　直接担保形式

如果项目投资者对项目公司提供的担保成为项目公司的一部分潜在的债务，那么根据国际通行的会计准则，该担保必须作为一种债务形式表现在项目投资者的资产负债表中，至少需要作为一种或有债务（Contingent Liability）形式在资产负债表的注释中加以披露。这会对公司资产负债表结构产生一定的影响。对于一个公司，特别是上市公司和国际性的跨国公司来说，其资产负债结构是否合理对公司有着非常重要的意义。如果因为某一项目的债务并入总公司的资产负债表之后而造成该公司的资产负债结构恶化，就可能会导致一系列的问题，包括影响公司的信用、公司的筹资能力、公司股票在证券市场上的价格以及削弱该公司承受任何财务风险和金融风险的能力等。

7.2.1.2 非直接的担保形式

如果项目投资者所提供的担保以非直接的形式或者以预防不可预见风险因素的形式出现，其担保就可以在项目投资者为项目公司所承担的财务责任上披上一件"正常商业交易"的外衣，这样对于项目投资者本身的资产负债表就会影响较少，甚至没有影响。运用项目投资者提供的非直接的和以预防不可预见因素为主体的项目担保，加上来自其他方面的担保，同样可以安排成为贷款银行所能够接受的信用保证结构，这就是项目融资的主要优点之一。这也就是项目投资者最愿意使用这种担保方式的原因。

7.2.2 利用与项目有利益关系的第三方作为担保人

所谓利用第三方作为担保人是指在项目的直接投资者之外寻找其他与项目开发有直接或间接利益关系的机构为项目的建设或者项目的生产经营提供担保。由于这些机构的参与，不但分担了项目的部分风险，而且还为项目融资设计一个强有力的信用保证结构创造了有利条件，对项目投资者具有很大的吸引力。见图7-2。

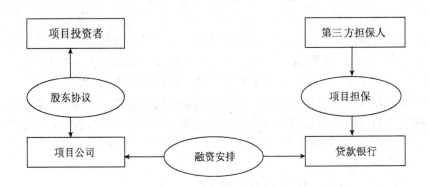

图7-2 第三方作为担保人

能够提供第三方担保的机构主要有以下几种类型：

7.2.2.1 政府机构

政府机构作为担保人在项目融资中是极为普遍的。政府机构为项目提供的担保多从发展本国（或本地）经济、增加就业、增加出口、改善基础设施建设、改善经济环境等目的出发。这种担保对于大型工程项目的建设十分重要，尤其是对于发展中国家的大型项目来说，政府的介入可以减少政治风险和经济政策风险（如外汇管制），增强投资者的信心，而这类担保是从其他途径所得不到的，BOT模式就是一个典型的例子。政府的特许权协议是 BOT 模式中不可或缺的重要一环。如果没有政府以特许权协议形式做出的担保，投资财团如果想利用 BOT 模式组织起项目融资是根本不可想象的。

政府作为项目融资担保人的另一个目的是避免政府的直接股份参与，这在工业国家是较为普遍的现象。由于立法上的限制或出于政治上、财政上的考虑，有时这些国家的政府很难直接参与项目投资，因而为了促进项目的开发，政府多提供一些贷款、贷款担保或者项目产品长期购买协议等形式的担保作为间接对项目的参与。

7.2.2.2　与项目开发有直接利益关系的商业机构

（1）这类商业机构作为担保人，其目的是通过为项目融资提供担保而换取自己的长期商业利益。这些利益包括：①获得项目的建设合同；②获得项目设备的供应安装合同；③保证担保人自身产品的长期稳定市场（如果被担保项目是担保人自身产品的主要消费者）；④保证担保人自身可以获得长期稳定的原材料、能源供应（如果被担保项目的产品是担保人所需要的主要原材料或能源）；⑤保证担保人对项目设施的长期使用权（例如，被担保项目是码头、铁路等公用设施项目，虽然项目是由其他机构所拥有，但是项目的建成投入使用对担保人至关重要）。

（2）能够提供这种第三方项目担保的商业机构可以归纳为以下三类：

第一类：工程公司。工程公司为了在激烈的竞争中获得大型工程项目的承包合同，很多情况下愿意提供项目的完工担保，有时甚至愿意为项目投资者提供一定的财务安排。

第二类：项目设备或主要原材料的供应商。卖方信贷、出口信贷以及项目设备质量（运营）担保是项目设备供应商通常提供的担保形式。原材料供应商则主要以长期、稳定、价格优惠的供应协议作为对项目的支持。这种协议往往带有"无论提货与否均需付款"类型合同的性质，一般以"供货或付款"的形式出现。

第三类：项目产品（或设施）的用户。项目产品（或设施）的用户从保障项目市场的角度为项目融资提供一定的担保或财务支持。一般以长期合同或者预付款的形式出现，多集中在能源、原材料工业和基础设施项目中。

7.2.2.3　世界银行、地区开发银行等国际性金融机构

虽然国际性金融机构与项目的开发并没有直接的利益关系，但是为了促进发

展中国家的经济建设，对于一些非常重要的项目，可以向它们寻求贷款担保。这类机构在项目中的参与同样可以起到政府机构的作用，减少项目的政治、商业风险，增强商业银行对项目融资的信心。

7.2.3 商业担保人

商业担保人与以上两种担保人在性质上是不一样的。商业担保人以提供担保作为一种盈利的手段，承担项目的风险并收取担保服务费用。商业担保人通过分散化经营降低自己的风险。银行、保险公司和其他的一些专营商业担保的金融机构是主要的商业担保人。商业担保人提供的担保服务有两种基本类型：

7.2.3.1 商业银行、投资公司和一些专业化的金融机构以银行信用证或银行担保的形式担保项目投资者在项目中或者项目融资中所必须承担的义务

如在国际房地产项目融资中较为普遍的"卖出期权"（Put Options）安排。近几年来，在国外安排房地产项目融资时，如果贷款银行认为房地产价值以及贷款期内的现金流量不足以支持一个有限追索的融资结构，借款人可以从专业化的金融机构手中以远低于房地产市场价值的契约价格购入一个卖出期权作为项目融资的附加担保。在贷款期间，一旦借款人违约，如果贷款银行认为需要的话，可以通过执行该期权，将房地产以契约价格出售给期权合约的另一方，满足贷款银行的权利。例如，某公司为了购买一座办公大楼需要安排 4000 万美元的项目融资，但是贷款银行认为根据项目的经济强度（办公楼价值加上租金收入）只能安排 3000 万美元的有限追索贷款。最后借款人通过买入一个契约价格为 1500 万美元（实际房产价值 4000 万美元）的卖出期权作为附加担保完成融资安排。在期权有效期内，借款人每年需要支付契约价格的 1% 给期权合约的另一方作为商业担保费。在这个例子中，担保费与契约价格呈正比关系，契约价格越高，越接近房产的市场价值，担保费也就越高，因为出售这个期权的一方所承受的房产价值波动的风险也就越大。

7.2.3.2 为防止项目意外事件发生的担保

这类商业担保人一般为各种类型的保险公司。项目保险是项目融资文件中不可缺少的一项内容。保险公司提供的项目保险包括广泛的内容，除项目资产保险外，项目的政治风险保险在有些国家也是不可缺少的。

7.3 项目融资担保文件

从狭义看，与项目融资担保直接相关的文件有两种：基本文件和融资文件。

7.3.1　项目担保的范围

基本文件主要包括七个文件：政府的项目特许经营协议和其他许可证；承包商和分包商的担保以及预付款保函；原材料供应合同；能源供应合同；产品购买协议；项目投保合同；项目经营协议。

7.3.2　融资文件

融资文件主要包括贷款协议、担保文件、支持性文件等。

（1）贷款协议。包括消极保证、担保的执行。

（2）担保文件。①对土地、房屋等不动产抵押的享有权。②对动产、债务以及在建生产线抵押的享有权。③对项目基本文件赋予的权利的享有权。④对项目保险的享有权。⑤对销售合同、照付不议合同、产量或分次支付协议以及营业收入的享有权。

（3）支持性文件。①项目发起人的直接支持，包括偿还担保、完工担保、营运资金保证协议、超支协议和安慰信。②项目发起人的间接支持，包括无货亦付款合同、产量合同、无条件的运输合同、供应保证协议。③东道国政府的支持，包括经营许可、项目批准、特许权利、不收归国有的保证、外汇许可等。④项目的保险，包括商业保险、出口信贷担保和多边机构担保。

7.4　项目担保的范围和条件

7.4.1　项目担保的范围

一个项目可能面临各种各样的风险因素，其中主要有：信用风险、完工风险、生产风险（包括技术风险、资源风险、能源和原材料供应风险、经营管理风险）、市场风险、金融风险、政治风险、项目环境保护风险。这些风险因素可以归纳成为商业风险、政治风险、金融风险和或有风险等基本类型。

7.4.1.1　商业风险

商业风险是项目融资的最主要风险。大多数商业风险属于项目的核心风险，即可控制风险。那么作为项目融资的贷款银行，对于这类可控制的商业风险，通常都会要求项目投资者或者与项目有直接利益关系的第三方提供不同程度的担保，特别是在项目完工、生产成本控制和产品市场安排三个方面。

（1）项目完工风险。一个项目是否能够在规定的预算和规定的时间内建成投产，达到商业完工的标准，是组织项目融资的基础。这一阶段的风险传统上要求由项目投资者全面承担。由项目投资者提供担保，承诺在项目工程延期、建设成本超过预算等问题出现时为项目提供资金。有时甚至担保人被要求承诺如果项目在无法达到商业完工标准时偿还全部的项目贷款。

但是，近几年来有一个新的发展趋势，在市场竞争和项目投资者的压力下，贷款银行被要求承担一部分完工风险。在一些投资环境较好、技术比较成熟的项目融资下，贷款银行转向从工程公司、技术设备供应公司等其他方面寻求完工担保，包括采用固定价格的"交钥匙"合同（Turn – Key Fixed Price Contract）和由工程公司或技术设备公司提供项目履约担保（Performance Bond）等形式，减少对项目投资者在完工担保方面的要求。

在设计和完成项目融资结构过程中，如何分担项目的完工风险是贷款银行和项目投资者谈判的一个焦点。贷款银行除了要求项目投资者或者工程公司提供完工担保之外，有时也会要求在产品市场安排上（例如在"无论提货与否均需付款"协议中）增加相应的项目延期条款，用来调整合同收入，支付因为工程延期而造成的融资成本超支。

（2）生产成本控制风险。在进入正常生产阶段之后，一个项目的经济强度在很大程度上取决于对生产成本的控制。项目是否在同行业同类型企业中占据有利地位和具有竞争性，除了项目所具备的自然条件和技术条件之外，是否能够按照一个具有竞争性的价格取得某些重要原材料、能源或外部服务的供应是非常关键的要素。

一个项目能够部分甚至全部实现自我融资，其中一个很重要的基础就是建立在生产成本可控或者可预测的假设前提条件之下。因此，对于项目融资而言，由独立于项目公司本身的其他人（包括第三方担保人和项目投资者）以某种形式承诺一部分这方面的风险是带有根本性的，并且这种担保具有替代作用，一个较强的生产成本控制方面的担保可以避免或者减少贷款银行对其他担保形式的要求。

对生产成本的控制，一种有效的方法是通过由项目公司和提供项目生产所需要的主要原材料、能源的供应厂商签订长期供应协议来实现，其供应数量、期限和价格必须在协议中规定下来。价格可以采用固定价格，也可以采用浮动价格。浮动价格的定价方法一般有两种：一种是以与项目最终产品的公认市场价格（一般是具有权威性的国际市场价格）挂钩，这样可以保证项目有一个相对稳定的收益；另一种是与项目所在地的通货膨胀指数挂钩。无论采用哪种方法，目的都是一个，即在安排融资时，项目投资者和贷款银行双方都可以对项目成本有一个基本的估计，减少这方面的风险。

（3）产品市场安排风险。项目产品的销售和价格是决定项目成败的另一个重要环节。降低市场风险同样也是项目担保所必须面对的一个主要问题，"无论提货与否均需付款"协议和"提货与付款"协议是项目担保解决产品市场风险的主要手段。

对于不同性质的项目，贷款银行方面在处理各种风险因素的侧重上有所不同。对于初级能源和资源性产品项目，如煤炭、石油、金属矿等，因为国际市场需求变化对产品价格影响是导致项目成败的关键，如果没有一方肯于承担一定的产品市场和价格风险，安排项目融资就非常困难；对于加工业项目，如机械制造业，产品种类繁多，销售市场也很复杂，贷款银行对于生产成本的控制和现金流量的控制更为重视，要求担保人承担更多的成本风险；对于一些处于两者之间的项目，如纸浆、钢铁、有色金属冶炼等，原材料成本和产品市场在项目中均处于同等重要的地位，因此贷款银行有可能会要求在两个方面同时提供一定的项目担保。

7.4.1.2 政治风险

政治风险是贷款银行在项目融资中关注的另一类型风险。在政治环境不稳定的国家开展投资活动，具有很高的政治风险。没有政治风险担保，很难组织起有限追索的项目融资结构。一般来说，项目投资者自己很难解决项目的政治风险问题，需要安排第三方参与，为贷款银行提供政治风险担保。

对于政治风险而言，一般项目所在国的政府或者中央银行应该是最理想的政治风险担保人。这些机构与项目发展有直接利益关系，对项目的投资环境有直接的决定权。如果争取到这些机构对项目融资的担保，或者争取到一些与项目经营有关的特许权协议（例如对外汇控制的特殊政策或进出口特许政策等），可以有效地减少国外投资者和国外贷款银行对政治风险的顾虑。

但是对于一些被认为存在高政治风险的发展中国家，仅仅有项目所在国政府的保证是不够的。这时，世界银行、地区开发银行、一些工业国家的出口信贷、海外投资保险机构所提供的担保，将有利于组成项目的融资。

7.4.1.3 金融风险

项目的金融风险和政治风险一样，都属于不可控的外围风险，主要是指由于项目发起人不能控制的金融市场变化对项目可能产生的负面影响，主要包括汇率的波动、利率的变化、国际市场商品和劳务价格的涨跌，特别是能源和原材料价格的上升、项目产品价格的下跌等。

在项目融资中，金融风险的防范和分担是非常敏感的问题，对于汇率和利率风险，可以通过使用金融衍生工具，如套期保值技术等来分散。但是，在东道国金融市场不完善的情况下，使用金融衍生工具存在一定的局限性。在这种情况下，境外项目发起人和贷款银行一般要求东道国政府或国家银行签订远期外汇兑换合同，把汇率锁定在一个双方可以接受的价位上，但东道国政府或银行一般不愿意承担这个风险，此时项目公司应同东道国政府或银行签订专门合同，规定在一定范围内由各方分摊相应的汇率风险。

7.4.1.4　或有风险

项目除了存在商业风险和政治风险之外，也还会因为地震、火灾以及其他一些不可预见因素而导致失败。这类风险被称为不可预见风险（Contingent Risk），亦称为或有风险，避免这类风险主要也是采用商业保险的方法。

7.4.2　项目担保条件及步骤

7.4.2.1　项目担保条件

为了有效地涵盖项目所面临的商业风险、政治风险和或有风险，基本的项目担保条件至少要包括以下几个方面的内容：①担保受益人；②项目定义；③担保的用途；④最大担保金额；⑤担保有效期；⑥启用担保的条件；⑦担保协议以及执行担保的具体步骤。

不管项目担保的形式和性质如何，贷款银行在项目融资中通常总是坚持作为担保的第一受益人。对于贷款期限较长的项目融资，贷款银行在项目担保基本格式之上还会增加一些特殊的规定，以保护不因外部环境的变化而损害贷款银行的利益，其中很重要的一条是不因贷款协议的修改或其他的变更而使担保人从担保责任中自动解脱出来。

7.4.2.2　项目担保步骤

安排项目担保的步骤可以大致划分为四个阶段（具体通过项目担保人和贷款银行谈判解决）。

（1）贷款银行向项目投资者或第三方担保人提出项目担保的要求。

（2）项目投资者或第三方担保人可以考虑提供公司担保（对于担保人来讲，公司担保成本最低）；如果公司担保不被接受，则需要考虑提供银行担保。后者将在银行和申请担保人之间构成一种合约关系，银行提供项目担保，而申请担保人则承诺在必要时补偿银行的一切费用。

（3）在银行提供担保的情况下，项目担保成为担保银行与担保受益人之间的一种合约关系。这时真正的担保人（项目投资者或其他第三方担保人）并不是项目担保中的直接一方。

（4）如果项目所在国与提供担保的银行不在同一国家时，有时担保受益人会要求担保银行安排一个当地银行作为其代理人承担担保义务，而担保银行则承诺偿付其代理人的全部费用。

7.4.3　案例分析：孟加拉 KAFCO 化肥项目

孟加拉国 1990 年底完成的 4 亿美元 KAFCO 化肥项目的融资安排是一个典型的项目融资结构，作为原材料的天然气供应和最终产品的销售都以长期合同形式固定下来，并且在海外建立一个项目现金流量的托管账户（Escrow Account），保证项目的外汇收入和分配不会受到孟加拉国家的外汇管制的影响。

英国投资银行摩根·格兰福作为项目投资财团（由孟加拉政府、日本丸红商社、日本千代田公司以及欧洲公司等组成）的顾问，历时 5 年才完成了这一困难而复杂的融资安排。首先，由于项目的高政治风险，寻找项目的股本资金是一个极为困难的过程。大约 50% 的股本资金需要由政府机构提供（包括孟加拉政府与外国援助和发展机构），其余的资金则由与项目有利益关系的外国公司安排。如此众多国家的公司和政府机构（包括日本、孟加拉、美国、丹麦、英国、罗马尼亚、意大利和荷兰等）组成的投资财团，必将形成一个利益关系复杂的投资结构。其次，项目融资结构也非常复杂。有两个关键条件必须解决：第一，必须把项目的政治风险以及政治风险担保、保险与项目的商业风险分离开来；第二，必须在贷款银团之间建立一个非常复杂的信用保证系统，明确每一家贷款银行在融资结构中的位置，有何种信用保证以及有何种优先顺序。作为整个项目融资结构的基础所建立起来的项目收入的托管账户，以及要求孟加拉政府对项目所提供的支持（包括浮动的天然气价格和对外国出口信贷的担保）是该项目融资结构中必不可少的。

图 7-3 是 KAFCO 项目的资金和信用保证结构，其中利用美国的海外私人投资公司（OPIC）、英国的出口信贷担保局（ECGD）和日本通产省出口保险（EID/MITI）作为项目融资的政治风险担保人，被认为是一项成功的、有开创意义的尝试，为以后在高风险国家和地区安排项目融资提供了一条新的解决问题的途径。

7.5　项目融资担保的主要类型

根据项目担保在项目融资中承担的经济责任形式，项目担保可以划分为四种基本类型：直接担保、间接担保、或有担保、意向性担保。其中无论是哪种类型的项目担保，其担保所承担的经济责任都是有限的，这是项目融资结构与传统公司融资结构的一个重要的区别。

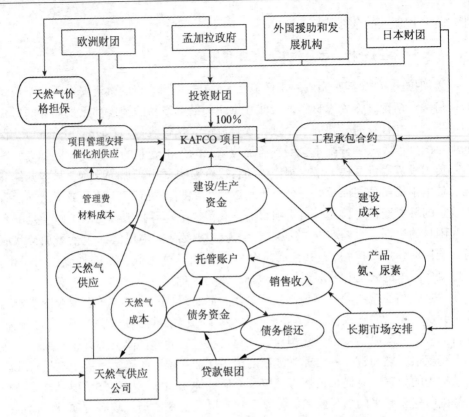

图 7 - 3   孟加拉 KAFCO 化肥项目融资结构

7.5.1　直接担保

直接担保（Direct Guarantee）是指担保人以直接的财务担保形式为项目公司（借款人）按期还本付息而向贷款银行提供的担保。它是项目担保中传统的担保方式，是担保人代替借款人向贷款人承担所有的义务，具有直接性和无条件性，但它在时间或数量上是有限的，是所融资项目必需的最低信用保证结构。其主要操作方式有：

7.5.1.1　项目完工担保

项目完工担保是对项目完工风险的担保，是一种有限责任的直接担保形式。

大多数的项目完工担保属于仅仅在时间上有所限制的担保形式，即在一定的时间范围内（通常在项目的建设开发阶段和试生产阶段），项目完工担保人对贷款银行承担着全面追索的经济责任。在这期间，项目完工担保人需要想尽一切办法去促使项目达到商业完工的标准，并支付所有的成本超支费用。

由于项目完工担保的直接财务责任在项目达到商业完工标准后就立即终止，项目融资结构也从全面追索转变成为有限追索性质。贷款银行此后只能单纯（或绝大部分）地依赖于项目的生产经营，或者依赖于项目的生产经营加上"无论提货与否均需付款"等类型的有限信用保证支持来满足债务偿还的要求，所以，对于项目商业完工的标准及检验是相当具体和严格的。这其中包括了对生产成本的要求、对原材料消耗水平的要求、对生产效率的要求以及对产品质量和产品产出量的要求。无论哪项指标不符合在融资文件中所规定的指标要求，都会被认为是没有达到项目完工担保的条件，项目完工担保的责任也就不能解除，除非贷款银行同意重新制定或放弃部分商业完工标准。

完工担保的提供者主要有两类担保人：

（1）由项目投资者作为完工担保人。由直接投资者作为项目完工担保人是最常用也是最容易被贷款银行所接受的方式，因为项目投资者不仅是项目的最终受益人，而且由于股本资金的投入使其对项目的建设和运行成功与否有着最直接的经济利益关系，所以由项目投资者作为项目完工担保人时，他会想方设法地使项目按照预订的计划完成，同时由项目投资者作为项目完工担保人也可以增加贷款银行对项目前途的信心。

在项目融资结构中，项目完工担保可以是一个独立协议，也可以是其中贷款协议的一个组成部分，无论是以哪种方式出现，项目完工担保都包含以下三个方面的基本内容。

第一，项目完工担保的责任。项目完工担保的中心责任，是项目投资者向贷款银行做出保证。在计划内的资金安排之外，项目投资者必须提供能够使项目按照预定工期完工的，或按照预定商业完工标准完工的超过原定计划资金安排之外的任何所需资金。如果项目投资者不履行其提供资金的担保义务而导致该项目不能完工，则需要偿还贷款银行的贷款。当然，也有一些特例，少数完工担保协议规定，一旦项目不能按时完工，投资者就必须偿还其银行贷款。

由于这种严格的规定，因此在项目完工担保协议中对于商业完工的概念有着十分明确的定义。这种定义主要包括：对项目具体生产技术指标的规定（包括对单位生产量的能源、原材料甚至劳动力消耗指标的规定）；对项目产品（或服务）的质量规定；对项目产品的单位产出量（或服务量）的规定；对在一定时间内项目稳定生产（或运行）的指标规定。

在项目完工担保期间，大多数融资结构实质上是全面追索型贷款。对于这类项目融资结构来说，只有当项目的建设开发阶段和试生产阶段过去之后，贷款才转变成为有限追索的融资形式。由于这一重要性质，所以在谈判项目完工担保协议时，必须对项目的种种商业完工定义以及作为项目投资者对项目完工所承担的种种担保义务进行认真的审订，以确保项目能够实现从建设开发阶段和试生产阶段顺利地向正常生产经营阶段的过渡，也是实现项目融资由全面追索结构向有限追索结构的顺利过渡，真正发挥项目融资模式的优势。

第二，项目投资者履行项目完工担保义务的方式。一旦出现项目延期和成本超支，需要项目投资者依照项目完工担保协议支付项目所必要的资金时，通常采用的方式主要有两种：一种方式是要求项目投资者追加对项目公司的股本资金投入；另一种方式是由项目投资者自己或通过其他金融机构向项目公司提供初级无担保贷款（即准股本资金），这种贷款必须在高级债务被偿还后才有权要求清偿。

第三，保证项目投资者履行担保义务的措施。国际上大型项目融资经常会出现贷款银行与项目投资者分散在不同国家的情况，这种状况在项目担保人不履行其完工担保义务时，给贷款银行采取法律行动造成许多不便。即使贷款银行与项目担保人同属一个法律管辖区域，为了能够在需要时顺利及时地启动项目完工担保，贷款银行也需要在完工担保协议中规定出具体的保证项目担保人履行担保义务的措施。比较通行的做法是，项目投资者（担保人）被要求在指定银行的账户上存入一笔预定的担保存款，或者从指定的金融机构中开出一张以贷款银行为受益人的相当于上述金额的备用信用证，以此作为向贷款银行支付第一期贷款的先决条件。一旦出现需要动用项目完工担保资金的情况，贷款银行将直接从上述担保存款或备用信用证中提取资金。在这种情况下，根据项目完工担保协议，如果项目投资者（担保人）在建设开发阶段承担的是全面追索责任，则会被要求随时将其担保存款或备用信用证补足到原定的金额。

只有在作为项目担保人的公司资信卓著的少数情况下，贷款银行可以只依赖于项目担保人的公司信用。

（2）由工程承包公司及金融保险机构相结合作为项目完工担保人。由工程承包公司及其背后的金融机构提供的项目完工担保，是包括在工程承包合同中的一种附加条件，通过这种担保条件的引入，可以减少项目投资者所需承担的完工担保责任。

当项目由具有较高资信和丰富工业及管理经验的工程公司承建时，特别是对于技术比较成熟的资源性、能源性和基础设施性工程项目，可以增加贷款银行对项目完工的信心，从而减少项目投资者在项目完工担保方面所需承担的压力。有时，如果融资结构安排得当，贷款银行甚至可以不要求项目投资者提供任何项目完工担保。

然而，在大多数项目融资中，项目投资者是不可能彻底摆脱其项目完工担保责任的，但是可以通过在工程合同之中引入若干种项目完工担保条件，转移一部分项目完工风险给予工程承包公司，对项目投资者起到一定的保护作用。这些做法包括：投标押金（Bid Bonds）；履约担保（Performance Bonds）；预付款担保（Advance Payment Guarantee）；留置资金担保（Retention Money Guarantee）；项目运行担保（Project Maintenance Bonds）。上述各种担保形式一般是由工程承包公司背后的金融机构作为项目担保人提供的，其目的是保证工程承包公司有足够实力按期完成项目的建设工程，并确保一旦工程承包公司无法继续执行其合同时，根据担保受益人（项目投资者或者项目融资中的贷款银行）的要求，由项目担保人无条件地按照合同规定向受益人支付一定的资金补偿。这种项目完工担保经常以银行或其他金融机构的无条件信用证形式出现。这种担保和项目投资者的项目完工担保的区别是，项目投资者的项目完工担保要求尽全力去执行融资协议，实现项目完工，而工程承包公司的完工担保只是在工程合同违约时，支付工程合同价格的一部分（通常是 5% ~ 30%。在美国，由保险公司提供的工程履约担保有时可以达到 100% 的合同金额）给予担保受益人。因此，这种担保只能作为项目投资者项目完工担保的一种补充，并且和项目投资者提供的担保一样，其担保信用很大程度上依赖于提供项目担保人的资信状况。

7.5.1.2　资金缺额担保

资金缺额担保是一种在担保金额上有所限制的直接担保，主要是为项目完工后收益不足的风险提供担保。其主要目的是保证项目具有正常运行所必需的最低现金流量，即具有至少能支付生产成本和偿还到期债务的能力。这种担保的担保人往往是由项目发起人承担。

从贷款人的角度看，为了保证项目不至于因资金短缺而造成停工和违约，往往要求项目发起人以某种形式承诺一定的资金责任，以保证项目的正常运转，从而使项目可以按照预先计划偿还全部银行贷款。

项目发起人在履行资金缺额担保义务时，一般有以下三种可供选择的方法：

（1）通过担保存款或备用信用证来履行，即由项目发起人在指定银行存入一笔事先确定的资金（一般为该项目正常运行费用总额的 25% ~ 75%）作为担保存款，或者由指定银行以贷款银团为受益人开出一张备用信用证。这种方法与提供完工担保的方法类似。一般在为新建项目安排融资时常用此法。因为新建项目没有经营历史也没有相应资金积累，抵抗意外风险的能力比起经营多年的项目要脆弱得多，因而贷款银行多会要求由项目发起人提供一个固定金额的资金缺额担保作为提供有限追索项目融资的重要信用保证。当项目在某一时期现金流量出现不足以支付生产成本、资本开支或者偿还到期债务时，贷款银团就可以从担保存款或备用信用证中提取相应资金。

（2）通过建立留置基金（Retention Fund）的方法，即项目的年度收入在扣除全部的生产费用、资本开支以及到期债务本息和税收之后的净现金流量，存入留置基金账户，以备项目出现任何不可预见的问题时使用。而且对项目投资者使用该基金加以严格的限制和规定。通常规定一个最小资金缺额担保，只有当项目实际可支配资金总额大于项目最小资金缺额担保额时，项目发起人才能够从项目中以分红或其他形式提走资金，取得利润。

（3）由项目发起人提供项目最小净现金流量担保，即保证项目具有一个最低的净收益，作为对贷款银行在项目融资中可能承担风险的一种担保。这就涉及对项目总收入和总支出的合理预测问题，项目的总收入一般由项目产品的销售收入和其他收入构成；项目总支出的内容则较多，包括项目生产性费用、项目资本支出费用、项目管理费用和市场销售费用、到期债务偿还额及应缴税款等。这种方法的一个关键问题就是如何确定一个被项目发起人和贷款人都接受的最小项目净现金流量。一般是在可行性研究基础上由借贷双方对未来现金流量做出预测来确定，并通过协议将其固定下来，这样，当实际项目净现金流量低于协议规定的最小净现金流量时，项目发起人就必须负责将其差额部分补上，保证项目正常运行。

需要注意的是，资金缺额担保是对项目经营风险进行管理的一种方法之一，除此之外，还有其他的一些管理项目经营风险的方法。如特许权协议往往将支付与所需的履约状况挂钩，如最低的电厂可用性，安装的电话数量与新增用水户的数量，收费公路、桥梁的能力或出现故障时的修复次数。例如，阿曼一家电厂的购电协议就规定，如果该电厂在高峰期的可用性低于95%，每年的可用性低于90%，就将接受处罚。贷款人通常要求项目公司利用与设备和进口供应商签署的协议、维护协议和业务干扰保险（如与一家发电厂签署的燃料供应协议），来承保经营风险。如果牵头项目方有技术能力来确保有效的经营，贷款人最好要求签署一项最低所有权协议，政府也有同样的考虑。例如，布宜诺斯艾利斯供水特许权条款就要求指定的技术运营公司在财团中起码保留25%的股份，此外，该财团还被要求寄出一份1.5亿美元的履约合同，作为运营履约的担保。

7.5.2 间接担保

间接担保（Indirect Guarantee），亦称非直接担保，在项目融资中是指担保人不以直接的财务担保形式为项目提供的一种财务支持。间接担保多以商业合同和政府特许权协议形式出现。对于贷款银行来讲，这种类型担保同样构成了一种带有确定性的、无条件的财务责任。在项目融资中间接担保的主要形式是以"无论提货与否均需付款"协议和"提货与付款"协议为基础的项目担保。

7.5.2.1 间接担保的两种主要形式

"无论提货与否均需付款"协议和"提货与付款"协议是两大类既有共性又

有区别，并且是国际项目融资所特有的项目担保形式。"无论提货与否均需付款"协议和"提货与付款"协议是项目融资结构中的项目产品（或服务）的长期市场销售合约的统称。这类合约形式几乎在所有类型的项目融资中都广泛地得到应用，从各种各样的工业项目（如煤矿、有色金属矿、铁矿、各种金属冶炼厂、石油化工联合企业、造纸、纸浆项目）一直到公用设施和基础设施项目（如海运码头、石油运输管道、铁路集散中心、火力发电厂等），因此在某种意义上这类合约已经成为项目融资结构中不可缺少的一个组成部分。同时，这类合约形式在一些项目融资结构中也被用于处理项目公司与其主要原材料、能源供应商之间的关系。"无论提货与否均需付款"协议和"提货与付款"协议在法律上体现的是项目产品买方与卖方之间的商业合同关系，尽管实质上是由项目产品买方对项目融资提供的一种担保，但是这类协议仍被视为商业合约，因而是一种间接担保形式。

（1）"无论提货与否均需付款"协议。"无论提货与否均需付款"协议表现的是项目公司与项目产品购买者之间的长期销售合同关系。对于工业项目，即类似矿山、油田、冶炼厂、发电厂等有实体产品被生产出来的项目，这种长期销售合同就是购买项目产品的一种特殊协议。对于服务性项目，类似输油管道、码头、高速公路等没有实体产品被生产出来的项目，这种合同则是购买项目设施所提供的服务的协议。因此，可以将"无论提货与否均需付款"定义为一种由项目公司与项目的有形产品或无形产品的购买者之间所签订的长期的无条件的供销协议。所谓长期协议是指项目产品购买者承担的责任应至少不短于项目融资的贷款期限（这个期限可能长达十几年），因此这种协议比一般商业合同的期限要长得多。所谓无条件协议是指项目产品购买者承担的无条件付款责任是无论项目公司是否能够交货，根据规定的日期按照确定的价格，项目产品的买者向项目公司支付事先确定数量产品的货款。产品的定价以市场价格为基础，可以是固定价格或浮动价格（即公式价格），但往往同时规定最低限价。产品的数量以项目达到设计生产指标时的产量为基础，但有时也根据实际项目的预期债务覆盖率加以调整。总之，确定"无论提货与否均需付款"协议的基本原则是项目产品购买者所承诺支付的最低金额应不少于该项目生产经营费用和债务偿还费用的总和。

"无论提货与否均需付款"协议与传统的贸易合同或服务合同的本质区别是，项目产品购买者对购买产品义务的绝对性和无条件性。传统的贸易合同是以买卖双方的对等交换作为基础，即所谓的"一手交钱，一手交货"，如果卖方交不出产品或提供不了服务，买方可以在提出履行抗辩的同时，解除其付款义务。但是在"无论提货与否均需付款"协议中，项目产品购买者承担的是绝对的、无条件的根据合同付款的义务，即使是出现由于项目毁灭、爆发战争、项目财产被没收或征用等与协议双方完全无关的绝对事件而导致项目公司不能交货，只要在协议中没有做出相应规定，项目产品购买者仍须按合同规定付款。因此，这种协议实质上是由项目产品购买者为项目公司所提供的一种财务担保，项目公司可以利用其担保的绝对性和无条件性进行融资。

"无论提货与否均需付款"协议中的产品购买者可以是项目投资者，也可以是其他与项目利益有关的第三方担保人。但是在多数情况下，项目产品购买者中，往往至少有一个是项目的投资者。从贷款银行的角度看，由于项目投资者同时具有项目产品购买者和项目公司所有人的双重身份，所以在项目融资结构中通常设有受托管理人（Trustee）或融资经理，由其代表银行独立监管项目公司的资金使用情况，以确保项目融资结构的平稳运行。

按照国际通行的会计准则，由于"无论提货与否均需付款"协议带有商业合同的性质，所以项目产品购买者不需要将其所承担的产品购买义务作为一种财务担保列入其资产负债表中（但在有些国家需要在资产负债表的注释中加以说明），因此这种协议被列为是一种间接有限责任担保。

（2）"提货与付款"协议。由于"无论提货与否均需付款"协议的绝对性和无条件性，许多项目投资者和项目产品购买者不愿意在项目融资结构中接受这样的一种财务担保责任，而更倾向于采用"提货与付款"协议的形式。

"提货与付款"协议与"无论提货与否均需付款"协议十分相像，其主要区别是，在"提货与付款"协议中项目产品购买者承担的不是无条件的、绝对的付款责任，而只承担在取得产品的条件下才履行协议确定的付款义务。例如，煤矿项目融资的"提货与付款"协议，只有在煤被采掘出来并运到铁路终端时，产品购买者才付款。又如发电站项目融资的"提货与付款"协议，只有在电力被输送出电站门外，产品购买者才付款。由于"提货与付款"协议具有这个特点，使其在性质上更接近传统的长期销售合同，因此在形式上更容易被项目产品购买者，特别是那些对项目产品具有长期需要的购买者所接受，使其在项目融资中得到越来越广泛地应用，有逐步取代"无论提货与否均需付款"协议的趋势。但是，由于"提货与付款"协议在项目融资中所起到的担保作用是有条件的，因此从贷款银行的角度看，该种协议与"无论提货与否均需付款"协议相比，所提供的项目担保分量要相对轻一些。在有些项目融资中，贷款银行可能会要求项目投资者提供附加的资金缺额担保作为"提货与付款"协议担保的一种补充。如果一个经济强度较高的项目，并且其项目经理具有良好的管理能力和管理记录，即使只有"提货与付款"协议作为一种间接担保，也可以构成贷款银行所能接受的项目信用保证结构。

在项目融资谈判过程中，尽管"提货与付款"协议比"无论提货与否均需付款"协议相对较容易被产品购买者接受，但是作为项目投资者和项目融资责任的主要承担者，无论兼任项目产品购买者的角色与否，在谈判"提货与付款"协议时，都要十分清楚地掌握两种类型协议的关键区别所在，这样才能取得借贷双方满意的谈判结果。否则，有时会造成对整个项目融资以及项目投资者所应承担责任的误解。例如，在某一工业项目的项目融资结构谈判中，贷款银行提出的担保条件是：第一，项目的投资者要与项目公司签署一个项目产品的长期购买协议，按照市场价格购买该项目的全部产品（如果项目产品能够生产出来，并运到工厂围墙外某一指定的仓库）；第二，项目的投资者需要向项目公司提供一个项目最小净现金流量担保，保证在任何年度内只要项目生产出一吨产品，项目投资者就必须保证项目公司具有协议规定的净现金流量水平。如果将两个协议分开来看，第一个协议是一个"提货与付款"形式的协议，因为项目投资者承担的是按照市场价格购买已生产出来的项目产品的责任。但是如果将第二个协议和第一个协议结合起来分析，则可以发现，项目投资者承担的是典型的"无论提货与否均需付款"性质的担保义务。两者结合不仅保证了在任何产量条件下，项目投资者都需要按正常生产水平付款，并且符合该种协议的基本原则，即保证项目公司在融资期间具有足够偿还贷款和维持正常生产的现金流量。

7.5.2.2 协议的基本结构

"无论提货与否均需付款"协议和"提货与付款"协议与传统的长期销售合同在结构上有许多相似之处，包括产品的数量、质量、价格、交货地点与交货期、合同期限以及合同仲裁等条款。但是，由于在项目融资中该种类型协议实际上起着由项目产品购买者向贷款银行提供担保的作用，贷款银行必须力求保住协议，避免出现项目产品购买者以项目公司违约为理由而撤销协议或减少其在协议中承担的义务；同时协议又必须协调买卖双方对产品具体要求上的不一致性，所以这类协议无论在复杂性上，还是在其谈判难度上都将比传统的长期销售协议更进一步。以下只对其中具有共性的概念做一些较为抽象的分析。

（1）合同期限。合同的期限要求与项目融资的贷款期限一致。

（2）合同产品的数量规定。合同中产品数量的确定有两种方式：一种方式是在合同期内采用固定的总数量（其依据是在预测的合同价格条件下，这部分固定数量产品的收入将足以支付生产费用和偿还债务）概念，而准许项目公司按市场价格销售其余产品；另一种方式是包括 100% 的项目公司产品，而不论其生产数量在贷款期间是否发生变化。但是，对于每一种合同产品要注意其特殊的计量单位和要求。例如，铁矿砂价格是按其中的铁含量计算的，铜精矿价格是按其中的铜含量计算并考虑到冶炼和精炼费的扣减，有时虽然产品的数量确定了，但含量的变化可以大大地影响其实际价值。

在矿产资源类型的项目中，对于那些承担"无论提货与否均需付款"或"提货与付款"义务的产品购买者来说，特别是那些非项目投资者的第三方购买者，由于他们对项目产品有实际需求，所以往往会要求项目公司具备足够的资源储量来履行合同，并要求在项目资产由于各种原因而转手时，项目资产的收购者要继续履行这一合同。

（3）合同产品的质量规定。在"无论提货与否均需付款"协议和"提货与付款"协议中，产品的质量规定一般采用工业部门通常使用的本国标准或者国际标准，因为这种产品最终要在本国市场或国际市场上具有竞争性，否则就失去了项目投资者对项目开发的意义。但是，在一个项目建成投产的过程中，由于产品质量标准不仅与合同购买者是否开始执行合同有关，而且与项目完工担保能否按期结束有着重大的关系，因此，如何确定一个合理的产品质量标准是合同的购买者和贷款银行都必须认真对待的问题。从贷款银行的角度看，一般希望能够制定较一般标准为低的质量标准，使得项目产品购买协议可以尽早启动；而从产品购买者角度看，则往往希望产品质量可以达到较高的标准。

在处理合同产品的质量规定问题上，"无论提货与否均需付款"协议和"提货与付款"协议是有所不同的。对于前者，贷款银行的注意力放在排除项目公司在履行合同中有关基本违约的责任上，而合同产品质量问题是放在第二位的。基本违约是一种重大的违约行为（卖方所交货物并非合同所规定的货物就是最典型的例子），合同一方可以根据合同另一方的基本违约行为解除合约。但是由于合同购买者承担的是绝对的、无条件的付款义务，从理论上讲，买方对项目公司所提供的项目产品（无论其质量是否符合规定）都是必须接受的。然而，对于后者，即"提货与付款"协议则有所区别，合同的购买者承担的是有条件的义务，而这些条件中就包括对产品质量的明确规定。

（4）交货地点与交货期。此类合同的交货地点通常规定在刚刚跨越项目所属范围的那一点上。例如，煤产品的交货地点可定义在矿山铁路货场、发电站的电力交货地点可定义在电站高压输电网的起端等。在交货地点，产品所有权由项目公司转给合同的买主。

对于产品的交货期问题，虽然产品的购买者总是希望合同交货期与产品的实际需求时间或者与自己的再销售合同（如果产品是准备再出售的话）一致，但是，从贷款银行债务安排和项目公司正常经营的角度看，则要求根据协议，所得收入具有稳定的周期性，因此绝大部分的合同交货期都是按照这一原则来设计的。

（5）价格的确定和调整。产品（或服务）价格的确定有三种形式：第一种形式是完全按照国际市场价格制定价格公式，并随着国际市场价格的变化而变化。理论上，这是最合理的定价原则。然而，这种价格仅适用于具有统一国际市场定价标准的产品，例如，铜、铝、铅、锌、石油、铁矿、煤炭等产品，事实上存在一种统一的、公认的产品定价方式，在实际执行合同时可以减少许多争议。第二种形式是采用固定价格的定价方式。其确定价格的基本出发点是保证项目公司具有足以支付生产成本和偿还贷款的能力。第三种形式是采用实际生产成本加一个固定投资收益的定价公式。这种定价公式的出发点和第二种相同，只不过按照第二种定价公式，其产品价格在一定时期内是被整体固定住的，而按照第三种定价公式其价格的基数是根据生产成本变化而变化，只有投资收益部分是被固定住的。从贷款银行的角度看，第二种和第三种定价公式显然比第一种定价公式更为有利，因为贷款银行将其市场风险减少到了最低的限度。

因为通货膨胀因素的影响，采用第二种和第三种定价公式需要有相应的价格调整机制。价格调整所依据的原则主要有通货膨胀率、项目所在工业部门的劳动生产率指标、价格变动指数以及与项目生产密切相关的几种主要能源、原材料的价格指数等。另外，对于产品质量的变化，也需要确定适当的价格调整参数。

（6）对生产的中断和不可抗拒事件的处理。为了使此种类型合同成为项目融资的一种有效的担保，贷款银行和项目公司需要将项目公司所承担的合同义务降到最低的限度，从而减少合同购买者利用项目公司违约为理由提出反要求或撤销合同的风险。由于某些不可抗拒的原因而导致生产的暂时性或永久性中断，可以说是一个正在运行中的项目所可能遇到的最大风险。因为，如果发生某种意外情况，项目生产出现中断，使合同的履行成为不可能时，"无论提货与否均需付款"协议或"提货与付款"协议的有效性就告终止，此项合同所体现的担保义务亦随之终止，所以项目公司应拒绝使用含义广泛的不可抗拒事件条款，在生产中断问题上，明确规定生产中断的期限以及对执行合同的影响力。但是，为了给予合同买方一定的补偿，有些合同也规定在生产中断期间由项目公司从其他来源为买方提供相似的产品。

另外，对于那些意外事故属于由于不可抗拒因素而导致的合同不能履行，以及相应的处理方法，在合同中都需要做出明确规定，以防止项目产品购买者对不可抗拒力的范围作广义或扩大的解释，借以回避其付款的义务。

（7）合同权益的转让。由于此类合同是项目融资结构中的一项重要担保措施，所以贷款银行对于合同权益的可转让性以及有效连续性均要求有明确的规定和严格的限制。第一，合同权益要求能够以抵押、担保等法律形式转让给贷款银行或贷款银行指定的受益人；第二，由于合同双方发生变化而出现的合同权益转让要求需要得到贷款银行的事先批准；第三，在合同权益转让时，贷款银行对合同权益的优先请求权要求不受到任何挑战，具有有效连续性。

7.5.2.3 实例分析

ABC 贸易公司是一家以经营原材料为主的国际性贸易公司。为了保证其稳定的货源，该公司经过广泛的调查研究，决定对其煤矿产品的主要来源国家的一个煤矿项目进行投资，占其资产的 20%，并取得该项目 20% 的煤炭产品。该煤矿项目由两个矿体组成，采用的是非公司型合资结构。项目的建设及生产管理均由占股份 50% 的当地一家最大的矿业公司（WMC 矿业公司）负责。ABC 贸易公司考虑到项目投资额大，为了减少风险，决定采用有限追索的项目融资模式。

首先，ABC 贸易公司在该国成立了一个项目子公司 ABC 煤矿公司，作为独立的经济法人负责项目的融资和管理。ABC 贸易公司向 ABC 煤矿公司投入项目所需建设资金的 20% 作为其股本资金，并组织国际银团贷款提供项目建设所需资金的剩余部分。

其次，由于 ABC 煤矿公司是一个新组建的单一目的项目公司，没有资产和经营记录，因此 ABC 贸易公司根据贷款银团的要求，分别在项目的不同阶段向贷款银团提供项目完工担保和资金缺额担保，并且与其 ABC 煤矿公司签署了为期 20 年的"提货与付款"形式的长期购货协议作为项目投资者对项目公司的信用支持。

项目完工担保是以 ABC 贸易公司在贷款银团指定的银行以开出一张额度为 3000 万美元的多次提款备用担保信用证形式提供，贷款银团根据项目建设的实际需要，可以从信用证中提取资金支付项目成本超支以及其他未预见到的费用，来保证项目的按期完工。按照项目完工担保协议，ABC 贸易公司必须随时将信用证额度维持在 3000 万美元的水平，因此在项目的建设开发阶段，ABC 贸易公司承担的是全面追索的财务责任。

"提货与付款"协议是项目生产阶段的主要现金流量来源。ABC 贸易公司按照国际市场价格从 ABC 煤矿公司购买全部项目产品。从贷款银团的角度看，"提货与付款"协议保证了项目产品的销售市场，从而保证了项目的现金流量；从 ABC 贸易公司的角度看，由于其投资的初始目的就是为了获得产品，因此采用这样的协议并没有增加更多的义务和责任。

正因为"提货与付款"协议没有规定产品的最低限价，一旦出现产品价格长期过低的情况，就有造成现金流量不足以支付项目的生产费用和偿还到期债务的可能，所以在贷款银团的要求下，ABC 贸易公司又向贷款银团提供了一项资金缺额担保，其形式仍然是由指定的银行开出一张 3000 万美元的备用担保信用证（实际上是在项目达到商业完工要求时由项目完工担保的备用担保信用证直接转过来的）。信用证额度是贷款银团以项目最坏假设条件下的资金缺额作为基础，由借贷双方谈判确定的，并且根据实际未偿还债务的递减加以调整。同时，作为信用保证结构的一个组成部分，贷款银团通过现金流量管理协议，对项目资金进行控制。从 ABC 贸易公司的角度看，采用"提货与付款"协议与资金缺额担保相结合的担保形式，一个十分重要的优点是将项目的风险限制在可以预见的范围内，即最大风险不超过备用担保信用证担保额度（3000 万美元）。ABC 贸易公司在该投资项目中只是一个小股东，不负责项目的日常生产管理，有许多潜在的风险因素是该公司所无法控制的，采用"提货与付款"协议和资金缺额担保相结合的方式，既保证了 ABC 贸易公司的煤炭货源供应，又将其风险限制在资金缺额担保的范围内。

无论由于任何原因导致项目失败，贷款银行最大追索极限只能到 3000 万美元的备用信用证额度，而不能追索到 ABC 贸易公司本身。

"无论提货与否均需付款"和"提货与付款"、"供货或付款"（Supplier Pay）及"无论使用服务与否均需付款"（Through Put）等一系列协议形式都是间接担保形式。这类协议的建立保证了项目的稳定市场和稳定收入，从而也就保证了贷款银行的基本利益。这类合同、协议的制定原则是在合同期内满足摊销债务的要求，其定价基础多是以项目产品的公平市场价格、品质标准作为依据，因而是一种正常的公平的商业交易。由于这种性质，在国际通行会议准则中，间接担保不作为担保人的一种直接债务责任出现在公司的资产负债表中。对于提供间接担保的项目投资者或者其他项目参与者，投资项目、购买项目产品或使用项目设施不可能是盲目和无目的的，获得稳定的项目产品供应，逻辑上应该是其投资行为的一个重要原因。承诺按照公平的市场价格购买项目产品或使用项目设施，不会为提供间接担保的担保人增加额外的财务负担。

以政府特许权协议作为强有力的间接担保手段，是 BOT 融资模式的重要基础之一。与商业合同一样，政府部门在给予项目融资特许权时，也是充分考虑到了项目建设对当地社会经济发展的作用以及项目产品的市场需求。以经常采用项目融资模式的火力发电站项目为例，政府支持项目融资的关键一条是以"无论提货与否均需付款"或"提货与付款"形式来承购该电站生产出来的电力。从一个角度来看，政府机构似乎承担了"附加的"和"额外的"财务负担，是将公众利益让与了投资者和贷款银行；但是，从另一个角度来看，政府机构可以将承购的电力转卖给有关生产单位，获得利润。进一步，由于电力供应的增加，促进了当地的经济发展，政府可以通过税收、就业等方面的收入，获得更大的社会经济效益。

有时，以公平市场价格作为基础的间接担保仍然不能够完全满足贷款银行对项目市场风险的最低要求，这时贷款银行就可能要求间接担保人提供对项目的价格支持，即在商业合同中设定最低价格条款，当实际价格低于最低价格时，项目担保人就需要支付其差额。这种类型的项目担保实质上是一种直接担保和间接担保的"杂交"。在正常情况下，项目担保属于间接担保，在特殊情况下，项目担保就变成了一种直接担保，因为项目担保人承担了直接的财务责任。

7.5.3 或有担保

或有担保（Contingent Guarantee）是针对一些由于项目投资者不可抗拒或不可预测因素所造成项目损失的风险所提供的担保。

或有风险的担保按其风险的性质，可以划分为三种基本类型。

7.5.3.1 主要针对项目由于不可抗拒因素造成的风险

例如地震、火灾、地下矿井塌方等一系列问题，这类风险不属于项目正常生产建设所必须面对的问题，但是，一旦发生将给项目造成不可估量的损失，提供这类或有担保的项目担保人通常是商业保险公司。

7.5.3.2 主要针对项目的政治风险

由于政治风险的不可预见性质，因此为减少这类风险所安排的担保有时也归在或有担保的范围。

7.5.3.3 主要针对的是与项目融资结构特性有关的，并且一旦变化将会严重改变项目经济强度的一些项目环境风险

例如，以税务结构为基础建立的杠杆租赁融资模式，贷款银行大部分收益来自项目的税务好处，如果政府对税收政策做出任何不利于杠杆租赁结构的调整，都会减少贷款银行的利益，甚至损害项目融资结构的基础。又如，如果一个项目的能源、原材料是由项目所在地政府以某一种优惠价格提供的，并且项目融资也正是在这种政府特许权合同的基础上建立的，一旦政府优惠政策发生改变，则必然会导致项目经济强度的减弱。上述类似风险也都属于或有风险的范畴，在项目融资中通常都是要求项目投资者提供有关的担保。一旦项目出现类似情况，由项目投资者提供必要的财务支持。

7.5.4 意向性担保

从严格的法律意义上讲，意向性担保（Implied Guarantee）不是一种真正的担保，因为这种担保不具有法律上的约束力，仅仅表现出担保人有可能对项目提供一定支持的意愿。因为意向性担保不需要在担保人公司的财务报告中显示出来，所以这种类型的担保受到担保人的偏爱，在项目融资中应用得较为普遍。然而，也正是由于意向性担保的普遍使用，目前国际上对于意向性担保所承担的法

律责任有一种越来越严格的发展趋势。

安慰信（Letter of Comfort）是一种最经常使用的意向性担保形式。在项目融资中，安慰信通常是由项目公司的控股公司（或母公司）写给贷款银团，表示该公司对项目公司以及项目融资的支持，以此作为对项目融资财务担保的替代。安慰信的内容主要包括，控股公司确认它了解项目融资的安排，表示它将不减少在项目公司中的股权（或者保证在项目公司中股权不会减少到某一个比例），陈述它将继续支持项目公司的业务经营和发展。例如，控股公司可以表示它将用适当的方法保证项目公司获得正当的管理，在认为需要时将为项目公司提供必要的财务支持，将尽力促使项目公司按期履行其贷款义务，或者在认为项目公司有可能出现财务问题时保证不从项目公司中提取资金。有时在安慰信中，控股公司也需要承诺，在贷款期间项目公司需要将控股公司的名字作为其名称的一个重要组成部分。这一条与不减少股权的承诺，在事实上同样被视为一项很重要的意向性担保条件，因为在大多数情况下，很少有信誉良好的公司会看着自己的子公司破产或出现严重的财务危机而完全撒手不管。例如，在中信公司从事的几个大型海外项目融资时，贷款银团都把中信公司保持在项目公司中的股权和使用中信公司名称作为一项重要的内容。

除了安慰信形式外，利用合资项目各方之间的相互制约关系，也是贷款银行为项目融资结构寻求意向性担保的一种手段。

"交叉担保"起因于项目的"交叉违约"（Cross Default）风险。交叉违约是项目合资结构（特别是非公司型合资结构）中的一个重要概念，同时也是一个必须重视的问题。交叉违约风险的基本出发点是：在一个合资项目中，任何投资者都承担着双重责任，一方面承担着项目责任，包括项目的建设、经营、市场销售等；另一方面又承担着项目贷款的财务责任，包括贷款利息、本金的偿还等。无论是投资者无力承担其项目责任（如无法支付生产费用）还是无力承担其财务责任（如无法偿还到期债务），都会构成违约行为，并且这种违约行为必然会造成连锁反应，影响到其他的投资者和贷款银行的利益。例如，对于一个以非公司型合资结构组织起来的项目，如果该项目产品国际市场价格持续一段时间疲软，导致其中一个投资者无力支付其投资份额的生产费用而造成对其他投资者的违约，根据项目合资协议，非违约方有权收购或者出售违约方在项目中的资产。但是，该投资者在构成对其他投资者违约的同时，也会因为资金困难无法偿付银行到期的债务而造成对银行的违约，根据项目融资协议，贷款银行也有权获得该投资者在项目中的资产。这就造成了项目的交叉违约以及相互之间的优先权问题。

项目融资贷款银行在借款人出现违约时关心的问题是如何将违约方的资产以

最好的价格出售出去以保证债务的回收，而不是成为项目资产的拥有者。但是在很多情况下，项目借款人出现违约的时候也正是项目本身处于最困难的时候（如国际市场价格长期疲软）。这时的其他项目投资者即使没有出现财务危机，也会面临同样的资金周转困难（实力雄厚的大公司除外），无能力或者不愿意增加新的财务负担，继续同一类项目的投资；并且在这种市场条件下，贷款银行为违约方项目资产找到合适的买主也不是一件容易的事情。更严重的情况甚至可以造成由于一家投资者破产而拖垮整个项目，导致项目资产价值大幅度贬值。因此当贷款银行为项目中的某一个资金实力不是很强的投资者安排项目融资时，该项目合资结构中有没有交叉担保的条款，有没有一家或几家具有很强资信的投资者参与该项目并且起着主导作用，成为贷款银行评价项目信用风险的一项重要指标。从贷款银行的角度看，尽管项目投资者之间的交叉担保并没有为贷款银行提供任何直接的财务保证，但是，强有力的投资者的参与将保证项目的正常运行，保证项目资产的价值不会丧失，本身就是一种意向性的担保。进一步，贷款银行可以要求在合资协议（如交叉担保）条款中做出规定，要求具有较强资信的投资者在资信较弱的投资者出现违约时将其股份收购，利用合资各方之间的牵制作用形成一种非直接的项目担保。

· 本章小结 ·

担保指以确保债务或其他经济合同项下义务的履行或清偿为目的的保证行为，它是债务人提供履行债务的特殊保证，是保证债权实现的一种法律手段。项目融资担保指借款方或第三方以自己的信用或资产向贷款或租赁机构做出的偿还保证。具体可分为物权担保和信用担保。

物权担保指借款人或担保人以自己的有形财产或权益财产为履行债务而设定的担保物权，如抵押权、质押权、留置权等。信用担保即担保人以自己的资信向债权人保证对债务人履行债务承担责任，有担保（保证书）、安慰信等形式。

项目担保人包括三个方面：项目的投资者、与项目利益有关的第三方参与者和商业担保人。项目投资者提供担保可以有两种形式：①直接担保形式；②非直接的担保形式。

利用第三方作为担保人是指在项目的直接投资者之外寻找其他与项目开发直接或间接利益关系的机构为项目的建设或者项目的生产经营提供担保。能够提供第三方担保的机构主要有政府机构、与项目开发有直接利益关系的商业机构及世界银行、地区开发银行等国际性金融机构。

商业担保人以提供担保作为一种盈利的手段，承担项目的风险并收取担保服务费用。商业担保人提供的担保服务有两种基本类型：①商业银行、投资公司和一些专业化的金融机构以银行信用证或银行担保的形式担保项目投资者在项目中或者项目融资中所必须承担的义务。②为防止项目意外事件发生的担保。

一个项目可能面临各种各样的风险因素，其中主要有：信用风险、完工风险、生产风险（包括技术风险、资源风险、能源和原材料供应风险、经营管理风险）、市场风险、金融风险、政治风险、项目环境保护风险。这些风险因素可以归纳成为商业风险、政治风险、金融风险和或有风险等基本类型。

根据项目担保在项目融资中承担的经济责任形式，项目担保可以划分为四种基本类型：直接担保、间接担保、或有担保、意向性担保。其中无论是哪种类型的项目担保，其担保所承担的经济责任都是有限的，这是项目融资结构与传统公司融资结构的一个重要的区别。

直接担保是指担保人以直接的财务担保形式为项目公司（借款人）按期还本付息而向贷款银行提供的担保。直接担保的主要操作方式有：项目完工担保、资金缺额担保。

间接担保（亦称非直接担保）在项目融资中是指担保人不以直接的财务担保形式为项目提供的一种财务支持。间接担保多以商业合同和政府特许权协议形式出现。在项目融资中间接担保的主要形式是以"无论提货与否均需付款"协议和"提货与付款"协议为基础的项目担保。

或有担保是针对一些由于项目投资者不可抗拒或不可预测因素所造成项目损失的风险所提供的担保。

意向性担保不是一种真正的担保，因为这种担保不具有法律上的约束力，仅仅表现出担保人有可能对项目提供一定支持的意愿。经常使用的意向性担保形式包括安慰信、"交叉担保"等。

· 关键概念 ·

物权担保　信用担保　商业担保人　第三方担保人　直接担保　间接担保
或有担保　意向性担保

· 思考题 ·

1. 什么是项目融资的物权担保？它的主要形式有哪几种？
2. 什么是项目融资的信用担保？它的主要形式有哪几种？
3. 项目融资担保人的类型有哪几种？他们的作用分别是什么？
4. 融资担保的风险有哪些？
5. 案例分析题：根据本章 ABC 贸易公司案例，讨论如下问题：
（1）本案例中签订的"提货与付款"协议，对借贷双方各有什么利与弊？

（2）ABC 贸易公司向贷款银团提供资金缺额担保所增加的责任与风险是什么？

（3）在本案例中，提供贷款银团的主要风险有哪些？

（4）你认为本案例中已经设置的担保是否足够了？是否还需进一步设置其他担保以规避贷款风险？

第8章 项目融资案例分析

项目融资是一门融合多学科知识的交叉学科，也是一门应用性极强的技术，其理论的发展与项目融资的实践相辅相成。通过对项目融资典型案例的分析研究，可以对项目融资的理论和实践获得更加清晰的认识，为设计出符合要求的项目融资模式提供成功的经验和失败的教训。

8.1 国外项目融资案例

8.1.1 英法海底隧道工程项目融资实例[①]

8.1.1.1 项目背景

建立一条穿越英吉利海峡连接英国和法国的计划最早是在 1753 年提出的，之后从 19 世纪起，各种类似的计划不断提出并被束之高阁。20 世纪 80 年代，人们开始研究依靠私人投资来修建英吉利海峡隧道或桥梁的可能性。1984 年 5 月，Banque lndosuez Banqu Nationale de Paris，Credit Lyonnais，Midland Bank 和 National Westminster Bank 组成的银行团向英法两国政府提交了一份关于可以完全通过私人投资来建立双孔海底铁路隧道的报告。牵头银行团后来很快与英法两国的大建筑公司联合分别在两国成立了海峡隧道工程集团（Channel Tunnel Group Limited，CTG）和法兰西—曼彻公司（France Manceh S. A，FM），CTG - FM 以合伙形式组成英法海底隧道公司。

1985 年 5 月，英法两国政府发出了无政府出资和担保情况下英吉利海峡连接

---

① Finnerty：《Project Financing》，Published by Wiley，结合了其他资料进行改编。

项目的融资、修建及运营的联合招标。1986 年 1 月，GTG – FM 的 26 亿英镑的双孔铁路隧道提案中标。同年 2 月，两国政府签署协议授权建立海底隧道系统，并且给予中标者 CTG – FM 在协议通过之日起 55 年内（到 2042 年）运营隧道系统的权利。CTG – FM 公司将有权征税并且决定自己的运营政策。英法两国政府许诺若没有 CTG – FM 的同意，在 2020 年之前不会建立竞争性的海峡连接项目。协议期满后（2042 年）海底隧道系统将会转让给英国和法国政府。

英法海底隧道系统项目包括：

在英吉利海峡下面建立两条铁路隧道和一条服务隧道；

在英国的 Dover 和法国的 Coquelles 分别建立一个铁路站；

在两站之间建立往返列车以运送乘客和货物；

在法国的终点站和英国的终点站分别建立一个地面货物仓库；

建立与附近公路及铁路系统的连接。

隧道起自法国北部的加来（Calais），穿越多佛海峡（Dover Str.），至英国东南部的福克斯顿（Folkstone），全长 50 公里，其中海底部分 38 公里。每一个主隧道的内径有 7.6 米，并且还有一条内径 4.8 米的服务隧道，用于主隧道的通风、日常的安全维修工作及在紧急情况下提供安全避难。项目建成后，从英国到法国的时间可以缩短到 35 分钟。

英法海底隧道工程特许经营权协议在 1987 年由英法两国政府签订；在特许权协议中，政府对项目公司提出三项要求：①政府不对贷款做担保；②本项目由私人投资，用项目建成后的收入来支付项目公司的费用和债务；③项目公司必须持有 20% 的股票。项目资金来源依靠股票和贷款筹集。在 1986 ~ 1989 年分四次发行，贷款由 209 家国际商业银行提供。

英法海底隧道工程的特别之处在于：首先，它是至今为止由私人机构筹资兴建的规模最大的基础建设工程；其次，它是 BOT 项目融资方式中特许期最长的工程，特许期长达 55 年（其中包括计划为 7 年的施工期），跨越半个世纪；最后，它是政府提供的担保较少的工程。英法两国政府并没有像其他项目融资中承担诸如外汇风险、通货膨胀风险等，而只是提供了"无二次设施"担保和给予项目公司商务自主权等。前者是许诺没有 CTG – FM 的同意，在 2020 年之前不会建立竞争性的海峡连接项目。后者是给予 CTG – FM 自主决定税率及运营决策等的商务自主权。

隧道自 1987 年 12 月开始正式动工，于 1991 年 6 月凿通，1994 年 5 月 6 日通车，为 20 世纪最伟大的工程之一。

8.1.1.2 项目公司所有权结构

项目公司所有权结构如图 8 – 1 所示。英法海底隧道项目所有权结构是一个双重跨国联合体结构，两家公司是分别独立注册的。Eurotunnel PLC 注册地在英国，而 Eurotunnel S. A 注册地在法国，它们联合起来成立了一个合伙制公司 Eurotunnel General Limited（本书按习惯称英法海底隧道公司），所有收益或损失由 CTG – FM 两家公司平均分担。

项目的建设由一个建筑公司团体 Tansmanch Link 承担，Tansmanch Link 是一家由 5 家主要的英国建筑公司组成的 Tanslink 公司和由 5 家主要的法国建筑公司组成的 Transmanche 公司成立的合资公司。1986 年 9 月，Tansmanch Link 与 CTG – FM 签订了一个全面责任合同，负责工程的设计、施工、测试，计划施工期为 7 年，即建设公司保证在签订合同的 7 年之内将一个可以完全运营的铁路系统交付使用。

如果海底隧道工程在最后期限之后完工，Tansmanch Link 将承担每天 50 万英镑的损失。由偶然事件带来的推迟或成本增加都由 Tansmanch Link 来承担。但是以下事件带来的损失 Tansmanch Link 不负责：一是海底隧道更改系统设计；二是英国或法国政府的行为；三是隧道岩床条件与海底隧道公司所预计的不符。

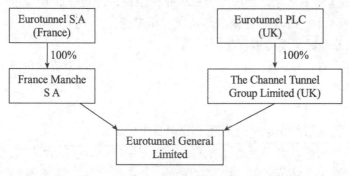

图 8 – 1　英法海底隧道项目所有权结构

8.1.1.3　项目融资方案

海底隧道公司估计要花费 48 亿英镑来建立这一隧道系统。

建筑成本：	28 亿
公司和其他成本：	5 亿
通货膨胀：	5 亿
净融资成本：	10 亿
总成本：	48 亿（英镑）

为了满足这些成本及可能的成本超支，海底隧道公司计划融资 60 亿英镑，计划融资结构为：

股权　　10 亿

债务　　50 亿

总额　　60 亿（英镑）

由于在英国国内的资本市场上，存在发达的股本市场和债券市场，依靠项目公司在股市发行股票，或者筹集私营投资者的资金的办法，就可以从投资者手中为 BOT 项目筹集到足够的资金。因此，该项目就地融资，英法两国政府不提供任何外汇风险担保。

海底隧道公司计划分阶段来筹集这一笔资金：

（1）在中标之前，牵头银行就已经收到了 33 家银行的大约 43 亿英镑的措辞坚定的债务承销意向书。

（2）中标之后，发起人股东向 CTG – FM 投入 5000 万英镑。

（3）牵头银行在建筑合同签订之后计划进行一次 50 亿英镑的联合贷款。

（4）英法海底隧道公司计划在 1986 年 6 月进行第二次股票发行，计划融资 1.5 亿到 2.5 亿英镑。

（5）1987 年上半年计划进行第三次股权融资，计划融资 10 亿英镑。

（6）1988 年、1989 年计划进行两次股票融资。

项目债务融资主要由银行集团提供。

1986 年 2 月，牵头银行组织了一个由 40 个二级银行组成的价值为 50 亿英镑的联合贷款承销团，但是，在承销协议签订之前，银行要求借款人必须保证达到以下条件：

（1）英法政府给予英法海底隧道公司自主经营权。

（2）英法两国议会必须通过有关协议来保证项目合同的合法性。

（3）完成 1.5 亿英镑的二期股权融资。

按照贷款协议，项目公司的债务责任是：

（1）英法海底隧道公司通过将来的现金流来偿还贷款，签订合同之后 18 年内完全还清。

（2）费用条款：英法海底隧道公司给予牵头银行总费用的 12.5% 作为牵头费用。

（3）安全条款：英法海底隧道公司的所有资产用来作为还款的抵押。

（4）英法海底隧道公司保证未经贷款银行允许不进行海底隧道系统之外的其他工程。

（5）违约事件：如果以下任一事件发生，英法海底隧道公司将被视为违约：一是海底隧道运营时间推迟一年以上；二是英法海底隧道公司违反责任造成无法补偿的后果；三是未按合同按时还款。

（6）币种选择权：贷款货币包括英镑、法国法郎、美元，但是贷款银行团同意英法海底隧道公司有权选择其他的币种。

（7）建筑合同必须签订。

8.1.1.4　项目风险分析

政府允许项目公司自主确定通行费。由于隧道把伦敦与欧洲的高速铁路网相连接，其收入的一半是通过与国家铁路部门签订的铁路协议产生；其他收入来自通过隧道运载商业机动车的高速火车收费。项目公司承担隧道建设的全部风险，并且为造价超支设置了 18 亿美元的备用金。在岸上施工的部分，工程量按一个固定价格合同，隧道则以目标费用为基础。项目公司按实际费用加上目标价值 12.36% 的固定费用向承包商支付，该费用估计为 2.5 亿美元。如果隧道在目标价格以下建成，承包商将得到所节约资金的一半；如果实际费用或进度超过目标值，承包商将支付特定数量的损失费用给项目公司。另外，由于不可预见的地质条件或通货膨胀，合同要服从于价格调整。

英法海底隧道工程是历史上由私营团体筹款的最大的基础设施，它将面临极大的经济风险和市场风险，为此，投资方进行了周密的经济可行性研究。他们预测了以下数据：

（1）过去英吉利海峡的客运和货运额的增长趋势。

（2）预计 1993 年以后的运输量（因为预计项目将在 1993 年 5 月份运营）。

（3）估计英法海底隧道公司在将来的市场份额。

（4）估计英法海底隧道可能会带来的运输量的增量。

（5）估计英法海底隧道提供运输服务和相关的辅助服务所带来的收入。

市场研究的结果是海底隧道在经济上是可行的。研究估计跨海峡的营运额会从 1985 年的 4810 万客运人次和 604 万吨货运量增加到 2003 年的 8810 万客运人次和 1221 万吨货运量，其中海底隧道将占这个增长的市场的相当份额。它将比轮渡更快、更方便和更安全，比航空在时间和成本上有优势。该研究报告认为在 1993 年，海底隧道将占有英吉利海峡间客运市场的 42% 和货运的 17%，由于海底隧道会降低运输成本，将会创造一部分运输需求。根据市场调查，在第一年完全经营时，客运量将达到 3000 万人次，货运量将达到 1500 万吨，收入预计从 1993 年的 48800 万英镑增加到 2003 年的 158600 万英镑再增加到 2013 年的 323600 万英镑。英法海底隧道公司对收入和利润的预测如表 8-1 所示。

8.1.1.5　实际进展

海底隧道系统最初计划在 1993 年 5 月运营，由于成本问题、设备的运输拖后以及测试问题，直到 1994 年 3 月 6 日才开始货物运营。客运服务到 1994 年 11 月

表 8 - 1　英法海底隧道公司利润预测表　　　单位：百万英镑

年份	1993	1996	2000	2003	2013	2023	2033	2041
收入	488	908	1254	1586	3236	6184	11356	17824
运营成本	86	168	235	304	631	1207	2246	3604
折旧	103	160	171	184	234	271	328	383
利息	229	307	234	171	(39)	(172)	(370)	(606)
利润	63	217	365	566	1476	2986	5605	8880

4 日才开始，起初计划成本是 48 亿英镑，可是最后实际约为 105 亿英镑。成本的超支引起了 Transman Link 和英法海底隧道公司的纠纷，前者因此推迟了项目的建设。这使得英法海底隧道公司在 1990 年不得不通过配股融资 5.32 亿英镑。

同时，轮渡运营商为提高其竞争力降低了票价，这吸引了大量的运输量，导致英法海底隧道公司的预期收入大大降低，现金缺口增大。随着完工日期的接近，所需追加的现金额不断上升，达到了 18 亿英镑。英法海底隧道公司在 1994 年不得不进行了两次配股，总额是 8.16 亿英镑，同时，又筹集了 6.47 亿英镑的信用便利。到 1994 年，又一场价格大战爆发了，轮渡公司再次大幅度削减票价，迫使英法海底隧道公司跟着降低。同时不断推迟的客运服务意味着它将不能实现其在 1994 年发行股票时作的盈利预测。利润的缺口也使英法海底隧道公司违反了它在银行贷款协议中的一些条款，导致其不能继续使用剩余的信用额度，更加恶化了项目公司的现金危机。

1995 年，英法海底隧道公司的形势更糟，伦敦—巴黎航线的航空公司开始了一轮广告攻势以提高其竞争力，并且英国轮渡公司进行同归于尽的削价，这对英法海底隧道公司的财务危机更是雪上加霜。最后，1995 年 9 月，英法海底隧道公司单方面推迟了超过 80 亿英镑银行贷款的利息偿还。它计划在 1996 年跟银行谈判安排一次债务重组。该公司联席主席 Alastazir Morton 曾提醒公司股东：除非该公司表现特别出色，否则，最早要到 2004 年才能开始派发股息。

8.1.1.6　最新情况：背负 62 亿英镑巨额贷款英法海底隧道寻求破产保护①

2006 年 7 月 13 日，经营英国和法国海底铁路的英法海底隧道公司（Eurotunnel S. A）表示，其与包括德意志银行在内的债权人谈判破裂，将在法国寻求破产保护。英法海底隧道公司背负 62 亿英镑的巨额贷款，近 20 年来一直为降低利息支出而努力。如果无法实现债务重组，该公司 2007 年 2 月起将无力支付利息。

---

① http://www.enorth.com.cn, 2006 年 7 月 14 日。

（1）收入抵不上巨额利息隧道公司接近破产。

海底隧道运行以来，通过隧道的乘客达到1.77亿人，货物运输量达到1.326亿吨。2005年平均每天通过隧道旅行的人数达到4.7万人。

尽管如此，乘客和货物的流量从未达到预计的水平。此外，英法之间的低价航空线也抢了不少隧道铁路的生意。

除了经营方面的问题，让英法海底隧道公司陷入财务危机的一个重要原因是，时任英国首相的撒切尔夫人当年坚持，该项目应当完全由民营投资者建造。2005年，英法海底隧道公司的营业收入为5.41亿英镑，剔除运营成本、折旧后的实际利润达到1.53亿英镑，比2004年增长19%。尽管收入不菲，但仍无法满足该公司承担的巨额利息。该公司背负62亿英镑的巨额贷款，2004年净利息支出达到2.98亿英镑，2005年的水平与此相当。

而且，该公司面临的情况可能变得更糟。由于主要贷款的偿还期限即将来临，这可能增加额外的利息支出（2007年为3700万英镑，2008年为7000万英镑，2009年为1.63亿英镑）。

英法海底隧道公司在其网站上宣称，该公司正在接近破产，唯一的解决方法是债务重组。

（2）债主抛出各自方案重组之路困难重重。

由于债务负担沉重，自从1994年运营以来，英法海底隧道公司经历了股价暴跌、1997年债务重组和2004年高层管理变动等多重"磨难"。该公司在法国交易的股票在2006年5月12日以来被停牌。

（3）海底隧道的建造成本达到95亿英镑，是最初预计的两倍。

由于建造成本大大超过预期，公司被迫多借了很多钱。为了转嫁风险，一些银行在提供贷款的时候提出附加条件：该公司上市发行股票。为此，英法海底隧道公司于1990年和1994年两次发售股票。

1995年，由于隧道延迟了1年才正式开通，加上公司现金流出现短缺，公司股价出现大崩盘。1995年底，该公司的股价从两年前的546.98便士跌至84.74便士。1995年以来，股价又跌了70%。

英法海底隧道公司的总裁古农表示，如果无法达成债务重组，2007年将无力支付利息。因为从2006年11月份开始，该公司将停止向隧道使用者收取最低使用费。目前，法国的国营铁路公司Societe Nationale、英国最大的铁路货物公司EWS、欧洲之星集团等公司每年支付7000万英镑的隧道使用费。

（4）英法海底隧道公司的重组之路并不平坦。

英法海底隧道公司的发言人表示，以德意志银行为首的债券持有人，反对为达成共识所做的努力。

该公司重组的主要困难在于债主成分复杂，且各自的利益不一样。其中既包括优先等级较低债权人，如德意志银行，也有高优先权的债权人，如高盛、麦格里银行等。

此前，各方债主都曾抛出各自版本的重组方案。不过，这些方案不是对方看不上眼，就是被该公司拒绝。

深受债务危机困扰的英法海底隧道公司宣称，希望通过重组实现一个简单明了的债务结构。同时，该公司希望结束"项目融资"的模式。该模式使公司的管理完全落入债权人之手。

8.1.1.7 启发

通过对海底隧道工程的分析，我们可以得到以下几点启发：

第一，对于大规模的交通设施建设项目而言，采取项目融资方式融资，能将各个投资者以合同的形式捆绑在一起降低项目风险。但是，这并不意味着投资者就可以放松对项目的管理和监督。在海底隧道工程项目中，由于成本预算与实际误差差距过大，引起 Transmanch Link 与英法海底隧道公司发生纠纷，前者因此推迟了项目的建设，使项目必须面对巨大的成本超支风险和市场风险。因此，如何合理地预算成本和估计项目风险对项目的成败成为重要问题。

第二，应客观评价政府对项目的支持，以确定项目是否在市场需求量及需求持久力方面存在着竞争优势。一般而言，项目融资所涉及的项目应具有垄断经营、收入稳定的市场优势，在本案例中，尽管英法两国政府提供了"无二次设施"担保，使项目公司在55年中垄断经营连接英法大陆的隧道工程。但是，这并不等于项目就具有了绝对垄断的市场优势。本案例中的轮渡、航空都是隧道工程的竞争对手，而隧道项目公司在事先并未对这一行业背景进行恰当分析的情况下做出了过于乐观的预测：大大高估了市场前景，低估了市场的竞争风险、价格风险和需求风险。由于项目融资方式对项目未来现金流量的依赖性一般很大，市场前景低于预测使得实际现金流入不能满足其需求，将导致偿还贷款困难。这说明项目的市场前景评估非常重要，通过充分的可行性评估可以大大减少项目的盲目性，控制项目的风险。

第三，从海底隧道项目的实施过程来看，严格且谨慎的财务预算对项目的进行至关重要。英法海底隧道公司起初预算成本48亿英镑，可是最后大约是105亿英镑，成本的超支带来了项目公司和建设公司的纠纷，增加了项目的完工风险，若非由强大的国际银团在背后支持，使得资金缺口得以通过不断融资来补足，项目很可能由于后续资金不够而搁浅。因此，在项目融资中引入资金雄厚的贷款人非常重要。

第四，海底隧道工程也表明高杠杆融资很可能会带来财务危机。当预期的现

金流不能实现时，连偿还债务的利息都会困难。当然，由于英法两国政府和一些
银行已经在项目上下了很大的赌注，这时的海底隧道工程因为"太大"并且
"太显眼"而不允许失败。这也说明了在项目中，东道国参与的重要性。虽然英
法两国政府没有直接参与海底隧道系统，既无资金投入，又没进行担保，但是由
于此项目具有政治上的重要意义，贷款人相信政府不会让这个项目失败，使得政
府在无形中为项目做了担保。

8.1.2　中信公司与澳大利亚波特兰铝厂项目融资①

8.1.2.1　项目背景

波特兰铝厂位于澳大利亚维多利亚州的港口城市波特兰，始建于 1981 年，
后因国际市场铝价大幅度下跌和电力供应等问题，于 1982 年停建。在与维多利
亚州政府达成 30 年电力供应协议之后，波特兰铝厂于 1984 年重新开始建设。
1986 年 11 月投入试生产，1988 年 9 月全面建成投产。

波特兰铝厂由电解铝生产线、阳极生产、铝锭浇铸、原材料输送及存储系
统、电力系统等几个主要部分组成，其中核心的铝电解部分采用的是美国铝业公
司 20 世纪 80 年代的先进技术，建有两条生产线，整个生产过程采用电子计算机
严格控制，每年可生产铝锭 30 万吨，是当时世界上技术先进、规模最大的现代
化铝厂之一。

1985 年 6 月，美国铝业澳大利亚公司（以下简称"美铝澳公司"）与中国国
际信托投资公司（以下简称"中信公司"）接触，邀请中信公司投资波特兰铝
厂。经过历时一年的投资论证、可行性研究、收购谈判、项目融资等阶段的紧张
工作，中信公司在 1986 年 8 月成功地投资于波特兰铝厂，持有项目 10% 的资产，
每年可获得产品 3 万吨铝锭。与此同时，中国国际信托投资公司成立了中信澳大
利亚有限公司（简称"中信澳公司"），代表总公司管理项目的投资、生产、融
资、财务和销售，承担总公司在合资项目中的经济责任。

波特兰铝厂投资是当时中国在海外最大的工业投资项目。中信公司在决策项
目投资的过程中，大胆采用了当时在我国还未采用过的国际上先进的有限追索杠
杆租赁的项目融资模式，为项目的成功奠定了坚实的基础。

8.1.2.2　波特兰铝厂的投资结构

波特兰铝厂采用的是非公司型合资形式的投资结构。这个结构是在中信公司
决定参与之前就已经由当时的项目投资者谈判建立起来了。因而，对于中信公司
来讲，在决定是否投资时，没有决策投资结构的可能，所能做到的只是在已有的

---

①　张极井：《项目融资》，中信出版社，2003 年版。

投资结构基础上尽量加以优化：第一，确认参与该投资结构是否可以实现中信公司的投资战略目标；第二，在许可的范围内，就合资协议的有关条款加以谈判以争取较为有利的参与条件。

1986 年中信公司参与波特兰铝厂之后，项目的投资结构组成为：

美铝澳公司 45%；

维多利亚州政府 35%；

第一国民资源信托基金 10%；

中信澳公司 10%。

1992 年，维多利亚州政府将其在波特兰铝厂中的 10% 资产出售给日本丸红公司后，投资结构又发生了变化，即维多利亚州政府为 25%，日本丸红公司为 10%。

图 8 - 2 是波特兰铝厂的投资结构和管理结构示意图。波特兰铝厂的项目投资者在合资协议的基础上组成了非公司型的投资结构，组成由四方代表参加的项目管理委员会作为波特兰铝厂的最高管理决策机构，负责项目的建设、生产、资本支出和生产经营预算等一系列重大决策，同时通过项目管理协议委任美铝澳公司的一个全资拥有的单一目的项目公司——波特兰铝厂管理公司作为项目经理负责日常生产经营活动。

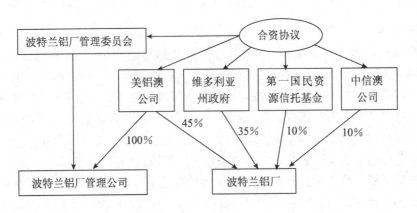

图 8 - 2　波特兰铝厂的投资结构和管理结构

1998 年，维多利亚州政府宣布将其在波特兰铝厂中的 25% 的股份全部出售给中信澳大利亚有限公司和日本丸红公司，从而退出其作为铝厂股东的身份。中信澳公司和日本丸红公司各得 12.5%。出售后，项目的投资结构组成为：

美铝澳公司 45%；

中信澳公司 22.5%；

丸红铝业澳大利亚有限公司 22.5%；

第一国民信托基金 10%。

非公司型合资结构的特点在波特兰铝厂的投资结构中得到体现，主要有：

（1）波特兰铝厂的资产根据投资比例由项目投资者直接拥有，铝厂本身不是一个法人实体。投资各方单独安排自己的项目建设和生产所需资金。这种资产所有形式为中信澳公司在安排项目融资时直接提供项目资产作为贷款抵押担保提供了客观上的可能性。

（2）项目投资者在支付了项目生产成本之后直接按投资比例获取项目最终产品——铝锭，并且，电解铝生产的两种主要原材料——氧化铝和电力，也是由项目投资者分别与其供应商签订长期供应协议，因而每个投资者在项目中的生产成本构成是不尽相同的，所获得的利润也不一样。

（3）波特兰铝厂的产品销售由各个项目投资者直接控制和掌握。

（4）由于波特兰铝厂资产由投资者直接拥有，项目产品以及项目现金流量直接为投资者所支配，因而与一切非公司型合资结构一样，波特兰铝厂自身不是一个纳税实体。与项目有关的纳税实体分别是在项目中的投资者，各个投资者可以自行安排自己的税务结构问题。

波特兰铝厂的投资结构所具备的以上几种主要特征，为中信公司自行安排有限追索的项目融资提供了有利的条件。

8.1.2.3 各参与方的项目融资模式

（1）美铝澳大利亚公司的融资模式。该公司在澳大利亚拥有三个氧化铝厂和两个电解铝厂，资金雄厚，技术先进，在该项目投资中还担任项目经理。因此，该公司凭借其雄厚实力在资本市场上以传统的公司融资方式筹集到了较低成本的资金。

（2）维多利亚州政府的融资。维多利亚州政府为了鼓励当地工业的发展和刺激就业，在项目投资中提供的是由政府担保的银团贷款。而且，政府在该投资中不直接拥有项目资产，而是由一个百分之百拥有的信托基金作为中介机构。这样，使政府在资金管理上增强了灵活性，必要时，政府可以将信托基金在股票市场上出售，从中收回资金用于偿还政府担保的银团贷款。

（3）第一国民信托的融资。它是一个公开上市的信托基金，通过在股票市场上发行信托单位筹资，很容易就能筹集到所需资金，基本上没有债务。

（4）中信澳公司在波特兰铝厂投资中用了一个为期 12 年的有限追索杠杆租赁项目融资模式，其中有限追索杠杆租赁融资中有四个重要的组成部分：

1）股本参与银团。由五家澳大利亚主要银行组成的特殊合伙制结构，以及其所任命的波特兰项目代理公司——"项目代理公司"是杠杆租赁中的股本参与者，是10%波特兰铝厂资产的法律持有人和杠杆租赁结构的出租人。特殊合伙制是专门为波特兰项目的有限追索杠杆租赁结构组织起来的，负责为中信澳公司在波特兰铝厂项目中10%投资提供股本资金（占项目建设资金投资的1/3）和安排债务资金。股本参与银团直接享有项目结构中来自加速折旧以及贷款利息等方面的巨额税务好处，并通过与中信澳（波特兰）公司签署的资产租赁协议（亦称委托加工协议），将项目资产出租给中信澳（波特兰）公司生产电解铝。股本参与银团通过租赁费收入支付项目的资本开支、到期债务、管理费用、税收等。股本参与银团本身的投资收益来自两个部分：第一，来自项目的巨额税务亏损，通过利用合伙制结构特点吸收这些税务亏损抵免公司所得税获取；第二，吸收税务亏损的不足部分，通过租赁费形式获取。

股本参与银团在波特兰项目中不直接承担任何的项目风险或者中信公司的信用风险。这些风险由项目债务参与银团以银行信用证担保的方式承担。

2）项目债务参与银团。在波特兰项目杠杆租赁结构中，债务资金结构由两个部分组成：比利时国民银行和项目债务参与银团。全部的债务资金贷款（占项目建设资金投资的2/3）是由比利时国民银行提供的。但是，由于比利时国民银行并不承担任何的项目信用风险（全部风险由项目债务参与银团以银行信用证形式承担），所以比利时国民银行不是杠杆租赁结构中真正意义上的"债务参与者"。比利时国民银行在融资结构中的作用是为项目提供无须缴纳澳大利亚利息预提税的贷款。比利时税法允许其国家银行申请扣减在海外支付的利息预提税，因而澳大利亚利息预提税成本就可以不由项目的实际投资者和借款人——中信澳公司承担。从项目投资者的角度，这样的安排可以节省融资成本，尽管需要支付给比利时银行一定的手续费。杠杆租赁结构中真正的"债务参加者"是由澳大利亚、日本、美国、欧洲等几家银行组成的贷款银团。贷款银团以银行信用证的方式为股本参与银团和比利时国民银行提供信用担保，承担全部的项目风险。

以上股本参与银团、债务参与银团以及实际提供全部项目债务资金的比利时国民银行三方组成了波特兰铝厂项目融资中具有特色的一种资金结构，为全部项目投资提供了96%的资金，基本上实现了100%融资。在这个资金结构下，对于项目投资者来说，无论是来自股本参与银团的资金投入，还是来自比利时国民银行的项目贷款，都是项目融资中的高级债务资金，都需要承担有限追索的债务责任；但是，对于项目融资中的各方面来说，根据其资金性质又可以进一步划分为股本资金和债务资金两个组成部分，股本资金的收益主要来自于投资结构中的税务收益和资本回收，而债务资金的收益主要来自于利息收入。项目债务参与银团提供的银行信用证作为一种主要的融资工具第一次使用在杠杆租赁的结构中，通过信用证担保安排比利时国民银行贷款，充分利用政府对利息预提税的法规，为中信公司节约了总计几百万美元的利息预提税款。

3）项目资产承租人。中信澳公司合资拥有的中信澳（波特兰）公司是杠杆租赁结构中的资产承租人。中信澳（波特兰）公司通过一个 12 年期的租赁协议，从项目代理公司（也即从由股本参与银团组成的特别合伙制）手中获得 10% 波特兰铝厂项目资产的使用权。中信澳（波特兰）公司自行安排氧化铝购买协议、电力供应协议等关键性生产合同，使用租赁的资产生产出最终产品铝锭，并根据与其母公司——中信澳公司签署的"提货与付款"性质的产品销售协议，将铝锭销售给中信澳公司。

由于项目融资的有限追索性质，中信澳（波特兰）公司的现金流量处于融资经理人的监控之下，用来支付生产成本、租赁费等经营费用，并在满足了一定的留置基金条件下，可以用利润的形式返还给股东——中信澳公司。

在项目融资结构中，中信澳（波特兰）公司是项目投资者专门建立起来的单一目的项目子公司。根据融资安排，在 12 年融资期限结束时，中信澳（波特兰）公司可以通过期权安排，收购股本参与银团在项目中的资产权益，成为 10% 波特兰铝厂资产的法律持有人。

4）项目融资经理人。在该项目的杠杆租赁结构中，美国信孚银行澳大利亚分行（Bankers Trust Australia Ltd.，BT 银行）在有限追索的杠杆租赁融资结构中扮演了四个方面的重要角色：第一，作为中信公司的融资顾问，负责组织了这个难度极高被誉为澳大利亚最复杂的项目融资结构；第二，在融资结构中承担了杠杆租赁经理人的角色，代表股本参与银团处理一切有关特殊合伙制结构以及项目代理的日常运作；第三，担任了项目债务参与银团的主经理人；第四，分别参与了股本参与银团和债务参与银团，承担了贷款银行的角色。

8.1.2.4　融资模式中的信用保证结构

除了以上几个方面在杠杆租赁融资中发挥了重要的作用之外，由中信公司和中信澳大利亚公司联合组成的信用担保结构同样发挥着至关重要的作用。作为一个有限追索的项目融资，项目投资者（在这里是中信公司和 100% 控股的中信澳公司）所承担的债务责任以及所提供的信用支持表现在三个方面：

（1）"提货与付款"形式的市场安排。中信澳公司通过与中信澳（波特兰）公司签署一项与融资期限相同的"提货与付款"形式的长期产品购买协议，保证按照国际市场价格购买中信澳（波特兰）公司生产的全部项目产品，降低了项目贷款银团的市场风险。

但是，由于在 1986 年建立的中信澳公司与中信澳（波特兰）公司一样均为一种"空壳公司"，所以贷款银行要求中信公司对中信澳公司与中信澳（波特兰）公司之间的"提货与付款"协议提供担保。

（2）"项目完工担保"和"项目资金缺额担保"。中信公司在海外的一家国际一流银行中存入一笔固定金额（为项目融资总金额的10%）的美元担保存款，作为项目完工担保和资金缺额担保的准备金。在项目建设费用超支和项目现金流量出现缺额时，根据一定的程序项目融资经理人可以动用担保存款资金。但是这个担保是有限的，其限额为担保存款的本金和利息。事实上，由于项目经营良好，担保存款从来没有被动用过，并在1990年通过与银行谈判解除。

（3）中信公司在项目中的股本资金投入。中信公司以大约为项目建设总金额的4%的资金购买了特殊合伙制结构发行的与融资期限相同的无担保零息债券，成为中信公司在项目中的实际股本资金投入。虽然投资金额很少，但是作为项目投资者的一种实际投入，可以对贷款银团起到一种良好的心理作用。

8.1.2.5　融资结构简评

（1）虽然中信公司投资波特兰铝厂时，该项目的投资结构早已确定下来，但是，由于该项目采用的是一种非公司型合资结构，使得中信公司在制定投资决策时单独安排项目融资成为可能。

（2）电解铝项目资本高度密集，根据澳大利亚的有关税法规定可享有数量相当可观的减免税优惠，如固定资产加速折旧、投资扣减等。但是，在项目投资初期，中信澳公司刚刚建立，没有其他方面的经营收入，不能充分利用每年可得到的减税优惠和税务亏损；即使每年未使用的税务亏损可以向以后年份引起结转，但从货币时间价值的角度考虑，这些减税优惠和税务亏损如能尽早利用，也可以提高项目投资者的投资效益；进一步，如果能够利用减税优惠和税务亏损偿还债务，还可以减少项目前期的现金流量负担，提高项目的经济强度和抗风险能力。从这一考虑出发，中信公司选择了杠杆租赁的融资模式，充分利用这种模式可以吸收减税优惠和税务亏损的特点，减少了项目的直接债务负担，提高了投资的综合经济效益。

（3）项目融资结构复杂，为修改融资结构以及后期的重新融资带来了许多不便因素。杠杆租赁融资结构由于大量使用和转让减税优惠和税务亏损，结构设计除了要在各贷款银行之间取得一致意见之外，还需要得到税务部门的批准。融资结构一旦确定下来之后，任何涉及结构性的调整，都需要得到大多数银行以及税务部门的重新审核。这一过程交易成本很高，因而这种复杂的融资结构多数情况下只适用于大型或超大型项目的融资实践。

8.1.3　欧洲迪斯尼乐园项目融资①

8.1.3.1　项目背景

欧洲迪斯尼乐园位于法国首都巴黎的郊区，筹划于 20 世纪 80 年代后期，是一个广受注意同时又备受争议的项目。一方面，美国文化与欧洲文化传统的冲突，使得这个项目经常成为新闻媒体跟踪的目标；另一方面，不时传出来的有关项目经营出现困难的消息也在国际金融界广受关注。

从项目融资的角度来看，欧洲迪斯尼乐园项目具有相当的创造性和典型意义。首先，欧洲迪斯尼乐园完全不同于传统的项目融资的领域，即资源型和能源型工业项目、大型基础设施项目等，其项目边界以及项目经济强度的确定要比工业和基础设施项目复杂得多，因而其融资结构走出传统的项目融资模式也成为必然的发展结果；其次，作为项目的发起人美国迪斯尼公司，欧洲迪斯尼乐园项目融资是一个非常成功的结构，这不仅体现在美国迪斯尼公司只用了很少的自有资金就完成了这项复杂工程的投资和融资（以项目第一期工程为例，总投资为 149亿法郎，按当时汇率折合 23.84 亿美元，美国迪斯尼公司只出资 21.04 亿法郎，仅占总投资的 14.12%），而且表现在该公司对项目的完全控制权上，这在一般的项目融资结构中是较难做到的，因为贷款银行总是要求对项目具有一定的控制能力。

8.1.3.2　项目融资结构

（1）欧洲迪斯尼乐园项目的投资结构。1987 年 3 月，美国迪斯尼公司与法国政府签署了一项原则协议，在法国巴黎的郊区兴建欧洲迪斯尼乐园。法国东方汇理银行被任命为项目融资的财务顾问，负责项目的投资结构和融资结构的设计和组织工作。美国迪斯尼公司对结构设计提出了三个具体要求：①融资结构必须保证可以筹集到项目所需资金；②项目的资金成本必然低于"市场平均成本"；③项目发起人必须获得高于"市场平均水平"的经营自主权。

对美国迪斯尼公司的第一个目标要求，法国东方汇理银行从开始就不认为是一个重要问题；然而，其第二和第三个目标要求，则是对项目融资结构设计的一个重大挑战。首先，欧洲迪斯尼乐园项目是一个极为复杂的工程，其开发时间前后长达 20 年，在一个 2000 公顷的土地上不仅要建设迪斯尼乐园，而且还要开发饭店、办公楼、小区式公寓住宅、高尔夫球场、度假村等设施，与传统的项目融资结构不同，它没有一个清楚的项目边界的界定（如项目产品、生产和原材料供应），并且与项目开发有关的各种参数、变量也是相对抽象而非具体的，在这种

---

① Bank Indosuez: "Project Finance – Banque Indosuez EuroDisneyland", Funding Techniques, A Supplement to Euromoney January 1990.

条件下要实现低于"市场平均成本"的项目融资,无论是从融资结构的复杂性还是从成本控制的角度,其难度是可以想象的。其次,由于在美国迪斯尼公司与法国政府签署的原则协议中规定欧洲迪斯尼项目的多数股权必须掌握在欧洲共同体居民手中,这样限制了美国迪斯尼公司在项目中的股本资金投入比例,同时也增加了实现其要求获得高于"市场平均成本"的经营自主权目标的难度。

法国东方汇理银行通过建立项目现金流量模型,以20年期的欧洲迪斯尼乐园及其周边相关的房地产项目开发作为输入变量,以项目税收、利息成本、投资者收益等为输出变量,对项目开发作了详细的现金流量分析和风险分析,在大量方案筛选、比较的基础上,最后确定出建议美国迪斯尼公司使用的项目投资结构。

欧洲迪斯尼项目的投资结构由两个部分组成(见图8-3):欧洲迪斯尼财务公司(Euro Disneyl and SNC)和欧洲迪斯尼经营公司(Euro Disney land SCA)。欧洲迪斯尼财务公司的设计是为了有效地利用项目的税务优势。欧洲迪斯尼项目,与所有利用项目融资方式安排资金的大型工程项目一样,由于其初期的巨额投资所带来的高额利息成本,以及由于资产折旧、投资优惠等所形成的税务亏损无法在短期内在项目内部有效地消化掉;更进一步,由于这些高额折旧和利息成本的存在,项目也无法在早期形成会计利润,从而也就无法形成对外部投资者的吸引力。

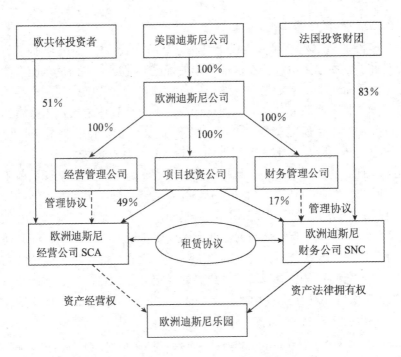

图8-3 欧洲迪斯尼乐园项目的投资结构

为了有效地利用这些税务亏损，降低项目的综合资金成本，在欧洲迪斯尼项目的投资结构中部分地使用了类似杠杆租赁融资结构的税务租赁模式。欧洲迪斯尼财务公司所使用的 SNC 结构，是一种近似于我们在项目投资结构中所介绍的普通合伙制结构。SNC 结构中的投资者（合伙人）能够直接分享其投资比例的项目税务亏损（或利润），与其他来源的收入合并纳税。在项目融资结构中，欧洲迪斯尼财务公司将拥有迪斯尼乐园的资产，并以一个 20 年期的杠杆租赁协议，将其资产租赁给欧洲迪斯尼经营公司。根据预测，在项目的头 10 年中，由于利息成本和资产折旧等原因项目将产生高额的税务亏损，而这些税务亏损将由 SNC 投资结构中的合伙人所分享。在 20 年财务租赁协议终止时，欧洲迪斯尼经营公司将从 SNC 结构手中以其账面价值（完全折旧后的价值）把项目购买回来，而 SNC 结构则被解散。

欧洲迪斯尼经营公司的设计则是为了解决美国迪斯尼公司对项目的绝对控制权问题。由于前述原因，美国迪斯尼公司被限制只能在项目中占有少数股权，同时项目融资结构又往往对项目的投资者和经营者有种种的限制和制约，在这种情况下，项目融资顾问建议美国迪斯尼公司选择了 SCA 投资结构。

SCA 结构是与有限合伙制近似的一种投资结构，其投资者被分为两类：一类是具有有限合伙制结构中的普通合伙人性质的投资者，这类投资者负责任命项目管理班子，承担项目管理责任，同时在项目中承担无限责任；另一类是具有有限合伙人性质的投资者，这类投资者在项目中只承担与其投资金额相等的有限责任，但是不能直接参与项目管理，即在没有普通合伙人同意的前提下无权罢免项目管理班子。从图 8 - 3 中可以看出，由于美国迪斯尼公司是 SCA 结构中唯一的普通合伙人，尽管在欧洲迪斯尼公司中只占有少数股权，但也完全地控制着项目的管理权。同时，SCA 结构还具备一种有限合伙制所没有的特点，即具备在证券市场通过发行股票方式筹资的能力。通过项目直接上市筹集资金，不仅成为欧洲迪斯尼项目融资结构中主要的股本资金来源，而且也成为这个融资结构的一个重要特征。

（2）欧洲迪斯尼乐园项目的融资模式。欧洲迪斯尼乐园项目的第一期工程（即迪斯尼乐园主体工程）耗资 149 亿法郎，其融资结构和资金构成分别如表 8 - 2 和图 8 - 4 所示。

从表 8 - 2 中可以看出项目资金是由四个部分组成的：

1）SNC 结构股本资金。以 SNC 结构组织的 20 亿法郎"税务股本资金"，具有以下三个特点：①其资金投入是一种不可撤销的承诺，并且是一种具有极强股本性质的从属性债务，从属于任何其他形式的债务资金。②由于杠杆租赁结构可以有效地吸收项目前期巨额税务亏损，所以这部分资金具有低成本的特性。在 20

表 8 – 2　欧洲迪斯尼乐园项目一期工程资金结构　　　单位：百万法郎

资金构成	所占比例（%）	SNC 结构资金	SCA 结构资金	合计
股本资金	38	2000	3600	5600
SCA 对 SNC 的贷款		1000	– 1000	0
从属性债务	19			
法国公众部门储蓄银行		1800	1080	2880
高级债务（项目贷款）	43			
辛迪加银团贷款		4219	281	4500
法国公众部门储蓄银行		1200	720	1920
合计	100	10219	4681	14900
所占比例（%）		69	31	100

年的项目融资期间，这部分资金的平均成本低于 7%，在整体上降低了项目的综合资金成本，也即在总体上增强了项目的经济强度。③这部分资金使用比较灵活，在税务亏损产生之前这部分资金即可被提取（在普通合伙人可以实际吸收税务亏损之前，其资金使用需要收取正常的贷款利息），而在通常以税务为基础的杠杆租赁结构中，股本参加者的资金一般是在项目商业完工时才投入项目的。

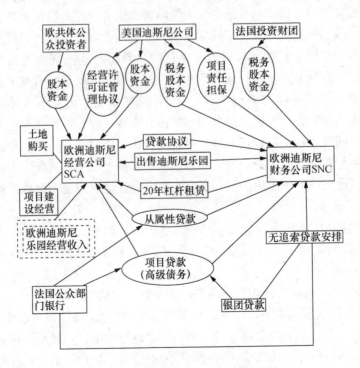

图 8 – 4　欧洲迪斯尼乐园项目融资结构

然而，由于 SNC 结构中的投资者同样具有普通合伙制结构中合伙人的特性，即在 SNC 结构中承担着无限责任，尽管他们根本不参与项目的任何管理，SNC 结构投资者也同样面临着一定的潜在项目风险。这些风险来自两个方面：银行债务风险（在项目第一期工程中 SNC 结构的高级债务和从属性债务就高达 72 亿法郎）和项目责任风险（由原则协议继承下来）。为了吸引以税务利益为主要目的的投资者参加 SNC 结构，在融资结构设计上做了以下两方面的安排：第一，对于银行债务风险，通过在 SNC 结构与贷款银团之间的无追索贷款协议，以银行放弃对普通合伙人法律责任的追索权利的方式解决；第二，对于项目责任风险，则以安排由美国迪斯尼公司出具一个担保上限为 5.0 亿法郎的针对原则协议中主要项目责任的有限担保来解决。

　　2）SCA 结构股本资金。在 SCA 结构下的股本资金中的大部分（51%）是通过在证券市场上公开发行股票筹集的，其余 49% 的股本资金则是由美国迪斯尼公司投资。尽管欧洲迪斯尼项目结构复杂，但是股票发行却获得超额认购，取得成功，说明在当时资本市场上这个项目是很受欢迎的。

　　3）从属性债务。项目第一期工程中的 28 亿法郎从属性债务是由法国公众部门储蓄银行提供，是项目开发原则协议的一个组成部分。这部分资金的成本是很优惠的，同时，法国公众部门储蓄银行也为项目提供一部分高级债务。

　　4）项目贷款——高级债务。占项目第一期工程总资金需求量 43% 的项目贷款，是一种无追索的高级债务，由一个项目贷款银团和法国公众部门储蓄银行两个部分组成。

　　欧洲迪斯尼项目融资结构通过以上四部分资金的安排和组合，实现了两个重要的目标：第一，提高了项目的经济强度。从贷款银行的角度，项目第一期工程所需要的 149 亿法郎资金中，有将近 60% 的比例是股本资金和准股本资金，从而在很大程度上降低了项目的债务负担。第二，由于项目经济强度的增强，实现了一个资金成本节约的正循环，即 SNC 结构税务股本资金以及法国公众部门储蓄银行贷款的低成本，增强了项目的债务承受能力，从而使得项目有可能获得条件优惠的低成本银团贷款；而总体的低债务资金成本又可以帮助项目在市场上筹集大量的股本资金；股本资金的增加又进一步降低项目的债务资金比例。

8.1.3.3　融资结构简评

　　（1）作为项目发起人，从美国迪斯尼公司的角度来看，欧洲迪斯尼项目的融资安排是一个完整的有限追索项目融资结构，并且美国迪斯尼公司所投入的股本资金在项目第一期工程全部资金中只占有 14.16% 的比例。

　　欧洲迪斯尼项目融资开创了一个先例，即在非传统项目融资领域如何利用公众资金以及如何利用项目的部分内存价值（如税务亏损）来安排结构复杂的项目融资，而这样的融资结构往往单独依赖于项目发起人的公司资信或资产负债表是无法组织起来的。

（2）这一案例说明，项目的投资结构设计在实现项目投资者目标要求的过程中，以及在项目整体融资结构设计的过程中可以起到关键性的作用，这些作用有时是通过其他方式可能达不到的。

（3）近几年来，采用欧洲迪斯尼项目概念的项目融资结构正在西方工业国家的一些大型工程项目和基础设施项目中获得重视和运用。例如，1996年上半年，在澳大利亚就同时有两个大型工程项目，即悉尼2000年奥林匹克体育场和墨尔本市区高速公路网项目采用了类似的投资结构和融资概念。这两个项目均使用一种信托基金结构来拥有项目资产，吸收项目前期的巨额税务亏损，并将项目资产以长期的财务租赁形式租给项目的经营公司。同时，项目经营公司将在澳大利亚股票交易所上市。采用这种有限追索项目贷款、税务股本资金和公众股本资金三者相结合的方式，可以发挥欧洲迪斯尼项目融资结构的同样作用，即增强项目的经济强度，项目的资金成本，同时项目发起人只需要投入有限的资金。这种项目融资结构的使用对于项目生命期长、前期资本量大、前期税务亏损额高的非生产型项目（如基础设施项目、公益设施项目）的开发有着一定的普遍意义。

上面列出了三个西方发达国家应用项目融资的实例，其中既有成功的案例，也有在项目融资方面存在一定失误的案例；既有项目融资在传统的基础设施建设和资源开发类项目中的应用，也有项目融资在娱乐设施建设方面的应用。需要说明的是，由于项目融资结构的设计和融资模式的选择涉及具体项目所在国的经济、法律环境，项目的具体情况，各项目参与方的要求等复杂的因素，因此每一个具体项目的融资结构设计和融资模式选择都十分复杂，往往具有很多特殊性的处理，通常要由项目直接投资人和项目融资顾问的反复努力，并通过与各利益相关方的反复沟通和谈判来确定。尽管如此，对于项目融资成功和失败案例的分析对于我们了解项目融资结构的设计过程及其影响因素还是具有重要的意义。

8.2 项目融资在我国的应用案例

8.2.1 广西来宾电厂B厂项目

8.2.1.1 项目简介

广西来宾电厂B厂为我国第一个国家正式批准的BOT试点项目。该项目位于广西壮族自治区的来宾县，距广西最大的工业城市柳州 80 公里，装机规模为 2 台 36 万千瓦燃煤机组，总投资额为 6.16 亿美元，项目特许期为 18 年，其中建设期为 2 年零 9 个月，运营期为 15 年零 3 个月，特许期满，项目将无偿移交给广西壮族自治区政府。在建设期和运营期内，项目公司将向广西壮族自治区政府分别提交履约保证金 3000 万美元，同时项目公司还将承担特许期满电厂移交给广西壮族自治区政府后 12 个月的质量保证义务。广西电力公司每年负责向项目公司购买 35 亿千瓦时的最低输出电量（超发电量只付燃料电费），并送入广西电网。同时，由广西建设燃料有限责任公司，负责向项目公司供应发电所需燃煤，燃煤主要来自贵州省盘江矿区。

项目的股本/债务比为 25/75。总投资的 25% 部分即 1.54 亿美元由股东投资，由法国电力国际和通用电气·阿尔斯通公司分别投入 60% 和 40% 作为项目公司的注册资本；其余的 75% 部分通过有限追索的项目贷款方式筹措，项目贷款由法国东方汇理银行、英国汇丰银行及英国巴克莱银行组成的银团联合承销，贷款中约 3.12 亿美元由法国出口信贷机构——法国对外贸易保险公司提供出口信贷保险，我国各级政府、金融机构和非金融机构不为该项目融资提供任何形式的担保。

8.2.1.2 项目的招标过程

广西来宾电厂 B 厂被认为是中国第一个通过国际正规的方式竞争投标的 BOT 项目，其成功的公开招标经验在国际资本市场上被大大称道，还获得过美国《资本市场》最佳项目融资奖。

一般的招标过程包括以下五个阶段：立项审批阶段、资格预审阶段、投标阶段、评标及揭标确认谈判阶段和审批及完成融资阶段等。广西来宾电厂 B 厂的招标过程正是按照这一模式进行的。

（1）立项审批阶段。项目的立项既要兼顾国家、地方和消费者利益，又要对投资人具有吸引力，在经济上应该是可行的。广西来宾电厂 B 厂的项目建议书早在 1988 年就得到了国家计委（现为国家发改委）的批复，由于建设资金得不到落实，曾与 20 多家外商进行过洽谈，均未取得实质性进展。为使该项目早日建成，1995 年初，广西壮族自治区政府向国家计委申请采用 BOT 方式进行试点，以一种全新的方式利用外商投资。项目很快获得批准。为此，在 1995 年 8 月，国家计委、电力部、交通部联合下发了《关于试办外商投资特许权项目审批管理有关问题的通知》，确定将采用建设—经营—移交（BOT）方式试办外商投资的基础设施项目。根据通知，在试点期间，特许权项目范围暂定为：建设规模为 2 台 30 万千瓦以上火力发电机组，25 万千瓦以下的水力发电厂，30~80 公里高等级公路，1000 米以上独立桥梁和独立隧道及城市供水厂项目，为以后的 BOT 项目融资方式提供了政策参照，这可以说是广西来宾项目的一大贡献。

（2）资格预审阶段。为搞好这次对外公开招标，广西壮族自治区政府特地委托大地桥基础设施投资咨询有限责任公司为其招标代理人。

在资格预审阶段，一般的程序是：①准备资格预审文件，确定资格预审的标准，如申请人类似项目的经验、申请人的财务能力、申请人的法律状况等。②对外发布资格预审通告。③对资格预审文件的答疑及澄清。④报送资格预审申请文件。⑤评审委员会评审资格预审文件。

这一阶段的主要工作是要对投标者的法人资格、资信情况、项目的产业能力（包括技术、组织、管理、投资、融资等能力）、以往的经验和业绩进行公开评审。

在广西来宾项目中，1995 年 8 月 8 日，广西壮族自治区在《人民日报》、《人民日报》（海外版）和《中国日报》（英文版）发布了资格预审通告，公开邀请国外公司参加来宾项目的资格预审。截至同年 9 月底，共有 31 个国际公司或公司联合体向广西壮族自治区政府递交了资格预审申请文件，这 31 家公司都是世界著名的大型电力投资运营公司、设备制造厂商和有实力的投资人。项目评审委员会（由国家发展计划委员会、电力部、广西壮族自治区政府和中国国际工程咨询公司的专家组成）经对申请人的资格、专业能力、业绩等方面综合审查，确定将其中 12 家公司（或联合体）列为 A 组，它们有资格单独组成联合体参加投标；将其余 19 家列为 B 组，它们需要加入 A 组的一家或几家所组成的联合体后方可参加投标。

（3）投标阶段。在投标阶段，一般的工作程序是：①对通过资格预审的公司发出投标邀请；②制定投标书格式，一般要包括技术方案、融资方案和时间表、法律方案、可行性研究，并要提供投标保函等；③组织现场考察与标前会议。其中，在组织 BOT 项目的招标过程中，组织者提供的招标文件一般包括以下内容：投标者须知（评标标准和程序）；投标书内容的最终要求；项目的最低标准、规格与经济技术参数的规范；特许权协议草本；政府部门提供的条件；评标和授标标准等。而且，投标者一般均为联合体，投标者至少应按投标者须知提供以下文件：投标保函，项目可行性研究报告，项目总投资额、预期收费标准及调价方式，项目建设工期与进度安排，投标保证金，招标文件要求的其他文件等。

在广西来宾项目中，1995 年 12 月 8 日，广西壮族自治区政府正式对外发售了项目招标文件，通过预审列为 A 组的 12 家公司（或联合体）相继购买了招标文件，成为潜在投标人。1996 年 1 月 28 日前，广西壮族自治区政府组织它们进行了现场考察，使潜在投标人对来宾项目的现场条件和广西经济发展现状有了进一步的实际了解。1 月 28 日, 广西壮族自治区在南宁召开了标前会, 解答潜在投标人普遍关心的一些问题, 参加标前会的潜在投标人的代表超过 100 人。

经过 6 个月的投标准备, 至 1996 年 5 月 7 日 (招标文件规定的投标截止日), 共有 6 个投标人向广西壮族自治区政府递交了投标书, 它们是: 中华电力联合体 (香港中华电力投资/德国西门子)、美国国际发电 (香港) 有限公司、东棉联合体 (日本东棉/新加坡能源国际/泰国协联能源)、英国电力联合体 (英国国家电力/三井物产)、法国电力联合体 (法国电力国际/通用电气·阿尔斯通) 及新世界联合体 (香港新世界投资/ABB 美国 AEP)。

(4) 评标及揭标确认谈判阶段。在这一阶段, BOT 项目一般由国家计委组织中央、地方政府有关部门、项目发起人以及熟悉项目的技术、经济、法律专家参加, 进行公开评标, 选出最具有资格的投标者, 对特许权协议进行确认性谈判后进行公开揭标。

在来宾项目中, 1996 年 5 月至 6 月 8 日, 广西壮族自治区政府组成了专家组对投标人递交的标书进行评估, 最终写出了专家评估报告。6 月 10~15 日, 项目评标委员会在专家组评估报告的基础上对每一份投标书进行了评审, 经综合比较, 充分讨论, 评标委员会一致确定法国电力联合体、新世界联合体及美国国际发电 (香港) 有限公司为最具竞争力的前三名投标人。

评标结束后, 广西壮族自治区政府组成了确认谈判小组, 于 1996 年 7 月 8日, 正式与第一名的法国电力联合体进行了特许权协议的确认谈判, 经过三轮四个阶段的紧张工作, 至 1996 年 10 月底, 双方就所有确认的问题达成一致意见。1996 年 11 月 11 日, 广西壮族自治区政府与法国电力联合体在北京进行特许权协议的草签, 同时经国家计委批准, 广西壮族自治区政府向法国电力联合体颁发了中标通知书, 即公开揭标。

(5) 审批及完成融资阶段。项目特许权协议草签后, 广西壮族自治区政府随即将草签的特许权协议正式报请国家计委批复, 经报国务院批准, 国家计委于1997 年 3 月 25 日正式批复了项目特许权协议。在此基础上, 中标人法国电力联合体先后完成了项目初步设计、建设合同、运营维护合同、保险协议、融资协议的签署。同时, 对外贸易经济合作部 (现为商务部) 批准了项目公司的章程, 完成了项目公司的注册成立工作。

1997 年 9 月 3 日, 广西壮族自治区政府与项目公司在北京人民大会堂正式签署了特许权协议, 邹家华同志出席了签字仪式。这就意味着广西来宾电厂 B 厂BOT 融资项目正式生效。

1996 年 12 月, Asia Finance (《亚洲融资》) 评选来宾电厂 B 厂为 1996 年度最佳项目融资奖, "今年最佳融资项目不属于某个单独的银行, 甚至也不属于一个独立的项目，而是一种新的观念，这种融资观念奠定了中国日后大规模电厂融资的新形式：这就是广西壮族自治区总投资额为 6.16 亿美元的来宾 B 电厂项目，该项目也是中国第一家百分之百利用外资采用 BOT 方式建设的项目。虽然此项目已从政府机构中得到某种认可，但是仍没有得到正式保证。融资要到 1997 年上半年才能完成，尽管银行家对今后新项目到底会如何发展仍存有质疑，但由此所确定的有关融资原则已明确。"

8.2.1.3 来宾电厂 B 厂项目融资的启示

来宾电厂 B 厂从 1995 年 5 月国家计委正式批准进行 BOT 方式试点至 1997 年 9 月广西政府和项目公司正式签署特许权协议并开工建设，仅 2 年零 4 个月时间，在这么短的时间内完成一个总投资 6.16 亿美元项目的招投标及项目融资工作，这在国内同类利用外资项目中是没有先例的，在国际上也是不多见的。与国内其他大中型投资项目相比也是非常快的。

来宾 B 项目不仅前期工作进展快，而且电价水平低。来宾电厂 B 厂建设规模为 2 台 36 万千瓦燃煤机组，特许期为 18 年（含建设期）。运营第一年的上网电价为 0.4685 元人民币/千瓦时（含税）。15 年运营期内水平上网电价为 0.665 元人民币/千瓦时（含税）。这一电价水平与当时国内同等规模的中外合资、合作、外商独资电厂相比也很有竞争力。

来宾电厂 B 厂 BOT 投融资方式在我国的成功实践，为我国利用 BOT 方式招商引资积累了许多宝贵的经验，国内学者将其总结为"来宾模式"，并得出了可供其他项目借鉴的以下几方面的经验：

（1）采用竞争性招标方式选择投资人。来宾 B 项目是我国电力行业首次采用国际通行的竞争性招标方式选择境外投资人，改变以往在外商投资项目中采用谈判方式选择投资人的做法。来宾 B 项目的实践表明，国际竞争性招标具有高效、经济、公平的特点：第一，给予所有合格的潜在投标人参与投标的机会，广西政府从中选择最有竞争力的中标人；第二，由于投标竞争激烈，政府可以获得有利的电价和其他条件；第三，可以使选择投资人的工作公正、公平、公开地进行，减少了作弊和腐败的可能；第四，竞争性招标程序紧凑，缩短了前期工作时间，相应也减少了前期工作费用；第五，可以取得更有利、更主动的谈判地位，这使得在谈判过程中扯皮较少。

由于整个招标过程公开、公正、公平，不仅有力地促进了国外投资人的积极参与，同时也为广西政府树立了良好的形象，为广西政府今后其他类似项目的招标打下了良好的基础。

（2）建立有效的运作约束机制。根据 BOT 项目运作的不同阶段，招标文件对约束问题进行了规范。在投标阶段，投标人须向广西政府缴纳 1000 万美元的投标保证金，保证投标人遵守招标规则，履行投标承诺，防止投标人随意撤回标书或拒签正式合同。否则广西政府有权没收投标保证金以弥补因此而蒙受的损失。在建设阶段，中标人还必须缴纳 3000 万美元的履约保证金，以保证项目公司在建设期履行特许权协议项下的义务。缴纳履约保证金的同时解除投标保证金。在运营阶段，项目公司须再缴纳 1500 万美元的运营维护保证金，以保证项目公司履行运营维护义务，运营维护保证金有效期至移交日后 12 个月。缴纳运营维护保证金的同时解除履约保证金。

各阶段保证金安排一环紧扣一环，对投资人形成了有效的约束机制，保护了广西政府的利益，保障了项目的顺利实施。这样一种设计，是参考了国际惯例，并汲取和借鉴了我国利用外资的一些经验和教训而做出来的。如在某市的高速公路 BOT 项目中，一家外资公司在中标并草签项目协议后，因融资问题不能落实而撤回标书、退出项目。但同时，由于在招标过程中没有设置保证金机制，政府不能通过没收投标保证金的办法，来弥补招标失败而蒙受的延误和损失。

（3）走出固定回报率的误区。投资回报率问题的合理性显然取决于投资人所承担的风险以及该项目为政府带来的额外收益，而追求合理的投资回报率是中外双方的共同目标，但是中方不应该承诺和担保固定的回报率。如果这样，将使外商失去降低成本、提高效率的积极性和动力。

来宾 B 项目引进了竞争机制，让投标人就上网电价进行竞争，广西政府不与投标人在回报率高低上讨价还价。在评标阶段，主要看投标人的电价高低，谁的电价低，谁就能获得高分。在评标标准中，电价水平及走势占评标总分的 60%，融资、技术及法律等方面占评标总分的 40%。从而改变了以往在其他利用外资办电厂项目中先谈回报率，并由成本加上固定回报率确定上网电价的做法。

在特许期内，每年的上网电价都是确定的，广西政府不保证其回报率。如果外商加强管理，降低成本，则可获得比预期还高的回报率，否则会达不到预期回报率。从而，较好地体现了谁投资、谁受益、谁承担风险的原则。

（4）充分重视贷款人的权利。融资问题是一个项目最终取得成功的关键，尤其是外商投资的融资项目。来宾电厂 B 厂总投资的 75% 即 4.62 亿美元是通过境外贷款获得的。可见，贷款人的作用是举足轻重的，没有贷款人的支持，项目不可能取得成功。在招标阶段，广西政府提醒投标人注意融资问题的重要性，并要求投标书须获得贷款人的支持并出具支持函件，这就促使贷款人提前介入项目。在评标阶段，广西政府十分重视融资方案可行性和贷款人的意见。在谈判阶段，中外双方都认识到贷款人的重要性，不仅邀请贷款人直接参与整个项目的谈判，而且对已达成的协议或重要条款也反复征求贷款人意见，争取贷款人的支持。在特许权协议中，广西政府还注意保护贷款人利益，并使贷款人成为仲裁协议的签署方。从而，降低了融资难度，加快了项目进程，使融资完成比较顺利，为整个项目的成功奠定了基础。

（5）政府给予强有力的支持。国际上的经验表明，政府的支持是 BOT 项目成功与否的关键因素。特别是在我国现阶段没有专门的 BOT 法规的情况下，要立足现行法律、政策框架下构筑的 BOT 模式，政府对其态度以及在项目实施过程中给予的支持程度将直接影响项目的成败。在来宾 B 电厂的投资设计、融资、建设的整个过程中，广西政府对该项目提供了大力支持，主要是：①允许投资者将其从电厂经营中取得的人民币收入，在扣除费用和缴纳税金以后，换成外汇汇出境外。②如果由于政府政策的变化导致人民币与外汇的兑换率大幅度变化时，允许调整电价来解决。汇率的变化幅度在 5% 以内时，电价不能调整；超过 5%时电价可以调整。③指定一家燃料公司供应项目公司所需燃料，并与项目公司签订燃料供应协议，按协议保证供应项目公司所需要的燃料。④保证每年至少购买35 亿千瓦时的上网电量，并指定由广西供电局与项目公司签订购电合同和调度协议。⑤关于通货膨胀问题，规定由于燃料价格的变化可以调整电价。⑥项目公司可以享受国家和地方政府所规定的税收优惠。⑦广西政府免费或以优惠的价格向项目公司提供电厂建设、营运和维护所需要的土地、供水、供电、通信、道路、铁路等现有设施的使用。⑧在项目公司的整个特许权期限内，所需各方面的协调和协助，广西政府都可以给予支持。

同时，广西经济发展落后，在海外的知名度低，改革开放以来全区累计利用外资总额才 80 多亿美元。在这样的"老、少、边、穷"地区搞引资方式的创新，中央政府的帮助和支持也实为必需。来宾 B 项目从一开始就得到了中央政府有关部门的密切关注和强有力的支持，国家计委、国家外汇管理局、原电力工业部分别为项目出具了支持函。这些支持函虽然无法律的约束力，但其具有的权威性解除和减轻了投资人、贷款人的担心和顾虑，同时提高了广西政府的信用等级。

为使 BOT 试点工作规范有序地进行，国家计委跟踪了来宾 B 项目实施的全过程，直接参与项目的决策和具体指导，并承担了协调中央其他有关部门对来宾 B 项目的支持。另外，广西政府对该项目高度重视，明确了广西政府对项目的支持要点；成立了广西政府领导任组长的广西政府 BOT 项目领导小组，负责领导和推动项目的实施。中央政府和广西政府的强有力支持既体现了项目的特点和国际惯例，使项目更具有吸引力；又表明我国政府发展 BOT 方式的政策取向和发展战略，增强了投资人的信心。

（6）规范项目融资的方式和行为。BOT 项目的融资多采用项目融资方式。由于项目融资对项目以外的资产和收入无追索权，贷款的偿还依赖项目的现金流，贷款人的利益通过项目结构、融资结构、风险分担等措施来保障，金融机构不提供任何形式的保证，其他非金融机构也不能提供还贷担保。在我国现阶段，由于对项目融资的经验和认识不足，目前国内一些地方和部门在项目融资的过程中存在着不规范的融资行为，增大了中方的风险和责任。一些国内金融机构和非金融机构提供了各种形式的融资担保、履约担保。在沙角 B 电厂的项目融资过程中，广东某信托投资公司就提供了融资方面的某些担保。

来宾 B 项目也采用项目融资方式筹措资金。在项目融资过程中，严格遵守国家有关法规，国内金融机构和非金融机构没有提供任何形式的融资担保，政府为项目出具的支持函也没有改变项目融资的性质，给我国采用项目融资方式筹措资金投资于基础设施项目树立了榜样。

（7）项目风险进行合理分摊。合理分担风险直接关系到协议各方的经济利益，它是 BOT 项目成功的又一个重要因素，风险分摊不合理必然会增加协议一方的成本负担，从而影响合作的积极性并可能导致项目失败。来宾 B 项目特许权协议贯穿的风险合理分配原则是：①风险与回报相适应的原则，由投资人根据项目的风险程度确定相应的回报；②风险由最具控制力的一方承担的原则，若一方不能独立承担，则由双方共同承担；③成本原则，风险由管理和控制该风险成本最低的一方承担。根据这些原则，投资人将独自承担设计、投融资、建设、运营、维护等方面的商业性风险，如融资风险、建设风险、经营风险、还贷风险等。当因法律变更对项目造成非实质性影响时，风险由投资人承担；造成实质性影响时，风险由广西政府承担，但由法律变更给投资人带来的益处，由广西政府和投资人共享。

一般性的不可抗力风险由投资人自费购买保险来解决；政策变化或政府因素造成的不可投保的不可抗力风险，由广西政府承担；非政策变化或政府行为造成的不可投保的不可抗力风险，由投资人和广西政府共同承担。

广西政府除了承担一般意义上的政治风险和法律变更风险外，还承担电力市场需求风险、燃料供应风险、部分汇率风险等。广西政府是有能力控制、防范和化解这些风险的。并且在承担这些风险的同时，广西政府也获得相应的利益。可以这样说，广西政府承担这些风险相对于投资人必须承担的责任和义务，实质上是一种相互保证的方式和行为。

（8）聘请权威的招标代理机构。BOT 的招标工作是系统工程，有一套完整的程序，每一个环节都需要精心策划、周密组织。因此，需要一个熟悉国际 BOT 运作方式并拥有大批高素质的人才的招标代理机构，对招标全过程进行周密的组织管理，这是项目成功的根本保证。

为了规范地操作来宾 B 项目，广西政府委托熟悉国际 BOT 运作的国际惯例并拥有一批高素质人才的招标代理机构——大地桥基础设施咨询公司作为来宾 B

项目的招标代理人，并通过大地桥公司聘请法国基德律师事务所、北京新纪元律师事务所为中方法律顾问；瑞银华宝公司为中方财务顾问；广西电力设计院为中方技术顾问。招标代理人和顾问们对招标全过程进行周密的策划、组织、管理以及规范化的操作，满足了来宾 B 项目的经济性、时效性及法律严密性的要求，保证了项目的成功。

（9）选择中国的仲裁机构。由于特许权协议的法律性质（由两个中国法人实体签署），并考虑到仲裁的费用、时间及公平性，来宾 B 项目的仲裁机构确定为中国国际经济贸易仲裁委员会，仲裁地点为北京。许多法律专家及业内人士都认为这是一个进步。国际上利用外资于基础设施项目通常会考虑选择境外的仲裁机构，如斯德哥尔摩商会仲裁院等。

8.2.2 成都自来水六厂案例①

8.2.2.1 项目简介

成都自来水六厂 BOT 项目是国家计委正式批准立项的第三个 BOT 试点项目。也是全国第一个经批准的城市供水基础设施 BOT 试点项目，于 1997 年 1 月经国家计委批准立项。经过一年多的国际公开招标，中标方是法国通用水务集团和日本丸红株式会社的投标联合体。1999 年 8 月 11 日，成都市政府与成都通用水务——丸红供水有限公司（项目公司）正式签署了《特许权协议》，特许期 18 年，经过两年半的紧张施工，于 2002 年 2 月 11 日按期完工，投入商业运营，运营期 15 年零 6 个月。"成都通用水务——丸红供水有限公司"作为项目业主在为期 18 年的特许期内全面负责该项目的融资、设计、建设和运营，特许期结束后，水厂将无偿移交给成都市政府，经营所得作为建设投资的收益。该项目正式投产后，供水量占到全市用水总量的 1/3 左右。项目总投资额为 1.065 亿美元（约合 8.8 亿元人民币），项目建设规模含 80 万吨/日的取水工程、40 万立方米/日净水厂工程，27 公里输水管道工程。项目于 2001 年 10 月 30 日开始试运行，2002 年 2 月 9 日正式向成都市民供水。成都自来水六厂 BOT 项目的普遍意义在于，给公用设施领域直接引进外资提供了一种可供借鉴的模式。

在项目总投资中，资本金的 30% 约 3200 万美元由项目公司的股东方直接投入，其中，法国通用水务集团占 60%，日本丸红株式会社占 40%；其余 70% 的投资则由项目公司通过对外贷款方式解决。该项目对外贷款融资业务以法国里昂信贷银行为主承销，并联合亚洲开发银行（ADB）、欧洲投资银行（EIB）和日本进出口信贷银行共同为该项目提供贷款资金。

---

① 刘绍泉、谢新生：《成都自来水厂六厂 BOT 项目实践》，《四川水利》2004 年第 2 期。

8.2.2.2 项目合同结构

在成都自来水六厂 BOT 项目融资过程中,项目公司主要通过提供各种合同作为项目担保,因此,项目主要合同的订立非常关键。在该项目中,项目公司主要取得了以下合同:

(1) 特许权协议。项目公司与成都市政府签订此协议,以明确项目公司据以融资、设计、建设项目设施,运营和维护水厂,并将项目设施移交给成都市政府或其指定人——成都市自来水总公司。

(2) 购水协议。由项目公司与成都市政府指定授权的市自来水总公司签订,用以规定自来水总公司的购水量和付费,以及项目公司按照购水协议规定的标准净水质量提供 40 万立方米/日净水的义务。运营水价包括固定价格和浮动价格两部分,浮动价格按汇率系数变化而调整。在《购水协议》中,对每个运营年的运营水价作了明确描述,第一年为 0.96 元/立方米,最后一年为 1.56 元/立方米,在 15 年零 6 个月的运营期间将向项目公司累计支付的水费约达 31.27 亿元人民币。

(3) 交钥匙建设合同。由项目公司与总承包商签订,用以规定购买设备及项目承建等内容。

(4) 融资文件。项目公司与各贷款人就项目的债务融资部分签订了此协议。

(5) 保险协议。

8.2.2.3 项目风险分担结构

BOT 项目融资将涉及完工风险、生产风险、市场风险、金融风险、政治风险及不可抗力风险等,并可按时间顺序分为完工前、完工后两个阶段。成都自来水六厂 BOT 项目风险分担重点考虑原水供应、净水销售、金融风险、法律风险和不可抗力风险,并采取了切实可行的防范措施:

(1) 生产过程中的原水供应风险。对于生产过程中的原水供应风险由成都市政府承担。在特许权协议中明确规定:如果原水供应不足以使项目公司履行其提供规定数量的净水及按照成都自来水总公司的调度指定供应净水的义务,此原水量不足应被视为不可抗力事件;如果原水量不足不是由于自然不可抗力事件所导致,成都市自来水总公司应支付实际供应的净水量的运营水费、原水费和额外不可抗力付款。

(2) 净水销售风险。按照购水协议,净水销售风险由成都市政府、成都市自来水总公司承担。其中,成都市政府是首要义务人,即保证在特许经营期内按协议确定的购水价和生产能力所确定的数量,从项目公司购买净化水。

(3) 金融风险。

1) 利率风险。在成都自来水六厂 BOT 项目中,法国里昂信贷银行和日本进出口信贷银行对法国通用水务集团的融资贷款利率为 LIBOR + 2%,为规避利率风险，项目公司制定了利率管理承诺，即通过安排对冲贷款额度（也就是订立利率风险控制协议），来控制定期贷款中至少80%未偿债务的利率波动风险。

2）汇率风险。在建设期，根据建设合同，承包商承担所有由外汇汇率变动引起的建设成本上升的风险。建设完工以后，由成都市政府、项目公司和贷款人共同承担汇率风险，如在特许权协议和购水协议中规定的运营水价浮动部分，即包含了一个考虑了美元与人民币汇率变化的汇率系数。

3）外汇兑换风险。根据协议，由于外汇短缺所造成的风险，由项目公司自己承担；对外汇汇出风险，则由成都市政府和项目公司或贷款人共同承担。由于人民币已经在经常项目下可兑换，所以成都自来水六厂BOT项目中的外汇汇兑问题得到了一定程度的解决。

4）通货膨胀风险。在成都自来水六厂BOT项目中，整个特许期内的运营水价由投标人在标书中确定，投标人需自行为整个特许期内的通货膨胀做出假设，为此，项目公司承担了因实际通货膨胀与假设不相同所带来的风险。

（4）法律变更风险。该风险由成都市政府承担。根据特许权协议，如果因法律变更使项目公司无法履行其重要义务或使其履行重要义务按照适用法律成为非法行为，则此项法律变更将被视为不可抗力事件，项目公司有权终止履行其义务；如果因法律变更阻止项目公司履行其义务连续超过90天，项目公司和成都市政府应协商决定继续履行特许权协议的条件或同意终止协议。任何一方有权在法律变更事件后180天经书面通知终止协议。在此情况下，成都市政府将需支付项目公司等于项目公司未偿还的本金加累计利息及股本投资额的终止补偿金，该终止补偿金将视个别情况而包括项目公司未来最长达五年的净预期利润的现值。

（5）不可抗力风险。在成都自来水六厂BOT项目中，项目公司自费购买在运营期内的保险，包括财产一切险、机器故障损坏险及业务中断险，以保障其因自然不可抗力事件导致的损失及其引起的利益损失。如果在运营期内，由于非自然不可抗力事件使项目公司无法履行提供使成都市自来水总公司获得规定数量及标准质量的净水的义务，则成都市自来水总公司应支付实际供应的净水量的运营水费、原水费和额外不可抗力付款。

可见该项目融资设计了非常详尽的风险分担方案。这是其他融资方式所不能相比的。

8.2.2.4 招标运作过程

整个招标过程是依照国际惯例规范化进行的，大致分为资格预审、投标、评标及确认性谈判、审批及完成融资四个主要阶段。

（1）资格预审阶段。1997年4月，成都市政府在《人民日报》和《中国日报》发布了成都自来水六厂BOT项目资格预审通告，公开邀请境外潜在投资人参加资格预审。共有 29 家境外公司（或联合体）购买了资格预审文件；有 10 家境外公司（或联合体）向成都市政府递交了资格预审文件。项目评标委员会（由国家计委、成都市政府和大地桥工程咨询有限公司的官员和专家组成）经对申请人的资格、能力、业绩等方面综合审查，确定 7 家公司（或联合体）被允许单独或作为联合体的牵头人参加投标。资格预审结束后，成都市政府向有资格的潜在投资人发出了投标邀请。

（2）投标阶段。1997 年 9 月 18 日，成都市政府正式对外发售了招标文件，通过预审的 7 家公司（或联合体）相继购买了招标文件，成为潜在投标人。10 月 20~23 日，市政府组织它们进行了现场考察，使潜在投标人对现场条件和成都市经济发展现状有了进一步的实际了解。10 月 25 日，市政府在成都召开了标前会，解答潜在投标人提出的问题。经过几个月的投标准备，至 1998 年 2 月 25 日投标截止，共有 5 个投标人向成都市政府递交了投标书。

（3）评标及确认性谈判阶段。1998 年 2 月 27 日至 3 月 18 日，成都市政府组成了专家组对投标人递交的投标书进行评估，在此基础上，项目评标委员会对每一份投标书进行了评审。3 月 26 日，评标委员会确定了法国威望迪和日本丸红株式会社联合体、英国安格里昂有限公司和法国泰晤士水务为最具有竞争力的前三名投标人。4 月 27 日，市政府与排序第一名的法国威望迪和日本丸红株式会社联合体开始进行三轮四个阶段的确认性谈判；并于 7 月 12 日在北京草签了特许权协议，同时经国家计委批准，向其颁发了中标通知书。

（4）审批及完成融资阶段。项目的特许权协议包括协议正文及购水协议、技术规范和要求、临时用地合同和仲裁协议等共 16 个附件。1999 年 2 月 12 日经国务院批准，国家计委正式批复了特许权协议。在此基础上先后完成了项目初步设计和建设合同、保险合同、融资协议的谈判和签署等一系列的融资交割先决条件。1999 年 6 月，对外贸易经济合作部批准了项目公司的章程，完成项目公司的注册成立工作；8 月 11 日，市政府与项目公司在北京正式签署了特许权协议，并于 8 月 20 日项目达成融资交割。这表明成都市自来水六厂 BOT 项目正式生效并启动。

8.2.2.5　BOT 项目运作过程中的问题探讨

在 1999 年 8 月 11 日特许权协议签署后，项目公司即向 EPC 承包商发出开工通知，项目进入实质性实施阶段；EPC 承包商也同设计分包商和施工承包商签署分包合同，开始详细设计和工程施工；2001 年 11 月项目开始调试，并于 2002 年 2 月 11 日正式并网通水，项目进入营运阶段。政府和项目公司在项目实施过程中，遇到过许多问题，通过对这些问题的正确处理，项目按照预定目标得以实现。在此过程中，有不少经验和教训值得研究和借鉴，具体表现在以下几个方面：

（1）项目本身的选择。项目的选择，需要对项目本身作充分的切合实际的可行性研究，对产品市场和国家政策作深入调查和研究，对项目的前景有充分的估计和认识。该项目在这方面做得比较成功，项目本身选择较好，为环保行业，反映了城市发展的趋势，同时也是目前城市的薄弱环节。随着水资源的减少和城市用水量的增加，水行业前景广阔。该项目正好顺应了这种趋势，为项目的成功奠定了基础。针对成都的情况，政府在项目招标前做了详细的可行性研究。

过去成都的城市供水主要由地表水和地下水构成，基本上各占一半，在用水方面，主要有工业用水和生活用水，工业用水约占60%。随着城市的发展和城市地下水资源污染的日益严重，关闭以地下水为水源的水厂势在必行。同时随着城市和经济的发展，城市供水的缺口将越来越大，兴建新的自来水厂成为当务之急。建设BOT项目正好能够缓解城市供水的问题。因此，从项目选择上来看，选择以自来水项目作为BOT项目的试点项目，应该是成功的。尽管在项目投运后，成都市的用水需求与预测有出入，出现供大于求的局面，迫使成都市原有水厂限量运行，以保证成都六厂的供水。但根本原因并不在于项目选择的本身，而是由于整体城市发展格局发生了变化。工业企业外迁，城市管网改造严重滞后，使得用水严重不平衡。城郊工业用水和居民用水严重缺乏和自来水供应的过剩，实质上反映出的是城市规划和协调发展的问题，如果此类相关问题能够得到解决，供水就不会存在过剩。由于城市结束市政管网改造和管网向城郊延伸的力度加大，相信供水过剩的矛盾很快便能够得到解决。因此，无论是成都市政府还是国家计委，都认为成都自来水六厂BOT项目是成功的。

（2）项目公司选择。根据国际上BOT项目运作惯例，项目公司一般为专业公司和投资集团联合体，这种方式对融资相对有保证，同时也拥有项目运作的管理经验和先进技术，对项目的成功提供了双重保证。项目开工后公司营运情况良好，项目公司的主要控股方——通用水务在国内业务发展迅速，表明选择该项目公司应该是较为成功的。在项目公司的选择方面，对项目公司联合体成员的审查必须详细，特别是公司信誉和抗风险能力，以免在中标后发生变故。

（3）招标文件的完备性和文字描述的准确性。招标文件是投标人进行费用计算的基础。如果招标文件准备不完善，往往造成政府的真实意图不被投标人理解，进而在投标报价时要么偏高、要么偏低，不利于标书的评审工作，有些问题到初步设计阶段才反映出来，这对政府和投标人都不利。在此情况下，据国际惯例，风险一般由招标文件准备——方来承担。在该项目上，典型的案例就是输水管线的最后7公里，招标文件规定管线走向沿着将要建设的三环路布置。由于没有三环路的任何图纸，投标人理解为管线位于三环路边的一定距离，而政府的真实意图是位于三环路中央绿化带。该问题在投标人初步设计阶段暴露出来，双方谈判几乎破裂，差点使项目流产，最后双方均作了让步才使谈判成功，结果是最后增加额外征地，项目公司也因此由于增加地下管线穿越而增加费用。如果不出意外，特许权协议应该于 1999 年 3 月签字生效，该项目也应该于 3 月开工建设，而实际上由于管线设计和报批的重新进行，特许权协议直到 1999 年 8 月才签字生效，整个工程比预定向后拖延了近 5 个月，给项目的执行造成了一定的难度。因此，政府在准备招标文件时，文字描述应尽量避免歧义，必要时应该加以图示，这样不仅利于投标人准备标书，也利于政府减少风险。

（4）项目面临的市场风险。在整个 BOT 项目实施阶段，由于时间较长，某些原材料的涨价风险根据特许权规定由政府承担。如自来水生产用原水水价和电价，由于我国资源管理政策方面的原因，投标人是无法承担这种风险的。一旦这种资源价格上涨，则必然会给政府造成某种形式的负担，对推广 BOT 项目造成一定负面影响。另外，在 BOT 项目完成招标后，如果顺利，到项目协议正式签署一般需要 1~2 年的时间，但如果项目中途出现问题，则有可能更长。如果在这段时间内用于项目建设的原材料和人工价格发生变化，项目公司必然要向政府索赔，按照国际惯例，政府应当负担相应的风险。因而在特许权（项目）协议草签后，政府应当积极推进项目的进程，但可能由于多种原因，使得项目拖延，这必然也就给政府增加了风险。另外，对于项目公司来说，市场风险直接影响的便是工程原材料的价格，包括水泥，钢材等，对于这些非政策性的价格风险，一般由项目公司或者其承包商承担。如在该项目上用于输水管道的钢材，在施工期内价格大幅度上涨，合同钢材供应商终止执行合同，一度使得项目施工受阻，最后还是提高购买价格才重新恢复供应，但由此增加费用近 300 万元。同样，用于水厂的钢筋价格也大幅度上涨，造成施工费用严重超支。在我国计划经济向市场经济转型的过程中，这种市场风险和政策风险相混合的情况是很难预测和控制的，这给 BOT 项目投资造成一定负面影响。作为政府，营造良好的市场环境，减少对市场的干预行为，对市场进行宏观调控，市场平稳运行，将对改善投资环境有着重要意义。

（5）建设临时用地方面的相关问题。建设临时用地是该项目中一个突出的问题，由于输水管线长 27 公里，穿越大量农田、河流、公路、住宅以及铁路等地面设施，还有大量的地下设施，如通信电缆、电力电缆、天然气管道以及城市给排水管道等，在项目实施过程中将遇到很多问题，集中表现在以下几个方面。

1）临时用地赔偿问题。在建设用地方面，主要有两类用地：永久用地和临时用地。水厂用地为永久用地，而输水管线用地为临时用地。对于永久用地，由于为水厂使用，在招标前的城市规划中已经考虑，因此政府在拆迁和征用上不存在什么问题。但对于输水管线施工的临时用地，则存在较大的风险。首先，管道跨度较长，管道中心线仅为初步规划，在详细设计时还可能发生变化；其次，从招标文件编制到项目最终开工实施的时间很难确定，政府不便也不可能对潜在的临时用地进行控制，但随着城市建设的发展，在招标阶段对临时用地调查的情况与开工时相比可能面目全非，拆迁征用费用可能会发生较大变化。而在招标文件中将临时用地费规定的过高也不现实。因此，在项目正式开工、输水管线中心线确定的情况下进行土地征用时，项目协议中规定的临时用地费是否能够补偿实际土地征用费，是政府首要考虑的问题。在成都项目上，政府在招标文件中规定了输水管线土地租用的价格为 6013 元/平方米，土地使用宽度不超过 60 米，投标人可根据施工确定需要的宽度。由于未能充分考虑到经济的快速发展，在征地时发现合同中规定的临时用地费偏低，但费用支付被限定在项目公司支付的范围内，在实际支付用地补偿时采取了不平衡补偿，各区县互相攀比，给拆迁带来较多难度，政府不得不投入大量精力解决。但尽管如此，仍然有部分地段不能按时提供给项目公司。项目公司考虑到政府拆迁工作的难度和相互配合的顺利，并未就延期交付土地向政府提出索赔，但政府不得不在其他方面给项目公司做出适当妥协。

2）临时用地使用风险问题。在涉及大量临时用地的情况下，土地使用问题涉及多个方面：一是公用设施的穿越及恢复问题。在该项目上，输水管道在穿越河流、公路和铁路等公用设施时，不仅涉及穿越许可的问题，还涉及设施的恢复问题。在项目公司申请穿越许可时，设施管理部门往往要求首先确定恢复的标准和由谁来恢复的问题，由于各个管理部门出于局部利益考虑，往往要求由其指定的施工单位来恢复，这给项目公司在恢复费用上造成很大风险。在处理申请许可的过程中，项目公司通常都请求政府予以协助，对于属于市政府管辖的管理部门，在很大程度上能够减少这种设施穿越而带来的风险；但对不属于市政府管辖的部门，这种风险较大。如果项目公司不同意设施管理部门按其价格支付恢复费用，可能会遇到很多人为设置的障碍，使得穿越工作无法进行，尽管市政府出面干预和协调，但项目公司仍然会为此付出很多额外的费用。

二是环境影响问题。在项目实施过程中，由于管道为直埋，开挖深度 4~6 米，正常开槽宽度 7~10 米，为了保证施工的正常进行，首先遇到的风险便是降水风险，由于降水，必然引起周围地下水位降低，对周围农作物造成影响，而周围房屋也可能出现下沉而损坏，同时对于地下水的排放，也有可能对周围环境和农作物造成不利的影响。由于这些风险取决于项目公司的施工方法和用地宽度，因而在招标文件中规定由投标人承担。在实施过程中，曾经出现个别房屋由于降水而造成墙面开裂的情况。同时，在管线穿越郫县农田段，管线降水被直接排入附近农灌渠后和农业灌溉用水混合被用来作为当地种子农作物的灌溉，由于地下水温度较低，引起农作物生长过慢而错过受粉时间，进而造成农作物减产而引起政府的索赔。经过项目公司和政府的谈判，最后项目公司为此赔偿政府近20 万元人民币。

三是施工干扰问题。由于城市不断发展，必然在施工过程中出现在同一区域内平行施工的情况，特别是在城市近郊。该项目在项目投标阶段，对于未来的城市设施的规划虽然已经明确，但对于具体的实施时间没有确定，项目公司也没有为此要求澄清，在工程开工后，成都三环路也开始建设，三环路边界离设施管线中心仅 13 米，而遇到立交桥时，管线直接从立交桥下面穿越，同时沿三环路的公用设施也和管线距离较近，有不少和输水管线立体交叉，这给输水管线和三环路的施工带来很大的麻烦，不可避免地给双方施工造成很多干扰。尽管土地租用合同规定，给项目公司拥有土地的排他性使用权，而且可以安排三环路施工队伍先行施工，但在此情况下有可能会使输水管线的施工难度更大。实际施工过程中，往往由政府出面进行协调，以尽量减少对输水管线的施工难度。尽管如此，项目公司仍然发生了很多意想不到的额外费用。

四是农业耕地的恢复问题。在完成管道施工后，对所有农业用地需要恢复，根据土地租用合同规定，回填土不低于 80 厘米，耕植土不低于 40 厘米。但在实际操作过程中，土地所有者往往对土地恢复的情况不满意，经过协商，最后部分恢复由土地所有者自己进行，费用由项目公司输水管线施工分包商支付，分包商由此也增加不少额外费用。

8.2.2.6 BOT 项目取得的经验

成都市自来水六厂 BOT 方式的成功实践，为我国利用 BOT 方式建设基础设施积累了许多宝贵的经验，具体表现在以下几个方面：

（1）采用竞争招标方式选择投资人，可提高项目运作效率，缩短前期工作时间。成都自来水六厂 BOT 项目是我国采用国际通行的竞争性招标方式选择境外投资人，项目的国际招标做到了政策公开、招标程序公开、特许权协议内容公开、评标标准公开、谈判进程公开等，改变了以往采用谈判方式选择投资人的做法。该项目的实践表明，国际竞争性招标具有高效、经济、公平的特点。项目自1997 年 1 月国家计委正式批准进行 BOT 方式试点至 1999 年 8 月成都市政府和项目公司正式签署特许权协议并开工建设，仅 2 年零 7 个月时间。在这么短的时间内完成一个总投资 11065 亿美元项目的招投标及融资工作，这在国内同类利用外资项目中是少见的。

（2）重视项目的前期工作和招标文件的编制工作，充分考虑城市规划问题，减少项目实施过程中遇到的困难，为项目实施创造条件。在编制项目招标文件时，应该注重文字的准确性，如果可能，应附图说明，避免由于对招标文件理解不一致带来的问题，以减少政府和项目公司的风险，同时还应该充分考虑城市的发展，对涉及项目的方方面面作详细的调查，选择合适的处理方式。如特殊障碍实施的穿越，临时用地费用赔偿以及市场风险的分担等。对这些问题处理方式的透明化和合理化，有利于投标人降低费用，也有利于项目的实施。

（3）政府给予了强有力的支持以及项目公司和政府双方的密切合作。成都自来水六厂 BOT 经验表明，政府的支持是 BOT 项目成功的关键因素。成都 BOT 项目从一开始，就得到了中央政府有关部门的密切关注和强有力支持，成都市政府对该项目高度重视，增强了投资人的信心，为项目的成功奠定了基础。同时在项目执行过程中，由于双方的密切合作和相互谅解，使施工中出现的工作矛盾得到顺利解决，保证了项目的按期完工。

（4）发起人取得多家银行组成的银团的融资支持。BOT 项目的特点决定了其风险可划分为两个阶段，即高风险的建设期和低风险但长周期的运营期。这两种风险完全不同，项目发起人至少需要选择两家对风险喜好不同的银行，采取组合融资的方式。另外，通过 BOT 方式建设的基础设施项目投资额一般比较巨大，少则几亿美元，多则几十亿甚至上百亿美元，其中债务部分的比例占 2/3～3/4，采用多家银行组成的银团融资可以减少单一银行的弊病，有利于降低融资成本。在成都自来水六厂 BOT 项目中，有 5 家银行为项目提供联合融资。

8.2.3　广东沙角 B 电厂

广东沙角 B 电厂是我国第一个 BOT 基础设施项目，于 1984 年由香港合和实业公司和中国发展投资公司等作为发起人在深圳建设。当时 BOT 项目在我国刚刚出现，从中央到地方对该项目评论较多，焦点是项目公司的回报率是不是太高了，经过 10 年的运作，该项目取得了成功，其工期提前一年竣工，只用了 22 个月，1986 年获得了英联邦土建大奖，更为重要的是 B 电厂供电成本低于广东省国营电网。广东省经委曾组织人力对承包商的回报进行调查，得出的结论是回报率高是合理的。第一，B 厂管理水平和效率较高；第二，承包商承担了一定风险，如项目工期延长一年回报率将会变得很低；第三，发起人的回报率低于多数发展中国家的收益水平。沙角 B 厂模式基本得到了各级政府的认可，而且我国政府于 1992 年和 1994 年两次超出合同规定的要求上调 B 厂电价。

广东沙角 B 电厂是在我国改革开放初期在法律环境及其他各种投资环境都不健全的情况下出现的，它的运作过程并不规范，合同内容较简单，由于经验不足也造成了一些遗留问题。尽管如此，广东沙角 B 电厂仍然被公认为是 20 世纪 80 年代世界上较成功的 BOT 项目，B 电厂经验也经常被世界各国 BOT 专家引用。

8.2.3.1 项目背景

广东省沙角火力发电厂于 1984 年签署合资协议，1986 年完成融资安排并动工兴建，1988 年投入使用。总装机容量 70 万千瓦，总投资为 42 亿港币。被认为是中国最早的一个有限追索的项目融资案例，也是事实上在中国第一次使用 BOT 融资概念兴建的基础设施项目。

8.2.3.2 项目融资结构

（1）投资结构。采用中外合作经营方式兴建。合资中方为深圳特区电力开发公司（A 方），合资外方是一家在香港注册专门为该项目成立的公司——合和电力（中国）有限公司（B 方）。合作期 10 年。合作期间，B 方负责安排提供项目全部的外汇资金，组织项目建设，并且负责经营电厂 10 年（合作期）。作为回报，B 方获得在扣除项目经营成本、煤炭成本和支付给 A 方的管理费后百分之百的项目收益。合作期满时，B 方将深圳沙角 B 电厂的资产所有权和控制权无偿转让给 A 方，退出该项目。

（2）融资模式。深圳沙角 B 电厂的资金结构包括股本资金、从属性贷款和项目贷款三种形式。

根据合作协议安排，在深圳沙角 B 电厂项目中，除人民币资金之外的全部外汇资金安排由 B 方负责，项目合资 B 方——合和电力（中国）有限公司利用项目合资 A 方提供的信用保证，为项目安排了一个有限追索的项目融资结构。

融资模式中的信用保证结构如下：

1）A 方的电力购买协议。这是一个具有"提货与付款"性质的协议，规定 A 方在项目生产期间按照事先规定的价格从项目中购买一个确定的最低数量的发电量，从而排除了项目的主要市场风险。

2）A 方的煤炭供应协议。这是一个具有"供货或付款"性质的协议，规定 A 方负责按照一个固定的价格提供项目发电所需要的全部煤炭，这个安排实际上排除了项目的能源价格和供应风险以及大部分的生产成本超支风险。

3）广东省国际信托投资公司为 A 方的电力购买协议和煤炭供应协议所提供的担保。

4）广东省政府为上述三项安排出具的支持信；虽然支持信并不具备法律的约束力，但可作为一种意向性担保，在项目融资安排中具有相当的分量。

5）设备供应及工程承包财团所提供的"交钥匙"工程建设合约，以及为其提供担保的银行所安排的履约担保，构成了项目的完工担保，排除了项目融资贷款银团对项目完工风险的顾虑。

6）中国人民保险公司安排的项目保险。项目保险是电站项目融资中不可缺少的一个组成部分，这种保险通常包括对出现资产损害、机械设备故障以及相应发生的损失的保险，在有些情况下也包括对项目不能按期投产情况的保险。

8.2.3.3　融资结构简评

（1）作为 BOT 模式中的建设、经营一方（在我国现阶段有较大一部分为国外投资者），必须是一个有电力工业背景，具有一定资金力量，并且能够被金融界接受的公司。

（2）项目必须要有一个具有法律保障的电力购买合约作为支持，这个协议需要具有"提货与付款"或者"无论提货与否均需付款"的性质，按照严格事先规定的价格从项目购买一个最低量的发电量，以保证项目可以创造出足够的现金流量来满足项目贷款银行的要求。

（3）项目必须有一个长期的燃料供应协议，从项目贷款银行的角度，如果燃料是进口的，通常会要求有关当局对外汇支付做出相应安排，如果燃料是由项目所在地政府部门或商业机构负责供应或安排，则通常会要求政府对燃料供应做出具有"供货或付款"性质的承诺。

（4）根据提供电力购买协议和燃料供应协议的机构的财务状况和背景，有时项目贷款银行会要求更高一级机构某种形式的财务担保或者意向性担保。

（5）与项目有关的基础设施的安排，包括土地、与土地相连接的公路、燃料传输及储存系统、水资源供应、电网系统的联结等一系列与项目开发密切相关的问题及其责任，必须要在项目文件中做出明确的规定。

（6）与项目有关的政府批准，包括有关外汇资金、外汇利润汇出、汇率风险等问题，必须在动工前，得到批准和做出相应的安排，否则很难吸引到银行加入到项目融资的贷款银团行列。有时，在 BOT 融资期间贷款银团还可能要求对项目现金流量和外汇资金的直接控制。

·本章小结·

国外经典项目融资案例对设计项目融资方案有重要的参考价值。

英法海底隧道项目融资对于特大型的交通设施建设项目筹集资金有重要参考价值。但是，由于风险分析、成本预算、工期等方面预测存在的问题以及高杠杆融资的综合效应，当预期的现金流不能实现时，英法海底隧道项目发生了严重的财务危机。

澳大利亚波特兰铝厂采用的非公司型合资结构，使得各投资方在制定投资决策时单独安排项目融资成为可能。中信澳大利亚公司针对自己刚刚设立的现状选择了杠杆租赁的融资模式，充分利用这种模式可以吸收减税优惠和税务亏损的特点，减少了项目的直接债务负担，提高了投资的综合经济效益。

欧洲迪斯尼项目融资开创了一个先例，即在非传统项目融资领域如何利用公众资金以及如何利用项目的部分内存价值（如税务亏损）来安排结构复杂的项目融资。美国迪斯尼公司通过在欧洲迪斯尼项目的有限追索融资安排，达到了投入的股本资金在项目第一期工程全部资金中只占 14.16% 的比例却能控制该项目的目的。

在我国，项目融资主要应用在电力、城市公共工程方面，如高速公路、自来水等。广西来宾电厂、成都自来水厂等在这方面有很好的借鉴意义。由于我国在法律的完善程度、融资渠道的多样性等方面存在欠缺，政府在项目融资中的态度及支持的方式将极大地影响项目融资的成败。

· 思考题 ·

1. 试分析英法海底隧道工程项目中投资方对项目风险分析的成功和不足之处。

2. 试分析中信澳公司在澳大利亚波特兰铝厂项目中有限追索方式的设计特点。

3. 试分析欧洲迪斯尼乐园项目融资的特点以及借鉴意义。

4. 项目融资在我国的应用案例与国外相比有何特点？

附　录

年金现值系数表

计算公式：$f = \dfrac{1-(1+i)^{-n}}{i}$

期数	1%	2%	3%	4%	5%	6%	7%	8%	9%	10%	11%	12%	13%	14%	15%
1	0.9901	0.9804	0.9709	0.9615	0.9524	0.9434	0.9346	0.9259	0.9174	0.9091	0.9009	0.8929	0.885	0.8772	0.8696
2	1.9704	1.9416	1.9135	1.8861	1.8594	1.8334	1.808	1.7833	1.7591	1.7355	1.7125	1.6901	1.6681	1.6467	1.6257
3	2.941	2.8839	2.8286	2.7751	2.7232	2.673	2.6243	2.5771	2.5313	2.4869	2.4437	2.4018	2.3612	2.3216	2.2832
4	3.902	3.8077	3.7171	3.6299	3.546	3.4651	3.3872	3.3121	3.2397	3.1699	3.1024	3.0373	2.9745	2.9137	2.855
5	4.8534	4.7135	4.5797	4.4518	4.3295	4.2124	4.1002	3.9927	3.8897	3.7908	3.6959	3.6048	3.5172	3.4331	3.3522
6	5.7955	5.6014	5.4172	5.2421	5.0757	4.9173	4.7665	4.6229	4.4859	4.3553	4.2305	4.1114	3.9975	3.8887	3.7845
7	6.7282	6.472	6.2303	6.0021	5.7864	5.5824	5.3893	5.2064	5.033	4.8684	4.7122	4.5638	4.4226	4.2883	4.1604
8	7.6517	7.3255	7.0197	6.7327	6.4632	6.2098	5.9713	5.7466	5.5348	5.3349	5.1461	4.9676	4.7988	4.6389	4.4873
9	8.566	8.1622	7.7861	7.4353	7.1078	6.8017	6.5152	6.2469	5.9952	5.759	5.537	5.3282	5.1317	4.9464	4.7716
10	9.4713	8.9826	8.5302	8.1109	7.7217	7.3601	7.0236	6.7101	6.4177	6.1446	5.8892	5.6502	5.4262	5.2161	5.0188
11	10.3676	9.7868	9.2526	8.7605	8.3064	7.8869	7.4987	7.139	6.8052	6.4951	6.2065	5.9377	5.6869	5.4527	5.2337
12	11.2551	10.5753	9.954	9.3851	8.8633	8.3838	7.9427	7.5361	7.1607	6.8137	6.4924	6.1944	5.9176	5.6603	5.4206
13	12.1337	11.3484	10.635	9.9856	9.3936	8.8527	8.3577	7.9038	7.4869	7.1034	6.7499	6.4235	6.1218	5.8424	5.5831
14	13.0037	12.1062	11.2961	10.5631	9.8986	9.295	8.7455	8.2442	7.7862	7.3667	6.9819	6.6282	6.3025	6.0021	5.7245
15	13.8651	12.8493	11.9379	11.1184	10.3797	9.7122	9.1079	8.5595	8.0607	7.6061	7.1909	6.8109	6.4624	6.1422	5.8474
16	14.7179	13.5777	12.5611	11.6523	10.8378	10.1059	9.4466	8.8514	8.3126	7.8237	7.3792	6.974	6.6039	6.2651	5.9542
17	15.5623	14.2919	13.1661	12.1657	11.2741	10.4773	9.7632	9.1216	8.5436	8.0216	7.5488	7.1196	6.7291	6.3729	6.0472
18	16.3983	14.992	13.7535	12.6593	11.6896	10.8276	10.0591	9.3719	8.7556	8.2014	7.7016	7.2497	6.8399	6.4674	6.128
19	17.226	15.6785	14.3238	13.1339	12.0853	11.1581	10.3356	9.6036	8.9501	8.3649	7.8393	7.3658	6.938	6.5504	6.1982
20	18.0456	16.3514	14.8775	13.5903	12.4622	11.4699	10.594	9.8181	9.1285	8.5136	7.9633	7.4694	7.0248	6.6231	6.2593
21	18.857	17.0112	15.415	14.0292	12.8212	11.7641	10.8355	10.0168	9.2922	8.6487	8.0751	7.562	7.1016	6.687	6.3125
22	19.6604	17.658	15.9369	14.4511	13.163	12.0416	11.0612	10.2007	9.4424	8.7715	8.1757	7.6446	7.1695	6.7429	6.3587
23	20.4558	18.2922	16.4436	14.8568	13.4886	12.3034	11.2722	10.3711	9.5802	8.8832	8.2664	7.7184	7.2297	6.7921	6.3988
24	21.2434	18.9139	16.9355	15.247	13.7986	12.5504	11.4693	10.5288	9.7066	8.9847	8.3481	7.7843	7.2829	6.8351	6.4338
25	22.0232	19.5235	17.4131	15.6221	14.0939	12.7834	11.6536	10.6748	9.8226	9.077	8.4217	7.8431	7.33	6.8729	6.4641
26	22.7952	20.121	17.8768	15.9828	14.3752	13.0032	11.8258	10.81	9.929	9.1609	8.4881	7.8957	7.3717	6.9061	6.4906
27	23.5596	20.7069	18.327	16.3296	14.643	13.2105	11.9867	10.9352	10.0266	9.2372	8.5478	7.9426	7.4086	6.9352	6.5135
28	24.3164	21.2813	18.7641	16.6631	14.8981	13.4062	12.1371	11.0511	10.1161	9.3066	8.6016	7.9844	7.4412	6.9607	6.5335
29	25.0658	21.8444	19.1885	16.9837	15.1411	13.5907	12.2777	11.1584	10.1983	9.3696	8.6501	8.0218	7.4701	6.983	6.5509
30	25.8077	22.3965	19.6004	17.292	15.3725	13.7648	12.409	11.2578	10.2737	9.4269	8.6938	8.0552	7.4957	7.0027	6.566

续表

16%	17%	18%	19%	20%	21%	22%	23%	24%	25%	26%	27%	28%	29%	30%
0.8621	0.8547	0.8475	0.8403	0.8333	0.8264	0.8197	0.813	0.8065	0.8	0.7937	0.7874	0.7813	0.7752	0.7692
1.6052	1.5852	1.5656	1.5465	1.5278	1.5095	1.4915	1.474	1.4568	1.44	1.4235	1.4074	1.3916	1.3761	1.3609
2.2459	2.2096	2.1743	2.1399	2.1065	2.0739	2.0422	2.0114	1.9813	1.952	1.9234	1.8956	1.8684	1.842	1.8161
2.7982	2.7432	2.6901	2.6386	2.5887	2.5404	2.4936	2.4483	2.4043	2.3616	2.3202	2.28	2.241	2.2031	2.1662
3.2743	3.1993	3.1272	3.0576	2.9906	2.926	2.8636	2.8035	2.7454	2.6893	2.6351	2.5827	2.532	2.483	2.4356
3.6847	3.5892	3.4976	3.4098	3.3255	3.2446	3.1669	3.0923	3.0205	2.9514	2.885	2.821	2.7594	2.7	2.6427
4.0386	3.9224	3.8115	3.7057	3.6046	3.5079	3.4155	3.327	3.2423	3.1611	3.0833	3.0087	2.937	2.8682	2.8021
4.3436	4.2072	4.0776	3.9544	3.8372	3.7256	3.6193	3.5179	3.4212	3.3289	3.2407	3.1564	3.0758	2.9986	2.9247
4.6065	4.4506	4.303	4.1633	4.031	3.9054	3.7863	3.6731	3.5655	3.4631	3.3657	3.2728	3.1842	3.0997	3.019
4.8332	4.6586	4.4941	4.3389	4.1925	4.0541	3.9232	3.7993	3.6819	3.5705	3.4648	3.3644	3.2689	3.1781	3.0915
5.0286	4.8364	4.656	4.4865	4.3271	4.1769	4.0354	3.9018	3.7757	3.6564	3.5435	3.4365	3.3351	3.2388	3.1473
5.1971	4.9884	4.7932	4.6105	4.4392	4.2784	4.1274	3.9852	3.8514	3.7251	3.6059	3.4933	3.3868	3.2859	3.1903
5.3423	5.1183	4.9095	4.7147	4.5327	4.3624	4.2028	4.053	3.9124	3.7801	3.6555	3.5381	3.4272	3.3224	3.2233
5.4675	5.2293	5.0081	4.8023	4.6106	4.4317	4.2646	4.1082	3.9616	3.8241	3.6949	3.5733	3.4587	3.3507	3.2487
5.5755	5.3242	5.0916	4.8759	4.6755	4.489	4.3152	4.153	4.0013	3.8593	3.7261	3.601	3.4834	3.3726	3.2682
5.6685	5.4053	5.1624	4.9377	4.7296	4.5364	4.3567	4.1894	4.0333	3.8874	3.7509	3.6228	3.5026	3.3896	3.2832
5.7487	5.4746	5.2223	4.9897	4.7746	4.5755	4.3908	4.219	4.0591	3.9099	3.7705	3.64	3.5177	3.4028	3.2948
5.8178	5.5339	5.2732	5.0333	4.8122	4.6079	4.4187	4.2431	4.0799	3.9279	3.7861	3.6536	3.5294	3.413	3.3037
5.8775	5.5845	5.3162	5.07	4.8435	4.6346	4.4415	4.2627	4.0967	3.9424	3.7985	3.6642	3.5386	3.421	3.3105
5.9288	5.6278	5.3527	5.1009	4.8696	4.6567	4.4603	4.2786	4.1103	3.9539	3.8083	3.6726	3.5458	3.4271	3.3158
5.9731	5.6648	5.3837	5.1268	4.8913	4.675	4.4756	4.2916	4.1212	3.9631	3.8161	3.6792	3.5514	3.4319	3.3198
6.0113	5.6964	5.4099	5.1486	4.9094	4.69	4.4882	4.3021	4.13	3.9705	3.8223	3.6844	3.5558	3.4356	3.323
6.0442	5.7234	5.4321	5.1668	4.9245	4.7025	4.4985	4.3106	4.1371	3.9764	3.8273	3.6885	3.5592	3.4384	3.3254
6.0726	5.7465	5.4509	5.1822	4.9371	4.7128	4.507	4.3176	4.1428	3.9811	3.8312	3.6918	3.5619	3.4406	3.3272
6.0971	5.7662	5.4669	5.1951	4.9476	4.7213	4.5139	4.3232	4.1474	3.9849	3.8342	3.6943	3.564	3.4423	3.3286
6.1182	5.7831	5.4804	5.206	4.9563	4.7284	4.5196	4.3278	4.1511	3.9879	3.8367	3.6963	3.5656	3.4437	3.3297
6.1364	5.7975	5.4919	5.2151	4.9636	4.7342	4.5243	4.3316	4.1542	3.9903	3.8387	3.6979	3.5669	3.4447	3.3305
6.152	5.8099	5.5016	5.2228	4.9697	4.739	4.5281	4.3346	4.1566	3.9923	3.8402	3.6991	3.5679	3.4455	3.3312
6.1656	5.8204	5.5098	5.2292	4.9747	4.743	4.5312	4.3371	4.1585	3.9938	3.8414	3.7001	3.5687	3.4461	3.3317
6.1772	5.8294	5.5168	5.2347	4.9789	4.7463	4.5338	4.3391	4.1601	3.995	3.8424	3.7009	3.5693	3.4466	3.3321

复利现值系数表

计算公式：$f = (1 + i)^{-n}$

期数	1%	2%	3%	4%	5%	6%	7%	8%	9%	10%	11%	12%	13%	14%	15%
1	0.9901	0.9804	0.9709	0.9615	0.9524	0.9434	0.9346	0.9259	0.9174	0.9091	0.9009	0.8929	0.885	0.8772	0.8696
2	0.9803	0.9612	0.9426	0.9246	0.907	0.89	0.8734	0.8573	0.8417	0.8264	0.8116	0.7972	0.7831	0.7695	0.7561
3	0.9706	0.9423	0.9151	0.889	0.8638	0.8396	0.8163	0.7938	0.7722	0.7513	0.7312	0.7118	0.6931	0.675	0.6575
4	0.961	0.9238	0.8885	0.8548	0.8227	0.7921	0.7629	0.735	0.7084	0.683	0.6587	0.6355	0.6133	0.5921	0.5718
5	0.9515	0.9057	0.8626	0.8219	0.7835	0.7473	0.713	0.6806	0.6499	0.6209	0.5935	0.5674	0.5428	0.5194	0.4972
6	0.942	0.888	0.8375	0.7903	0.7462	0.705	0.6663	0.6302	0.5963	0.5645	0.5346	0.5066	0.4803	0.4556	0.4323
7	0.9327	0.8706	0.8131	0.7599	0.7107	0.6651	0.6227	0.5835	0.547	0.5132	0.4817	0.4523	0.4251	0.3996	0.3759
8	0.9235	0.8535	0.7894	0.7307	0.6768	0.6274	0.582	0.5403	0.5019	0.4665	0.4339	0.4039	0.3762	0.3506	0.3269
9	0.9143	0.8368	0.7664	0.7026	0.6446	0.5919	0.5439	0.5002	0.4604	0.4241	0.3909	0.3606	0.3329	0.3075	0.2843
10	0.9053	0.8203	0.7441	0.6756	0.6139	0.5584	0.5083	0.4632	0.4224	0.3855	0.3522	0.322	0.2946	0.2697	0.2472
11	0.8963	0.8043	0.7224	0.6496	0.5847	0.5268	0.4751	0.4289	0.3875	0.3505	0.3173	0.2875	0.2607	0.2366	0.2149
12	0.8874	0.7885	0.7014	0.6246	0.5568	0.497	0.444	0.3971	0.3555	0.3186	0.2858	0.2567	0.2307	0.2076	0.1869
13	0.8787	0.773	0.681	0.6006	0.5303	0.4688	0.415	0.3677	0.3262	0.2897	0.2575	0.2292	0.2042	0.1821	0.1625
14	0.87	0.7579	0.6611	0.5775	0.5051	0.4423	0.3878	0.3405	0.2992	0.2633	0.232	0.2046	0.1807	0.1597	0.1413
15	0.8613	0.743	0.6419	0.5553	0.481	0.4173	0.3624	0.3152	0.2745	0.2394	0.209	0.1827	0.1599	0.1401	0.1229
16	0.8528	0.7284	0.6232	0.5339	0.4581	0.3936	0.3387	0.2919	0.2519	0.2176	0.1883	0.1631	0.1415	0.1229	0.1069
17	0.8444	0.7142	0.605	0.5134	0.4363	0.3714	0.3166	0.2703	0.2311	0.1978	0.1696	0.1456	0.1252	0.1078	0.0929
18	0.836	0.7002	0.5874	0.4936	0.4155	0.3503	0.2959	0.2502	0.212	0.1799	0.1528	0.13	0.1108	0.0946	0.0808
19	0.8277	0.6864	0.5703	0.4746	0.3957	0.3305	0.2765	0.2317	0.1945	0.1635	0.1377	0.1161	0.0981	0.0829	0.0703
20	0.8195	0.673	0.5537	0.4564	0.3769	0.3118	0.2584	0.2145	0.1784	0.1486	0.124	0.1037	0.0868	0.0728	0.0611
21	0.8114	0.6598	0.5375	0.4388	0.3589	0.2942	0.2415	0.1987	0.1637	0.1351	0.1117	0.0926	0.0768	0.0638	0.0531
22	0.8034	0.6468	0.5219	0.422	0.3418	0.2775	0.2257	0.1839	0.1502	0.1228	0.1007	0.0826	0.068	0.056	0.0462
23	0.7954	0.6342	0.5067	0.4057	0.3256	0.2618	0.2109	0.1703	0.1378	0.1117	0.0907	0.0738	0.0601	0.0491	0.0402
24	0.7876	0.6217	0.4919	0.3901	0.3101	0.247	0.1971	0.1577	0.1264	0.1015	0.0817	0.0659	0.0532	0.0431	0.0349
25	0.7798	0.6095	0.4776	0.3751	0.2953	0.233	0.1842	0.146	0.116	0.0923	0.0736	0.0588	0.0471	0.0378	0.0304
26	0.772	0.5976	0.4637	0.3607	0.2812	0.2198	0.1722	0.1352	0.1064	0.0839	0.0663	0.0525	0.0417	0.0331	0.0264
27	0.7644	0.5859	0.4502	0.3468	0.2678	0.2074	0.1609	0.1252	0.0976	0.0763	0.0597	0.0469	0.0369	0.0291	0.023
28	0.7568	0.5744	0.4371	0.3335	0.2551	0.1956	0.1504	0.1159	0.0895	0.0693	0.0538	0.0419	0.0326	0.0255	0.02
29	0.7493	0.5631	0.4243	0.3207	0.2429	0.1846	0.1406	0.1073	0.0822	0.063	0.0485	0.0374	0.0289	0.0224	0.0174
30	0.7419	0.5521	0.412	0.3083	0.2314	0.1741	0.1314	0.0994	0.0754	0.0573	0.0437	0.0334	0.0256	0.0196	0.0151

16%	17%	18%	19%	20%	21%	22%	23%	24%	25%	26%	27%	28%	29%	30%
0.8621	0.8547	0.8475	0.8403	0.8333	0.8264	0.8197	0.813	0.8065	0.8	0.7937	0.7874	0.7813	0.7752	0.7692
0.7432	0.7305	0.7182	0.7062	0.6944	0.683	0.6719	0.661	0.6504	0.64	0.6299	0.62	0.6104	0.6009	0.5917
0.6407	0.6244	0.6086	0.5934	0.5787	0.5645	0.5507	0.5374	0.5245	0.512	0.4999	0.4882	0.4768	0.4658	0.4552
0.5523	0.5337	0.5158	0.4987	0.4823	0.4665	0.4514	0.4369	0.423	0.4096	0.3968	0.3844	0.3725	0.3611	0.3501
0.4761	0.4561	0.4371	0.419	0.4019	0.3855	0.37	0.3552	0.3411	0.3277	0.3149	0.3027	0.291	0.2799	0.2693
0.4104	0.3898	0.3704	0.3521	0.3349	0.3186	0.3033	0.2888	0.2751	0.2621	0.2499	0.2383	0.2274	0.217	0.2072
0.3538	0.3332	0.3139	0.2959	0.2791	0.2633	0.2486	0.2348	0.2218	0.2097	0.1983	0.1877	0.1776	0.1682	0.1594
0.305	0.2848	0.266	0.2487	0.2326	0.2176	0.2038	0.1909	0.1789	0.1678	0.1574	0.1478	0.1388	0.1304	0.1226
0.263	0.2434	0.2255	0.209	0.1938	0.1799	0.167	0.1552	0.1443	0.1342	0.1249	0.1164	0.1084	0.1011	0.0943
0.2267	0.208	0.1911	0.1756	0.1615	0.1486	0.1369	0.1262	0.1164	0.1074	0.0992	0.0916	0.0847	0.0784	0.0725
0.1954	0.1778	0.1619	0.1476	0.1346	0.1228	0.1122	0.1026	0.0938	0.0859	0.0787	0.0721	0.0662	0.0607	0.0558
0.1685	0.152	0.1372	0.124	0.1122	0.1015	0.092	0.0834	0.0757	0.0687	0.0625	0.0568	0.0517	0.0471	0.0429
0.1452	0.1299	0.1163	0.1042	0.0935	0.0839	0.0754	0.0678	0.061	0.055	0.0496	0.0447	0.0404	0.0365	0.033
0.1252	0.111	0.0985	0.0876	0.0779	0.0693	0.0618	0.0551	0.0492	0.044	0.0393	0.0352	0.0316	0.0283	0.0254
0.1079	0.0949	0.0835	0.0736	0.0649	0.0573	0.0507	0.0448	0.0397	0.0352	0.0312	0.0277	0.0247	0.0219	0.0195
0.093	0.0811	0.0708	0.0618	0.0541	0.0474	0.0415	0.0364	0.032	0.0281	0.0248	0.0218	0.0193	0.017	0.015
0.0802	0.0693	0.06	0.052	0.0451	0.0391	0.034	0.0296	0.0258	0.0225	0.0197	0.0172	0.015	0.0132	0.0116
0.0691	0.0592	0.0508	0.0437	0.0376	0.0323	0.0279	0.0241	0.0208	0.018	0.0156	0.0135	0.0118	0.0102	0.0089
0.0596	0.0506	0.0431	0.0367	0.0313	0.0267	0.0229	0.0196	0.0168	0.0144	0.0124	0.0107	0.0092	0.0079	0.0068
0.0514	0.0433	0.0365	0.0308	0.0261	0.0221	0.0187	0.0159	0.0135	0.0115	0.0098	0.0084	0.0072	0.0061	0.0053
0.0443	0.037	0.0309	0.0259	0.0217	0.0183	0.0154	0.0129	0.0109	0.0092	0.0078	0.0066	0.0056	0.0048	0.004
0.0382	0.0316	0.0262	0.0218	0.0181	0.0151	0.0126	0.0105	0.0088	0.0074	0.0062	0.0052	0.0044	0.0037	0.0031
0.0329	0.027	0.0222	0.0183	0.0151	0.0125	0.0103	0.0086	0.0071	0.0059	0.0049	0.0041	0.0034	0.0029	0.0024
0.0284	0.0231	0.0188	0.0154	0.0126	0.0103	0.0085	0.007	0.0057	0.0047	0.0039	0.0032	0.0027	0.0022	0.0018
0.0245	0.0197	0.016	0.0129	0.0105	0.0085	0.0069	0.0057	0.0046	0.0038	0.0031	0.0025	0.0021	0.0017	0.0014
0.0211	0.0169	0.0135	0.0109	0.0087	0.007	0.0057	0.0046	0.0037	0.003	0.0025	0.002	0.0016	0.0013	0.0011
0.0182	0.0144	0.0115	0.0091	0.0073	0.0058	0.0047	0.0037	0.003	0.0024	0.0019	0.0016	0.0013	0.001	0.0008
0.0157	0.0123	0.0097	0.0077	0.0061	0.0048	0.0038	0.003	0.0024	0.0019	0.0015	0.0012	0.001	0.0008	0.0006
0.0135	0.0105	0.0082	0.0064	0.0051	0.004	0.0031	0.0025	0.002	0.0015	0.0012	0.001	0.0008	0.0006	0.0005
0.0116	0.009	0.007	0.0054	0.0042	0.0033	0.0026	0.002	0.0016	0.0012	0.001	0.0008	0.0006	0.0005	0.0004

复利终值系数表

计算公式：$f = (1+i)^n$

期数	1%	2%	3%	4%	5%	6%	7%	8%	9%	10%	11%	12%	13%	14%	15%
1	1.0100	1.0200	1.0300	1.0400	1.0500	1.0600	1.0700	1.0800	1.0900	1.1000	1.1100	1.1200	1.1300	1.1400	1.1500
2	1.0201	1.0404	1.0609	1.0816	1.1025	1.1236	1.1449	1.1664	1.1881	1.2100	1.2321	1.2544	1.2769	1.2996	1.3225
3	1.0303	1.0612	1.0927	1.1249	1.1576	1.1910	1.2250	1.2597	1.2950	1.3310	1.3676	1.4049	1.4429	1.4815	1.5209
4	1.0406	1.0824	1.1255	1.1699	1.2155	1.2625	1.3108	1.3605	1.4116	1.4641	1.5181	1.5735	1.6305	1.6890	1.7490
5	1.0510	1.1041	1.1593	1.2167	1.2763	1.3382	1.4026	1.4693	1.5386	1.6105	1.6851	1.7623	1.8424	1.9254	2.0114
6	1.0615	1.1262	1.1941	1.2653	1.3401	1.4185	1.5007	1.5869	1.6771	1.7716	1.8704	1.9738	2.0820	2.1950	2.3131
7	1.0721	1.1487	1.2299	1.3159	1.4071	1.5036	1.6058	1.7138	1.8280	1.9487	2.0762	2.2107	2.3526	2.5023	2.6600
8	1.0829	1.1717	1.2668	1.3686	1.4775	1.5938	1.7182	1.8509	1.9926	2.1436	2.3045	2.4760	2.6584	2.8526	3.0590
9	1.0937	1.1951	1.3048	1.4233	1.5513	1.6895	1.8385	1.9990	2.1719	2.3579	2.5580	2.7731	3.0040	3.2519	3.5179
10	1.1046	1.2190	1.3439	1.4802	1.6289	1.7908	1.9672	2.1589	2.3674	2.5937	2.8394	3.1058	3.3946	3.7072	4.0456
11	1.1157	1.2434	1.3842	1.5395	1.7103	1.8983	2.1049	2.3316	2.5804	2.8531	3.1518	3.4786	3.8359	4.2262	4.6524
12	1.1268	1.2682	1.4258	1.6010	1.7959	2.0122	2.2522	2.5182	2.8127	3.1384	3.4985	3.8960	4.3345	4.8179	5.3503
13	1.1381	1.2936	1.4685	1.6651	1.8856	2.1329	2.4098	2.7196	3.0658	3.4523	3.8833	4.3635	4.8980	5.4924	6.1528
14	1.1495	1.3195	1.5126	1.7317	1.9799	2.2609	2.5785	2.9372	3.3417	3.7975	4.3104	4.8871	5.5348	6.2613	7.0757
15	1.1610	1.3459	1.5580	1.8009	2.0789	2.3966	2.7590	3.1722	3.6425	4.1772	4.7846	5.4736	6.2543	7.1379	8.1371
16	1.1726	1.3728	1.6047	1.8730	2.1829	2.5404	2.9522	3.4259	3.9703	4.5950	5.3109	6.1304	7.0673	8.1372	9.3576
17	1.1843	1.4002	1.6528	1.9479	2.2920	2.6928	3.1588	3.7000	4.3276	5.0545	5.8951	6.8660	7.9861	9.2765	10.7613
18	1.1961	1.4282	1.7024	2.0258	2.4066	2.8543	3.3799	3.9960	4.7171	5.5599	6.5436	7.6900	9.0243	10.5752	12.3755
19	1.2081	1.4568	1.7535	2.1068	2.5270	3.0256	3.6165	4.3157	5.1417	6.1159	7.2633	8.6128	10.1974	12.0557	14.2318
20	1.2202	1.4859	1.8061	2.1911	2.6533	3.2071	3.8697	4.6610	5.6044	6.7275	8.0623	9.6463	11.5231	13.7435	16.3665
21	1.2324	1.5157	1.8603	2.2788	2.7860	3.3996	4.1406	5.0338	6.1088	7.4002	8.9492	10.8038	13.0211	15.6676	18.8215
22	1.2447	1.5460	1.9161	2.3699	2.9253	3.6035	4.4304	5.4365	6.6586	8.1403	9.9336	12.1003	14.7138	17.8610	21.6447
23	1.2572	1.5769	1.9736	2.4647	3.0715	3.8197	4.7405	5.8715	7.2579	8.9543	11.0263	13.5523	16.6266	20.3616	24.8915
24	1.2697	1.6084	2.0328	2.5633	3.2251	4.0489	5.0724	6.3412	7.9111	9.8497	12.2392	15.1786	18.7881	23.2122	28.6252
25	1.2824	1.6406	2.0938	2.6658	3.3864	4.2919	5.4274	6.8485	8.6231	10.8347	13.5855	17.0001	21.2305	26.4619	32.9190
26	1.2953	1.6734	2.1566	2.7725	3.5557	4.5494	5.8074	7.3964	9.3992	11.9182	15.0799	19.0401	23.9905	30.1666	37.8568
27	1.3082	1.7069	2.2213	2.8834	3.7335	4.8223	6.2139	7.9881	10.2451	13.1100	16.7387	21.3249	27.1093	34.3899	43.5353
28	1.3213	1.7410	2.2879	2.9987	3.9201	5.1117	6.6488	8.6271	11.1671	14.4210	18.5799	23.8839	30.6335	39.2045	50.0656
29	1.3345	1.7758	2.3566	3.1187	4.1161	5.4184	7.1143	9.3173	12.1722	15.8631	20.6237	26.7499	34.6158	44.6931	57.5755
30	1.3478	1.8114	2.4273	3.2434	4.3219	5.7435	7.6123	10.0627	13.2677	17.4494	22.8923	29.9599	39.1159	50.9502	66.2118

续表

16%	17%	18%	19%	20%	21%	22%	23%	24%	25%	26%	27%	28%	29%	30%
1.1600	1.1700	1.1800	1.1900	1.2000	1.2100	1.2200	1.2300	1.2400	1.2500	1.2600	1.2700	1.2800	1.2900	1.3000
1.3456	1.3689	1.3924	1.4161	1.4400	1.4641	1.4884	1.5129	1.5376	1.5625	1.5876	1.6129	1.6384	1.6641	1.6900
1.5609	1.6016	1.6430	1.6852	1.7280	1.7716	1.8158	1.8609	1.9066	1.9531	2.0004	2.0484	2.0972	2.1467	2.1970
1.8106	1.8739	1.9388	2.0053	2.0736	2.1436	2.2153	2.2889	2.3642	2.4414	2.5205	2.6014	2.6844	2.7692	2.8561
2.1003	2.1924	2.2878	2.3864	2.4883	2.5937	2.7027	2.8153	2.9316	3.0518	3.1758	3.3038	3.4360	3.5723	3.7129
2.4364	2.5652	2.6996	2.8398	2.9860	3.1384	3.2973	3.4628	3.6352	3.8147	4.0015	4.1959	4.3980	4.6083	4.8268
2.8262	3.0012	3.1855	3.3793	3.5832	3.7975	4.0227	4.2593	4.5077	4.7684	5.0419	5.3288	5.6295	5.9447	6.2749
3.2784	3.5115	3.7589	4.0214	4.2998	4.5950	4.9077	5.2389	5.5895	5.9605	6.3528	6.7675	7.2058	7.6686	8.1573
3.8030	4.1084	4.4355	4.7854	5.1598	5.5599	5.9874	6.4439	6.9310	7.4506	8.0045	8.5948	9.2234	9.8925	10.6045
4.4114	4.8068	5.2338	5.6947	6.1917	6.7275	7.3046	7.9259	8.5944	9.3132	10.0857	10.9153	11.8059	12.7614	13.7858
5.1173	5.6240	6.1759	6.7767	7.4301	8.1403	8.9117	9.7489	10.6571	11.6415	12.7080	13.8625	15.1116	16.4622	17.9216
5.9360	6.5801	7.2876	8.0642	8.9161	9.8497	10.8722	11.9912	13.2148	14.5519	16.0120	17.6053	19.3428	21.2362	23.2981
6.8858	7.6987	8.5994	9.5964	10.6993	11.9182	13.2641	14.7491	16.3863	18.1899	20.1752	22.3588	24.7588	27.3947	30.2875
7.9875	9.0075	10.1472	11.4198	12.8392	14.4210	16.1822	18.1414	20.3191	22.7374	25.4207	28.3957	31.6913	35.3391	39.3738
9.2655	10.5387	11.9737	13.5895	15.4070	17.4494	19.7423	22.3140	25.1956	28.4217	32.0301	36.0625	40.5648	45.5875	51.1859
10.7480	12.3303	14.1290	16.1715	18.4884	21.1138	24.0856	27.4462	31.2426	35.5271	40.3579	45.7994	51.9230	58.8079	66.5417
12.4677	14.4265	16.6722	19.2441	22.1861	25.5477	29.3844	33.7588	38.7408	44.4089	50.8510	58.1652	66.4614	75.8621	86.5042
14.4625	16.8790	19.6733	22.9005	26.6233	30.9127	35.8490	41.5233	48.0386	55.5112	64.0722	73.8698	85.0706	97.8622	112.4554
16.7765	19.7484	23.2144	27.2516	31.9480	37.4043	43.7358	51.0737	59.5679	69.3889	80.7310	93.8147	108.8904	126.2422	146.1920
19.4608	23.1056	27.3930	32.4294	38.3376	45.2593	53.3576	62.8206	73.8641	86.7362	101.7211	119.1446	139.3797	162.8524	190.0496
22.5745	27.0336	32.3238	38.5910	46.0051	54.7637	65.0963	77.2694	91.5915	108.4202	128.1685	151.3137	178.4060	210.0796	247.0645
26.1864	31.6293	38.1421	45.9233	55.2061	66.2641	79.4175	95.0413	113.5735	135.5253	161.4924	192.1683	228.3596	271.0027	321.1839
30.3762	37.0062	45.0076	54.6487	66.2474	80.1795	96.8894	116.9008	140.8312	169.4066	203.4804	244.0538	292.3003	349.5935	417.5391
35.2364	43.2973	53.1090	65.0320	79.4968	97.0172	118.2050	143.7880	174.6306	211.7582	256.3853	309.9483	374.1444	450.9756	542.8008
40.8742	50.6578	62.6686	77.3881	95.3962	117.3909	144.2101	176.8593	216.5420	264.6978	323.0454	393.6344	478.9049	581.7585	705.6410
47.4141	59.2697	73.9490	92.0918	114.4755	142.0429	175.9364	217.5369	268.5121	330.8722	407.0373	499.9157	612.9982	750.4685	917.3333
55.0004	69.3455	87.2598	109.5893	137.3706	171.8719	214.6424	267.5704	332.9550	413.5903	512.8670	634.8929	784.6377	968.1044	1192.5333
63.8004	81.1342	102.9666	130.4112	164.8447	207.9651	261.8637	329.1115	412.8642	516.9879	646.2124	806.3140	1004.3363	1248.8546	1550.2933
74.0085	94.9271	121.5005	155.1893	197.8136	251.6377	319.4737	404.8072	511.9516	646.2349	814.2276	1024.0187	1285.5504	1611.0225	2015.3813
85.8499	111.0647	143.3706	184.6753	237.3763	304.4816	389.7579	497.9129	634.8199	807.7936	1025.9267	1300.5038	1645.5046	2078.2190	2619.9956

年金终值系数表

计算公式：$f = \dfrac{(1+i)^n - 1}{i}$

期数	1%	2%	3%	4%	5%	6%	7%	8%	9%	10%	11%	12%	13%	14%	15%
1	1.0000	1.0000	1.0000	1.0000	1.0000	1.0000	1.0000	1.0000	1.0000	1.0000	1.0000	1.0000	1.0000	1.0000	1.0000
2	2.0100	2.0200	2.0300	2.0400	2.0500	2.0600	2.0700	2.0800	2.0900	2.1000	2.1100	2.1200	2.1300	2.1400	2.1500
3	3.0301	3.0604	3.0909	3.1216	3.1525	3.1836	3.2149	3.2464	3.2781	3.3100	3.3421	3.3744	3.4069	3.4396	3.4725
4	4.0604	4.1216	4.1836	4.2465	4.3101	4.3746	4.4399	4.5061	4.5731	4.6410	4.7097	4.7793	4.8498	4.9211	4.9934
5	5.1010	5.2040	5.3091	5.4163	5.5256	5.6371	5.7507	5.8666	5.9847	6.1051	6.2278	6.3528	6.4803	6.6101	6.7424
6	6.1520	6.3081	6.4684	6.6330	6.8019	6.9753	7.1533	7.3359	7.5233	7.7156	7.9129	8.1152	8.3227	8.5355	8.7537
7	7.2135	7.4343	7.6625	7.8983	8.1420	8.3938	8.6540	8.9228	9.2004	9.4872	9.7833	10.0890	10.4047	10.7305	11.0668
8	8.2857	8.5830	8.8923	9.2142	9.5491	9.8975	10.2598	10.6366	11.0285	11.4359	11.8594	12.2997	12.7573	13.2328	13.7268
9	9.3685	9.7546	10.1591	10.5828	11.0266	11.4913	11.9780	12.4876	13.0210	13.5795	14.1640	14.7757	15.4157	16.0853	16.7858
10	10.4622	10.9497	11.4639	12.0061	12.5779	13.1808	13.8164	14.4866	15.1929	15.9374	16.7220	17.5487	18.4197	19.3373	20.3037
11	11.5668	12.1687	12.8078	13.4864	14.2068	14.9716	15.7836	16.6455	17.5603	18.5312	19.5614	20.6546	21.8143	23.0445	24.3493
12	12.6825	13.4121	14.1920	15.0258	15.9171	16.8699	17.8885	18.9771	20.1407	21.3843	22.7132	24.1331	25.6502	27.2707	29.0017
13	13.8093	14.6803	15.6178	16.6268	17.7130	18.8821	20.1406	21.4953	22.9534	24.5227	26.2116	28.0291	29.9847	32.0887	34.3519
14	14.9474	15.9739	17.0863	18.2919	19.5986	21.0151	22.5505	24.2149	26.0192	27.9750	30.0949	32.3926	34.8827	37.5811	40.5047
15	16.0969	17.2934	18.5989	20.0236	21.5786	23.2760	25.1290	27.1521	29.3609	31.7725	34.4054	37.2797	40.4175	43.8424	47.5804
16	17.2579	18.6393	20.1569	21.8245	23.6575	25.6725	27.8881	30.3243	33.0034	35.9497	39.1899	42.7533	46.6717	50.9804	55.7175
17	18.4304	20.0121	21.7616	23.6975	25.8404	28.2129	30.8402	33.7502	36.9737	40.5447	44.5008	48.8837	53.7391	59.1176	65.0751
18	19.6147	21.4123	23.4144	25.6454	28.1324	30.9057	33.9990	37.4502	41.3013	45.5992	50.3959	55.7497	61.7251	68.3941	75.8364
19	20.8109	22.8406	25.1169	27.6712	30.5390	33.7600	37.3790	41.4463	46.0185	51.1591	56.9395	63.4397	70.7494	78.9692	88.2118
20	22.0190	24.2974	26.8704	29.7781	33.0660	36.7856	40.9955	45.7620	51.1601	57.2750	64.2028	72.0524	80.9468	91.0249	102.4436
21	23.2392	25.7833	28.6765	31.9692	35.7193	39.9927	44.8652	50.4229	56.7645	64.0025	72.2651	81.6987	92.4699	104.7684	118.8101
22	24.4716	27.2990	30.5368	34.2480	38.5052	43.3923	49.0057	55.4568	62.8733	71.4027	81.2143	92.5026	105.4910	120.4360	137.6316
23	25.7163	28.8450	32.4529	36.6179	41.4305	46.9958	53.4361	60.8933	69.5319	79.5430	91.1479	104.6029	120.2048	138.2970	159.2764
24	26.9735	30.4219	34.4265	39.0826	44.5020	50.8156	58.1767	66.7648	76.7898	88.4973	102.1742	118.1552	136.8315	158.6586	184.1678
25	28.2432	32.0303	36.4593	41.6459	47.7271	54.8645	63.2490	73.1059	84.7009	98.3471	114.4133	133.3339	155.6196	181.8708	212.7930
26	29.5256	33.6709	38.5530	44.3117	51.1135	59.1564	68.6765	79.9544	93.3240	109.1818	127.9988	150.3339	176.8501	208.3327	245.7120
27	30.8209	35.3443	40.7096	47.0842	54.6691	63.7058	74.4838	87.3508	102.7231	121.0999	143.0786	169.3740	200.8406	238.4993	283.5688
28	32.1291	37.0512	42.9309	49.9676	58.4026	68.5281	80.6977	95.3388	112.9682	134.2099	159.8173	190.6989	227.9499	272.8892	327.1041
29	33.4504	38.7922	45.2189	52.9663	62.3227	73.6398	87.3465	103.9659	124.1354	148.6309	178.3972	214.5828	258.5834	312.0937	377.1697
30	34.7849	40.5681	47.5754	56.0849	66.4388	79.0582	94.4608	113.2832	136.3075	164.4940	199.0209	241.3327	293.1992	356.7868	434.7451

续表

16%	17%	18%	19%	20%	21%	22%	23%	24%	25%	26%	27%	28%	29%	30%
1.0000	1.0000	1.0000	1.0000	1.0000	1.0000	1.0000	1.0000	1.0000	1.0000	1.0000	1.0000	1.0000	1.0000	1.0000
2.1600	2.1700	2.1800	2.1900	2.2000	2.2100	2.2200	2.2300	2.2400	2.2500	2.2600	2.2700	2.2800	2.2900	2.3000
3.5056	3.5389	3.5724	3.6061	3.6400	3.6741	3.7084	3.7429	3.7776	3.8125	3.8476	3.8829	3.9184	3.9541	3.9900
5.0665	5.1405	5.2154	5.2913	5.3680	5.4457	5.5242	5.6038	5.6842	5.7656	5.8480	5.9313	6.0156	6.1008	6.1870
6.8771	7.0144	7.1542	7.2966	7.4416	7.5892	7.7396	7.8926	8.0484	8.2070	8.3684	8.5327	8.6999	8.8700	9.0431
8.9775	9.2068	9.4420	9.6830	9.9299	10.1830	10.4423	10.7079	10.9801	11.2588	11.5442	11.8366	12.1359	12.4423	12.7560
11.4139	11.7720	12.1415	12.5227	12.9159	13.3214	13.7396	14.1708	14.6153	15.0735	15.5458	16.0324	16.5339	17.0506	17.5828
14.2401	14.7733	15.3270	15.9020	16.4991	17.1189	17.7623	18.4300	19.1229	19.8419	20.5876	21.3612	22.1634	22.9953	23.8577
17.5185	18.2847	19.0859	19.9234	20.7989	21.7139	22.6700	23.6690	24.7125	25.8023	26.9404	28.1287	29.3692	30.6639	32.0150
21.3215	22.3931	23.5213	24.7089	25.9587	27.2738	28.6574	30.1128	31.6434	33.2529	34.9449	36.7235	38.5926	40.5564	42.6195
25.7329	27.1999	28.7551	30.4035	32.1504	34.0013	35.9620	38.0388	40.2379	42.5661	45.0306	47.6388	50.3985	53.3178	56.4053
30.8502	32.8239	34.9311	37.1802	39.5805	42.1416	44.8737	47.7877	50.8950	54.2077	57.7386	61.5013	65.5100	69.7800	74.3270
36.7862	39.4040	42.2187	45.2445	48.4966	51.9913	55.7459	59.7788	64.1097	68.7596	73.7506	79.1066	84.8529	91.0161	97.6250
43.6720	47.1027	50.8180	54.8409	59.1959	63.9095	69.0100	74.5280	80.4961	86.9495	93.9258	101.4654	109.6117	118.4108	127.9125
51.6595	56.1101	60.9653	66.2607	72.0351	78.3305	85.1922	92.6694	100.8151	109.6868	119.3465	129.8611	141.3029	153.7500	167.2863
60.9250	66.6488	72.9390	79.8502	87.4421	95.7799	104.9345	114.9834	126.0108	138.1085	151.3766	165.9236	181.8677	199.3374	218.4722
71.6730	78.9792	87.0680	96.0218	105.9306	116.8937	129.0201	142.4295	157.2534	173.6357	191.7345	211.7230	233.7907	258.1453	285.0139
84.1407	93.4056	103.7403	115.2659	128.1167	142.4413	158.4045	176.1883	195.9942	218.0446	242.5855	269.8882	300.2521	334.0074	371.5180
98.6032	110.2846	123.4135	138.1664	154.7400	173.3540	194.2535	217.7116	244.0328	273.5558	306.6577	343.7580	385.3227	431.8696	483.9734
115.3797	130.0329	146.6280	165.4180	186.6880	210.7584	237.9893	268.7853	303.6006	342.9447	387.3887	437.5726	494.2131	558.1118	630.1655
134.8405	153.1385	174.0210	197.8474	225.0256	256.0176	291.3469	331.6059	377.4648	429.6809	489.1098	556.7173	633.5927	720.9642	820.2151
157.4150	180.1721	206.3448	236.4385	271.0307	310.7813	356.4432	408.8753	469.0563	538.1011	617.2783	708.0309	811.9987	931.0438	1067.2796
183.6014	211.8013	244.4868	282.3618	326.2369	377.0454	435.8607	503.9166	582.6298	673.6264	778.7707	900.1993	1040.3583	1202.0465	1388.4635
213.9776	248.8076	289.4945	337.0105	392.4842	457.2249	532.7501	620.8174	723.4610	843.0329	982.2511	1144.2531	1332.6586	1551.6400	1806.0026
249.2140	292.1049	342.6035	402.0425	471.9811	554.2422	650.9551	764.6054	898.0916	1054.7912	1238.6363	1454.2014	1706.8031	2002.6156	2348.8033
290.0883	342.7627	405.2721	479.4306	567.3773	671.6330	795.1653	941.4647	1114.6336	1319.4890	1561.6818	1847.8358	2185.7079	2584.3741	3054.4443
337.5024	402.0323	479.2211	571.5224	681.8528	813.6759	971.1016	1159.0016	1383.1457	1650.3612	1968.7191	2347.7515	2798.7061	3334.8426	3971.7776
392.5028	471.3778	566.4809	681.1116	819.2233	985.5479	1185.7440	1426.5719	1716.1007	2063.9515	2481.5860	2982.6444	3583.3438	4302.9470	5164.3109
456.3032	552.5121	669.4475	811.5228	984.0680	1193.5129	1447.6077	1755.6835	2128.9648	2580.9394	3127.7984	3788.9583	4587.6801	5551.8016	6714.6042
530.3117	647.4391	790.9480	966.7122	1181.8816	1445.1507	1767.0813	2160.4907	2640.9164	3227.1743	3942.0260	4812.9771	5873.2306	7162.8241	8729.9855

参考文献

［1］ M. Fouzul Kabir Khan，Robert J. Parra. Finacing Large Projects，清华大学出版社，2005

［2］ Phil Breaden，Paul Rintoule，郑伏虎．项目融资和融资模型．中信出版社，2003

［3］ 张极井．项目融资．中信出版社，2003

［4］ 蒋先玲．项目融资．中国金融出版社，2004

［5］ 戴大双．项目融资．机械工业出版社，2005

［6］ 李春好，曲久龙．项目融资．科学出版社，2004

［7］ 任淮秀．项目融资．中国人民大学出版社，2004

［8］ 马秀岩，卢洪升．项目融资．东北财经大学出版社，2003